中國典籍與文化論叢

第二十四輯

CHINESE CLASSICS & CULTURE ESSAYS COLLECTION

鳳凰出版社

圖書在版編目（CIP）數據

中國典籍與文化論叢. 第24輯 / 劉斌等著. -- 南京:
鳳凰出版社, 2021.9
ISBN 978-7-5506-3501-2

Ⅰ. ①中… Ⅱ. ①劉… Ⅲ. ①古籍－中國－文集②中
華文化－文集 Ⅳ. ①K203-53

中國版本圖書館CIP數據核字(2021)第187607號

書　　名	中國典籍與文化論叢（第二十四輯）
主　　編	安平秋
著　　者	劉　斌　等
責任編輯	王　劍
裝幀設計	姜　嵩
出版發行	鳳凰出版社(原江蘇古籍出版社) 發行部電話025-83223462
出版社地址	江蘇省南京市中央路165號,郵編:210009
出版社網址	http://www.fhcbs.com
照　　排	南京凱建文化發展有限公司
印　　刷	江蘇蘇中印刷有限公司 泰州市經濟開發區鮑徐鎮,郵編:225315
開　　本	787毫米×1092毫米　1/16
印　　張	17.75
字　　數	377千字
版　　次	2021年9月第1版
印　　次	2021年9月第1次印刷
標準書號	ISBN 978-7-5506-3501-2
定　　價	88.00圓

(本書凡印裝錯誤可向承印廠調換,電話:0523-82099008)

目　　録

鄭玄六天説析論*

劉　斌

【提　要】 本文通過考察六天説相關經學文獻和天文，而知鄭玄以《周禮》的“昊天上帝—五帝”、緯書的“天皇大帝—五精帝”、天文的“北極星—五帝座星”爲主體，結合經傳等的五人帝、五人神，而確立“昊天上帝—五天帝”系統，即六天帝系統。昊天上帝不徑直參與五時生育和感生授命，而指使五天帝之一作爲主時之帝和感生授命帝來實施，尊於其餘四天帝。總體之皇天隨四時而有昊天、蒼天、旻天、上天等别號，此爲“皇天—五時天”系統，即六天系統。“皇天—五時天”與“昊天上帝—五天帝”，“皇天—昊天上帝”與“五時天—五天帝”有深刻的體用、總别、虚實關係。鄭玄的天帝系統之實當是一天五帝（皇天—五天帝），其名則是六天六帝（六天—六天帝），名實相兼而爲一天六帝系統（皇天—六天帝）。析言之，天、帝、星有别，天無人格，帝有人格，星則指示帝之所在；混言之，三者可混通。鄭玄通過對經學文獻和天文的通盤考察，而確立一天六帝系統，爲確立祀天禮奠基。

【關鍵詞】 六天説　鄭玄　昊天上帝　五天帝

六天説是經學史上的重要問題，是對鄭玄天帝説的概括。從現存文獻來看，鄭玄未明確提出“六天”一詞，“六天”一詞當始於王肅，並成爲經學史的專用名詞[①]。

王肅之後，歷代學者對六天説或袒或駁，聚訟不已，深刻影響了經學史及禮制史。現代學者則大多擺落經學框架，用歷史考據的方法來考察此問題[②]。

---

* 【基金項目】本文爲2014年度中國國家社科基金重大項目“《儀禮》復原與當代日常禮儀重建研究”(14ZDB009)階段性成果。

① 王肅難鄭玄曰：“天唯一而已，何得有六？”(《禮記正義》卷四十六《祭法》，北京大學出版社，2000年，頁1507)其後學者徑稱之爲“六天説”。陳中浙、劉釗亦認爲六天説得名始於王肅。(陳中浙、劉釗《儒家“六天”説辨析》，《孔子研究》2002年第3期，頁107)

② 較早進行這項工作的是顧頡剛(氏著《王肅的五帝説及其對鄭玄的感生説與六天説的掃除工作》，《史學論叢》1935年第2期，頁1—22；《三皇考》，《顧頡剛古史論文集》卷二，中華書局，2011年，頁115)，其後則有陳中浙、劉釗(氏著《儒家“六天”説辨析》，頁107—111)、楊天宇(氏著《〈周禮〉之天帝觀考析》，《經學探研録》，上海古籍出版社，2004年，頁214—230)等學者，總體來看是用歷史來否定六天説。此外，許子濱等學者藉由考察丁若鏞之説而批評鄭玄之説(氏著《論韓儒丁若鏞禘説對鄭玄郊禘説之顛覆與重構》，《中國文哲研究集刊》第53期(2018年9月)，頁113—160)。

近年來有學者試圖從義理和文獻上把握鄭玄確立六天說的依據、思路及其意義，使此問題的研究有了長足進展①。本文在既有研究的基礎上，考察此問題涉及的文獻和名詞，注重鄭玄立說的依據及思路，以期窺探鄭玄立說的內在理路。鄭義明，則諸紛爭有望迎刃而解。

一、六天帝的依據

（一）六天帝的經書依據

經書中關於天帝的記載較多。其中，《周禮》關於昊天上帝、五帝的記載最爲集中。《周禮·司服》曰："王之吉服，祀昊天上帝則服大裘而冕，祀五帝亦如之。"祀昊天上帝與祀五帝同服大裘而冕，説明五帝與昊天上帝同科，共爲六天帝，故孔穎達云："五帝若非天，何爲同服大裘？"②《周禮·小宗伯》曰："兆五帝於四郊。"《禮記·禮器》曰："饗帝於郊，而風雨節，寒暑時。"五帝能調節風雨寒暑，説明五帝非人帝，而是天帝，故孔穎達云："帝若非天，焉能令風雨寒暑時？"③《周禮·大司寇》曰："若禋祀五帝，則戒之日，涖誓百官，戒於百族。"《周禮·大宗伯》曰："以禋祀祀昊天上帝。"五帝與昊天上帝同用禋祀之禮，説明五帝非人帝，是天帝。《周禮·典瑞》曰："四圭有邸，以祀天、旅上帝。兩圭有邸，以祀地、旅四望。"祀天與祀地相對，旅上帝與旅四望相對，四望非人，則上帝亦非人帝，而是天帝。又上帝言"旅"，則上帝非一。《孝經·聖治章》曰："嚴父莫大於配天，則周公其人也。昔者周公郊祀后稷以配天，宗祀文王於明堂以配上帝。"周公以后稷配天，以文王配上帝，以合"嚴父配天"之義，説明上帝是天，故孔穎達云："帝若非天，何得云嚴父配天也？"④此外，孔穎達云："《詩》及《尚書》云'上帝'，皆爲天也。"⑤可知以五帝爲天帝，與昊天上帝共爲六天帝，是經文所內含的。

因而鄭玄以此六天帝來爲經文作注。《大宗伯》"以禋祀祀昊天上帝"，鄭司農云："昊天，天也。上帝，玄天也。昊天上帝，樂以《雲門》。"⑥鄭司農以昊天爲天，以上帝爲玄天，《典瑞》鄭司農與此同⑦。賈公彥疏云："二者異名而同

① 具有代表性的有陳贇（氏著《鄭玄"六天"説與禘禮的類型及其天道論依據》，《陝西師範大學學報（哲學社會科學版）》2016年第2期，頁86—111）、趙永磊（氏著《中古時期國家祭祀的理論基礎：以鄭王郊社立説爲中心》，《北朝至隋唐國家祭祀形成研究》，北京大學博士學位論文，2017年，頁14—35）、陳壁生（氏著《周公的郊祀禮——鄭玄的經學構建》，《湖南大學學報（社會科學版）》2018年第5期，頁40—48）、褚葉兒（氏著《鄭玄的六天説與陰陽五行》，《中國哲學史》2020年第4期，頁83—90）等學者。

② 《禮記正義》卷二十五《郊特牲》，頁892。

③④ 《禮記正義》卷二十五《郊特牲》，頁893。

⑤ 《禮記正義》卷十四《月令》，頁537。

⑥ 《周禮注疏》卷十八《大宗伯》，上海古籍出版社，2010年，頁646。

⑦ 《典瑞》"四圭有邸，以祀天、旅上帝"，鄭司農云："上帝，玄天。"（《周禮注疏》卷二十二《典瑞》，頁768）

實也……先鄭與王肅之等，同一天而已，似無六天之義，故以天解昊天上帝爲一也。"[①]然而若據鄭司農所云衹有一天，則《周禮·大司樂》的祀天樂舞會有混亂，即賈公彦疏所謂："《大司樂》分樂而序之及六變，俱有《雲門》，不知定取何者以祀天。"[②]鄭玄注則云："昊天上帝，冬至於圜丘所祀天皇大帝。"[③]是鄭玄以昊天上帝爲一，即北極天皇大帝。結合《大司樂》鄭玄注，六天帝可以處理大合樂、分樂序之以祀天神和樂六變以降天神之間的關係。《大宗伯》"以玉作六器，以禮天地四方。以蒼璧禮天，以黄琮禮地，以青圭禮東方，以赤璋禮南方，以白琥禮西方，以玄璜禮北方"，鄭玄注云："禮東方以立春，謂蒼精之帝。禮南方以立夏，謂赤精之帝。禮西方以立秋，謂白精之帝。禮北方以立冬，謂黑精之帝。"[④]是鄭玄以四方帝爲四精帝，與蒼璧所禮之天共爲六天帝。《周禮·掌次》曰："王大旅上帝，則張氈案，設皇邸。朝日、祀五帝，則張大次、小次，設重帟重案。"鄭玄以大旅上帝爲祭天於圜丘，即北極天皇大帝，以祀五帝在四郊，即以五帝爲五天帝，共爲六天帝[⑤]。賈公彦認爲祀昊天上帝與祀五帝所用氈案、大次、小次、重帟、重案皆相同，可知賈公彦以昊天上帝與五天帝皆爲天帝，以證成鄭義[⑥]。另外，鄭司農云"五帝，五色之帝"，鄭玄無駁，賈公彦以爲青赤黄白黑五帝，則五色之帝自是五天帝[⑦]。《周禮·太宰》"祀五帝，則掌百官之誓戒，與其具修。祀大神示亦如之"，鄭玄注云："祀五帝，謂四郊及明堂。大神衹謂天地。"賈公彦疏云："云祀大神，謂冬至祭天於圓丘。云祀大衹，謂夏至祭地於方澤。"[⑧]圜丘所祀爲昊天上帝，則鄭玄以太宰掌祀六天帝之禮[⑨]。

此外，從《周禮》的用詞體例來看，五帝也應被釋爲天帝。《周禮·鼓人》賈公彦疏云："天神稱祀，地衹稱祭，宗廟稱享。"[⑩]孫詒讓亦云："天神云祀，地衹云祭，人鬼云享。"[⑪]經統計，《周禮》中五帝及包含在其中的上帝之祭，皆以"祀"字别之於地衹、人鬼，可知《周禮》的用詞體例區分了天神、地衹、人鬼。因而，《周禮》反復云"祀五帝"時，一個"祀"字已經表明《周禮》本身把五帝理解成了天神[⑫]。

---

① 《周禮注疏》卷十八《大宗伯》，頁 647。

② 《周禮注疏》卷十八《大司樂》，頁 647。

③ 《周禮注疏》卷十八《大司樂》，頁 646。

④ 《周禮注疏》卷二十《大宗伯》，頁 687。天帝實則有五。《小宗伯》云"兆五帝於四郊"，鄭玄注云："黄帝亦於南郊。"(《周禮注疏》卷二十《小宗伯》，頁 698)

⑤ 鄭玄注云："大旅上帝，祭天於圓丘。""祀五帝於四郊。"(《周禮注疏》卷六《掌次》，頁 202、203)

⑥⑦ 《周禮注疏》卷六《掌次》，頁 203—204。

⑧ 《周禮注疏》卷二《大宰》，頁 61—62。

⑨ 《尚書·舜典》"肆類於上帝"，僞孔安國傳"遂以攝告天及五帝"，孔穎達疏引《孔子家語》王肅注"五行之神，助天理物者也"，認爲僞孔安國傳中的五帝是五行之神，非鄭玄所説的靈威仰之屬，未必合僞孔安國傳之義。(《尚書正義》卷三《舜典》，上海古籍出版社，2007 年，頁 76、79)

⑩ 《周禮注疏》卷十三《鼓人》，頁 444。

⑪ [清]孫詒讓《周禮正義》卷三十三《大宗伯》，中華書局，2013 年，頁 1298。

⑫ 《鄭玄"六天"説與禘禮的類型及其天道論依據》，頁 93。

（二）六天帝的緯書依據

緯書中關於六天帝的記載較多。《春秋佐助期》云："紫宮，天皇耀魄寶之所理也。"①可知天皇大帝之號是耀魄寶。《春秋合誠圖》云："紫微宮，太一之常座。"又云："天皇大帝，北辰星也，含元秉陽，舒精吐光，居紫宮中，制御四方，冠有五采。"又云："中宮天極星，其一明者，太乙常居。"又云："紫微，大帝室，太一之精也。"②《春秋元命包》云："天生大列爲中宮大極星。星其一明者，太一常居。傍兩星巨辰子位，故爲北辰，以起節度。亦爲紫微宮，紫之言此，宮之言中。此宮之中，天神圖法，陰陽開閉，皆在此中。"又云："北者，高也。極者，藏也。言太一之星，高居深藏，故名北極也。"③《春秋緯》云："紫微爲天帝。"又云："北極耀魄寶。"④《春秋文曜鉤》云："中宮大帝，其精北極星，含元出氣，流精生一也。"又云："中宮大帝，其北極星下一明者，爲大一之先，含元氣，以斗布常。"⑤綜上所述，可知北極、北辰、中宮天極星、天皇、天皇大帝、中宮大帝、耀魄寶、太一異名同實。《大宗伯》賈公彥疏云："又案《爾雅》云'北極謂之北辰'，鄭注云：'天皇北辰耀魄寶。'又云：'昊天上帝，又名大一常居，以其尊大，故有數名也。'其紫微宮中皇天上帝，亦名昊天上帝，得連上帝而言。"⑥可知鄭玄以天皇、北辰、耀魄寶、昊天上帝、大一常居異名同實。

《尚書璿璣鈐》云："帝者天號。天有五帝以立名。"⑦《孝經援神契》云："五精之神，實在太微，在辰爲巳。"⑧《易緯是類謀》鄭玄注云："太微，五精之官。"⑨此總説太微有五帝。《河圖》云："東方蒼帝，神名靈威仰，精爲青龍。南方赤帝，神名赤熛怒，精爲朱鳥。中央黄帝，神名含樞紐，精爲麟。西方白帝，神名白招矩，精爲白虎。北方黑帝，神名叶光紀，精爲玄武。"⑩是將五方、五色帝、

---

① ［日］安居香山、中村璋八《緯書集成》，河北人民出版社，1994年，頁819。

② 《緯書集成》，頁773、767。

③ 《緯書集成》，頁649。

④ 《緯書集成》，頁910。王念孫云："《北堂書鈔》引《書大傳》云：'北辰謂之曜魄。'《春秋緯》謂北極爲曜魄寶，蓋本於《大傳》也。"（［清］王念孫《廣雅疏證(附索引)》卷九上《釋天》，中華書局，2004年，頁288）

⑤ 《緯書集成》，頁662。

⑥ 《周禮注疏》卷十八《大宗伯》，頁649。案上所引《春秋合誠圖》云"太一之常座"，《漢書·天文志》云"泰一之常居"（見"六天帝的天文依據"節腳注），似"太一常居"非神名，而是指太一神之平常居所，此蓋相對於太一巡行九宫而言。據《易緯乾鑿度》太一巡行九宫鄭玄注（見"六天帝的天文依據"節所引），可知太一巡行九宫而名曰天一或太一，則太一居紫微宫時是其常居，爲了與巡行九宫時的太一（或曰天一）相區别，故將居於紫微宫時的太一稱爲太一常居。故此處鄭玄注云"昊天上帝，又名大一常居"，是以"太一常居"爲神名。且緯書、天文書中多見"太一常居"一詞，故本文從鄭玄之意，以"太一常居"爲天神名。

⑦ 《緯書集成》，頁374。

⑧ 《緯書集成》，頁967。

⑨ 《緯書集成》，頁286。按，官疑宫之訛。

⑩ 《緯書集成》，頁1221。俞正燮謂靈威仰五名古謂之五府，耀魄寶之名亦曰文祖，而非六天帝之名，是就六天帝所臨之府稱之，不敢斥言帝，如人稱皇帝爲陛下。（［清］皮錫瑞《聖證論補評》卷下，《國家清史編纂委員會文獻叢刊·皮錫瑞全集》第5册，中華書局，2015年，頁564—567）此説似是實非，據此《河圖》及下《春秋緯》《詩緯》等多直言耀魄寶靈威仰等是六天帝之名可知。

靈威仰之屬、五象相配屬。《春秋文曜鉤》云:"太微之座,五帝之廷,蒼則靈威仰,白則白招矩,黄則含樞紐,赤則赤熛怒,黑則協光紀。"又云:"太微宫有五帝座星,蒼帝其名曰靈威仰,赤帝其名曰赤熛怒,黄帝其名曰含樞紐,白帝其名曰白招矩,黑帝其名曰汁光紀。"又云:"東宫蒼帝,其精爲青龍。南宫赤帝,其精爲朱鳥。西宫白帝,其精白虎。北宫黑帝,其精玄武。鎮,黄帝含樞紐之精,其體璿璣,中宿之分也。"是將五方之宫與五色帝、五精(四象加鎮星)相聯,五帝分主五宫。又云:"蒼帝春受制,其名靈威仰。赤帝夏受制,其名赤熛怒。黄帝受制,王四季,其名含樞紐。白帝秋受制,其名白招矩。黑帝冬受制,其名汁光紀。"又云:"春起青受制,其名靈威仰。夏起赤受制,其名赤熛怒。秋起白受制,其名白招拒。冬起黑受制,其名汁光紀。季夏六月火受制,其名含樞紐。"①此是五色帝、靈威仰之屬、五時相搭配。《詩含神霧》云:

> 五精星坐,其東蒼帝坐,神名靈威仰,其精爲青龍之類。其南赤帝坐,神名赤熛怒,其精爲朱鳥之類。其中黄帝坐,其名含樞紐,其精有四象。其西白帝坐,其名白招矩,其精爲白虎之類。其北黑帝坐,其名協光紀,其精爲玄武之類。五帝並設,神靈集謀者也。②

此將五方、五色帝、靈威仰之屬、四象統合起來。《易緯坤靈圖》云:"五帝:東方木色蒼,南方火色赤,中央土色黄,西方金色白,北方水色黑。"③此將五帝、五方、五色、五行相配屬。綜上可知,在緯書中,五帝(靈威仰之屬)、五方、五宫、五色、五行、五時(或四時)、五象(或四象)是有一致配屬關係的系統。

《春秋元命包》云:"太微爲天庭,五帝以合時。紫微宫爲大帝。"④明確指出紫微宫中有天皇大帝,太微宫中有五帝,共爲六天帝。《春秋保乾圖》云:"陽起於一,天帝爲北辰。氣成於三,以立五神。"⑤此言天皇大帝居於北辰,另有五神即五帝。《洛書斗中圖》云:"天子擇日月,禮太一、五天及三萬六千祇者……"⑥太一即天皇大帝,五天即五帝。上所引《春秋文曜鉤》備舉東南西北四宫四色之帝及黄帝,又舉中宫大帝,説明《春秋文曜鉤》有六天帝系統。綜上所述,可知緯書中有"大帝—五帝"的六天帝系統。六天帝系統中,大帝高於五帝,能役使五帝,如《春秋緯》所云:"大帝紫宫,不言不動摇,以斗運度推精,使五帝,修名號。"⑦《易緯乾元序制記》鄭玄注云:"天能鉤驗五精,記其次第興

① 《緯書集成》,頁668、662。
② 《緯書集成》,頁466—467。
③ 《緯書集成》,頁310。
④ 《緯書集成》,頁645。
⑤ 《緯書集成》,頁809。
⑥ 《緯書集成》,頁1284。
⑦ 《緯書集成》,頁932。

亡,天人皆受法度。"[①]天即大帝,五精即五帝。可知緯書中不但有六天帝系統,六天帝也有等級秩序。

(三) 六天帝的天文依據

古代天文學把北極附近的一片天區劃爲紫微垣,因居北天中央,故稱中宫[②]。《史記·天官書》云:"中宫天極星,其一明者,太一常居也。旁三星三公,或曰子屬。後句四星,末大星正妃,餘三星後宫之屬也。環之匡衛十二星,藩臣。皆曰紫宫。"[③]《晋書·天文志》云:"北極五星,鉤陳六星,皆在紫宫中……紫宫垣十五星,其西藩七,東藩八,在北斗北。一曰紫微,大帝之坐也,天子之常居也,主命主度也……"[④]《樂叶圖徵》云:"天宫,紫微宫。北極,天一、太一。鉤陳,後宫也。"[⑤]《春秋元命包》云:"天生大列爲中宫大極星。星其一明者,太一常居。傍兩星巨辰子位,故爲北辰,以起節度,亦爲紫微宫。"又云:"北者,高也。極者,藏也。言太一之星,高居深藏,故名北極也。"又云:"在天爲文昌,在人爲顔頞,太一之謂也。"[⑥]紫微垣内重要的星有北極、北斗、太乙、天皇大帝、鉤陳、五帝内座等。北極作爲天球北極即古所謂北辰,作爲星座則包括太子、帝、庶子、後宫、天樞五星[⑦]。《春秋合誠圖》云:"北辰,其星五,在紫微中。"[⑧]其五星當即此五星。陳遵嬀認爲太乙在紫微宫門外,右樞以南,《史記·天官書》所謂"太一常居"即此星[⑨]。但是《易緯乾鑿度》太一巡行九宫鄭玄注云:"太一者,北辰之神名也,居其所曰太一,常行於八卦日辰之間曰天一,或曰太一。出入所游息於紫宫之内外,其星因以爲名焉。《故星經》曰:'天一、太一,主氣之神。'"[⑩]可知鄭玄以北極之神即太一,或曰天一,乃主氣之神,則與天皇大帝、耀魄寶爲同一神,而非陳遵嬀所説的太乙[⑪]。《樂叶圖徵》云:"北極,天一、太一。"[⑫]鄭注以太一爲天皇大帝當據此而來。《春秋合誠圖》:"中宫天極星,其一明者,太乙常居,旁三星,三公,或曰子屬。後勾四星,末大

① 《緯書集成》,頁266。

② 紫微垣、太微垣及相關星宿,可參看徐興無所繪"天文簡圖"(徐興無《讖緯文獻與漢代文化構建》,中華書局,2003年,頁212),以及潘鼐所繪"《史記·天官書》的北極星"(潘鼐《中國恒星觀測史》,學林出版社,2009年,頁105)。

③ [西漢]司馬遷《史記》卷二十七《天官書》,中華書局,2014年,頁1539。《漢書·天文志》之文與此同,唯"太一常居"作"泰一之常居"是其異。([東漢]班固《漢書》卷二十六《天文志》,中華書局,1962年,頁1274)

④ [唐]房玄齡等《晋書》卷十一《志第一·天文上》,中華書局,1974年,頁289、290。

⑤ 《緯書集成》,頁559。

⑥ 《緯書集成》,頁649。

⑦ 馮時《中國天文考古學》,中國社會科學出版社,2017年,頁124。

⑧ 《緯書集成》,頁769。

⑨ 陳遵嬀《中國天文學史》,上海人民出版社,2016年,頁199。

⑩ 《緯書集成》,頁32。鄭注所言太一遊行九宫之説當遽《春秋合誠圖》而來,見"昊天上帝的辨析"節所引。

⑪ 陳遵嬀云:"天乙,在紫宫門外,右樞稍南些。""太乙,在天乙之南。"(《中國天文學史》,頁199)

⑫ 《緯書集成》,頁559。

星正妃,餘三星後宫之屬也。”[①]則紫微宫中除了天皇大帝、太一,還有三公、子屬、正妃、後宫之屬。鉤陳共六星,鉤陳一(小熊座 α)即現代的北極星。《樂叶圖徵》云:“鉤陳,後宫也。”[②]《春秋合誠圖》:“鉤陳,大帝之正妃也,天帝之常居也。”[③]以鉤陳爲天皇大帝之正妃和常居。《甘公星經》云:“天皇大帝一星在鉤陳口中,又有五帝内座五星在華蓋下。”[④]《石氏星經》云:“天皇大帝在鉤陳中央。”[⑤]《晋書·天文志》云:“鉤陳口中一星曰天皇大帝。”[⑥]紫微垣的五帝内座區别於太微垣的五帝座,《石氏星經》云:“五帝内座是華蓋下帝座。”[⑦]北斗七星在太微垣北,《史記·天官書》云:“北斗七星,所謂‘璿璣玉衡以齊七政’……斗爲帝車,運於中央,臨制四方。分陰陽,建四時,均五行,移節度,定諸紀,皆繫於斗。”[⑧]

紫微垣下北斗南方是太微垣,跨辰巳午三宫。《史記·天官書》將太微垣歸於南宫,云:“南宫……太微,三光之廷……其内五星,五帝坐。”[⑨]《河圖》亦云:“南方屬朱雀之神……太微垣亦屬南宫。”[⑩]《春秋合誠圖》云:“太微,其星十二。”[⑪]則太微有十二星。太微垣星名多取自秦漢官名[⑫],可知太微垣有司天之政的含義,其中最重要的星即五帝座星。講學大夫淳于登云:“太微之庭中有五帝座星。”[⑬]《孝經援神契》云:“五精之神,實在太微,於辰爲巳。”[⑭]《宋史·天文志》云:“四帝星夾黄帝座,四方各去二度。”[⑮]《春秋元命包》云:“太微爲天庭,五帝以合時。”“太微爲天庭,理法平辭,監升援德,列宿受符,諸神考節,舒情稽疑者也。”[⑯]《詩含神霧》云:“五帝並設,神靈集謀者也。”[⑰]《孝經緯》亦云:“太微天庭,帝以紀録出圖,五帝並設,神靈集謀,故置將相、輔佐、執法、郎位、少微以議疑。”[⑱]《史記·天官書》《春秋元命包》詳細列舉了太微天庭中的官

---

① 《緯書集成》,頁 767。

② 《緯書集成》,頁 559。

③ 《緯書集成》,頁 773。

④ 《三皇考》,頁 66。

⑤ 《中國天文學史》,頁 200。

⑥ 《晋書》卷十一《志第一·天文上》,頁 289。

⑦ 《中國天文學史》,頁 200。

⑧ 《史記》卷二十七《天官書》,頁 1542。《春秋元命包》與此文同。(《緯書集成》,頁 644)

⑨ 《史記》卷二十七《天官書》,頁 1550。《漢書·天文志》《孝經援神契》之文與此同。(《漢書》卷二十六《天文志》,頁 1276;《緯書集成》,頁 958)

⑩ 《緯書集成》,頁 1238。

⑪ 《緯書集成》,頁 767。

⑫ 《中國天文學史》,頁 203。

⑬ [清]陳壽祺、皮錫瑞《五經異義疏證　駁五經異義疏證》之《駁五經異義疏證》卷五,中華書局,2014 年,頁 368。

⑭ 《緯書集成》,頁 967。

⑮ [元]脱脱等《宋史》卷四十九《志第二·天文二》,中華書局,1977 年,頁 985。

⑯ 《緯書集成》,頁 645。

⑰ 《緯書集成》,頁 467。

⑱ 《緯書集成》,頁 1059。

名，有左執、右執、上相、次相、次將、上將、郎位、少微等，還列舉了多種宫廷之門，有南端門、左掖門、右掖門、東門、西門、中華門、太陰門①。可知太微宫是類似人間宫廷的五帝理政的宫廷②。

紫微宫和北辰在古人的政教觀中是非常重要的。《論語・爲政》曰："爲政以德，譬如北辰，居其所而衆星共之。"鄭玄注云："德者無爲，譬猶北辰之不移而衆星拱之也。北極謂之北辰也。衆星列宿，諸侯之象。"③鄭玄及其前人認爲北極不移，是由於時人不知歲差，以及由歲差導致天球赤極的移動。歲差導致天球赤極並非固定於一定點，而是以黄極爲中心，有規律地做圓周運動，26000年爲一次迴環。據研究，在西元前3000年至西元後2000年之間，北極在紫微宫内不斷移動，西元前3000年北極位於左樞星和右樞星之間，西元前1000年移動至帝星附近，漢時則以天樞星爲北極，西元後2000年則在鉤陳一附近④。由於北極從周初的帝星附近移動到了漢代的天樞星，那麼産生於此時段的文獻對北極所當之星必然有分歧，而北極星對應的天帝也會駁雜不一。如《史記・天官書》《春秋元命包》等以太一常居爲中宫天極星外一明者，《樂叶圖徵》以北極爲天一星、太一星，甘公、石申《星經》以天皇大帝在鉤陳口中。《春秋元命包》或以太一爲中宫大極星外一明者，或以太一爲北極，或以太一在北斗魁前的文昌座⑤。《舜典》"肆類於上帝"陸德明《釋文》引馬融曰："上帝，太一神，在紫微宫，天之最尊者。"⑥《周禮・神仕》賈公彦疏云："云'則祭天圜丘象北極'者，北極有三星，則中央明者爲大一常居，傍兩星爲臣子位焉。"⑦賈公彦説當本《春秋元命包》，以北極附近三星當北極，可知在漢唐時北極並無完全對應的星。而《爾雅》"北極謂之北辰"鄭玄注云"天皇北辰耀魄寶"，又云"昊天上帝，又名太一常居，以其尊大，故有數名也"；賈公彦疏謂："其紫微宫中皇天上帝，亦名昊天上帝。"⑧可知在鄭玄那裏，天皇大帝、昊天上帝、北辰、北極、耀魄寶、太一常居都被整齊劃一了，這對明確六天帝中的天皇大帝至關重要。

---

① 《史記》卷二十七《天官書》，頁1550。《緯書集成》，頁645。

② 漢代天文學家所言天皇大帝、五帝見於上所述《史記・天官書》、緯書等，《漢書・天文志》多與《史記・天官書》同，而孫星衍認爲此説來源更早。他説："古巫咸、甘、石三家天文之書以人事定星位，甘氏中官有天皇大帝一星在鉤陳口中，又有五帝内座五星在華蓋下。《天官書》多用《石氏星經》，又有五星五帝坐在南官。蓋中官天皇大帝象圜丘，五帝内座象郊，南官五帝坐象明堂。而甘公、石申皆周人，其所據又三代古書，讖緯如後出，亦當本此，安得不以五色之帝爲五天帝乎？"（[清]孫星衍《問字堂集 岱南閣集》卷五《雜文五・六天及感生帝辨》，中華書局，1996年，頁122）

③ 安作璋《鄭玄集》，《齊文化叢書》第6册，齊魯書社，1997年，頁584。

④ 《中國天文考古學》，頁123；《中國天文學史》，頁199；《中國恒星觀測史》，頁237—238。王念孫注意到了北極的位移。（《廣雅疏證(附索引)》卷九上《釋天》，頁288）

⑤ 《緯書集成》，頁649。

⑥ 《尚書正義》卷三《舜典》，頁76。

⑦ 《周禮注疏》卷三十二《神仕》，頁1064。

⑧ 《周禮注疏》卷十八《大宗伯》，頁649。

二、六天帝系統的辨析

（一）五天帝系統的辨析

經學文獻中常見天、帝、上帝、五帝、五精、五帝座星、五帝内坐等名詞，鄭玄將其中一部分釋爲五天帝，一部分釋爲五人帝，確立了以五天帝爲核心的五帝系統[①]。

《月令》系統的五天帝、五人帝與五行等的配屬關係如下。《月令》"孟春之月……其帝大皞，其神句芒。其音角，其味酸"，鄭玄注云："此蒼精之君、木官之臣，自古以來，著德立功者也。大皞，宓戲氏。句芒，少皞氏之子，曰重，爲木官。"孔穎達疏謂：

> "其帝大皞"者，謂自古以來，木德之君，其帝大皞也。"其神句芒"者，謂自古以來，主春立功之臣，其祀以爲神。蒼是東方之色，故下云"駕蒼龍，服蒼玉"。此是蒼精之君也，則東方當木行之君也。[②]

鄭玄將太皞稱爲蒼精之君，將句芒稱爲木官之臣，並認爲伏羲氏即太皞，重即句芒，孔穎達將太皞與木德之君相配，將句芒稱爲主春立功之臣，這就把五人帝（太皞之屬、伏羲之屬）、五人神、四時、五精、五行、五方、五色相配屬了。孟夏、孟秋、孟冬之月亦然。《月令》"孟夏之月……其帝炎帝，其神祝融。其音徵，其味苦"，鄭玄注云："此赤精之君、火官之臣，自古以來，著德立功者也。炎帝，大庭氏也。祝融，顓頊氏之子曰黎，爲火官。"鄭玄以炎帝爲大庭氏，孔穎達疏引何胤云："《春秋説》云：炎帝號大庭氏，下爲地皇，作耒耜，播百穀，曰神農也。"[③]則大庭氏即神農。又《祭法》首章孔穎達疏云："又《春秋命歷序》：'炎帝號曰大庭氏，傳八世，合五百二十歲……'此鄭之所據也。"[④]又鄭玄以烈山氏爲炎帝，《祭法》鄭玄注云："厲山氏，炎帝也，起於厲山，或曰有烈山氏。"[⑤]《月令》"中央土……其帝黄帝，其神后土。其音宫"，鄭玄注云："此黄精之君、土官之神，自古以來，著德立功者也。黄帝，軒轅氏也。后土，亦顓頊氏之子，曰黎，兼爲土官。"[⑥]《月令》"孟秋之月……其帝少皞，其神蓐收。其音商，其味辛"，

---

① 鄭玄嚴格區分了五人帝與五天帝，如《月令》"是月也，天子乃薦鞠衣於先帝"，鄭玄注云："先帝，大皞之屬。"孔穎達疏云："云'先帝，大皞之屬'者，以其言先不言上，故知非天，唯大皞之屬。春時惟祭大皞。"（《禮記正義》卷十五《月令》，頁 565）

② 《禮記正義》卷十四《月令》，頁 521。由此可知，鄭玄將太皞之屬稱爲五精君，將句芒之屬稱爲五官臣。

③ 《禮記正義》卷十五《月令》，頁 574。

④ 《禮記正義》卷四十六《祭法》，頁 1508。案《月令》"毋發令而待，以妨神農之事也"，鄭玄注云："土神稱曰神農者，以其主於稼穡。"（《禮記正義》卷十六《月令》，頁 598）鄭玄把此處的神農注爲土神，即五人神之一，與三皇中的神農不同。

⑤ 《禮記正義》卷四十六《祭法》，頁 1524。

⑥ 《禮記正義》卷十六《月令》，頁 601—602。

鄭玄注云:“此白精之君、金官之臣,自古以來,著德立功者也。少皞,金天氏。蓐收,少皞氏之子曰該,爲金官。”[①]《月令》“孟冬之月……其帝顓頊,其神玄冥,其音羽,其味鹹”,鄭玄注云:“此黑精之君、水官之臣,自古以來,著德立功者也。顓頊,高陽氏也。玄冥,少皞氏之子曰修,曰熙,爲水官。”[②]《祭法》鄭玄注引《明堂月令》云:“春曰其帝大昊,其神句芒。夏曰其帝炎帝,其神祝融。中央曰其帝黄帝,其神后土。秋曰其帝少昊,其神蓐收。冬曰其帝顓頊,其神玄冥。”[③]此是鄭玄將四時、五人帝、五人神相配屬。《洪範五行傳》的五人帝、五人神、五方、五色、五行、五音、四時等的配屬與《月令》同[④]。

《月令》之外,五行配屬廣泛見於經書中[⑤]。《周禮・龜人》“龜人掌六龜之屬,各有名物。天龜曰靈屬,地龜曰繹屬,東龜曰果屬,西龜曰雷屬,南龜曰獵屬,北龜曰若屬。各以其方之色與其體辨之”,鄭玄注云:“天龜玄,地龜黄,東龜青,西龜白,南龜赤,北龜黑。”[⑥]鄭玄將四方與四色相配,與《大宗伯》“以青圭禮東方,以赤璋禮南方,以白琥禮西方,以玄璜禮北方,皆有牲、幣,各放其器之色”所言四時、四方所配之玉、牲、幣之四色相合[⑦]。《考工記・畫繢》“東方謂之青,南方謂之赤,西方謂之白,北方謂之黑,天謂之玄,地謂之黄”,與《大宗伯》所禮四方之玉色相合。可知五行的觀念在經書中是普遍的,而且已有五行與五味、五色、五聲的配屬關係。

《月令》《洪範五行傳》對五人帝、五人神的記載,結合經書中其他關於五行

---

① 《禮記正義》卷十八《月令》,頁 606。

② 《禮記正義》卷十七《月令》,頁 633。

③ 《禮記正義》卷四十六《祭法》,頁 1506。按,鄭玄所引《明堂月令》與《禮記・月令》有個别字之異,郎文行認爲:“漢儒所稱《明堂月令》與所稱《月令》,作爲書名衹是詳省之别,但不同學者如許慎、鄭玄所稱之《明堂月令》,未必是同一個傳抄之本,其名雖同而其實却有差異,二者之間容有文字不同,故不能簡單地説《明堂月令》就是《禮記・月令》。”(郎文行《〈今月令〉與〈明堂月令〉考論》,《經學文獻研究集刊》第十六輯(2016 年 11 月),上海書店出版社,頁 59)然則鄭玄所據之《明堂月令》可視爲與《禮記・月令》同源的不同傳抄本,故鄭玄注經仍可視爲依據的是《禮記・月令》。

④ 《洪範五行傳》云:“東方之極……帝太皞、神句芒司之……;南方之極……帝炎帝、神祝融司之……;中央之極……帝黄帝、神后土司之……;西方之極……帝少皞、神蓐收司之……;北方之極……帝顓頊、神玄冥司之……。”(《鄭玄集》,頁 559—561)

⑤ 如《尚書・洪范》云:“五行:一曰水,二曰火,三曰木,四曰金,五曰土。水曰潤下,火曰炎上,木曰曲直,金曰從革,土爰稼穡。潤下作鹹,炎上作苦,曲直作酸,從革作辛,稼穡作甘。”《禮記・禮運》云:“五行之動,迭相竭也。五行四時十二月,還相爲本也。五聲六律十二管,還相爲宫也。五味六和十二食,還相爲質也。五色六章十二衣,還相爲質也。”

⑥ 《周禮注疏》卷二十八《龜人》,頁 931。

⑦ 《大宗伯》未言禮中央所用之玉之色,《郊特牲》孔穎達疏云:“冬至圜丘用蒼璧,夏正郊天用四圭有邸。其五時迎氣,東方用青圭,南方用赤璋,西方用白琥,北方用玄璜。其中央無文,先師以爲亦用黄琮,熊氏以爲亦用赤璋。鄭注《宗伯》云:‘……其牲幣各放其玉之色。’案天色玄而用蒼犢者,但天色雖玄,遠望則蒼,取其遠色,故用蒼也。”(《禮記正義》卷二十五《郊特牲》,頁 894)中央之玉經書無明文,鄭玄亦未言,以致有黄琮與赤璋之争。先師以爲亦用黄琮者,蓋據中央黄帝之色,是以帝之色(即方之色)定玉之色。熊安生以爲亦用赤璋者,蓋取《小宗伯》鄭注“黄帝亦於南郊”和《曲禮》鄭注“后土在南”,是以帝之方位定玉之色。孔疏引鄭注“其牲幣各放其玉之色”爲證,又以天色玄而與東方之玉同用蒼爲佐證,意在説明中央之玉色當用黄,雖與禮地之玉色相同,不爲妨。下孔疏又云“其四鎮五嶽之等,各用當方之色”,四鎮五嶽既用當方之色,則中央之玉色自當用黄。

配屬的記載，得以確立以五人帝爲核心的系統，列表如下[①]。

表1　經傳五人帝系統

五人帝(五精君)	五人神(五官臣)	五行	五方	五色	五味	五音	四時
太皞(伏羲氏)	句芒(重)	木	東方	蒼	酸	角	春
炎帝(大庭氏)	祝融(黎)	火	南方	赤	苦	徵	夏
黄帝(軒轅氏)	后土(黎)	土	中央	黄	甘	宫	
少皞(金天氏)	蓐收(該)	金	西方	白	辛	商	秋
顓頊(高陽氏)	玄冥(熙)	水	北方	黑	鹹	羽	冬

緯書系統的五精帝與五行等的配屬關係如下。《春秋運斗樞》云："大微宫有五帝坐星。"[②]《春秋元命包》云："大微爲天庭，五帝以合時。"[③]《春秋文曜鉤》云："大微宫有五帝坐星，青帝曰靈威仰，赤帝曰赤熛怒，白帝曰白招拒，黑帝曰汁光紀，黄帝曰含樞紐。"又云："太微宫有五帝座星，蒼帝其名曰靈威仰，赤帝其名曰赤熛怒，黄帝其名曰含樞紐，白帝其名曰白招矩，黑帝其名曰汁光紀。"又云："太微之座，五帝之廷，蒼則靈威仰，白則白招矩，黄則含樞紐，赤則赤熛怒，黑則協光紀。"[④]此將五色與五天帝、靈威仰之屬相配，並直指爲太微五帝座星。《大傳》鄭玄注云："王者之先祖，皆感大微五帝之精以生，蒼則靈威仰，

① 按，《樂稽耀嘉》云："用鼓和樂於東郊，用太皞之氣、句芒之音；用聲和樂於中郊，用黄帝之氣、后土之音；用動和樂於北郊，用顓頊之氣、玄冥之音。"(《緯書集成》，頁551)此章有殘缺，以東郊、中郊、北郊推之，當有南郊、西郊，五郊各以當方之五人帝之氣、五人神之音配之。此篇有"中郊"，配屬黄帝、后土，《月令》鄭注"黄帝亦於南郊"，是鄭注與此篇不同之處，説明鄭玄對緯書之説有取捨。《春秋元命包》以南方之帝爲祝融，其神爲朱芒(《緯書集成》，頁611、612)，與《禮記・月令》以炎帝爲帝，以祝融爲神異，鄭玄不取。又按，《左傳》昭公二十九年蔡墨云："故有五行之官，是謂五官，實列受氏姓，封爲上公，祀爲貴神。社稷五祀，是尊是奉。木正曰句芒，火正曰祝融，金正曰蓐收，水正曰玄冥，土正曰后土。"杜預注云："五官之君長能修其業者，死皆配食於五行之神，爲王者所尊奉。"據孔穎達疏，五官之君長是重、該、修、熙、犁，五行之神是句芒、祝融、后土、蓐收、玄冥，是杜預以重之屬與句芒之屬爲二，而呈五天帝—五人帝—五行之神—五官君長的結構。(《春秋左傳正義》卷五十三《昭公二十九年至三十二年》，北京大學出版社，2000年，頁1733)鄭玄則以重之屬與句芒之屬爲一，是爲五人神(五官臣)。又按，《鄭志・周禮志》趙商問："今云'五官之神在四郊，其二祀合爲犁，食火、土'者何?"鄭玄答曰："犁爲祝融，句龍爲后土。《左氏》下言后土爲社，謂暫作后土。后土轉爲社，無有代者。故先師之説，犁兼之，因火、土俱位南方。"([清]皮錫瑞《鄭志疏證》卷四《周禮志》，《國家清史編纂委員會文獻叢刊・皮錫瑞全集》第3册，中華書局，2015年，頁288)説明了黎兼火、土二官的原因，以及火、土俱位南方的原因。黎兼火、土二官與火、土俱位南方正好相合。土位本在五方之中央，鄭玄以土位南方，是以五行配屬四郊而言，二者並不矛盾。又按，后土所指有六：地祇、土神、五行土官、后土官、句龍、黎。(《鄭志疏證》卷六《禮記志》，頁360—363)要之，地祇、土神是神祇，後四者是人，不可混淆。神祇是天地自然造化所成，非人死後所變成。鄭玄的神祇體系，自然神與人神嚴格區分，故天神如五精帝，地祇如社、后土，皆不由人變成，人祇能配祀自然神，故五人帝、五官神配食五精帝，句龍配食社神，柱、棄配食稷神。句龍爲后土，是后土官；黎爲后土，是兼五行土官，二者皆是人非神，與神祇之后土異。

② 《周禮注疏》卷十八《大宗伯》，頁649。

③ 《緯書集成》，頁645。

④ 《緯書集成》，頁662、668。

赤則赤熛怒，黄則含樞紐，白則白招拒，黑則汁光紀。”①鄭玄注當本《文曜鉤》而來。《掌次》“朝日，祀五帝”，鄭司農云：“五帝，五色之帝。”鄭玄無駁，當同鄭司農意。賈公彦疏謂：“鄭司農云‘五帝，五色之帝’者，謂東方青帝靈威仰，南方赤帝赤熛怒，中央黄帝含樞紐，西方白帝白招拒，北方黑帝汁光紀。並依《文耀鉤》所説。”②此將五方、五色帝、靈威仰之屬相配屬。《易緯坤靈圖》云：“五帝：東方木色蒼，南方火色赤，中央土色黄，西方金色白，北方水色黑。”③此將五帝、五方、五行、五色相配屬。《詩含神霧》云：“五精星坐：其東蒼帝坐，神名靈威仰，其精爲青龍之屬；其南赤帝坐，神名赤熛怒，其精爲朱鳥之屬；其西白帝坐，神名白招矩，其精爲白虎之屬；其北黑帝坐，神名汁光紀，其精爲玄武之屬。”④此指出五方、五色帝、靈威仰之屬、四象的關係，並與五帝座星相配屬。《王制》“類乎上帝”，鄭玄注云：“帝謂五德之帝，所祭於南郊者。”孔穎達疏謂：

> 鄭注《月令》祈穀於上帝，爲大微之帝。注此上帝爲五德，五德似如大皞五人之帝，二文不同。庾蔚云：“謂大微五帝，應於五行，五行各有德，故謂五德之帝。木神仁，金神義，火神禮，水神知，土神信，是五德也。”⑤

則鄭玄以太微五天帝爲五德之帝，與五行相應，各具五行之德，即五常。《春秋元命包》云：“蒼精用事，象歲星；赤精用事，象熒惑；黄精用事，象鎮星；白精用事，象太白；黑精用事，象辰星。”⑥此將五精（即五天帝）與五星相配屬。《春秋文曜鉤》亦云：“東方木精，曰歲星；南方火精，曰熒惑；西方金精，曰太白；北方水精，曰辰星；中央土精，曰鎮星。”⑦此將五方、五精、五星相配屬，與《元命包》相合。《春秋文曜鉤》云：“東宫蒼帝，其精爲青龍。南宫赤帝，其精爲朱鳥。西宫白帝，其精白虎。北宫黑帝，其精玄武。鎮，黄帝含樞紐之精，其體璿璣，中宿之分也。”此將五方之宫與五色帝、五精（四象加鎮星）相聯，五帝分主五宫。又云：“蒼帝春受制，其名靈威仰。赤帝夏受制，其名赤熛怒。黄帝受制，王四季，其名含樞紐。白帝秋受制，其名白招矩。黑帝冬受制，其名汁光紀。”又云：“春起青受制，其名靈威仰。夏起赤受制，其名赤熛怒。秋起白受制，其名白招拒。冬起黑受制，其名汁光紀。季夏六月火受制，其名含樞紐。”⑧此是五色帝、靈威仰之屬、五時之搭配。《河圖帝覽嬉》：“北方玄武之所主，其帝顓頊，其

---

① 《禮記正義》卷三十四《大傳》，頁 1162。
② 《周禮注疏》卷六《掌次》，頁 203—204。
③ 《緯書集成》，頁 310。
④ 《緯書集成》，頁 466—467。
⑤ 《禮記正義》卷十二《王制》，頁 431—432。
⑥ 《緯書集成》，頁 606。
⑦ 《緯書集成》，頁 676。
⑧ 《緯書集成》，頁 662。

神玄冥。西方白虎之所主，其帝少皞，其神蓐收。”①此篇殘缺，以北方、西方推之，五方當皆有所主及帝、神，帝、神與《月令》相同，四象與《月令》不同②，又與五天帝主五方、五行相悖，故鄭玄不取。《河圖》云：“東方蒼帝，神名靈威仰，精爲青龍。南方赤帝，神名赤熛怒，精爲朱鳥。中央黄帝，神名含樞紐，精爲麟。西方白帝，神名白招矩，精爲白虎。北方黑帝，神名叶光紀，精爲玄武。”③此將五方、五色帝、靈威仰之屬、五象相配屬。《河圖》又云：“東方蒼帝靈威仰，木帝也。南方赤帝赤熛怒，火帝也。中央黄帝含樞紐，土帝也。西方白帝白招拒，金帝也。北方黑帝叶光紀，水帝也。”④明確將五方、五色、靈威仰之屬、五行相配，以靈威仰之屬即五色帝，且謂之五行之帝，不謂之五行之精。《春秋潛潭巴》：“蒼帝始起，斗指寅，精靈威仰。”⑤似五色帝與靈威仰之屬不同，鄭玄據《春秋文曜鉤》《河圖》，以五色帝即靈威仰之屬，是對緯書所作的整齊⑥。

綜上，緯書將五精帝、五色、五方、五時、五行、五宫、五象等相配屬，未與五人帝、五人神相配屬。緯書系統以五精帝爲核心的系統列表如下⑦。

表 2 緯書五精帝系統

五精帝	五行	五方	五色	五宫	五象	五星	五常	五時
蒼帝(靈威仰)	木	東方	蒼	東宫	青龍	歲星	仁	春
赤帝(赤熛怒)	火	南方	赤	南宫	朱鳥	熒惑	禮	夏
黄帝(含樞紐)	土	中央	黄		麟	鎮星	信	季夏
白帝(白招拒)	金	西方	白	西宫	白虎	太白	義	秋
黑帝(叶光紀)	水	北方	黑	北宫	玄武	辰星	知	冬

在五人帝系統之上，鄭玄加入緯書中的五精帝，確立了以五精帝、五人帝

① 《緯書集成》，頁 1134。主，原作生，當是形訛，據文意改。

② 詳見下文脚注。

③ 《緯書集成》，頁 1221。

④ 《緯書集成》，頁 1247。

⑤ 《緯書集成》，頁 852。

⑥ 《詩緯》云：“木神則仁，金神則義，火神則禮，水神則信，土神則智。”(《緯書集成》，頁 486)將五行與五常相配屬，與上《王制》疏所引庾蔚之所言五行與五常的配屬有異。《禮稽命徵》云：“古者以五靈配五方：龍木也，鳳火也，麟土也，白虎金也，神龜水也。”(《緯書集成》，頁 515)此五靈與上《詩含神霧》《春秋文曜鉤》《河圖》所舉的五精有異。《孝經援神契》云：“土之精黄，木之精青，火之精赤，金之精白，水之精黑。”(《緯書集成》，頁 989)此五行之精與五精帝靈威仰之屬不同，而五行之色與五帝之色相應。

⑦ 五天帝在經注和緯書中或稱爲五精帝、五色帝、五方帝、五德之帝，黄以周總結道：“五帝爲五行精氣之神。以其氣言，謂之‘五精之帝’可也。(鄭《月令》注)以其性言，謂之‘五德之帝’可也。(鄭《王制》注)以其色言，謂之‘五色之帝’亦可也。(《周禮》先鄭注)以其方言，謂之‘五方之帝’亦可也。(朱子説)”([清]黄以周《儆季雜著一・禮説一》，《黄式三黄以周合集》第 15 册，上海古籍出版社，2014 年，頁 15)

爲核心的系統[①]。《月令》“某日立春,盛德在木……以迎春於東郊”,鄭玄注云:“迎春,祭蒼帝靈威仰於東郊之兆也。”孔穎達疏云:

按賈、馬、蔡邕皆爲迎春祭大皞及句芒,以上云“其帝大皞,其神句芒”故也。今鄭獨以爲蒼帝靈威仰者,以《春秋文耀鉤》云蒼帝靈威仰。《禮器》云“饗帝於郊,而風雨寒暑時”,是人帝何能使風雨寒暑得時?又《詩》及《尚書》云上帝,皆爲天也。《周禮·司服》云“王祀昊天上帝則服大裘而冕,祀五帝亦如之”,五帝若是人帝,何得與天帝同服?故以爲靈威仰。上云“盛德在木”者,盛德則靈威仰之盛德也。[②]

《月令》經文將五德、四時、五人帝、五人神、五方相配屬,但是未見祭靈威仰之屬之文,鄭玄則據緯書將靈威仰之屬配入,並置於五德、五人帝之上。迎夏、季夏、迎秋、迎冬亦然。《月令》“某日立夏,盛德在火……以迎夏於南郊”,鄭玄注云:“迎夏,祭赤帝赤熛怒於南郊之兆也。”[③]《月令》“中央土”,鄭玄注云:“火休而盛德在土也。”孔穎達疏謂:

夫四時五行,同是天地所生,而四時是氣,五行是物。氣是輕虛,所以麗天;物體質礙,所以屬地。四時繫天,年有三百六十日,則春夏秋冬各分居九十日。五行分配四時,布於三百六十日間,以木配春,以火配夏,以金配秋,以水配冬,以土則每時輒寄王十八日也。雖每分寄,而位本未,宜處於季夏之末,金火之間,故在此陳之也。[④]

鄭玄以火德之後金德之前是土德。由於經文無與土德相應的時節,故鄭玄亦未注祭黄帝含樞紐,然而據下鄭玄注“雩五精之帝”而觀之,土德與黄帝含樞紐相配屬是確定無疑的。《月令》“某日立秋,盛德在金……迎秋於西郊”,鄭玄注云:“迎秋者,祭白帝白招拒於西郊之兆也。”[⑤]《月令》“某日立冬,盛德在水……迎冬於北郊”,鄭玄注云:“迎冬者,祭黑帝叶光紀於北郊之兆也。”孔穎達疏謂:“亦率群臣至北郊迎黑帝叶光紀,而顓頊、玄冥配之。”[⑥]《月令》“大雩帝”,鄭玄注云:“雩帝,謂爲壇南郊之旁,雩五精之帝,配以先帝也。”孔穎達疏

---

① 需要注意的是,緯書系統將麟對應中央土,將白虎對應西方金,而鄭玄則異於是。案《月令》“孟春之月,其蟲鱗”注云“鱗,龍蛇之屬”(《禮記正義》卷十四《月令》,頁523),“孟夏之月,其蟲羽”注云“飛鳥之屬”(《禮記正義》卷十五《月令》,頁574),“孟冬之屬”注云“龜鱉之屬”(《禮記正義》卷十七《月令》,頁633),與緯書相符;而《月令》“中央土,其蟲倮”注云“虎豹之屬,恒淺毛”(《禮記正義》卷十六《月令》,頁602—603),“孟秋之月,其蟲毛”注云“狐貉之屬,生旃毛也”(《禮記正義》卷十六《月令》,頁607),則與緯書不同。案鄭玄《駁五經異義》以爲麟屬西方金,以與“西狩獲麟”相應,云:“今云‘麟、鳳、龜、龍謂之四靈’,是則當四時明矣。虎不在靈中,空言西方虎者麟中央,則得無近誣乎?”(《五經異義疏證　駁五經異義疏證》之《駁五經異義疏證》卷六,頁451—452)可知在鄭玄的四靈系統中,麟屬西方金,虎屬中央土。

② 《禮記正義》卷十四《月令》,頁535、537。

③ 《禮記正義》卷十五《月令》,頁577。

④ 《禮記正義》卷十六《月令》,頁601—602。

⑤ 《禮記正義》卷十六《月令》,頁609。

⑥ 《禮記正義》卷十七《月令》,頁635—636。

謂:"以自外至者,無主不正,當以人帝配之,大皞配靈威仰,炎帝配赤熛怒,黄帝配含樞紐,少皞配白招拒,顓頊配汁光紀。"[①]可知鄭玄稱靈威仰之屬爲五精帝,並將太皞之屬(五精君)、句芒之屬(五官臣)與之相配屬。《洪範五行傳》鄭玄注云:

> 神靈,謂木精靈威仰、火精赤熛怒、土精含樞紐、金精白招矩、水精叶光紀,及木帝太皞、火帝炎帝、土帝黄帝、金帝少皞、水帝顓頊、木官句芒、火官祝融、土官后土、金官蓐收、水官玄冥,皆是也。[②]

鄭玄在此處則稱靈威仰之屬爲五精,稱太皞之屬爲五帝,稱句芒之屬爲五官,並把五行與五精、五帝、五官相搭配。《大宗伯》"以玉作六器,以禮天地四方。以蒼璧禮天,以黄琮禮地,以青圭禮東方,以赤璋禮南方,以白琥禮西方,以玄璜禮北方,皆有牲幣,各放其器之色",鄭玄注云:

> 禮東方以立春,謂蒼精之帝,而太昊、句芒食焉。禮南方以立夏,謂赤精之帝,而炎帝、祝融食焉。禮西方以立秋,謂白精之帝,而少昊、蓐收食焉。禮北方以立冬,謂黑精之帝,而顓頊、玄冥食焉。[③]

《小宗伯》"兆五帝於四郊",鄭玄注云:"五帝,蒼曰靈威仰,大昊食焉;赤曰赤熛怒,炎帝食焉;黄曰含樞紐,黄帝食焉;白曰白招拒,少昊食焉;黑曰汁光紀,顓頊食焉。黄帝亦於南郊。"[④]故賈公彦疏謂:"青圭已下有五天。"[⑤]鄭玄以四方配四立,又以五人帝、五人神配食,是據《月令》,故賈公彦疏謂:"云'禮東方以立春,謂蒼精之帝'者,此已下皆據《月令》。"[⑥]所不同者,《月令》將四時、四立、五方、五人帝、五人神相配,未將五精帝配入,而鄭玄據緯書,又將五精帝配入。《大宗伯》"以血祭祭社稷、五祀、五嶽",鄭玄注云:"此五祀者,五官之神在四郊,四時迎五行之氣於四郊,而祭五德之帝,亦食此神焉。"據賈公彦疏,五官之神指句芒之屬,五德之帝指太皞之屬,四時迎氣是迎五方天帝,故鄭玄在此把四郊、五行、五天帝、五人帝、五人神相配屬[⑦]。《禮器》"饗帝於郊,而風雨寒暑時",鄭玄注云:"五帝主五行,五行之氣和,而庶徵得其序也。五行木爲雨,金爲暘,火爲燠,水爲寒,土爲風。"鄭玄以五天帝主五行,明確將五天帝與五行相聯繫。孔穎達疏謂:"'五帝主五行'者,即蒼帝靈威仰之屬分主五行,各主七十二日,故《坤靈圖》云'五帝,東方木色蒼,七十二日'云云是也。"[⑧]即五天帝主五行之運,運各有期。《禮器》"因吉土以饗帝於郊",鄭玄注云:"饗帝於郊,以四時所兆,祭於四郊者也。"孔穎達疏謂:"謂木帝於東郊,火帝於南郊,金帝於

---

① 《禮記正義》卷十六《月令》,頁 586—587。
② 《鄭玄集》,頁 559。
③ 《周禮注疏》卷二十《大宗伯》,頁 687。
④ 《周禮注疏》卷二十《小宗伯》,頁 698。
⑤⑥ 《周禮注疏》卷二十《大宗伯》,頁 688。
⑦ 《周禮注疏》卷十九《大宗伯》,頁 657、658—659。
⑧ 《禮記正義》卷二十四《禮器》,頁 877、879。

西郊，水帝於北郊，土帝亦於南郊。”①將五帝直稱爲五行之帝，又與四郊相配。《雜問志》鄭玄云：“‘春曰其帝大皞，其神句芒。’祭蒼帝靈威仰，大皞食焉，句芒祭之於庭。”②此是鄭玄以五天帝、五人帝、五人神相配屬。《曲禮下》“天子祭天地，祭四方，祭山川，祭五祀，歲徧”，鄭玄注云：“祭四方，謂祭五官之神於四郊也。句芒在東，祝融、后土在南，蓐收在西，玄冥在北。《詩》云‘來方禋祀’，方祀者，各祭其方之官而已。”孔穎達疏謂：“‘天子祭天地’者，祭天謂四時迎氣，祭五天帝於四郊，各以當方人帝配之。”③此是鄭、孔以五天帝、五人帝、五人神相配屬。在鄭玄的五帝系統中，五天帝與五人帝有尊卑之别。《洪範五行傳》“我民人無敢不敬事上下王祀”，鄭玄注云：“上君祀靈威仰，下君祀太皞之屬也。”④則靈威仰之屬爲上君祀，太皞之屬爲下君祀。上下君祀之别顯示了五天帝與五人帝的尊卑關係。

綜上，由《月令》、《宗伯》、《禮器》經注、《春秋文曜鉤》所確立的五天帝系統如下。

表 3 經傳、緯書、天文五天帝系統

五天帝（五精帝、五帝座星）	五人帝（五精君）	五人神（五官臣）	五行	五方	五色	四時	四郊
蒼帝（靈威仰）	太皞（伏羲氏）	句芒（重）	木	東方	蒼	春	東
赤帝（赤熛怒）	炎帝（大庭氏）	祝融（黎）	火	南方	赤	夏	南
黄帝（含樞紐）	黄帝（軒轅氏）	后土（黎）	土	中央	黄		南
白帝（白招拒）	少皞（金天氏）	蓐收（該）	金	西方	白	秋	西
黑帝（叶光紀）	顓頊（高陽氏）	玄冥（熙）	水	北方	黑	冬	北

由以上分析可知，五天帝出自《周禮》，《周禮》之五帝鄭玄皆注爲天帝；五人帝、五人神出自《月令》《左傳》《洪範五行傳》，太皞之屬鄭玄皆注爲人帝；太微五帝座星出自緯書和天文⑤；五行、五色、五方、四時等的配屬則是當時普遍的觀念。鄭玄把它們結合起來，構成以五天帝爲核心的五帝體系。王肅則不承認有五天帝，將《周禮》五帝釋爲五人帝，又不信緯書之五精帝，故王肅將五人帝五人神與《孔子家語》所言五行之神等配屬而成爲以五行之神爲核心的五

① 《禮記正義》卷二十四《禮器》，頁 877、879。

② 《禮記正義》卷四十六《祭法》，頁 1509。

③ 《禮記正義》卷五《曲禮下》，頁 178。

④ 《鄭玄集》，頁 559。

⑤ 孫詒讓云：“五方天帝之祭，自秦襄公以來史有明文，則其説甚古，非鄭君肊定……唯《玉藻》孔疏引《五經異義》淳于登説，始以五帝爲大微五帝座星，《後漢書·明帝紀》李注引《五經通義》始有靈威仰等之號，並與鄭説同，蓋皆本天官毖緯爲説。”（《周禮正義》卷三十六《小宗伯》，頁 1429）則以五帝爲太微五帝座星始於講學大夫淳于登，五帝有靈威仰等之號始於劉向《五經通義》，早於鄭玄。另，紫微宫的五帝内座星出自《星經》。

帝系統[①]。故鄭、王分歧的根源在於是否承認緯書五精帝和《周禮》五天帝。

除了以上所列直接以“五帝”稱五帝系統的文獻之外，鄭玄還把一部分“帝”“上帝”“天神”釋爲五天帝[②]。《論語·堯曰》“敢用玄牡，敢昭告於皇皇后帝”，鄭玄注云：“皇皇后帝，並謂太微五帝。在天爲上帝，分王五方爲五帝。”[③]鄭玄以皇皇后帝爲太微五帝，非昊天上帝。又以太微五帝在天爲上帝，分王五方爲五帝，明五帝可稱上帝。《典瑞》“四圭有邸，以祀天、旅上帝”，鄭司農云：“上帝，玄天。”鄭玄注云：“祀天，夏正郊天也。上帝，五帝。所郊亦猶五帝，殊言天者，尊異之也。《大宗伯職》曰：‘國有大故，則旅上帝及四望。’”可知鄭衆以上帝與天同，皆爲昊天，鄭玄則把天釋爲感生帝，把上帝釋爲五天帝。賈公彦疏云：

> 司農意與孔、王等，無六天之義也。“玄謂祀天，夏正郊天也”者，凡天有六，案《大宗伯》云“蒼璧禮天”，據冬至祭昊天於圜丘者也。彼又云“青圭禮東方，赤璋禮南方，白琥禮西方，玄璜禮北方”，據四時迎氣及總享於明堂之等，祭五方天也。彼惟不見夏正郊所感帝，故知此四圭是夏正郊天……云“上帝，五帝”者，案《宗伯》青圭之等，已見祭五方天帝，此又言者，彼據常祭，此據國有故而祭曰旅，用玉與郊天同四圭有邸，故言之也……引《大宗伯》者，證旅上帝是國有故而祭也。[④]

可知鄭玄依據《大宗伯》以五玉禮六天帝的内在結構而定《典瑞》的“天”爲感生帝，“上帝”爲五帝。《大宗伯》“國有大故，則旅上帝及四望”，鄭玄注云：“上帝，五帝也。”賈公彦疏云：“云‘上帝，五帝也’者，案《禮器》云‘祀帝於郊，而風雨寒暑時’，風雨寒暑，非一帝之所能爲，此祈請，亦是求風雨寒暑時非一帝，故知是五帝也。”[⑤]可知鄭玄於《典瑞》和《大宗伯》皆以“上帝”爲五天帝。此外，《周禮·職金》“旅於上帝”，鄭玄未言上帝何指，賈公彦疏云：“旅上帝，謂祭五天帝於四郊及明堂。”[⑥]《孝經·聖治章》“宗祀文王於明堂以配上帝”，鄭玄注云：“文王，周公之父。明堂，天子布政之宫……上帝者，天之别名也。神無二主，故異其處，避后稷也。”[⑦]據《祭法》鄭注“祭五帝、五神於明堂”，可知鄭玄以明

---

① 王肅難鄭玄云：“《家語》云‘季康子問五帝。孔子曰：天有五行，木、火、金、水及土，四分時化育以成萬物。其神謂之五帝。’是五帝之佐也，猶三公輔王，三公可得稱王輔，不得稱天王。五帝可得稱天佐，不得稱上天。而鄭玄以五帝爲靈威仰之屬，非也。”（《禮記正義》卷四十六《祭法》，頁1507—1508）按，孫校云“佐下疑奪天字”，是也。然則王肅據《孔子家語》而以五行之神爲五帝，而不承認緯書所言靈威仰之屬的五精帝，並以五行之神爲天之佐，而不稱之爲天。王肅並非以五人帝爲主，而是以五行之神爲主。

② 鄭玄有時將五天帝稱爲“上帝”。如《月令》“大雩帝”，鄭玄注云：“雩五精之帝……天子雩上帝。”（《禮記正義》卷十六《月令》，頁586）“上帝”即指五天帝。

③ 《鄭玄集》，頁613。

④ 《周禮注疏》卷二十二《典瑞》，頁768、769。

⑤ 《周禮注疏》卷二十《大宗伯》，頁696。

⑥ 《周禮注疏》卷四十二《職金》，頁1391。

⑦ ［清］皮錫瑞《孝經鄭注疏》卷下《聖治章》，中華書局，2016年，頁72、77。

堂所祀之上帝爲五天帝。皮錫瑞疏云：

> 《文選·東京賦》注引《鉤命決》曰："宗祀文王於明堂，以配上帝五精之神。"《通典》引《鉤命決》曰："郊祀后稷，以配天地。祭天南郊，就陽位。祭地北郊，就陰位。后稷爲天地主，文王爲五帝宗。"是《孝經緯》説以上帝爲五帝，鄭義本《孝經緯鉤命決》也。鄭君以北極大帝爲皇天，太微五帝爲上帝，合稱六天，故五帝亦可稱天。鄭不以五帝解"上帝"而必云"天之别名"者，欲上應嚴父配天之經文，其意實指五帝，與《祭法》注引此經以證祖宗之祭同意。天與上帝之異，猶《周禮·典瑞》注云"上帝，五帝，所郊亦猶五帝，殊言天者，尊異之也"，上帝兼舉五帝，故云"天之别名"。[①]

《郊特牲》孔穎達疏："又五帝亦稱上帝，故《孝經》曰'嚴父莫大於配天，則周公其人也'，下即云'宗祀文王於明堂，以配上帝'。帝若非天，何得云嚴父配天也？"[②]《大司樂》"乃奏黄鐘，歌大吕，舞《雲門》，以祀天神"，鄭玄注云："天神，謂五帝及日月星辰也。王者又各以夏正月祀其所受命之帝於南郊，尊之也。《孝經説》曰'祭天南郊，就陽位'是也。"是鄭玄以此處的"天神"爲五帝和日月星辰。賈公彦疏云："云'天神謂五帝及日月星辰也'者，案下云'若樂六變，天神皆降'，是昊天，則知此天神非天帝也，是五帝矣。"[③]下"若樂六變，則天神皆降"，鄭玄注云"天神則主北辰"[④]，可知鄭玄以樂六變所降之天神是昊天上帝，依據六天帝結構，五天帝低於昊天上帝，所以此樂所祀之天神是五帝和日月星辰。此外，在鄭玄的六天帝系統中，"大旅"亦可釋爲祀五天帝。《禮器》"大饗之禮，不足以大旅。大旅具矣，不足以饗帝"，鄭玄注云："大旅，祭五帝也。饗帝，祭天。"此是鄭玄以大旅爲總祭五帝，饗帝爲祭天，但未言是五天帝還是昊天上帝。孔穎達認爲"大旅"非常祀，以"饗帝"爲常祀，以鄭玄注所言的"祭天"包感生帝和昊天上帝[⑤]。《毛詩·君子偕老》"胡然而天也，胡然而帝也"，毛公傳云："尊之如天，審諦如帝。"孔穎達疏云："傳互言之。言尊之如天，明德如天也。言審諦如帝，則亦尊之如帝……毛不明説天、帝同别，不可知也，二者皆取名以見德也。"則孔穎達認爲毛傳以爲天、帝無别。鄭玄箋云："帝，五帝也。何由然女見尊敬如天帝乎？"孔穎達疏云："天、帝名雖别而一體也，以此别設其文，爲有帝王之嫌，故云'帝，五帝'，謂五精之帝也。"[⑥]是鄭玄將經文"帝"釋爲五天帝，又廣説經義爲"何由然女見尊敬如天帝乎"，然則經文"天"當爲昊天。

（二）昊天上帝的辨析

經學文獻中常出現天、帝、皇天、天皇、昊天、上帝、大帝、皇天上帝、昊天上

① 《孝經鄭注疏》卷下《聖治章》，頁77。
② 《禮記正義》卷二十五《郊特牲》，頁893。
③ 《周禮注疏》卷二十五《大司樂》，頁838、839。
④ 《周禮注疏》卷二十五《大司樂》，頁845、846。
⑤ 《禮記正義》卷二十四《禮器》，頁890。
⑥ 《毛詩注疏》卷三《君子偕老》，上海古籍出版社，2013年，頁256—258。

帝、天皇大帝、中宫大帝、北極大帝、太一、太一常居、耀魄寶、北辰、北極等神名，鄭玄作注時將其一一明確化，將其中的一部分確定爲高於五天帝的昊天上帝，從而確立昊天上帝。

"昊天上帝"見於《周禮》《毛詩·云漢》《左傳》等。《大宗伯》"以禋祀祀昊天上帝，以實柴祀日、月、星、辰，以槱燎祀司中、司命、飌師、雨師"，鄭司農云："昊天，天也。上帝，玄天也。昊天上帝，樂以《雲門》。"則鄭衆以昊天和上帝爲二，皆爲天。賈公彦疏謂："二者異名而同實也。若然，則先鄭與王肅之等，同一天而已，似無六天之義，故以天解昊天、上帝爲一也。"若如鄭衆那樣視"昊天""上帝"爲二而無六天帝，就會有祀天之樂難以確定的問題，故賈疏又謂："云'昊天上帝，樂以《雲門》'者，先鄭既無六天，《大司樂》分樂而序之及六變，俱有《雲門》，不知定取何者以祀天。"而鄭玄在此處的注則云："昊天上帝，冬至於圜丘所祀天皇大帝。"[①]鄭玄據《大司樂》經文"冬日至於地上之圜丘奏之"，將昊天上帝釋爲六天帝中高於五天帝的天神，"昊天"和"上帝"不可分割，是同一天神，在冬至日於圜丘祀之，又據《春秋合誠圖》"天皇大帝，北辰星也，含元秉陽，舒精吐光，居紫宫中，制御四方"[②]，認爲昊天上帝即天皇大帝。《司服》云"王之吉服，祀昊天上帝則服大裘而冕，祀五帝亦如之"，此"昊天上帝"與"五帝"對舉，鄭玄無注，當同《大宗伯》以昊天上帝爲冬至於圜丘所祀之天皇大帝[③]。《大宗伯》《司服》皆有"昊天上帝"，《司服》又將"昊天上帝"與"五帝"對舉，故《大宗伯》"以禋祀祀昊天上帝"鄭玄以昊天上帝爲一神，不分昊天、上帝爲二，並作注云"祀五帝亦用實柴之禮"以補經文未言五帝之缺[④]，且與《司服》"昊天上帝"與"五帝"對舉相應。對於《云漢》之"昊天上帝"，鄭玄無明確解釋。檢《詩經》凡言"昊天"者，皆爲詩人有感而呼天之稱，不專指天皇大帝而言，故《云漢》之"昊天上帝"不專指天皇大帝，見"一天六帝系統的確立"節所論述。

"皇天"見於《月令》《尚書》。《月令》"季夏之月……以共皇天、上帝，名山大川，四方之神"，鄭玄注云："皇天，北辰耀魄寶，冬至所祭於圜丘也。上帝，大微五帝。"則鄭玄以皇天爲天皇大帝耀魄寶，以上帝爲太微五帝。至於爲何鄭玄在《周禮》中以昊天上帝爲天皇大帝，而在此處卻將"皇天"和"上帝"分别看待，孔穎達疏云：

> 云"上帝，大微五帝"者，按《周禮·司服》云昊天上帝，鄭以爲昊天上帝衹是一神，北極耀魄寶也。知此皇天上帝不衹是耀魄寶之上帝，爲大微者，以《周禮·司服》云"祀昊天上帝，大裘而冕，祀五帝亦如之"，既别云五帝，故知昊天上帝亦唯一神。此《月令》皇天上帝之下，更無别五帝之文，故分爲二。[⑤]

---

① 《周禮注疏》卷十八《大宗伯》，頁 646—647。

② 《緯書集成》，頁 767。

③ 《周禮注疏》卷二十三《司服》，頁 791。

④ 《周禮注疏》卷十八《大宗伯》，頁 646。

⑤ 《禮記正義》卷十六《月令》，頁 596—597。

《月令》"季冬之月……乃命太史次諸侯之列,賦之犧牲,以共皇天、上帝、社稷之饗",孔穎達疏云:"皇天,天皇大帝也。上帝者,靈威仰五帝也。"①《月令》又云:"季冬之月……凡在天下九州之民者,無不咸獻其力,以共皇天、上帝、社稷、寢廟、山林、名川之祀。"②《月令》一篇三次言"皇天、上帝",鄭玄皆以"皇天"爲北辰耀魄寶,以"上帝"爲太微五帝。《尚書・君奭》"在昔成湯既受命,時則有若伊尹,格於皇天。在太甲,時則有若保衡。在太戊,時則有若伊陟、臣扈,格于上帝,巫咸乂王家",僞孔安國傳以"大天"釋"皇天",以"天"釋"上帝",孔穎達疏云:"皇天之與上帝,俱是天也,變其文爾。其功至於天帝,謂致太平而天下和之也。巫咸、巫賢、甘盤蓋功劣於彼三人,故無格天之言。"③則僞孔安國傳、孔穎達疏以天、天帝泛釋皇天、上帝。《尚書・説命》"昔先正保衡,作我先王……佑我烈祖,格於皇天",僞孔安國傳亦以"大天"釋"皇天"④。然而《君奭》鄭玄注云:"皇天,北極大帝也。上帝,太微中其所統也。"⑤是鄭玄以伊尹所格之皇天爲北極大帝,以伊陟、臣扈所格之上帝爲太微五帝,與鄭玄注《月令》"皇天、上帝"相合。

作爲昊天上帝的"上帝"見於《掌次》《舜典》。《掌次》"王大旅上帝,則張氈案,設皇邸。朝日、祀五帝,則張大次、小次,設重帟重案",由於大旅上帝與祀五帝對舉,故鄭玄注云"大旅上帝,祭天於圓丘",以上帝爲冬至圜丘所祀之昊天。孔穎達疏謂:"大旅上帝,祭天於圓丘,知者,見下經别云祀五帝,則知此是昊天上帝,即與《司服》及《宗伯》昊天上帝一也,即是《大司樂》冬至祭天於圓丘之事也。"⑥《舜典》"肆類於上帝",鄭玄注云:"禮祭上帝於圜丘。"⑦是鄭玄以類之上帝爲昊天上帝。僞孔安國傳云:"肆,遂也。類謂攝位事類。遂以攝告天及五帝。"《釋文》云:"王云:'上帝,天也。'馬云:'上帝,太一神,在紫微宫,天之最尊者。'"孔穎達疏謂:

> 遂行爲帝之事,而以告攝事類祭於上帝,祭昊天及五帝也。《周禮・司服》云:"王祀昊天上帝,則服大裘而冕,祀五帝亦如之。"是昊天外更有五帝,上帝可以兼之,故以"告天及五帝"也。鄭玄篤信讖緯,以爲昊天上帝謂天皇大帝,北辰之星也;五帝謂靈威仰等,太微宫中有五帝座星是也。如鄭之言,天神有六也。《家語》云:"季康子問五帝之名,孔子曰:天有五行,金木水火土,分時化育,以成萬物,其神謂之五帝。"王肅云:"五行之神,助天理物者也。"孔意亦當然矣。⑧

---

① 《禮記正義》卷十七《月令》,頁658。
② 《禮記正義》卷十七《月令》,頁659。
③ 《尚書正義》卷十六《君奭》,頁646—647。
④ 《尚書正義》卷九《説命》,頁376。
⑤ 《鄭玄集》,頁498。
⑥ 《周禮注疏》卷六《掌次》,頁202、203。
⑦ 《鄭玄集》,頁456。
⑧ 《尚書正義》卷三《舜典》,頁76、79。

王肅、馬融主一天説，故以上帝爲天。僞孔安國傳以上帝爲天及五帝。孔穎達不取鄭玄六天説，而取一天説，故以僞安國孔傳之天爲昊天，又引《家語》王肅注，以僞孔安國傳之五帝爲五行之神。鄭玄於此認爲類祭之上帝是昊天上帝，然而於《皇矣》"是類是禡"、《周禮·肆師》"類造上帝"、《王制》"天子將出，類乎上帝"，皆以上帝爲太微五帝[①]，蓋因《舜典》"肆類於上帝"言堯舜禪讓事，故以類祭之上帝爲昊天上帝，《皇矣》《肆師》《王制》言軍禮之祭，故以類祭之上帝爲太微五帝[②]。

"帝"亦可指昊天上帝。《禮器》"大饗之禮，不足以大旅。大旅具矣，不足以饗帝"，鄭玄注云："大旅，祭五帝也。饗帝，祭天。"鄭玄以大旅爲總祭五帝，饗帝爲祭天，但是未言是五天帝還是昊天上帝。孔穎達認爲"大旅"非常祀，蓋據《大宗伯》"國有大故則旅上帝及四望"和《掌次》鄭玄注"國有故而祭亦曰旅"，故以"饗帝"爲常祀，以鄭玄注所言的"祭天"包感生帝和昊天上帝[③]。

耀魄寶、中宫大帝、天皇大帝、北極大帝、太一常居等神名出自緯書。《春秋佐助期》云："紫宫，天皇耀魄寶之所理也。"[④]此明言耀魄寶是天皇之號。《春秋緯》云"紫微宫爲大帝"，又云"北極耀魄寶"[⑤]。《易緯通卦驗》鄭玄注因而云："耀魄寶，北辰帝名也。"[⑥]《論語·爲政》"爲政以德，譬如北辰，居其所而衆星拱之"，鄭玄注云："北極謂之北辰也。"[⑦]《大宗伯》賈公彦疏云："《爾雅》云：'北極謂之北辰。'鄭注云：'天皇北辰耀魄寶。'"[⑧]可知鄭玄以北極、北辰、天皇、耀魄寶是異名同實。《春秋文曜鉤》云："中宫大帝，其精北極星，含元出氣，流精生一也。"[⑨]可知中宫大帝即北極星。《春秋合誠圖》云："天皇大帝，北辰星也，含元秉陽，舒精吐光，居紫宫中，制御四方，冠有五彩。""大帝冠五彩，衣青衣，黑下裳，抱日月，日在上，月在下，黄色正方居日間，名曰五光。五光垂采，天下大嘉。"[⑩]這是以北極星爲天皇大帝。天皇大帝冠五彩云云，則知天皇大帝是人象。據宋均注黄帝、白帝、黑帝文推之，五彩指五行之色，則知五精帝是天皇大帝之部分。星經和天文志中説"天皇大帝在鉤陳口中"，而漢時北極星不在鉤陳口中，可知天文書和緯書中關於天皇大帝之所指有分歧。鄭玄採

① 《皇矣》"是類是禡"鄭玄箋云："類也、禡也，師祭也。"(《毛詩注疏》卷十六《皇矣》，頁 1485)《肆師》"類造上帝"鄭玄注云："造猶即也。爲兆以類禮即祭上帝也。類禮，依郊祀而爲之者。"(《周禮注疏》卷二十一《肆師》，頁 727)《王制》"天子將出，類乎上帝"鄭玄注云："帝謂五德之帝，所祭於南郊者。"(《禮記正義》卷十二《王制》，頁 431)

② 孫詒讓則認爲當以《王制》注義爲正，當以類上帝之上帝爲太微五帝。(《周禮正義》卷三十七《肆師》，頁 1482)

③ 《禮記正義》卷二十四《禮器》，頁 890。

④ 《緯書集成》，頁 819。

⑤ 《緯書集成》，頁 910。

⑥ 《緯書集成》，頁 189。

⑦ 《鄭玄集》，頁 584。

⑧ 《周禮注疏》卷十八《大宗伯》，頁 649。

⑨ 《緯書集成》，頁 662。

⑩ 《緯書集成》，頁 766—767。

信緯書，認爲天皇大帝指北極星。

"太一"在緯書和經書中常見，其含義大略有三。一是北辰之神名，即天皇大帝。《洛書斗中圖》云："天子擇日月，禮太一、五天及三萬六千祇者。"①此太一是即天皇大帝。由上"六天帝的天文依據"節所引《易緯乾鑿度》鄭玄注可知，鄭玄以北極之神即太一，或曰天一，乃主氣之神，巡行於九宫。太一是北辰之神名，則與天皇大帝、耀魄寶爲同一神。《樂叶圖徵》云："天宫，紫微宫。北極，天一、太一。"②鄭玄以北極爲天一、太一的根據應該來自於此。《春秋元命包》云："天生大列爲中宫大極星。星其一明者，太一常居，傍兩星巨辰子位，故爲北辰，以起節度。亦爲紫微宫。紫之言此也，宫之言中也。此宫之中，天神圖法，陰陽開閉，皆在此中。""北者，高也。極者，藏也。言太一之星，高居深藏，故名北極也。"③亦言太一即北辰、北極。《春秋文曜鉤》云："中宫大帝，其北極星，下一明者爲太一之光，含元氣，以斗布常。"④是説中宫大帝即北極星，太一是北極星下一明者，説明中宫大帝與太一不同。《春秋合誠圖》云："中宫天極星，其一明者，太乙常居，旁三星，三公，或曰子屬。後勾四星，末大星正妃，餘三星後宫之屬也。"⑤太乙常居即太一常居。"中宫天極星，其一明者，太乙常居"，則太一與天皇大帝不是同一星，天皇大帝是北極星，太一是北極星附近最明亮之星。紫微宫中除了天皇大帝、太一，還有三公、子屬、正妃、後宫之屬。《春秋合誠圖》云："紫宫者，太一之常座。""鉤陳，大帝之正妃也，天帝之常居也。"⑥北極星下一明者爲太一常居，鉤陳是天帝之常居，漢時北極星不屬鉤陳，説明太一之星與天皇大帝之星不同。《春秋緯》云："北極星，其一明大者，太一之光，含元氣，以斗布常，開命運，節序神明，流精生一，以立黄帝。"⑦言北極星中一明且大者是太一，含天元之氣，以北斗來發佈天命。太一之精能生黄精帝，則亦能生其他四精帝。《春秋文曜鉤》云："中宫大帝，其精北極星，含元出氣，流精生一也。"⑧則太一與中宫大帝皆含元氣，流精生一，明太一即中宫大帝。《春秋緯》云："大帝紫宫，不言不動摇，以斗運度推精，使五帝，修名號。"⑨言紫宫大帝無爲無言，以北斗來發佈天命，舒佈精氣，五精帝是其所使。紫宫大帝和太一皆以北斗發佈天命，流精推精，明太一即紫宫大帝。《春秋緯》云："道起於元，一爲貴，故太一爲北極天帝位。"⑩此明言太一即北極天帝。從以上可知，緯書中常以太一之星與天皇大帝之星爲二，但又常以太一與天皇大

① 《緯書集成》，頁 1284。
② 《緯書集成》，頁 559。
③ 《緯書集成》，頁 649。
④ 《緯書集成》，頁 662。
⑤ 《緯書集成》，頁 767。
⑥ 《緯書集成》，頁 773。
⑦ 《緯書集成》，頁 931。
⑧ 《緯書集成》，頁 662。
⑨ 《緯書集成》，頁 932。
⑩ 《緯書集成》，頁 931。

帝爲一。《爾雅》鄭玄注云“昊天上帝，又名太一常居”①，則鄭玄以昊天上帝即太一。緯書關於天皇大帝、北極星、太一常居所指不一，鄭玄則將其等量齊觀。這是鄭玄對緯書異説所做的整齊。太一的第二個含義是紫微宫門外之太一星。《春秋命歷序》云：“天一者，地皇之靈也；太一者，人皇之靈也，尤爲尊星。俱在天上紫微宫門外，左曰天一，右曰太一。天一主戰鬥，知吉凶。太一主風雨水旱兵革饑疫災害，而遊行九宫。”②此以天一爲地皇之靈，以太一爲人皇之靈，爲紫微宫門外兩星，各有所主，太一又下游九宫，此太一與他處以天皇大帝爲太一不同。太一的第三個含義是天地未分之前的混淪狀態，或曰天元之氣。《禮運》“是故夫禮必本於大一，分而爲天地，轉而爲陰陽，變而爲四時，列而爲鬼神。其降曰命。其官於天也”，孔穎達疏云：“‘必本於大一’者，謂天地未分，混沌之元氣也。極大曰大，未分曰一，其氣既極大而未分，故曰大一也。禮理既與大一而齊，故制禮者用至善之大理以爲教本，是本於大一也。”③此處的太一即天地未分之前的混沌之元氣。《春秋説題辭》云：“天，群陽之精，合爲太一，分爲殊名。”④此太一相當於天之元氣，非作爲天神的太一。

綜上可知，經書、緯書中的天、帝、皇天、天皇、昊天、上帝、大帝、皇天上帝、昊天上帝、天皇大帝、中宫大帝、北極大帝、太一、太一常居、太乙常居、耀魄寶、北辰、北極皆指六天帝中的昊天上帝，其中，天、帝、上帝還可指五天帝⑤。

（三）感生授命帝的辨析

在鄭玄的六天帝體系中，除以上所舉昊天上帝和五天帝系統之外，鄭玄又以五天帝之一作爲帝王的感生帝或授命帝，從而確立感生授命帝。

《大傳》“王者禘其祖之所自出，以其祖配之”，鄭玄注云：“王者之先祖皆感大微五帝之精以生，蒼則靈威仰，赤則赤熛怒，黄則含樞紐，白則白招拒，黑則汁光紀，皆用正歲之正月郊祭之，蓋特尊焉。”孔穎達疏云：“云‘蓋特尊焉’者，就五帝之中，特祭所感生之帝，是特尊焉。”⑥《喪服小記》“王者禘其祖之所自出，以其祖配之”，鄭玄注云：“始祖感天神靈而生，祭天則以祖配之。”孔穎達疏云：“王者夏正禘祭其先祖所從出之天，若周之先祖出自靈威仰也。”⑦《大司樂》“乃奏黄鐘，歌大吕，舞《雲門》，以祀天神”，鄭玄注云：“天神，謂五帝及日月星辰也。王者又各以夏正月祀其所受命之帝於南郊，尊之也，《孝經説》曰‘祭天南郊，就陽位’是也。”賈公彦疏云：

---

① 《周禮注疏》卷十八《大宗伯》，頁 649。

② 《緯書集成》，頁 877。

③ 《禮記正義》卷二十二《禮運》，頁 824。

④ 《緯書集成》，頁 858。

⑤ 陳立對此類名號亦有分殊。（[清]陳立《公羊義疏》卷四十五《宣公三年盡六年》，中華書局，2017 年，頁 1673—1674）天帝的名號詳見“一天六帝系統的確立”節。

⑥ 《禮記正義》卷三十四《大傳》，頁 1162、1163。

⑦ 《禮記正義》卷三十二《喪服小記》，頁 1121、1122。

> "王者又各以夏正月祀其所受命之帝於南郊，尊之也"者，案《易緯乾鑿度》云："三王之郊，一用夏正。"《郊特牲》云："兆日於南郊，就陽位。"《大傳》云："王者禘其祖之所自出，以其祖配之。"若周郊東方靈威仰之等，是"王者各以夏正月祀其所受命之帝於南郊，特尊之也。"云"《孝經説》"者，説即緯也，時禁緯，故云説。引之，證與《郊特牲》義同，皆見郊所感帝，用樂與祭五帝不異，以其所郊天亦是五帝故也。[①]

可知鄭玄在《喪服小記》《大傳》中以感生帝爲上帝，在《大司樂》中以授命帝爲上帝。可知在鄭玄的南郊祭祀中，感生帝即授命帝。

經文中常以"上帝"指代感生授命帝。《月令》"是月也，天子乃以元日，祈穀於上帝"，鄭玄注云："謂以上辛郊祭天也。《春秋傳》曰：'夫郊祀后稷，以祈農事。是故啓蟄而郊，郊而後耕。'上帝，大微之帝也。"孔穎達疏云：

> 云"上帝，大微之帝"者，《春秋緯》文。紫微宫爲大帝，大微爲天庭，中有五帝座，是即靈威仰、赤熛怒、白招拒、汁光紀、含樞紐。祈穀郊天之時，各祭所感之帝，殷人則祭汁光紀，周人則祭靈威仰，以其不定，故總云"大微之帝"。[②]

《王制》"天子將出，類乎上帝"，鄭玄注云："帝謂五德之帝，所祭於南郊者。"孔穎達疏云：

> 云"所祭於南郊者"，按五德之帝，應祭四郊，此獨云祭於南郊者，謂王者將行各祭所出之帝於南郊，猶周人祭靈威仰於南郊，是五帝之中一帝，故上總云"帝謂五德之帝"。此據特祭所出之帝，故云"祭於南郊"。[③]

可知鄭玄以上帝所指爲太微五帝之感生授命帝。《禮器》"故魯人將有事於上帝，必先有事於頖宫"，鄭玄注云："上帝，周所郊祀之帝，謂蒼帝靈威仰也。魯以周公之故，得郊祀上帝，與周同。"[④]《郊特牲》"萬物本乎天，人本乎祖，此所以配上帝也。郊之祭也，大報本反始也"，注、疏未言上帝，然而據鄭玄以南郊祭感生授命帝而以始祖配，可知此處的"上帝"亦應是感生授命帝[⑤]。《尚書略説》云："祀上帝於南郊，所以報天德。"[⑥]是南郊所祀爲上帝，即感生授命帝。

鄭玄注中，有的"上帝""帝"不僅指感生授命帝，還可包昊天上帝。《周易・豫》"先王以作樂崇德，殷薦之上帝，以配祖考"，鄭玄注云："上帝，天帝也……祀天帝以祖考配者，使與天同饗其功也。故《孝經》云'郊祀后稷以配天，宗祀文王於明堂以配上帝'是也。"[⑦]鄭玄未明言"天帝"所指，據鄭玄所引

---

① 《周禮注疏》卷二十五《大司樂》，頁 838—839。
② 《禮記正義》卷十四《月令》，頁 539、540—541。
③ 《禮記正義》卷十二《王制》，頁 431—432。
④ 《禮記正義》卷二十四《禮器》，頁 870。
⑤ 《禮記正義》卷二十六《郊特牲》，頁 934。
⑥ 《鄭玄集》，頁 567。
⑦ 《鄭玄集》，頁 418—419。

《孝經》觀之,“天帝”應包感生授命帝和五天帝而言。《禮器》“大旅具矣,不足以饗帝”,鄭玄注云:“大旅,祭五帝也。饗帝,祭天。”孔穎達認爲鄭玄所言的“祭天”包感生授命帝和昊天上帝而言①。

《舜典》“肆類於上帝”,鄭玄注云:“禮祭上帝於圜丘。”②僞孔安國傳云:“肆,遂也。類謂攝位事類。遂以攝告天及五帝。”《釋文》云:“王云:‘上帝,天也。’馬云:‘上帝,太一神,在紫微宫,天之最尊者。’”③鄭玄、王肅、馬融以經文所言之上帝爲昊天上帝,孔穎達以僞孔安國傳所言之天爲昊天上帝,五帝爲五行之神,已於上節論及。《肆師》“類造上帝”,鄭玄注云:“造猶即也,爲兆以類禮即祭上帝也。類禮,依郊祀而爲之者。”④既言類禮依郊祀,則上帝不得爲昊天上帝。另外,《皇矣》“是類是禡”、《毛詩·桓·序》孔穎達疏亦以《王制》鄭玄注證類禮是祭感生授命帝⑤。可知《詩經》《周禮》《王制》鄭玄皆以類禮所祭之“上帝”爲南郊所祭感生授命帝,而於《舜典》“肆類於上帝”以上帝爲昊天上帝,孫詒讓認爲:“此與《王制》注以上帝爲五帝者異,當以《王制》注義爲正。”⑥

鄭玄注中,有的“上帝”並不是感生授命帝。《論語·堯曰》“敢用玄牡,敢昭告於皇皇后帝”,鄭玄注云:“皇皇后帝,並謂太微五帝。在天爲上帝,分王五方爲五帝。”⑦此處鄭玄所言之“上帝”是太微五帝之合稱,非一朝代之感生授命帝。

鄭玄注中,有時把經文“天”釋爲感生授命帝。《孝經·聖治章》“昔者,周公郊祀后稷以配天”,鄭玄注云:“郊者,祭天之名。后稷者,周公始祖。東方青帝靈威仰。周爲木德,威仰木帝。以后稷配蒼龍精也。”⑧鄭玄以郊祀之天爲東方青帝靈威仰,則是周之感生授命帝。《典瑞》“四圭有邸,以祀天、旅上帝”,鄭玄謂:“祀天,夏正郊天也。上帝,五帝。所郊亦猶五帝,殊言天者,尊異之也……”賈公彦疏云:

> “玄謂祀天,夏正郊天也”者,凡天有六,案《大宗伯》云……彼惟不見夏正郊所感帝,故知此四圭是夏正郊天。《易緯》云“三王之郊,一用夏正,各郊所感帝”,即《郊特牲》云“兆日於南郊,就陽位於郊,故謂之郊”是也……云“所郊亦猶五帝,殊言天者,尊異之也”者,王者各郊所感帝,若周之靈威仰之等,即是五帝。而殊言天,是尊異之,以其祖感之而生故也。⑨

可知鄭玄把《典瑞》經文“天”釋爲南郊所祀之感生授命帝,把經文“上帝”釋爲五

---

① 《禮記正義》卷二十四《禮器》,頁 890。
② 《鄭玄集》,頁 456。
③ 《尚書正義》卷三《舜典》,頁 76。
④ 《周禮注疏》卷二十一《肆師》,頁 727。
⑤ 《毛詩注疏》卷十六《皇矣》,頁 1486;卷十九《桓》,頁 2020。
⑥ 《周禮正義》卷三十七《肆師》,頁 1482。
⑦ 《鄭玄集》,頁 613。
⑧ 《孝經鄭注疏》卷下《聖治章》,頁 72、77。
⑨ 《周禮注疏》卷二十二《典瑞》,頁 768、769。

天帝，又認爲感生授命帝雖屬於五天帝，卻尊異於其餘四天帝。《周禮·玉人》"四圭尺有二寸，以祀天"，鄭玄注云："郊天，所以禮其神也。《典瑞職》曰：'四圭有邸，以祀天，旅上帝。'"是《典瑞》鄭玄注認爲四圭有邸所祀的是夏正南郊所祀感生授命帝，故賈公彦疏云："引《典瑞》者，證祀天爲夏正郊所感帝，兼國有故旅祭五帝之事，亦以此圭禮神也。"①可知此處的所祀之"天"亦爲感生授命帝。

在六天帝系統中，一朝代之感生授命帝雖然屬於五天帝，但是又尊於其餘四天帝。鄭玄於上述《典瑞》注云"尊異之"，於上所述《大傳》注云"特尊焉"，於上所述《大司樂》注云"尊之也"，可知鄭玄以感生授命帝尊於五天帝。《春秋文曜鉤》云："凡王者皆用正歲之日，正月祭之，蓋特尊焉。"②鄭玄之説當本於此。但是感生授命帝並不是昊天上帝和五天帝之外的另一個天帝，而是五天帝之一，故《典瑞》注云"所郊亦猶五帝"。《大宗伯》《司服》《云漢》之"昊天上帝"，鄭玄不將"昊天"與"上帝"分釋之，是由於上帝已包於《司服》經文"五帝"之中，若分釋之，則《司服》"王之吉服，祀昊天、上帝則服大裘而冕，祀五帝亦如之"，則似六天帝外别有上帝，故鄭玄以昊天上帝連言。而《月令》之"皇天、上帝"鄭玄則分釋之，以皇天爲昊天上帝，以上帝爲太微五帝，是由於經文未言五帝，參見上一節。

三、一天六帝系統的確立

（一）鄭玄的天帝觀

《郊特牲》孔穎達疏云：

> 鄭氏謂天有六天。天爲至極之尊，其體祇應是一。而鄭氏以爲六者，指其尊極清虚之體，其實是一；論其五時生育之功，其别有五：以五配一，故爲六天。據其在上之體謂之天，天爲體稱，故《説文》云："天，顛也。"因其生育之功謂之帝，帝爲德稱也，故《毛詩傳》云："審諦如帝。"③

《堯典》孔穎達疏亦云：

> 言"帝"者，天之一名，所以名"帝"。帝者，諦也。言天蕩然無心，忘於物我，言公平通遠，舉事審諦，故謂之"帝"也……人主可得稱帝，不可得稱天者，以天隨體而立名，人主不可同天之體也。無由稱天者，以天德立號，王者可以同其德焉，所以可稱於帝。④

孔穎達以體與德來區分天與五天帝。如孔穎達所云，天是尊極清虚之體，故爲

① 《周禮注疏》卷四十八《玉人》，頁1623、1624。

② 《緯書集成》，頁668。

③ 《禮記正義》卷二十五《郊特牲》，頁892—893。

④ 《尚書正義》卷二《堯典》，頁32。在漢儒看來，人作爲天所生萬物之一，不可能與天之總體等同，最多可作爲萬物之一（天之别）而同於五天帝之德（天之德），故人可稱帝，不可稱天。人可同於天之德，故配天帝即是配天，而非直接配天。故《孝經》所謂嚴父配天、以祖配天之天實指天帝，而非天。

一，帝是五時生育之功，故有五。天是體，帝是德，天與五天帝是體與德的關係。《尚書略説》云："祀上帝於南郊，所以報天德。"①依鄭玄的祀天禘説，南郊所祀爲五天帝之一的感生授命帝，則五天帝是天之德的代表。《中庸》"上天之載，無聲無臭"，鄭玄注云："載讀曰栽，謂生物也。上天之造生萬物，人無聞其聲音，亦無知其臭氣者。"孔穎達疏云："載，生也，言天之生物無音聲無臭氣，寂然無象而物自生。"②鄭玄、孔穎達未明言此生物之天何指，據《郊特牲》孔穎達疏以天爲尊極清虚之體而以五天帝有五時生育之功，《中庸》此處所言的天應當是五天帝。《孝經·聖治章》"周公郊祀后稷以配天，宗祀文王於明堂以配上帝"，鄭玄注云："上帝者，天之别名也。"説明天是總名，上帝是别名③。皮錫瑞疏認爲："天與上帝之異，猶《周禮·典瑞》注云'上帝，五帝。所郊亦猶五帝，殊言天者，尊異之也'。上帝兼舉五帝，故云'天之别名'。"④《典瑞》注所云"所郊亦猶五帝，殊言天者，尊異之也"是就郊祀感生授命帝而言，五天帝中的感生授命帝可稱天，其餘四天帝不可稱天，則天尊於感生授命帝，後者又尊於其餘四天帝。天與五天帝，是尊與卑、總與别、體與德的關係⑤。

如上孔穎達疏所説，"天是尊極清虚之體，其實是一"，即總體之天。有其形體必有其德用，昊天上帝即總體之天的德用。昊天上帝之生育之功以五時

① 《鄭玄集》，頁567。

② 《禮記正義》卷五十三《中庸》，頁1711、1712。

③ 敦煌寫本《孝經鄭注義疏》殘卷雖不知其撰者，然確是爲鄭注作疏，其《聖治章》引鄭注"上帝者，天之别名"，其疏云："總則曰天，别則名帝。"（佚名《孝經鄭注義疏》，張涌泉《敦煌經部文獻合集》第4册，中華書局，2008年，頁1994）此疏恰以總别來看待天與帝的關係。

④ 《孝經鄭注疏》卷下《聖治章》，頁72、77。鄭玄所言"上帝"當是指周之感生授命帝蒼帝靈威仰，乃五天帝之一；而鄭玄又曰"天之别名"者，此"天"即經文之"天"，亦指靈威仰，然靈威仰是五精帝之一，故此"天"當理解爲作爲天（總體的天）的德用的帝，故曰"天之别名"，既曰"别"，則與總相對。且《典瑞》"四圭有邸以祀天、旅上帝"，鄭玄注云："祀天，夏正郊天也。上帝，五帝。所郊亦猶五帝，殊言天者，尊異之也。"（《周禮注疏》卷二十二《典瑞》，頁768）鄭玄是説郊祀之天是五天帝之一的感生授命帝，爲了"尊異之"，故稱之爲天。《孝經》"郊祀后稷以配天，宗祀文王於明堂以配上帝"正好與《典瑞》"祀天旅上帝"結構一致，其"天"皆可理解爲"所郊亦猶五帝，殊言天者，尊異之也"，此爲鄭玄注所云"天之别名"的含義，而不是説五天帝是天。五帝得稱天，是説五帝作爲主五時之帝和感生授命帝時得稱天，發揮天的德用，而非以五帝等同於天。

⑤ 天與帝的關係，詳見下一節。理學家亦有以形體、功用來區分天、帝的類似表述。程頤云："夫天，專言之則道也，'天且弗違'是也。分而言之，以形體謂之天，以主宰謂之帝，以功用謂之鬼神，以妙用謂之神，以性情謂之乾。"（[清]江永《近思録集注》，《集思録專輯》第9册，華東師範大學出版社，2015年，頁6）程頤以天爲形體，以帝爲主宰，以神爲妙用，朱熹繼承了這一觀點。朱熹與學生的問答云：又問："天專言之則道也。"朱熹曰："所謂'天命之謂性'，此是説道。所謂'天之蒼蒼'，此是形體。所謂'惟皇上帝，降衷於下民'，此是謂帝。以此理付之，便有主宰意。"或問："以主宰謂之帝，孰爲主宰？"曰："自有主宰。蓋天是個至剛至陽之物，自然如此運轉不息。所以如此，必有爲之主宰者。這樣處要人自見得，非語言所能盡。"（[南宋]黎靖德《朱子語類》卷六十八《易四·乾上》，《朱子語類》第5册，中華書局，2015年，頁1684）程頤以帝爲主宰，神爲妙用，朱熹以帝爲主宰，而未言及神，他們對天、帝、神的分判有一定參考意義。陳中浙、劉釗認爲鄭玄把天分爲實體和作用，天之實體只有一個，其功用對應於五時而有五，把他們合起來就是六天之説，昊天上帝是鄭玄説的天之實體，五帝是其對應於五時的五個天。（《儒家"六天"説辨析》，頁107）此説是據孔穎達疏而來，用體用關係來看待六天。然將昊天上帝看作天之體，則有違孔疏之意，詳見"一天六帝系統的確立"節。

分之，則爲五天帝，五天帝是昊天上帝之使，《春秋緯》"大帝紫宫，不言不動摇，以斗運度推精，使五帝，修名號"①，即謂此。鄭玄六天系統，以天之形體而言，天祇爲一，以天之德用而言，昊天上帝主宰總體的天，五天帝作爲昊天上帝的輔佐，隨期代王而主天之運，由此而有四時輪替，以及改朝换代。當五天帝輪流主天之運時可尊稱爲天，否則不可稱天。至於北極星、五帝座星（及五帝内座星）等星，則衹是標識天帝之所在，非以星作爲天帝。正如朱熹所云："北極衹是星，如太微是帝之庭，紫微是帝之居，紫微便有太子、后妃許多星，帝庭便有宰相、執法許多星，又有天市，亦有帝座處，便有權衡稱斗星。"②然而朱熹認爲"説昊天上帝，衹是説天之象，鄭氏以爲北極，看來非也"，則是誤解了鄭玄，鄭玄以昊天上帝爲北極，衹是以北極星標識昊天上帝之所在，非以星爲帝。《爾雅·釋天》云："祭天曰燔柴，祭星曰布。"祭天與祭星之法不同，可知星不等同於天、帝。《春秋文曜鉤》云："中宫大帝，其精北極星，含元出氣，流精生一也。"③是北極星爲昊天上帝之精。《易緯通卦驗》鄭玄注云："耀魄寶，北辰帝名也。此言太微之帝，本與北辰之帝同元。元，天之始也。其精有五，謂蒼帝靈威仰之屬也。"④是太微五帝座星爲五精。北極星、五帝座星既然是昊天上帝、五天帝之精，自然可以指示其神之所在。

《大宗伯》"以蒼璧禮天，以黄琮禮地"，鄭玄注云："此禮天以冬至，謂天皇大帝在北極者也。禮地以夏至，謂神在昆侖者也。"⑤又《大司樂》鄭玄注云："天神則主北辰，地祇則主昆侖。"⑥説明天皇大帝不等同於北極星，大地之神不等同於昆侖山，北極星、昆侖山衹是天皇大帝和大地之神的所在。天皇大帝不等於天，昆侖之神不等於地，他們衹是天地之神。祭祀天地無法直接祭祀天地，而當祭祀天地之神。天地不是人格神，而天地之神則是人格神。所尊者是天地，但所祭祀者是天地之神。凡祭祀，皆祭祀其神，非祭祀其形體。《神仕》鄭玄注云："天者，群神之精，日月星辰其著位也。"⑦此言天是群神所在之處，群神以發光的日月星辰表示其位置。《春秋説題辭》云："天，群陽之精，合爲太一，分爲殊名。"太一即天皇大帝。又云："星之爲言精也，陽之榮也。陽精爲日，日分爲星。"⑧星爲陽精，陽精合爲天皇大帝，分而爲星，則星由天皇大帝而生成。天皇大帝是群陽之精，五精帝是五色、五德之精，如上所引《易緯通卦驗》鄭玄注"元，天之始也。其精有五，謂蒼帝靈威仰之屬也"云云。《大宗伯》"以槱燎祀司中、司命、飌師、雨師"，鄭司農云："司中，三能三階也。司命，文昌宫星。風師，箕也。雨師，畢也。"鄭玄謂："司中、司命，文昌第五、第四星，或曰

---

① 《緯書集成》，頁932。
② 《朱子語類》卷六十八《易四·乾上》，頁1684。
③ 《緯書集成》，頁662。
④ 《緯書集成》，頁189。
⑤ 《周禮注疏》卷二十《大宗伯》，頁687。
⑥ 《周禮注疏》卷二十五《大司樂》，頁846。
⑦ 《周禮注疏》卷三十二《神仕》，頁1063。
⑧ 《緯書集成》，頁858、862。

中能、上能也。”賈公彦疏認爲鄭玄説據《武陵太守星傳》:

> 案《武陵大守星傳》云:“文昌宫六星,第一曰上將,第二曰次將,第三曰貴相,第四曰司命,第五曰司中,第六曰司禄。”是其本次也。云“或曰中能”者,亦據《武陵大守星傳》而言,云:“三台,一名天柱,上台司命爲大尉,中台司中爲司徒,下台司禄爲司空。”①

鄭玄對鄭衆所云“風師,箕也;雨師,畢也”無駁,當同鄭衆。鄭衆、鄭玄雖對司中、司命所指何星有不同意見,但皆以星指代天神,説明天神在天上皆有所指,各以其星標識之,一如北極星指天皇大帝,五帝座星(及五帝内座星)指五精帝,然則日神月神不待言。《舜典》“禋于六宗”孔穎達疏引鄭玄注云:“六宗言禋,與祭天同名,則六者皆是天之神祇,謂星、辰、司中、司命、風師、雨師。星謂五緯。辰謂日月所會十二次也。司中、司命,文昌第五、第四星也。風師,箕也。雨師,畢也。”②與《大宗伯》注同。可知星、辰、司中、司命、風師、雨師皆是天神,皆有星或星座標識其神所在。《禮運》“故政者,君之所以藏身也”,鄭玄注云:“藏,謂輝光於外,而形體不見,若日月星辰之神。”③言日月星辰之神,其形體人所不能睹見,而日月星辰之輝光指示其神之所在。以此推之,天皇大帝、五精帝亦然,形體不見,以北極星、五帝座星(及五帝内座星)指示其所在。太微垣有五精帝之座,紫微垣又有五精帝之内座,五帝座、五帝内座皆爲五精帝之座,而分處二垣,益明星不等同於帝,星祇是指示帝之所在。

關於天帝是否人格化,《春秋合誠圖》云:“天皇大帝,北辰星也,含元秉陽,舒精吐光,居紫宫中,制御四方,冠有五彩。”“大帝冠五彩,衣青衣,黑下裳,抱日月,日在上,月在下,黄色正方居日間,名曰五光。五光垂采,天下大嘉。”④天皇大帝冠五彩,則天皇大帝是人象。據宋均注“黄帝冠黄文,白帝冠白文,黑帝冠黑文”推之,天皇大帝冠之五彩即五天帝之五色,五天帝各取天皇大帝五色之一色以爲其色,可知五天帝是天皇大帝一體之分。《春秋感精符》、《春秋合誠圖》云:“蒼帝望之廣,視之博……”⑤此處的望之、視之,皆是言五精帝爲人象之貌⑥。《禮含文嘉》云:“三台爲天階,太一躡以上下。”⑦三台象三階,是天皇大帝升降堂之階,説明天皇大帝是人格化的。天皇大帝是人格化的,則五精帝亦當是人格化的。

天皇大帝、五精帝既是人格化的,自當具有宫室、朝廷、宗廟。《春秋合誠圖》云天不獨立,而以三能爲三公,北斗爲九卿,攝提等爲二十七大夫,宿衛等

---

① 《周禮注疏》卷十八《大宗伯》,頁646、647。

② 《鄭玄集》,頁456。

③ 《禮記正義》卷二十一《禮運》,頁796。

④ 《緯書集成》,頁766—767。

⑤ 《緯書集成》,頁746、765。

⑥ 《河圖》云:“東方蒼帝,體爲蒼龍,其人長頭面大……”(《緯書集成》,頁1248—1249)這是以蒼龍、朱鳥、軒轅、白虎、玄武五象爲五精帝之體,五精帝之貌各仿其象,這與上述五精帝以人爲形象不同。

⑦ 《緯書集成》,頁505。

爲八十一元士,"凡有百二十官,下應十二月,數之經緯,皆五精流氣,以立宮廷。"①此是天皇大帝之官。《春秋保乾圖》"匡衛爲藩臣:西相、東將,左右執法,端門爲謁者。内五諸侯:諸侯一,帝師二,帝友三,三公四,博士五",宋均注云:"太微宮十星,天子庭、五帝之座、十二諸侯之府也。"②此是五精帝之官。《春秋元命包》"太微爲天廷,理法平亂……",計有左右執法、左右四輔即上相、次相、次將、上將及端門、左右掖門、東西門、東西中華門、東西太陰門③,儼然一個天上宮廷,然而與上《春秋保乾圖》所列星官有所不同。太微垣是五精帝之廷,有五精帝之座,而紫微垣是天皇大帝之廷,其内又有五精帝之内座,頗有以五精帝爲天皇大帝之僚屬之意,如同人間皇帝宮廷之南門外有各官衙一樣。《春秋元命包》云:"五潢,五帝車舍。"④是五精帝有車舍。又云:"心三星五度,有天子明堂布政之宮。"⑤是天帝有明堂。《大司樂》鄭玄注曰:"黄鐘生於虚危之氣,虚危爲宗廟。"⑥是天帝有宗廟。綜上可知,天上的星辰布列乃是以天帝爲中心的與人間相似的政教體系,天帝是這一體系的統治者和維護者。天帝的體系、人間的體系都被包含於天之中,是天的體系的組成部分,受天的支配。由於天無爲不言,所以由六天帝代表天來照臨下土,賞善罰惡。

關於天帝是否有視聽、好惡、喜怒、思慮、意志、言語,《河圖皇持參》鄭玄解題云:"天以北斗之星視聽,而以日月發其明,以昭示天地。"⑦言天有視聽聰明。《尚書・洪範》"帝乃震怒",鄭玄注云:"帝,天也。天乃震動其威怒。"⑧是天帝有喜怒,有好惡。此注"帝,天也",是説帝是天帝,非言帝等同於天。《尚書・多方》鄭玄注云"天覬紂能改","爲天以視念"⑨,是天有思慮,有意志。《尚書・吕刑》云"上帝不蠲,降咎于苗",鄭玄注云:"天以苗民所行腥臊不潔,故下禍誅之。"⑩是上帝可降禍福於人間。《尚書中候考河命》云:"天告以伐紂之意。"⑪《六藝論・總論》云:"《河圖》、《洛書》皆天神言語,所以教告王者也。"⑫是天神有言語。《皇矣》"皇矣上帝,臨下有赫。監觀四方,求民之莫",鄭玄箋云:"大矣天之視天下赫赫甚明,知殷紂之暴亂,乃監察天下之衆國,求民之定,謂所歸就也。"⑬言天有感知,有視聽。又《皇矣》數云"帝謂文王",鄭

① 《緯書集成》,頁770。
② 《緯書集成》,頁809。
③ 《緯書集成》,頁645。
④ 《緯書集成》,頁637。
⑤ 《緯書集成》,頁659。
⑥ 《周禮注疏》卷二十五《大司樂》,頁846。
⑦ 《緯書集成》,頁1190。
⑧ 《鄭玄集》,頁483。
⑨ 《鄭玄集》,頁499、500。
⑩ 《鄭玄集》,頁505。
⑪ 《鄭玄集》,頁521。
⑫ 《鄭玄集》,頁673。
⑬ 《毛詩正義》卷十六《皇矣》,頁1465。

玄箋云"天語文王"[①],是天帝有言語。《玄鳥》"古帝命武湯",鄭玄箋云:"古帝,天也。天帝命有威武之德者成湯。"[②]是天帝有言語,有意志。《板》"昊天曰明,及爾出王。昊天曰旦,及爾遊衍",鄭玄箋云:"昊天在上,人仰之,皆謂之明,常與女出入往來,遊溢相從,視女所行善惡,可不慎乎?"[③]言天監視著人間,據善惡施行賞罰。《皋陶謨》"天聰明,自我民聰明。天明畏,自我民明威。達於上下,敬哉有土",據其孔傳,可知天有視聽,有賞罰[④]。然而《論語·陽貨》"子曰:'天何言哉? 四時行焉,百物生焉。天何言哉'",《孟子·萬章上》"'天與之者,諄諄然命之乎?'曰:'否。天不言,以行與事示之而已矣'",《易緯通卦驗》"天無言,以七耀垂文。地無言,以五云騰氣。四時無言,以寒暑變節。六甲無言,以孤虚定位"[⑤],言天無言;《禮記·哀公問》"無爲而物成,是天道也",言天無爲。《春秋緯》:"大帝紫宮,不言不動摇,以斗運度推精,使五帝,修名號。"[⑥]此明言天皇大帝無言。《論語·爲政》"爲政以德,譬如北辰,居其所而衆星共之",鄭玄注云:"德者無爲,譬猶北辰之不移而衆星拱之也。""衆星列宿,諸侯之象。"[⑦]言北極天皇大帝無爲,居於中央,衆星如諸侯般拱衛天皇大帝。《陽貨》《孟子》《易緯通卦驗》《哀公問》云天無言無爲,未言天是天皇大帝還是五精帝,而《春秋緯》《爲政》云紫宮大帝不言,北辰無爲,無爲自然不言,則無爲不言之天當指天皇大帝,五精帝則有言語。

關於天皇大帝與五精帝之執掌,《大宗伯》賈公彦疏引《春秋緯》云:

> 《元命包》云:"天生大列爲中宫大極星,星其一明者,大一常居,傍兩星巨辰子位,故爲北辰,以起節度。亦爲紫微宫,紫之言此,宫之言中。此宫之中,天神圖法,陰陽開閉,皆在此中。"又《文耀鉤》云:"中宫大帝,其北極星下一明者,爲大一之先,合元氣,以斗布常。"是天皇大帝之號也。[⑧]

是天皇大帝掌管紫微宫,合元氣,以斗布常,即天神圖法,以起節度。《春秋緯》云:"大帝紫宫,不言不動摇,以斗運度推精,使五帝,修名號。"[⑨]言天皇大帝以北斗來發佈天命,舒布精氣,五精帝是其所使。《春秋緯》云:"北極星,其一明大者,太一之光,含元氣,以斗布常,開命運,節序神明,流精生一,以立黄帝。"[⑩]言北極星即太一,含天元之氣,以北斗來發佈命令。其精能生黄精帝,則亦能生其他四精帝,則五精帝由天皇大帝所生。《春秋文曜鉤》云:

---

① 《毛詩正義》卷十六《皇矣》,頁 1476。
② 《毛詩正義》卷二十《玄鳥》,頁 2126。
③ 《毛詩正義》卷十七《板》,頁 1669。
④ 《尚書正義》卷四《皋陶謨》,頁 153。
⑤ 《緯書集成》,頁 254。
⑥ 《緯書集成》,頁 932。
⑦ 《鄭玄集》,頁 584。
⑧ 《周禮注疏》卷十八《大宗伯》,頁 649。
⑨ 《緯書集成》,頁 932。
⑩ 《緯書集成》,頁 931。

太微之座，五帝之廷……五帝降精，萬情以導……夫太微者，大妙之謂，用以序星辰，揆日月，定歲時，齊其政，開陰陽，審權量，發萬物，舉興廢，布小大，施長短。故五帝居之，以試天地四方之邪正而起滅之。[①]

綜上可知，天皇大帝與五精帝所掌不同，天皇大帝爲主，五精帝爲輔，天皇大帝所掌者大，五精帝所掌者細。

關於五天帝之執掌與五方的關係，《洪範五行傳》“田獵不宿，飲食不享，出入不節，奪民農時，及有奸謀，則木不曲直”，鄭玄注云：“君行此五者，爲逆天東宫之政，東宫於地爲木……”下“則火不炎上”“則稼穡不成”“則水不潤下”，鄭玄注分别云：“君行此四者，爲逆天南宫之政，南宫於地爲火”、“君行此四者，爲逆天西宫之政，西宫於地爲金”、“君行此四者，爲逆天北宫之政，北宫於地爲水。”[②]可知鄭玄以天有東南西北四宫。《史記·天官書》《漢書·天文志》亦以天有四宫[③]，《春秋文曜鉤》亦云：“東宫蒼帝，南宫赤帝，西宫白帝，北宫黑帝。”[④]以此推之，天有東南西北中五宫。鄭玄又以天之五宫對應地之五行。《禮器》鄭玄注云：“五帝主五行。”[⑤]可知鄭玄以天之五帝分掌五宫之政，又分主地之五行[⑥]。又《論語·堯曰》“敢用玄牡，敢昭告於皇皇后帝”，鄭玄注云：“皇皇后帝，並謂太微五帝。在天爲上帝，分王五方爲五帝。”[⑦]可知鄭玄以太微五帝分主五方，與五精帝分掌五宫同義。五精帝除各掌一宫之外，還作爲一個集體共同掌管整個天庭，正如《詩含神霧》所云：“五帝並設，神靈集謀者也。”[⑧]《孝經緯》亦云：“太微天廷，帝以紀録出圖，五坐並設，神靈集謀，故置將相、輔佐、執法、郎位、少微以議疑。”[⑨]

關於天帝生成的過程，《易緯通卦驗》“孔子曰：太皇之先，與燿合元，精五帝期，以序七神”，鄭玄注云：

皇，君也。先，猶本也。燿者，燿魄寶，北辰帝名也。此言太微之帝，本與北辰之帝同元。元，天之始也。其精有五，謂蒼帝靈威仰之屬也，其布列用事各有期，期各七十二日，主敘七神、二十八宿、北斗也。[⑩]

鄭意太皇是太微五帝，耀是耀魄寶，北辰帝名。太微五帝與北辰天皇大帝同出於天元，天元是天形成的開端，天地造分於太極混淪，則天元當來自太極混淪。

① 《緯書集成》，頁 668。

② 《鄭玄集》，頁 561—562。

③ 《史記》卷二十七《天官書》，頁 1546—1563；《漢書》卷二十六《天文志》，頁 1276—1279。

④ 《緯書集成》，頁 662。

⑤ 《禮記正義》卷二十四《禮器》，頁 877。

⑥ 上賈公彦疏所引《春秋文曜鉤》所云之“中宫大帝”指天皇大帝耀魄寶，非黄帝含樞紐，故“中宫”非五宫中的中宫。

⑦ 《鄭玄集》，頁 613。

⑧ 《緯書集成》，頁 467。

⑨ 《緯書集成》，頁 1059。

⑩ 《緯書集成》，頁 189。七，原作十，當是形訛，據文意改。七神，日月五星之神也。《七緯》亦作十。（[清]趙在翰《七緯》卷六《易通卦驗卷上》，中華書局，2012 年，頁 127）

天元造分出天和帝，天以形象言，帝以神靈言，天以體質言，帝以德用言。天皇大帝含元秉陽，舒精吐光，所含之元當即天元，所舒之精當即天元之五精。五精布列用事各有期，即五精帝輪流主天之運，其期各有定數。

（二）六天帝系統的確立

《司服》云："王之吉服，祀昊天上帝則服大裘而冕，祀五帝亦如之。"則經文以昊天上帝與五帝同科。《大宗伯》"以蒼璧禮天，以黄琮禮地，以青圭禮東方，以赤璋禮南方，以白琥禮西方，以玄璜禮北方，皆有牲幣，各放其器之色"，賈公彦疏云："青圭已下有五天。"[①]則六天帝皆有牲幣，唯玉不同。《大宗伯》"以禋祀祀昊天上帝，以實柴祀日月星辰，以槱燎祀司中、司命、飌師、雨師"，鄭玄注云："三祀皆積柴實牲體焉，或有玉帛，燔燎而升煙，所以報陽也。昊天上帝，冬至於圜丘所祀天皇大帝。祀五帝亦用實柴之禮云。"鄭玄以經文昊天上帝爲天皇大帝，經文未言祀五天帝用何禮，鄭玄以祀五天帝用實柴，退而與祀日月星辰同科，是以五天帝低於昊天上帝。賈公彦疏云：

> 《肆師職》云："立大祀用玉帛牲牷，立次祀用牲幣，立小祀用牲。"……以《肆師》言之，煙祀中有玉帛牲牷三事，實柴中則無玉，唯有牲幣，槱燎中但止有牲，故鄭云實牲體焉。據三祀有其玉帛，惟昊天具之，實柴則有帛無玉……五帝與昊天，其服同大裘，其牲同繭栗，於燔柴退與日月等者，禮有損之而益……[②]

可知祀五天帝與祀昊天上帝同牲、幣、大裘，而祀五天帝無玉，則五天帝卑於昊天上帝；祀五天帝與祀日月星辰同實柴，而日月星辰無幣，則五天帝尊於日月星辰。又《大司樂》祀昊天上帝得大合樂，祀五天帝不得大合樂，亦爲五天帝卑於昊天上帝之證。《典瑞》"四圭有邸，以祀天、旅上帝"，鄭玄注云："祀天，夏正郊天也。上帝，五帝。所郊亦猶五帝，殊言天者，尊異之也。"賈公彦疏云："云'所郊亦猶五帝，殊言天者，尊異之也'者，王者各郊所感帝，若周之靈威仰之等，即是五帝，而殊言天，是尊異之，以其祖感之而生故也。"[③]則一朝代之感生授命帝雖屬於五天帝之一，又尊於其餘四天帝。因而六天帝系統中，昊天上帝尊於感生授命帝和五天帝，一朝代之感生授命帝又尊於其餘四天帝。

綜上所述，鄭玄確立六天帝系統的思路如下：將《周禮》五帝與緯書五精帝對應，以《月令》五帝爲五人帝，結合天文中的五帝座星（及五帝内座星），構成五天帝系統；以《周禮》昊天上帝爲一神，與緯書的天皇大帝對應，結合天文中

---

① 《周禮注疏》卷二十《大宗伯》，頁687、688。
② 《周禮注疏》卷十八《大宗伯》，頁646、647。
③ 《周禮注疏》卷二十二《典瑞》，頁768、769。

的北極星，確立昊天上帝。五天帝與昊天上帝，構成六天帝系統[1]。鄭玄的六天帝系統體現在他的《三禮注》中。《大宗伯》"以蒼璧禮天，以黄琮禮地，以青圭禮東方，以赤璋禮南方，以白琥禮西方，以玄璜禮北方，皆有牲幣，各放其器之色"，鄭玄注云：

> 此禮天以冬至，謂天皇大帝在北極者也。禮地以夏至，謂神在昆侖者也。禮東方以立春，謂蒼精之帝，而太昊、句芒食焉。禮南方以立夏，謂赤精之帝，而炎帝、祝融食焉。禮西方以立秋，謂白精之帝，而少昊、蓐收食焉。禮北方以立冬，謂黑精之帝，而顓頊、玄冥食焉。

據賈公彦疏，此經注言告朔、迎氣之所祀所配，"青圭已下有五天"[2]，則此經注已含六天帝結構。《小宗伯》"兆五帝於四郊"，鄭玄注云："五帝，蒼曰靈威仰，大昊食焉；赤曰赤熛怒，炎帝食焉；黄曰含樞紐，黄帝食焉；白曰白招拒，少昊食焉；黑曰汁光紀，顓頊食焉。黄帝亦於南郊。"[3]合《大宗伯》《小宗伯》經注，以及"五天帝系統的辨析"節，鄭玄的六天帝系統列表如下。

表 4　經傳、緯書、天文之六天帝系統

昊天上帝（北極星）	五天帝（五帝座星）	五人帝	五人神
天皇大帝（耀魄寶）	蒼精之帝（靈威仰）	太皞（伏羲氏）	句芒（重）
	赤精之帝（赤熛怒）	炎帝（大庭氏）	祝融（黎）
	黄精之帝（含樞紐）	黄帝（軒轅氏）	后土（黎）
	白精之帝（白招拒）	少皞（金天氏）	蓐收（該）
	黑精之帝（汁光紀）	顓頊（高陽氏）	玄冥（熙）

關於昊天上帝與五天帝的關係，《春秋運斗樞》云："五帝所行，同道異位，皆循斗樞璣衡之分，遵七政之紀、九星之法。"[4]此五帝當是五天帝，五天帝受北斗、七政、九星指使。而據《春秋緯》云："北極星，其一明大者，太一之光，含元氣，以斗布常，開命運，節序神明。"又云："大帝紫宫，不言不動揺，以斗運度推精，使五帝，修名號。"[5]則北斗之運行是天皇大帝所發佈之命令，則五天帝

---

① 陳中浙、劉釗參用杭世駿的觀點，認爲鄭玄六天説有兩個來源，一是《周禮》，二是《春秋緯》，鄭玄把五帝説成五天，又據《周禮》合"昊天"與"上帝"爲一神，進而構成六天之説。(《儒家"六天"説辨析》，頁 109)陳壁生云："鄭玄所説的'六天'，是根據群經與緯書，尤其是《周禮》與《春秋緯》綜合建構的結果。"(《周公的郊祀禮——鄭玄的經學建構》，頁 42)趙永磊注意到了天文在鄭玄確立六天説中的重要意義。(《中古時期國家祭祀的理論基礎：以鄭王郊社立説爲中心》，頁 20—22)此外，六天帝説並非鄭玄首創，劉向云："天神之大者曰昊天上帝，亦曰太乙。其佐曰五帝，東方蒼帝靈威仰，南方赤帝赤熛怒，西方白帝白招拒，北方黑帝叶光紀，中央黄帝含樞紐。牲帛及玉各依方色。"([清]黄以周《禮書通故》卷十二《郊禮通故一》，中華書局，2007 年，頁 610)可知鄭玄之前即有六天帝之説，不過没有證據表明他們有比鄭玄更爲系統完整的論述。

② 《周禮注疏》卷二十《大宗伯》，頁 687、688。

③ 《周禮注疏》卷二十《小宗伯》，頁 698。

④ 《緯書集成》，頁 710。

⑤ 《緯書集成》，頁 931、932。

受天皇大帝之指使[①]。

關於一朝代之感生授命帝與五天帝的關係,感生授命帝固然屬於五天帝,然而五天帝之中,王者又特祭其所出之帝,如《典瑞》“四圭有邸,以祀天、旅上帝”鄭玄注所云:“祀天,夏正郊天也。上帝,五帝,所郊亦猶五帝,殊言天者,尊異之也。”[②]《大司樂》鄭玄注亦云:“王者又各以夏正月祀其所受命之帝於南郊,尊之也。”[③]《大傳》鄭玄注亦云:“王者之先祖皆感大微五帝之精以生,蒼則靈威仰……皆用正歲之正月郊祭之,蓋特尊焉。”[④]

若從鄭玄注經和緯的先後上來看,鄭玄注緯在注經之前,注經的次序是“先注《周官》,次《禮記》,次《禮經》,次《古文尚書》,次《論語》,次《毛詩》,最後乃注《易》”[⑤]。則可能鄭玄是以緯書中天皇大帝和五精帝的六天帝系統爲基礎,對應《周禮》中的昊天上帝和五帝,將《月令》五帝降爲五人帝,從而確立六天帝系統。正如陳贇所説:

> 將《月令》中的五帝、五神下拉到天皇上帝、太微五精帝之下的第三、第四層級,作爲人帝、人神而與《周禮》的“五天帝”相區别,實爲鄭玄的創説。此外,鄭玄還在《周禮》的五天帝與《月令》的五人帝之間建立聯繫,於是歷史的五人帝成爲五天帝的配食者,《月令》的五人帝與《周禮》的五天帝結合爲一個大系統,而這一結合正來自鄭玄的思想勞作。[⑥]

(三)一天六帝系統的確立

關於六天帝之名號,《大宗伯》賈公彦疏云:

> (《爾雅》鄭注)云:‘昊天上帝,又名大一常居,以其尊大,故有數名也。’其紫微宫中皇天上帝,亦名昊天上帝,得連上帝而言。至於單名皇天、單名上帝亦得。故《尚書·君奭》云:“公曰:君奭,我聞在昔,成湯既受命,時則有若伊尹,格於皇天。”鄭注云:“皇天,北極大帝。”又《掌次》云:“張氈案,設皇邸,以旅上帝。”上帝即大帝。《堯典》云:“欽若昊天。”皆是上帝單名之事。《月令》更無祭五帝之文,故《季夏》云“以供皇天上帝”,鄭分之“皇天,北辰耀魄寶”,“上帝,大微五帝”,亦是大帝單號之事。若然,

① 何休也有類似觀點,《公羊傳·宣公三年》“帝牲不吉”何休解詁云:“帝,皇天大帝,在北辰之中,主總領天地五帝群神也。”(《春秋公羊傳注疏》卷十五《宣公第十五》,上海古籍出版社,2014年,頁613)但是何休以此處郊祀的帝是皇天大帝,即鄭玄所謂昊天上帝,而鄭玄認爲郊祀的對象是感生授命帝,這是二人的不同之處。

② 《周禮注疏》卷二十二《典瑞》,頁768。

③ 《周禮注疏》卷二十五《大司樂》,頁838。

④ 《禮記正義》卷三十四《大傳》,頁1162。

⑤ 王利器《鄭康成年譜》,齊魯書社,1983年,頁85。一説鄭玄注《易》前注《孝經》。(《鄭康成年譜》,頁139)從鄭玄之注述來看,他對經義的觀點雖先後稍有不同,但大體而言是一貫的,故本文未刻意區分鄭玄所立説之先後。

⑥ 《鄭玄“六天”説與禘禮的類型及其天道論依據》,頁88。

大帝得單稱，與五帝同，五帝不得兼稱皇天、昊天也。[①]

“大帝得單稱，與五帝同，五帝不得兼稱皇天、昊天也”，則昊天可與上帝連言昊天上帝，昊天上帝也可單稱皇天、昊天或上帝。昊天上帝、五天帝皆可稱上帝，而五天帝不得稱皇天、昊天，自然也不得稱皇天上帝、昊天上帝[②]。由於昊天上帝最爲尊大，故名稱更多。

賈公彦對六天帝之名號的論述與《駁五經異義》相合。《五經異義·天號第六》云：

今《尚書》歐陽説曰：“春曰昊天，夏曰蒼天，秋曰旻天，冬曰上天，總爲皇天。”《爾雅》亦然。古《尚書》説云：“天有五號，各用所宜稱之。尊而君之則曰皇天，元氣廣大則稱昊天，仁覆愍下則稱旻天，自上監下則稱上天，據遠視之蒼蒼然則稱蒼天。”謹案：《尚書》堯命羲和“欽若昊天”，總敕四時，知昊天不獨春。《春秋左氏》曰“夏四月己丑，孔子卒”，稱“旻天不弔”，時非秋天。[③]

今文《尚書》歐陽家説和《爾雅》以四時稱天號而有昊天、蒼天、旻天、上天之號，而總稱皇天。古文《尚書》説以天之用各有所宜之號而亦有昊天、蒼天、旻天、上天之號，而以皇天爲尊而君之之號。二説相同之處是皆以皇天爲天之總體至尊之號，不同之處是或以四時稱天號，或以天之用稱天號。許慎據《尚書》和《左傳》，否定以四時稱天號之説，贊成古文《尚書》説。鄭玄駁之云：

玄之聞也，《爾雅》者，孔子門人作，以釋《六藝》之文，言蓋不誤矣。春氣博施，故以廣大言之；夏氣高明，故以遠言之；秋氣或殺或生，故以閔下言之；冬氣閉藏而清察，故以監下言之。皇天者，其尊大號。《六藝》之中諸稱天者，以己情所求言之，非必於其時稱之。浩浩昊天，求天之博施；蒼天蒼天，求天之高明；旻天不弔，則求天之殺生當得其宜；上天同雲，求天之所爲當順其時也。此之求天，猶人之説事，各從主耳。若察於時，所論

---

① 《周禮注疏》卷十八《大宗伯》，頁649。

② 黄以周云：“上帝即五帝，合昊天上帝爲六帝，而諸經之稱上帝，有專以五帝言者，亦有渾以六帝言者。”（黄以周《儆季雜著一·禮説一》，頁12）孫詒讓云：“蓋帝之與天，雖可互稱，而此經則確有區别。通校全經，凡云昊天者，並指圜丘所祭之天。凡云上帝者，並指南郊所祭受命帝。二文絶不相通……凡言旅者，並指非常之祭而言……”（《周禮正義》卷十一《掌次》，頁433）又云：“凡言天者，皆謂昊天；言上帝者，皆謂受命帝；言五帝者，謂五色帝。”（《周禮正義》卷四十二《大司樂》，頁1746）孫氏認爲上帝是受命帝，非感生帝，與鄭旨不合。黄、孫皆不據緯書，而以經文之天、帝爲考察依據，又不似鄭玄那般隨文設義，故其説與鄭旨不合。

③ 《周禮注疏》卷十八《大宗伯》，頁649—650。“春曰昊天”四字原作“欽若昊天”，案《毛詩》孔疏、《爾雅》邢疏（抄自孔疏）所引皆作“春曰昊天”（《毛詩注疏》卷四《黍離》，頁347；《爾雅注疏》卷六《釋天》，上海古籍出版社，2010年，頁292），則或賈公彦所據《異義》有訛誤，或賈疏寫刻有訛誤，今正之。阮元校記云“欽若昊天”下脱“春曰昊天”四字，非也，實則“春曰”訛作了“欽若”。又案今本《爾雅》作“春爲蒼天，夏爲昊天”，與《尚書》歐陽説“春曰昊天，夏曰蒼天”異，孔穎達以爲鄭玄讀《爾雅》與孫、郭不同，歐陽、《爾雅》二説未知孰是，然其理相通，故鄭玄和而釋之。（《毛詩注疏》卷四《黍離》，頁347）

> 從四時，天各云所别，故《尚書》所云者，論其義也，二者相須乃足。此名非必紫微宫之正，直是人逐四時互稱之。[1]

鄭玄首先肯定了《爾雅》作爲經學文獻的權威性，亦即肯定了以四時稱天號之説；然後將古文《尚書》説以天之用稱天號與《爾雅》以四時稱天號相對應，從而消弭了二説之異。鄭玄進一步提出了以己情所求稱天號的觀點，從而反駁了許慎據《尚書》和《左傳》所下的案斷，並認爲《尚書》所云與《爾雅》可以互補，相須乃足[2]。值得注意的是，鄭玄云"皇天者，其尊大號"，這與《爾雅》和今文《尚書》歐陽家説"總爲皇天"以及古文《尚書》説"尊而君之則曰皇天"相合，而且與緯書、天文中以天皇大帝爲北極星相合，鄭玄所云"紫微宫之正"即指天皇大帝耀魄寶，亦即鄭玄所謂皇天，此是天之正號。鄭玄又云"所論從四時，天各云所别"，"直是人逐四時互稱之"，是以昊天、蒼天、旻天、上天之號是皇天這個總號逐四時而稱的别號，雖然鄭玄認爲人得以隨四時而稱天之號，然而這畢竟是别號，與總號、正號不同[3]。以皇天爲總號而以四時之天爲别號，隱含了六天的總别關係，這又與六天帝系統有内在一致性。

進一步，關於天與帝的關係，《郊特牲》孔穎達疏云：

> 鄭氏謂天有六天。天爲至極之尊，其體祇應是一。而鄭氏以爲六者，指其尊極清虚之體，其實是一；論其五時生育之功，其别有五：以五配一，故爲六天。據其在上之體謂之天，天爲體稱……因其生育之功謂之帝，帝爲德稱也……故《周禮·司服》云："王祀昊天上帝，則大裘而冕，祀五帝亦如之。"五帝若非天，何爲同服大裘？又《小宗伯》云："兆五帝於四郊。"《禮器》云："饗帝於郊，而風雨寒暑時。"帝若非天，焉能令風雨寒暑時？又《春秋緯》"紫微宫爲大帝"，又云"北極耀魄寶"，又云"大微宫有五帝坐星，青

---

[1] 《周禮注疏》卷十八《大宗伯》，頁 650。"互稱之"或作"五稱之"，校記引浦鏜云五疑互字訛，今從之。"若察於時，所論從四時，天各云所别，故《尚書》所云者，論其義也，二者相須乃足。此名非必紫微宫之正，直是人逐四時互稱之"，《毛詩》孔疏及《爾雅》邢疏（抄自孔疏）所引《駁五經異義》與此異，作："若察於是，則堯命羲和'欽若昊天'，孔丘卒'旻天不弔'，無可怪耳。"（《毛詩注疏》卷四《黍離》，頁 347；《爾雅注疏》卷六《釋天》，頁 292）《尚書正義》所引又稍異之，云："《釋天》云：'春爲蒼天，夏爲昊天，秋爲旻天，冬爲上天。'《毛詩傳》云：'尊而君之則稱皇天，元氣廣大則稱昊天，仁覆閔下則稱旻天，自上降監則稱上天，據遠視之蒼蒼然則稱蒼天。'《爾雅》四時異名，《詩傳》即隨事立稱。鄭玄讀《爾雅》云'春爲昊天，夏爲蒼天'，故《駁異義》云：'春氣博施，故以廣大言之。夏氣高明，故以遠言之。秋氣或生或殺，故以閔下言之。冬氣閉藏而清察，故以監下言之。皇天者尊而號之也。《六籍》之中諸稱天者，以情所求言之耳，非必於其時稱之。'"（《尚書正義》卷二《堯典》，頁 43）可知鄭玄據今文《尚書》歐陽説而將《爾雅》"春爲蒼天，夏爲昊天"調整爲"春爲昊天，夏爲蒼天"。

[2] 孔穎達亦以爲鄭玄綜合了今文《尚書》歐陽説、《爾雅》與古文《尚書》、《毛詩傳》這兩種説法。（《毛詩注疏》卷四《黍離》，頁 347）

[3] 需要注意的是，雖然《爾雅》以昊天爲春天之號，鄭玄亦認同之；然《尚書》云"欽若昊天"，《周禮》云"昊天上帝"，此二經之"昊天"皆指皇天，故鄭玄云"《尚書》所云者，論其義也"，其實《周禮》亦然，故《大宗伯》賈公彦疏云："五帝不得兼稱皇天、昊天也。"《毛詩》經文數云"昊天"，鄭玄箋皆未明言"昊天"何所指，當與鄭玄所云"以己情所求言之"同義。故鄭玄此處對皇天、昊天的辨析與"昊天上帝的辨析"節所論的皇天、昊天皆指昊天上帝並不矛盾。

帝曰靈威仰，赤帝曰赤熛怒，白帝曰白招拒，黑帝曰汁光紀，黄帝曰含樞紐”。是五帝與大帝六也。又五帝亦稱上帝，故《孝經》曰：“嚴父莫大於配天，則周公其人也。”下即云：“宗祀文王於明堂，以配上帝。”帝若非天，何得云嚴父配天也？①

孔穎達認爲天爲體稱，帝爲德稱，天體唯一，帝則有六，乃至認爲天有六，大體正確，然尚需分疏。上所引《駁五經異義》中，鄭玄云“此名非必紫微宫之正，直是人逐四時互稱之”，是説天之正號是皇天，隨四時互稱之而有昊天、蒼天、旻天、上天之號，然則四時之天衹是在一年的不同時節對皇天的不同稱號，其實衹有一個皇天，這是“皇天—五時天”系統②。鄭玄認爲有六帝，即昊天上帝和五天帝，這是“昊天上帝—五天帝”系統。五天帝輪流發揮天的德用而成五時生育之功，當其主天之功時可稱爲天，但天與帝不得等同，鄭玄所言以五帝爲天應當理解爲以五帝爲五天帝，這是就五帝發揮天的生育之功而言，而非以五帝等同於五天。故王肅之後稱呼鄭玄的天帝系統爲六天説，實未深入探究鄭玄之意。鄭玄的天帝系統被稱爲一天六帝説更爲恰當，一天即總體的天，隨五時而各有其號，六帝即昊天上帝和五天帝。天雖唯一，然天五時生育之功由五天帝來實施，天之號亦隨五時而變③。因而鄭玄的天帝系統有“皇天—五時天”、“歲—五時”、“昊天上帝—五天帝”三位一體的結構，列表如下。

表 5　天、帝、歲之關係

天		歲		帝	
皇天	昊天	歲	春	昊天上帝	蒼帝
	蒼天		夏		赤帝
			(季夏)④		黄帝
	旻天		秋		白帝
	上天		冬		黑帝

此結構以總别關係來看，“皇天—昊天上帝—歲”是總，“五時天—五天

① 《禮記正義》卷二十五《郊特牲》，頁 892—893。孫星衍認爲此段疏可能是馬昭申鄭之作。(《問字堂集　岱南閣集》卷五《雜文五・附〈聖證論〉及難王申鄭議》，頁 127、128)馬昭去鄭玄不遠，此説蓋通於鄭玄。

② 孔疏云“論其五時生育之功”，可知雖然《駁異義》中衹提及四時而未提及季夏，但是孔疏則默認四時之外尚有季夏，共爲五時。相應地，雖然《駁異義》未提及季夏之天號，然由於一歲有五時，故季夏之天亦當有其號，衹是經緯傳記未言而已。又，漢人有五帝分王四時之説，則似無季夏，亦通。本文爲討論六天之便，而採用季夏之説。

③ 楊復云：“昊天上帝，天之大名。五帝分王四時，其實一天。”黄以周駁之曰：“天有六帝，《周禮》文可據。渾言之，五帝爲天神，帝即天，昊天亦稱帝，天即帝，有六帝即有六天。析言之，五帝得與昊天同稱上帝，不得與昊天同稱天……”(《禮書通故》卷十二《郊禮通故一》，頁 611)其實楊復與黄以周所言皆是一天六帝，衹是楊復偏重言一天，黄以周偏重言六帝，並不衝突。

④ 漢人有季夏之説，又有五帝分王四時之説，以此來調和四時與五行、五帝的搭配關係。故此表中的四時天、五時(或曰四時)、五天帝之間並無衝突。

帝—五時”是别;以體用關係來看,天是體,是生育之功的終極根源,帝是德,是生育之功的實施者,歲則是天帝生育之功表現出來的總現象。皇天是總,五時天是其别;昊天上帝是總,五天帝是其别;皇天是體,昊天上帝是其德;五時天是體,五天帝是其德。皇天與昊天上帝,五時天與五天帝,既密切聯繫,又有所不同。五時天是昊天隨五時而有的不同稱號,衹是一天。因而天既可言一,也可言五,當指其總體時是一,此是其實;當隨時立號時有五,此是其名,不過天偏重於言總體之一。五天帝與昊天上帝同生於天元,昊天上帝口含天元,其精舒佈而成五天帝,五天帝受昊天上帝指使,分主五時而成生育之功。因而帝既可言一,也可言五,當指其五時生育之功時有五,此是其實;當指其迭主天之運而得稱天時爲一,此是其名,不過帝偏重於言功用之五。天偏重於言總言體,帝偏重於言别言德。天之總、體中又偏重言體,帝之别、德中又偏重言别。天偏重言體即皇天,即孔疏所謂“指其尊極清虛之體,其實是一”,此是就天之實而言;帝偏重言别即五天帝,即孔疏所謂“論其五時生育之功,其别有五”,此是就帝之實而言。

從虛實關係來看,五時天衹是皇天在五時的不同名號,天體唯一,故皇天是實,五時天是虛;昊天上帝無爲不言,其五時生育之功由五天帝來實施,感生和授命亦由五天帝來實施,故昊天上帝是虛,五天帝是實。孔疏所云“指其尊極清虛之體,其實是一;論其五時生育之功,其别有五”,“其實是一”是就皇天之實而言,“其别有五”是就五天帝之實而言,孔疏是就天帝系統之實——即“皇天—五天帝”而言。因而鄭玄的天帝系統藴含著複雜而深刻的内部聯繫,謂之一天可,謂之六天亦可,然名雖有六,實則爲一;謂之六帝可,謂之一帝亦可,然名雖爲一,實則有六。皇天是天之總體,衹是一天,此是其實;然天隨五時而各有其名號,故雖是同一天,而“謂之六天亦可”,此是其名。經、緯、天文中皆言天帝有六,此是其實;然上所引《典瑞》注“殊言天者,尊異之也”,《大傳》注“蓋特尊焉”,及《大司樂》注“尊之也”,皆是就郊祀感生授命帝而言,可知感生授命帝可稱天,這是由於作爲五天帝之一的感生授命帝代表昊天上帝發揮天的德用,而其餘四天帝尚處於“休閒”狀態,雖實有六天帝而特定時間衹能有一天帝發揮德用,而且在生成論上來説,五天帝生於昊天上帝所含之天元,故“謂之一帝亦可”,此是其名。就一歲而言,五時輪替由五天帝輪流主導,每一時節皆由其天帝主其生育之功,故五時天各與五天帝有體用關係。就整個歷史而言,五天帝各有其主導之運期,作爲感生授命帝而決定人間政治輪替,此種情況下的五天帝與天的關係,類比於五天帝與五時天的關係。

故鄭玄的天帝系統藴涵了“皇天—五時天”、“昊天上帝—五天帝”的總别關係,和“皇天—昊天上帝”、“五時天—五天帝”的體用關係,天、帝在總别、體用關係上各有偏重,而有虛實之分。就總别關係而言,“皇天—五時天”之皇天是實,五時天是虛,“昊天上帝—五天帝”之昊天上帝是虛,五天帝是實;就體用關係而言,“皇天—昊天上帝”之皇天是實,昊天上帝是虛,“五時天—五天帝”之五時天是虛,五天帝是實。總别、體用各取其實,則爲“皇天—五天帝”;虛實皆取，則爲“皇天—五時天＋昊天上帝—五天帝”，即“六天—六天帝”。各取其實，則得天帝系統之實，即“皇天—五天帝”；虛實皆取，則得天帝系統之名，即“六天—六天帝”。故從天帝整體的名實關係來看，鄭玄的天帝系統，其名當是六天六帝，即“六天—六天帝”；其實則是一天五帝，即“皇天—五天帝”，皇天是天之實，五天帝是帝之實。五時天作爲皇天的别號，昊天上帝作爲不直接發用的最高存在者，二者隱藏於一天五帝系統之後。從天、帝各自的名實關係來看，名爲六天，實則爲一，名爲一帝，實則有六，故本文取其實者，而稱鄭玄的天帝系統爲一天六帝系統。因而鄭玄的天帝系統，其名當是六天六帝系統，其實則是一天五帝系統。名實又各有虛實，六天六帝之六天是虛，六帝是實；一天五帝之一天是實，五帝是虛。六天六帝與一天五帝，名實相兼而各取其實，則爲一天六帝系統。一天六帝系統以六天六帝系統和一天五帝系統爲背景，單稱六天説（六天六帝説）或單稱一天説（一天五帝説），皆未得鄭義全貌，須名實相兼，體用相即，總别有分，虛實有異，乃得鄭學之旨。王肅稱鄭玄之説是六天説，其實他理解的鄭玄之説是六天與六帝的割裂上的同一，將六帝等同於六天，而非六天與六帝的殊異下的統一，故未得鄭學之旨。

在此意義上，本文稱鄭玄的天帝系統爲一天六帝系統，然言一天不妨其有六天，言六帝不妨其爲一帝。孔疏所云“指其尊極清虛之體，其實是一；論其五時生育之功，其别有五”，似以五天帝直接作爲總體之皇天的殊用，而呈現爲“皇天—五天帝”的總别、體用關係。若然，則鄭玄提及的昊天上帝、四時天就無處安放。孔疏之所以未顯著提及處於尊極清虛之體（即皇天）與五時生育之功（五天帝）之間的昊天上帝和五時天，是由於天偏重於言總言體，帝偏重於言别言德，故將作爲天之别、德的五時天和作爲帝之總、體的昊天上帝略去。孔疏所謂“以五配一，故爲六天”易引起誤解，需要分疏[①]。若以天帝系統之實來説，則是以皇天與五天帝共爲六天，五天帝得稱天是在五天帝發揮天的德用上來説，而非以天帝等同於天，其實衹有一天；若以天帝系統之名來説，則是以“皇天—五時天”和“昊天上帝—五天帝”爲六天六帝，“昊天上帝—五天帝”六天帝亦是在發揮天的德用上而稱天，而非以六天帝等同於六天[②]。

以上所論天有六之説，是就總體之天隨五時而各有其號而言的，五天帝輪流發揮五時生育和感生授命之德用，而非以五天帝等同於天。《典瑞》“四圭有邸，以祀天、旅上帝”，鄭玄注云：“祀天，夏正郊天也。上帝，五帝。所郊亦猶五帝，殊言天者，尊異之也。”[③]《禮器》“大旅具矣，不足以饗帝”，鄭玄注云：“大

① 古今學者多有但據孔疏此句話而認爲鄭玄的天帝説是以五帝與天相加而爲六天者，宗王肅者自不待言，即便是宗鄭者亦有之。

② 褚葉兒從體用的角度考察鄭玄六天説，認爲昊天上帝與五天帝不一不二；又引入鄭玄易學中的太易等名詞來探討天的體用，以太易當昊天上帝，即天之體，其生生之理通過昊天上帝—五天帝—陰陽五行的多層一體的結構而發爲生物之用。（《鄭玄的六天説與陰陽五行》，頁 87—89）該文引入鄭玄易學，提出多層一體的結構，具有啓發意義。

③ 《周禮注疏》卷二十二《典瑞》，頁 768。

旅,祭五帝也。饗帝,祭天。”孔穎達疏云:“大旅雖總祭五帝,是有故而祭,其禮簡略,不如饗帝正祭之備,故云大旅具矣,不堪足以正饗天帝,謂郊祭天也……鄭直云‘祭天’,則感生之帝與圓丘俱包之也。”①此旅上帝、大旅是有故而祭,非總祭五天帝之正祭(大雩、大饗帝)。雖然,由此注可知當特祀五天帝之一的感生授命帝時,他可稱爲天,即經文之“祀天”“祭天”;當總祭五天帝時,不可稱爲天,而稱之爲“上帝”“五帝”。其實,在經書、緯書以及鄭玄注中,未有稱五天帝爲“五天”者,而是以“五帝”稱之,間或以“帝”“上帝”“天神”稱之②。然則鄭玄之意,五天帝不得稱天,五天帝之一的感生授命帝由特尊而得稱天,其實衹有一天。然則就五時生育而言,當五天帝之一的主時之帝代天發揮生育之功時,當亦得稱天。然感生授命帝或主時之帝與昊天上帝皆得稱天,這是否“二天”之説?昊天上帝代表天之總體,他無爲不言,不直接參與感生授命和五時生育,而是指使五天帝,那麼感生授命帝或主時之帝因代昊天上帝發揮德用而得稱天,而非以感生授命帝或主時之帝代表天之總體,其實仍是一天,而非二天。《孝經》“宗祀文王於明堂以配上帝”,鄭玄注云:“上帝者,天之别名也。”③此是言明堂祀五天帝,故此經文“上帝”指五天帝,鄭玄稱五天帝是“天之别名”,益明五天帝不得徑稱天。

四、結語

鄭玄的經學建立在他對經學義理的把握和對經學文獻的認識之上。從現存的鄭玄注述來看,鄭玄區分了經學文獻與非經學文獻,他注經注緯一般在經學文獻範圍内取裁,而較少涉及非經學文獻。鄭玄所據的經學文獻,主要是經傳記和緯書,而鄭玄所採的非經學文獻,包括少部分史書和子書等。尊信緯書是鄭玄的學術方法之一,緯書是鄭玄確立六天帝説的重要依據,這也是很多古代學者和現代學者詰難鄭玄的一個焦點。鄭玄所尊信的經書(尤其是《周禮》等),也引起懷疑④。尊信經書和緯書是鄭玄的學術方法,由否定緯書或懷疑經書,進而否定鄭玄之説,未就鄭玄立説的内在理路進行剖析,則容易忽視鄭玄立説的旨趣⑤。本文在承認鄭玄尊信經書和緯書的事實之下,論述鄭玄確立六天帝説的依據和思路。

通過對六天説進行辨析,可知《周禮》有“昊天上帝—五帝”系統,緯書有

① 《禮記正義》卷二十四《禮器》,頁 890。

② 見“五天帝系統的辨析”節。

③ 《孝經鄭注疏》卷下《聖治章》,頁 72、77。

④ 鄭玄的經學體系非常複雜,目前學界尚缺乏關於鄭玄的經學觀(包括鄭玄的經學文獻觀)的整體成果。陳壁生在經史關係角度上對這一問題作了有益的探索,可資參考。(陳壁生《經史之間的鄭玄》,《哲學研究》2020 年第 1 期,頁 66—75)

⑤ 已經有學者重新審視讖緯對鄭學的意義,如吕凱認爲需結合東漢的時代背景和漢初經學的流變來考察鄭玄對讖緯的態度,將讖緯作爲鄭學乃至整個經學體系中不可忽視的重要部分予以肯定。(吕凱《鄭玄之讖緯學》,臺灣商務印書館,1982 年,頁 5)

“天皇大帝—五精帝”系統，天文有“北極星—五帝座星”系統。鄭玄將《周禮》之五帝釋爲五天帝，將《月令》《左傳》《洪範五行傳》之五帝釋爲五人帝，結合緯書之五精帝以及天文中的五帝座星（及五帝内座星），而確立五天帝系統；鄭玄將《周禮》的“昊天上帝”釋爲同一神，將緯書的天皇大帝與之對應，結合天文中的北極星，而確立昊天上帝。昊天上帝不直接參與五時生育和感生授命，而指使五天帝實施五時生育和感生授命。每一時節各有五天帝之一主其生育之功（稱之爲主時之帝），每一朝代亦各有五天帝之一作爲其感生授命帝，尊於其餘四天帝。此爲“昊天上帝—五天帝”系統，即六天帝系統。作爲天之總體的皇天隨四時而有昊天、蒼天、旻天、上天之别號，此爲“皇天—五時天”系統，即六天系統。“皇天—五時天”與“昊天上帝—五天帝”，“皇天—昊天上帝”與“五時天—五天帝”有深刻的體用、總别、虚實關係，因而鄭玄的天帝系統可“名”之曰六天六帝系統（六天—六天帝），其“實”則是一天五帝系統（皇天—五天帝）。名實關係是把握鄭玄的天帝系統的管鑰，偏廢其一則難窺鄭旨全貌。名實相兼而各取其半，則爲一天六帝系統，一天即總體之天，六帝即六天帝。言一天不妨其有六，言六帝不妨其爲一。當天隨五時而各有其號時，天得言有六；當五天帝之一主天之運而得稱天時，帝得言爲一。析言之，天、帝、星有别。天以形象言，帝以神靈言，天以體質言，帝以德用言。天非人格化，帝則是人格化，有視聽、喜怒、意志、思慮、言語等。昊天上帝、五天帝分别以北極星、五帝座星（及五帝内座星）指示其所在。混言之，天、帝、星可混通。總之，天、帝在經學文獻中的具體所指，據一天六帝系統及具體文本環境而定。

由此可知，鄭玄立説是立足於對經學文獻和現實世界的總體把握，並以基於經學義理的系統化考量統攝之，而確立一體大思精的體系。基於義理的系統化，與基於文本的結構化，皆是鄭玄經學的重要特色和學術方法，值得引起學界重視。鄭玄確立一天六帝説，而爲確立祀天禮奠定了基礎，後者涉及一系列關鍵的經學問題，是天道落實爲天下秩序的集中體現。王肅所主一天之説，實是一帝五行之説，此説否定感生授命和以祖配天，故其最大的問題是難以爲政治的建立和歷史的運動奠基，因而鄭玄確立的天帝説有重要的現實意義。

【作者簡介】劉斌，北京大學哲學系中國哲學專業博士研究生，主要研究漢代經學、喪服學。

“家人言”與“司空城旦書”新考[①]

王　翊

【提　要】《史記·儒林列傳》所載轅固生與竇太后對話中有“家人言”和“司空城旦書”二語，自來異説紛紜。分析各種對“家人言”的理解，可知“家人言”是地位較低的平民的言論。從經學史、思想史和《老子》流傳史的角度可以證明，“司空城旦書”只是單純的詈罵之語，不具備後人附加的思想内涵。

【關鍵詞】　家人言　司空城旦書　史記　轅固　竇太后

一、引言

《史記·儒林列傳》記載了西漢今文齊《詩》學派鼻祖轅固生與漢景帝母竇太后之間的一場對話及其後續：

> 竇太后好《老子》書，召轅固生問《老子》書。固曰：“此是家人言耳。”太后怒曰：“安得司空城旦書乎?”乃使固入圈刺豕。景帝知太后怒而固直言無罪，乃假固利兵，下圈刺豕，正中其心，一刺，豕應手而倒。太后默然，無以復罪，罷之。[②]

這段記載爲《漢書·儒林傳》所沿襲：

> 竇太后好《老子》書，召問固。固曰：“此家人言耳。”太后怒曰：“安得司空城旦書乎!”乃使固入圈擊彘。上知太后怒，而固直言無辠，乃假固利兵。下，固刺彘正中其心，彘應手而倒。太后默然，亡以復辠。[③]

其中“家人言”和“司空城旦書”二語的確切含義，二者之間的關係如何，前人歷來争訟不決，本文擬對此重加辨析，以期爲此二語和相關問題提供更爲準確的解釋。

---

① 本文寫作過程中得到王竣兄的啓發，修改過程中承蒙杜以恒師兄指點，謹致謝忱。

② [漢]司馬遷撰，[宋]裴駰集解，[唐]司馬貞索隱，[唐]張守節正義《史記》，中華書局，2013 年，頁 3768。

③ [漢]班固撰，[唐]顔師古注《漢書》，中華書局，1962 年，頁 3612。

二、"家人言"考

關於"家人言"一語,顔師古説:"家人言僮隸之屬。"①司馬貞《史記索隱》則説:"此家人言耳。服虔云:'如家人言也。'案:《老子道德篇》近而觀之,理國理身而已,故言此家人之言也。"②

"家人"是從上古沿用至今的詞,"家人言"就是"家人"的"言",本來並不存在太多疑義③,但後世學者對這段話的歷史背景和相關文獻有其新的認識,因此產生新的解釋。

顔師古以外的第二説,是俞正燮《家人言解》考慮到竇太后的出身背景,將"家人"與西漢皇帝和諸侯王宫廷中没有正式地位的宫女的稱呼"家人子"聯繫起來,提出:

> 宫中名"家人"者,蓋宫人無位號,如言宫女子、宫婢。"家人言"本意謂仁弱似嫗媪語,而家人又適爲宫中無位號者……《外戚世家》云竇太后"始以良家子入宫侍吕后,吕后出宫人賜諸王",竇姬"籍代伍中,至代"。是竇太后始爲家人,故怒,怒其干犯,非僅以有仁弱之譏也……"家人"者,尋常言之,則一家之人,無貴賤。對國人言之,則臣民家私屬,不立户籍,故曰"家人"……宫中之"家人,則后妃女侍,亦私屬之通稱也"。④

何廣棪贊同俞正燮説,並從情理角度質疑舊説:

> 倘如司馬貞所注,謂轅固稱《老子》書爲家人言,且謂其書能理國理家,則竇太后似不應盛怒若此,而欲置固於死地也。
>
> 師古以僮隸釋家人,亦即謂固以僮隸之言稱《老子》書矣。倘固真有如是之批評,則其於《老子》書容或有所貶損,惟竇太后亦斷不宜大怒如斯。
>
> 平情論之,倘轅固視《老子》爲庶人書,雖或貶抑過甚,令人不快。若

---

① [漢]班固撰《漢書》,頁3613。

② [漢]司馬遷撰《史記》,頁3768。

③ 今人即多信從顔師古説,如盛冬鈴(《全注全譯史記》,天津古籍出版社,1995年,頁3147);又如許嘉璐主編,安平秋分史主編《史記》,《二十四史全譯》本(漢語大詞典出版社,2004年,頁1450)、許嘉璐主編,安平秋、張傳璽分史主編《漢書》,《二十四史全譯》本(漢語大詞典出版社,2004年,頁1781);倉修良主編《漢書辭典》(山東教育出版社,1996年,頁594)。或將"家人"譯爲"平民",如黄慶萱(白話史記編輯委員會主編《白話史記》,聯經出版事業公司,1985年,頁1625)、李明章(王利器主編《史記注譯》,三秦出版社,1988年,頁2555、2562),又如王繼如主編《漢書今注》(鳳凰出版社,2013年,頁2129)、倉修良主編《史記辭典》(山東教育出版社,1991年,頁440);或言"家人奴僕"(張大可《史記新注》,華文出版社,2000年,頁2009;又《史記全本新注》,三秦出版社,1990年,頁2009;又《史記新注》,鳳凰出版社,2013年,頁1603)。其實在秦漢時"家人"含義頗爲複雜,"奴僕""庶民"只是詞的一個義項的不同方面,詳下。

④ [清]俞正燮撰,于石等校點《俞正燮全集》第二册《癸巳存稿》卷七,黄山書社,2005年,頁272。標點依現行規範有所改動。

言竇太后僅因聞此語而發雷霆之怒者，則亦有逾恒情。[①]

俞正燮還將此事與明神宗不願立光宗爲太子，對自己的生母李太后説"彼都人（宫人）子也"，而李太后大怒之事互相類比[②]，這些都是很好的見解，能够説明轅固生爲何會激怒竇太后。但是此説存在一個疑點。俞正燮把《史記·劉敬列傳》"上竟不能遣長公主，而取家人子名爲公主，妻單于"（《漢書·劉敬傳》無"名"字）[③]當作論據，《史記·匈奴列傳》作"高帝乃使劉敬奉宗室女公主爲單于閼氏"[④]，可見此"家人子"的身份是"宗室女"，"宗室"自然是漢高帝的"家人"。當然，《匈奴列傳》也可能是順應和親時的官方説辭，把嫁給匈奴單于的女子説成"宗室女公主"，但是《史記》中只有兩處"家人子"，另一處是《史記·馮唐列傳》"夫士卒盡家人子，起田中從軍，安知尺籍伍符"（《漢書·馮唐傳》同）[⑤]，《漢書》中能確定的以"家人子"稱宫女的例證都在武帝以後，從這些證據看，漢初是否用"家人子"稱呼宫女仍應存疑。此外，錢鍾書已指出俞正燮未將"家人"和"家人子"區分開來是不妥的[⑥]。

在俞正燮説以外，何九盈也提出新説，認爲"家人"指婦人、妻子，"家人言"就是"婦道人家的見解"[⑦]。何文依據歐陽脩《新五代史》所立《家人傳》、王夫之《周易外傳》對《家人》卦的解釋，説"家人"是妻婦之義，同時舉《左傳·僖公十五年》"逃歸其國，而棄其家"、《楚辭·離騷》"固亂流其鮮終兮，浞又貪夫厥家"證明"家"有妻婦之義。

這樣的論證並不可靠。首先，何文論證的出發點是"家"有妻婦的含義，但這並不能用來確定"家人"的詞義。"妻""婦"是近義詞，但有"婦人"而無"妻人"，那麽"家人"也不必是"婦人"之義。其次，何文引録的王夫之之説不是詳密準確的考辨，而是對《家人》卦文化意義的闡發。最後，歐陽脩在《新五代史》中爲"宗室后妃"（何文原文）立"家人傳"，何文認爲"其理論依據就來自《周易·家人》"。但所謂的"家人傳"除"后妃"外還包括男性宗室，這與何文所理解的"家人"完全牴牾，而與"家人"的今義吻合。

蘇誠鑒還從《史通》中找出三條"家人"用例，據此認爲"家人"指"諸子"[⑧]：

《古今正史》："晋散騎常侍巴西譙周，以遷書周、秦已上或採家人諸

---

① 何廣棪《讀三史〈儒林列傳〉札記》，《新國學》第五輯，巴蜀書社，2005年，頁141—143。

② 《俞正燮全集》第二册《癸巳存稿》卷七，頁273。

③ [漢]司馬遷撰《史記》，頁3275；[漢]班固撰《漢書》，頁2122。

④ 《史記》，頁3478。

⑤ 《史記》，頁3319；[漢]班固撰：《漢書》，頁2314。

⑥ 錢鍾書《管錐編（補訂重排本）》第一册，生活·讀書·新知三聯書店，2001年，頁684。

⑦ 何九盈《"家人"解詁辨疑——兼論女强人竇太后》，《民俗典籍文字研究》第12輯，商務印書館，2013年，頁10—19。

⑧ 蘇誠鑒《"家人言"與"司空城旦書"》，《中國古代史論叢》第七輯，福建人民出版社，1983年，頁381—385。錢穆也有相似説法，鄭慧仁、黄卓穎《"家人言"辨正》（《殷都學刊》2011年第4期，頁118—121）對此有駁論。

子,不專據正經,於是作《古史考》二十五篇。”[1]

《六家》:“至遷乃鳩集國史,採訪家人。”[2]

《採撰》:“觀夫子長之撰《史記》也,殷周已往,採彼家人。”[3]

檢得第一例又見《晋書·司馬彪傳》,“家人諸子”作“俗語百家”[4]。浦起龍認爲《史通》作“家人”大概是根據他家舊本《晋書》,保存譙周原文。即使今本《晋書》作“俗語”出自唐人改筆,也能充分説明唐人(可能包括劉知幾在内)認爲這裏的“家人”作爲“家人言”的省稱,就是“俗語”之義,類似《孟子·萬章上》所説“齊東野人之語”,並不能用來稱代“諸子”。

此外尚見郭嵩燾説:“案顔師古《漢書注》云:‘家人,僮隸之屬。’非也。‘家人言’,謂家人相與清静無爲,不能致之于用,猶《晋書》所謂‘老生常談’耳。”[5]“家人”和“清静無爲”並没有必然聯繫,所以此説也缺乏説服力。

排除以上四説之後,剩下的就只有顔師古的看法。顔説之所以不被接受,大概是因爲《史記》《漢書》中確有不少“家人”並非“僮隸之屬”。楊樹達提出“家人謂庶人,漢人常語”[6],錢鍾書也有相近看法[7],二人所據材料均屬常見,可以推想前人大概也有類似的認識,所以司馬貞説“近而觀之,理國理身而已”。趙彩花則進一步把“家人”分出“奴僕”和“自由民任職於諸侯、大夫家或傭傭於某家,在其任職或受傭的時期内被稱爲諸侯、大夫之‘家人’或受傭之家的‘家人’”兩類含義[8],文霞在此基礎上增加“同居或同宗的親人”一個義項,便基本足以概括秦漢時期“家人”一語的内涵[9]。

進一步説,“奴僕”“自由民”等都是後人觀察所得的結果,未免流於平面化,秦漢法律中有奴婢、平民等概念,“家人”這個詞卻既能指奴婢,又能指平民,説明它更多地是根據“家”本身來界定人。“家”作爲與社會制度緊密相關的詞,在親緣關係以外還有經濟關係的維度。它是一個經濟單位,有形成、發展、延續、消亡的過程,所以《易·蒙卦》九二爻有“子克家”的表述,《左傳·莊公三十年》説“鬬穀於菟爲令尹,自毁其家,以紓楚國之難”,這都是就家庭財産而言。經濟地位較低的民衆向他人出賣人身或勞動力,形成人身依附關係,或是自身成爲他人法律意義上的財産,或是長期服務於一個家庭、家族。在這種情況下,“家”和“人”同樣産生領屬關係,依附者便被稱作“家人”[10]。驗之《史

---

① [唐]劉知幾撰,[清]浦起龍通釋,王煦華整理《史通通釋》,上海古籍出版社,2009年,頁313。

② 《史通通釋》,頁17。

③ 《史通通釋》,頁109。

④ [唐]房玄齡等撰《晋書》,中華書局,1974年,頁2142。

⑤ [清]郭嵩燾撰,梁小進主編《史記札記》卷五,岳麓書社,2012年,頁293。

⑥ 楊樹達《漢書窺管》,上海古籍出版社,1981年,頁30—31。

⑦ 錢鍾書《管錐編(補訂重排本)》,頁684。

⑧ 趙彩花《〈史記〉〈漢書〉“家人”解》,《語文研究》2003年第3期,頁33。

⑨ 文霞《秦漢“家人”之辨析》,《石家莊學院學報》2012年第2期,頁26—29。

⑩ 拉丁文familia指家主支配下的人員、財産,其中包括家庭所擁有的奴隸,足以與本文所論“家”“家人”詞義相參證。相關分析又見文霞《秦漢“家人”之辨析》,頁27。

記》《漢書》,這一提法能够囊括"家人"的主要含義：

《史記·絳侯周勃世家》:"歲餘,每河東守尉行縣至絳,絳侯勃自畏恐誅,常被甲,令家人持兵以見之。"(《漢書·周勃傳》略同)[①]

《史記·欒布列傳》:"始梁王彭越爲家人時,嘗與布游。窮困,賃庸於齊,爲酒人保。"(《漢書·欒布傳》略同)[②]

《史記·衛將軍驃騎列傳》:"青爲侯家人,少時歸其父,其父使牧羊。"(《漢書·衛青傳》略同)[③]

《漢書·五行志》:"其後帝爲微行出遊,常與富平侯張放俱稱富平侯家人。"[④]

根據東漢注家服虔、曹魏注家如淳的語感,可知這是秦漢時期"家人"較常見的含義：

《史記·陳涉世家》"秦令少府章邯免酈山徒、人奴産子生,悉發以擊楚大軍",《集解》引服虔注:"家人之産奴也。"[⑤]

《漢書·儒林傳》本段服虔注:"如家人言也。"

《漢書·郊祀志》"欒大,膠東宫人",服虔注:"王家人。"[⑥]《史記·孝武本紀》"欒大,膠東宫人",《集解》引服虔注同。[⑦]

《漢書·郊祀志》"(李)少君者,故深澤侯人,主方",如淳注:"侯家人,主方藥也。"[⑧]《史記·孝武本紀》"少君者,故深澤侯入以主方",《集解》裴駰案語所引如淳注略同。[⑨]

正如何九盈所説,《儒林傳》這條服虔注"幾乎是同義反復,等於没有解説","没有解説就是解説"[⑩]。只不過服虔之所以不用"僮僕""庶人"來作注,是因爲東漢時期"家人"的含義與《史記》《漢書》相比没有大的變化,到了唐代的顔師古,才需要特意加以訓釋。有時"家人"所指範圍較大,同時包括與家主有親屬關係和人身依附關係者,也就是一個"家"的全體,如褚少孫所補《外戚世家》即有此用法：

《史記·外戚世家》:"家人驚恐,女亡匿内中牀下。"[⑪]

---

① 《史記》,頁 2503;[漢]班固撰《漢書》,頁 2056。

② 《史記》,頁 3291;[漢]班固撰《漢書》,頁 1980。

③ 《史記》,頁 3516;[漢]班固撰《漢書》,頁 2471。

④ 《漢書》,頁 1395。

⑤ 《史記》,頁 2357。"生"疑衍字,見該書頁 2370 校勘記十三。

⑥ 《漢書》,頁 1223。

⑦ 《史記》,頁 582。

⑧ 《漢書》,頁 1217。

⑨ 《史記》,頁 572—573。《集解》引徐廣:"進納於天子而主方。一云:侯人主方。"可見徐廣所見《孝武本紀》一本作"入",一本作"人"。

⑩ 何九盈《"家人"解詁辨疑——兼論女强人竇太后》,頁 17。

⑪ 《史記》,頁 2389。

上文所説“家人”中有相當一部分是自由平民而非家奴,即使是家奴,也有一些受益於主家權勢,實際擁有的財富、權力反而不低於平民[①],這些“家人”匯集起來是相當大的群體。“家人”由此演變而有“地位較低的平民”的含義,是相當自然的。以下數例都很典型:

《史記·高祖本紀》:(高祖)常有大度,不事家人生産作業。[②]

《史記·汲黯列傳》:“家人失火,屋比延燒。”(《漢書·汲黯傳》略同)[③]

《漢書·郊祀志》:“家人尚不欲絶種祠,況於國之神寶舊時!”[④]

前文提到宫廷中没有正式地位的宫女被稱作“家人子”,如《漢書·武五子傳》廣陵厲王胥有“家人子趙左君”,《漢書·宣元六王傳》東平思王宇“斥胸臑爲家人子”,顔師古注釋説:“家人子者,言採擇良家子以入宫,未有職號,但稱家人子也。”[⑤]合於《漢書·外戚傳》本文“皇孫妻妾無號位,皆稱家人子”,可見“家人子”是由“採擇良家子”而來,“家人子”之“家人”也是指平民。

此外,《漢書》中有幾處“家人”值得辨析:

《漢書·佞幸傳》:“(王)閎妻父蕭咸,前將軍望之子也,久爲郡守,病免,爲中郎將。兄弟並列,賢父恭慕之,欲與結婚姻。閎爲賢弟駙馬都尉寬信求咸女爲婦,咸惶恐不敢當,私謂閎曰:‘董公爲大司馬,册文言“允執其中”,此乃堯禪舜之文,非三公故事,長老見者,莫不心懼。此豈家人子所能堪邪!’閎性有知略,聞咸言,心亦悟。乃還報恭,深達咸自謙薄之意。”[⑥]

這裏的“家人子”不是宫女的專用稱謂,而是一個定中結構的詞組,指“家人”之子。“家人”是蕭咸的自謙之詞,正好説明“家人”指的是平民。又如:

《漢書·五行志中之上》谷永上書:“《易》稱‘得臣無家’,言王者臣天下,無私家也。今陛下棄萬乘之至貴,樂家人之賤事……置私田於民間,畜私奴車馬於北宫……而況王者畜私田財物,爲庶人之事乎!”[⑦]

此上書與《漢書·谷永傳》所載有所出入。顔師古解釋“家人之賤事”:“謂私畜田及奴婢財物。”何九盈認爲這裏的“家人”只能解釋爲“凡人之家”,如有奴婢,就不符合“庶人”的社會地位[⑧]。這是不從全文出發,只看一處文句的結果,谷永明確説“畜私田財物”就是“爲庶人之事”,漢人語言中“家人”與“庶人”含義

① 勞榦《古代中國的歷史與文化》,中華書局,2006年,頁222。
② 《史記》,頁433。
③ 《史記》,頁3747;《漢書》,頁2316。
④ 《漢書》,頁1258。
⑤ 《漢書》,頁3936。
⑥ 《漢書》,頁3738。
⑦ 《漢書》,頁1368。
⑧ 何九盈《“家人”解詁辨疑——兼論女强人竇太后》,頁10。

相近，不因今人的思考邏輯而轉移。再如：

《漢書·原涉傳》：“子獨不見家人寡婦邪？始自約敕之時，意乃慕宋伯姬及陳孝婦，不幸壹爲盗賊所污，遂行淫失，知其非禮，然不能自還。吾猶此矣！”①

這裏的“家人”也能解釋爲“平民”。何文認爲“庶民”不能和“寡婦”相提並論，“家人”是婦道人家②。但還有一種解釋的可能，“庶民”是修飾“寡婦”的定語，意在强調“平常人家”這一點。以“庶民”修飾“寡婦”固然稍顯怪異，但“婦道人家”和“寡婦”連用也顯得文繁意複，而且“庶民”是常見義項，所以還是以取此解釋爲好。何文還舉出《鹽鐵論》中一例，同樣值得討論：

《鹽鐵論·崇禮》：“夫家人有客，尚有倡優奇變之樂，而況縣官乎？”③

何文認爲“倡優奇變之樂”不可能爲“家人”所享有④。但所謂“倡優奇變”不過是説樂工歌者藝術高妙，至於這些人是高門大户所蓄養還是民間自行僱傭，並没有明確的信息。“倡優奇變之樂”似乎並非“鐘鼓樂之”一類要依託客觀物質條件的音樂，而是像《孟子·告子下》“昔者王豹處於淇，而河西善謳；緜駒處於高唐，而齊右善歌；華周、杞梁之妻善哭其夫而變國俗”所記的大衆化的音樂。錢志熙指出，漢代存在宫廷和民間的音樂交流，可爲佐證⑤。而且這裏將“家人”和“縣官”（天子）對舉，與上面討論過的《漢書·五行志》引文有相似性，可見出現在這種對舉中的“家人”並不一定貧窮。

綜上，“家人”的詞義可以更爲概括地表述爲“地位較低的平民”。顔師古的説法雖然不够準確，以致滋後人之疑竇，但也並非全然不合理。至於轅固生“家人言”一語爲何觸怒竇太后，仍當以俞正燮所論爲長，因爲“家人”是地位較低的平民（而非因爲“家人子”是地位最低的宫女），使竇太后疑心轅固生譏諷自己出身低微，才喜好《老子》這種“下等人的言論”，於是勃然大怒⑥。

三、“司空城旦書”考

舊注一般認爲“司空城旦書”藴含著竇太后對儒家學説的看法。顔師古引用服虔的説法：“道家以儒法爲急，比之於律令也。”⑦裴駰《史記集解》所引相

---

① 《漢書》，頁 3715。

② 何九盈《“家人”解詁辨疑——兼論女强人竇太后》，頁 13。

③ ［漢］桓寬撰集，王利器校注《鹽鐵論》，中華書局，1992 年，頁 437。

④ 何九盈《“家人”解詁辨疑——兼論女强人竇太后》，頁 9。

⑤ 錢志熙《漢魏樂府的音樂與詩》，大象出版社，2009 年，頁 25—26。

⑥ 勞榦《論“家人言”與“司空城旦書”》把“家人言”和諸子出於王官説、史官“清虚自守”和《老子》作爲格言總集的流傳等因素聯繫起來（氏著《古代中國的歷史與文化》，頁 225—228），未免求之過深，轅固生未必能見及此。

⑦ 《漢書》，頁 3613。

同[①]。王先謙《漢書補注》引用沈欽韓説:"《説文》:'獄,司空也。'《御覽》六百四十三引《風俗通》曰:'《詩》云"宜犴宜獄",犴,司空也。'漢以司空主罪人,故賈誼亦云'輸諸司空'。"[②]瀧川資言《史記會注考證》則引用張守節《史記正義》説:"虞喜《志林》云:'道家之法,尚於無爲之教;儒家動有所防,竇太后方之於律令,故言(安)得司空城旦書也。'"又引中井積德曰:"司空掌邦土,故亦主刑徒之作役也。"又按:"司空城旦書,罵儒書也。當時以經義斷獄,故云。言政刑之書,無所取也。"[③]

"司空城旦書"解釋的疑難點並非"司空城旦"的確切含義。"城旦"是刑罰的名稱,也指受這種刑罰的人,"司空"是主掌罪人的官職,"司空城旦"就是在司空手下工作的城旦。《漢書・賈誼傳》:"若夫束縛之,係緤之,輸之司寇,編之徒官,司寇小吏詈罵而榜笞之,殆非所以令衆庶見也。"[④]王念孫校改句中兩"司寇"爲"司空"[⑤],此句是司空掌管服勞役罪人的證據。

雖然"司空城旦"的含義已爲前人揭出,"司空城旦書"的所指依舊難以索解。它究竟是與"家人言"有著同指關係,還是針對轅固生傳習的儒家典籍進行批評,或者另有具體所指,抑或只是一種威脅謾罵的言辭?問題的答案不外乎這四種可能。

第一類"家人言"與"司空城旦書"同指的説法很少見。熊鐵基主張"'司空城旦'正是依著釋爲'僮隸'之'家人'而極言之",但並没有將"家人""極言"變成服刑人員的例子,而且熊文把"安得"説成"疑問副詞",把《漢書》原文語譯爲"何以説是司空城旦之書呢"[⑥],這些看法缺乏語文學根據。趙彩花將"安得司空城旦書乎"翻譯爲"你認爲黄老之言就是講述那些奴隸、苦役犯之主張的書嗎"[⑦],也屬此類意見。但"奴隸、苦役犯"何來"主張"呢?

第二類"司空城旦書"指儒書一説則起源最早、影響最大。本節開頭引用的服虔注、虞喜《志林》和瀧川資言的案語就持此説[⑧]。服虔、虞喜説"司空城旦書"本指律令,用於比喻被道家認爲峻急的儒家學説,瀧川資言則説是"政刑之書",他們都認爲"司空城旦"是對"書"内容的概括,"司空城旦書"在現實世界中是律令,就其内容而言則是"政刑之書"。

有的學者把"司空城旦書"進一步坐實爲某部經書,如俞正燮指明:"'司空

---

① 《史記》,頁 3768。

② [清]王先謙撰《漢書補注》,中華書局,1983 年,頁 1522 下欄。

③ [漢]司馬遷撰,[日]瀧川資言考證,[日]水澤利忠校補《史記會注考證》,上海古籍出版社,1986 年,頁 1951 左上欄。

④ 《漢書》,頁 2256。

⑤ [清]王念孫撰,徐煒君等校點《讀書雜志》,上海古籍出版社,2015 年,頁 763—764。

⑥ 熊鐵基《從"稷下黄老"到"道家之言"——黄老道家的形成問題》,《中國哲學史》1993 年第 1 期,頁 49。

⑦ 趙彩花《〈史記〉〈漢書〉"家人"解》,頁 35。

⑧ 今人如盛冬鈴(《全注全譯史記》,頁 3147)也信從此説。

城旦書',謂其時《公羊》學,慘刻過申商,而託名儒者。"[①]王继如主编《漢書今注》則認爲"司空城旦書"是指《詩》:"竇太后此言,大蓋是因《詩經》章句簡短,篇有其目,與刑徒簿籍首標姓名,次陳案由相似,故將轅固所治《詩》比作司空罪徒的名籍。"[②]此説並不合理,因爲今見《毛詩》、熹平石經《魯詩》和海昏侯簡《詩》的篇名都在正文之後[③],海昏侯簡雖然"組前出組名、篇名目録",但也跟"首標姓名,次陳案由"完全不同[④]。

高亨、池曦朝猜測:"'司空城旦書'似指《尚書·説命》三篇……漢初《説命》雖亡,但尚有遺説。竇太后是説:你們怎麽得到築城奴隸的書呢?"[⑤]這和高亨推測《詩·周南·麟之趾》是孔子所作《獲麟歌》相似[⑥],都是比較大膽的猜想,目前很難證實或證僞,而且此説是爲適應當時"儒法鬥争"的情勢而提出,恐怕是很難成立的。

第三類看法如何廣棪認爲"司空城旦書"來自秦挾書律,"安得司空城旦書"是竇太后想讓"主刑"的司空給轅固生判私藏書籍罪,讓他服四年的苦役[⑦]。黄慶萱也將"司空城旦書"理解成"犯禁的儒家詩書"[⑧]。這種説法是没有根據的。在事實上,漢惠帝四年已經廢除挾書律[⑨],而且司空並没有司法權,只是管理、役使服勞役的罪人[⑩]。在情理上,如果竇太后只想讓轅固生服苦役,又爲何要命令他與豬搏鬥,危及他的生命呢[⑪]?

第四類看法如勞榦説:"竇太后反問的話應當是:'既然《老子》只是一部爲平民用的書,難道還有一部受刑人的手册嗎?'"[⑫]張述錚提出城旦"是時人皆知、當世共恨的刑罰,竇太后就近取喻,代指刑書,以示輕蔑、譏諷","因嘲儒書爲'司空城旦書'(即管刑徒的官才翻的書,也是不屑一顧)"[⑬]。張大可也將此句解釋爲:"竇太后反擊轅固生,針鋒相對,謂儒家之書還不及家人奴僕之書,

---

① 《俞正燮全集》第二册《癸巳存稿》卷七,頁 272。

② 王继如主编《漢書今注》,頁 2129。

③ 朱鳳瀚《西漢海昏侯劉賀墓出土竹簡〈詩〉初探》,《文物》2020 年第 6 期,頁 67。

④ 關於秦漢刑徒簿籍,参看李均明《秦漢簡牘文書分類輯解》,文物出版社,2009 年,頁 384—385。

⑤ 高亨、池曦朝《試談馬王堆漢墓中的帛書〈老子〉》,《文物》1974 年第 11 期,頁 3。

⑥ 高亨《詩經今注》,上海古籍出版社,1980 年,頁 15。

⑦ 何廣棪《讀三史〈儒林列傳〉札記》,頁 145。

⑧ 白話史記編輯委員會主編《白話史記》,頁 1625。

⑨ 《漢書》,頁 90。李學勤指出:"看近年各地發現的簡帛書籍,戰國時期經子多見,到秦以至《挾書律》初廢的吕后時,出土的均符合律文所許可,直至文帝初年,情形才有改變,如馬王堆帛書、阜陽雙古堆漢簡等。"(氏著《從出土簡帛談到〈挾書律〉》,黄留珠主編《周秦漢唐研究》,三秦出版社,1998 年,頁 6)

⑩ 參前注所引《讀書雜志》。

⑪ 武帝初年轅固生已九十餘歲([漢]班固撰《漢書》,頁 3123),景帝在位十六年,即以景帝初年計算,轅固生亦已七十餘歲,必然遭受生命危險。

⑫ 勞榦《論"家人言"與"司空城旦書"》,頁 220。

⑬ 張述錚《"城旦、城旦舂、城旦書"考釋》,《河北師院學報(社會科學版)》1994 年第 2 期,頁 110。

只不過是罪徒之書。"[①]這些看法都意識到"司空城旦書"並非針對儒書的内容進行批評,而是單純的謾駡,只是限於體例未對其他説法進行排他性論證。

第一、三、四類看法的缺陷既如上文所揭,第二類看法中的兩種觀點也已隨文加以否定,以下重點討論第二類看法中存在的其他不足。

瀧川資言、俞正燮把"司空城旦書"同漢代的《春秋》決獄風氣聯繫起來,這種意見符合常人的印象,但其實是站不住腳的。在這段對話發生的時代,《春秋》決獄風氣還没有流行起來。景帝時期竇太后勢力强大,"竇太后好黄帝、老子言,帝及太子諸竇不得不讀黄帝、老子,尊其術"[②],武帝初年竇太后還殺害了儒生趙綰、王臧,"及竇太后崩,武安侯田蚡爲丞相,絀黄老、刑名百家之言,延文學儒者數百人,而公孫弘以《春秋》白衣爲天子三公,封以平津侯。天下之學士靡然鄉風矣"[③]。在景帝時期,没有經過最高統治者的首肯,《春秋》學勢必不能深刻影響司法實踐。漢代《春秋》公羊學最早的兩位經師胡毋生、董仲舒在漢景帝時雖然擔任博士,但並没有活躍的活動跡象,反而是"胡毋生知時情,匿書自藏,不敢有聲"[④],"蓋三年董仲舒不觀於舍園,其精如此"[⑤]。即使是後來參與實際政治,董仲舒也只是"以《春秋》災異之變推陰陽所以錯行"[⑥],直到晚年"故膠西相董仲舒老病致仕,朝廷每有政議,數遣廷尉張湯親至陋巷,問其得失。於是作《春秋決獄》二百三十二事,動以經對"[⑦],才産生一套依據《春秋》學的系統司法實踐。

宋人已把"司空城旦書"和《春秋》聯繫起來。王應麟《困學紀聞》卷六:

> 董仲舒《春秋決獄》,其書今不傳……皆以《春秋》合於經誼……公孫弘以《春秋》之義繩臣下,張湯請博士弟子治《尚書》《春秋》,補廷尉史,是以《春秋》爲司空城旦書也。胡文定公曰:"《春秋》立法謹嚴,而宅心忠恕。"斯言足以正漢儒之失。[⑧]

可見王應麟對"司空城旦書"的理解接近"律令",但並没有説"司空城旦書"就是《春秋》。與王應麟相近的理解代不乏人,如清人沈欽韓説:"後之學者,舍禮而言《春秋》,於是以《春秋》爲刑書,以書法爲司空城旦之科。"[⑨]沈欽韓的叙述具有較强的概括性,不一定是在批評"漢儒之失",有可能指唐宋時期

---

① 張大可《史記新注》(華文出版社),頁2009;又《史記全本新注》,頁2009;又《史記新注》(鳳凰出版社),頁1603。

② 《史記》,頁2381。

③ 《史記》,頁3762。

④ [東漢]李固《祀胡毋先生教》,[唐]許敬宗《文館詞林》,影印民國三年(1914)《適園叢書》本,《續修四庫全書》,上海古籍出版社,第1582册,頁551。此條材料係拜讀顧永新師《西漢〈公羊〉學授受源流考》初稿時所見,謹致謝忱。

⑤⑥ 《史記》,頁3772。

⑦ [南朝宋]范曄撰,[唐]李賢等注《後漢書》,中華書局,1965年,頁1612。

⑧ [宋]王應麟著,[清]翁元圻輯注《困學紀聞注》,中華書局,2016年,頁826—827。

⑨ 《幼學堂文稿》未見,此引劉師培所録(見劉撰《讀書隨筆(外五種)》,廣陵書社,2016年,頁77)。

的新《春秋》學。晚清的皮錫瑞就以"司空城旦書"批評宋人孫復:"若宋孫復《尊王發微》狹隘酷烈。至謂《春秋》有貶無褒,是以《春秋》爲司空城旦書,豈知《春秋》者乎!"[①]總之,他們對"司空城旦書"的理解都基於服虔、虞喜的意見,進而用這個表述批評漢儒、宋儒,這無法成爲這段對話中"司空城旦書"指《春秋》的例證。竇太后對儒學的理解是受歷史條件制約的,即使"司空城旦書"被宋以後的人用來形容《春秋》,也不能認爲竇太后所説"司空城旦書"就是指《春秋》。

那麽,如果不指明"司空城旦書"是何種儒書,作爲目前可見的最早古注,服虔、虞喜"比之如律令"的説法是否合理?服虔作爲去古未遠的東漢人,對西漢社會、語言的了解遠比今人深入,他的意見似乎很有説服力。但是,這個説法藴含的前提是,竇太后自身是蔑視、反感"律令"的。如果考慮到西漢初期思想的一般狀況和竇太后信從的《老子》書的原文,這個前提同樣是有問題的。

關於西漢初期流行的"黄老之學"、司馬談《論六家要旨》中的"道家"二者之間的關係以及二者與其他學派的關係,一直存在比較複雜的看法,並且隨著馬王堆帛書《老子》乙本卷前古佚書的發現而更加紛繁。概括而言,無論吸收法家思想的馬王堆帛書《老子》乙本卷前古佚書是否爲《漢書・藝文志》著録的《黄帝四經》[②],它們都屬於《論六家要旨》所説的吸收法家思想的"道家",亦即裘錫圭提出的"道法家"[③]。但可能如徐剛所説,"道法家"在漢初屬於少數知識分子信奉的學説,一般思想界仍然以"黄老之學"亦即老子之學爲主導[④]。

按照服虔的説法,竇太后屬於"道家","道家"對儒家學説和"律令"都持批評態度。如果竇太后所屬的"道家"是所謂"道法家",那麽這一學派並不反對法條律令;如果竇太后所屬的"道家"是徐剛所説的"老子之學",那麽從竇太后想要向轅固生詢問的"《老子》書"原文看,老子也没有表達過對法條律令的反對。

《老子》中可能是對"法"表達負面態度的文句只有一處,見於王弼本《老子》第五十七章:

> 以正治國,以奇用兵,以無事取天下。吾何以知其然哉?以此。天下多忌諱,而民彌貧;民多利器,國家滋昏;人多伎巧,奇物滋起;法令滋彰,盜賊多有。故聖人云,我無爲而民自化,我好静而民自正,我無事而民自富,我無欲而民自樸。[⑤]

---

① [清]皮錫瑞著《經學通論》,中華書局,2018年,頁372。

② 相關討論參唐蘭《〈黄帝四經〉初探》《馬王堆出土〈老子〉乙本卷前古佚書的研究——兼論其與漢初儒法鬥爭的關係》,《唐蘭文集》第四册,上海古籍出版社,2015年,頁1666—1733;《對裘錫圭同志所擬前言的意見》,《唐蘭文集》第十一册,頁1366—1374;裘錫圭《馬王堆帛書〈老子〉乙本卷前古佚書並非〈黄帝四經〉》,《裘錫圭學術文集》第五卷,復旦大學出版社,2012年,頁308—312。

③ 裘錫圭《馬王堆〈老子〉甲乙本卷前後佚書與"道法家"——兼論〈心術上〉〈白心〉爲慎到田駢學派作品》,《裘錫圭學術文集》第五卷,頁271—282。

④ 徐剛《論漢初黄老之學即老子之學》,《中國文化》第四十九期,頁46—60。

⑤ [魏]王弼注,樓宇烈校釋《老子道德經注校釋》,中華書局,2008年,頁150。

“法令”，郭店簡《老子》甲本簡 31 作“法勿(物)”，馬王堆帛書《老子》甲本殘缺，乙本殘存“物”字，北大簡《老子》“令”作“物”。河上公本《老子》亦作“法物”，注曰：

> 法物，好物也。珍好之物滋生彰著，則農事廢，飢寒並至，故盜賊多有也。①

裘錫圭將“法物”與上文“奇物”聯繫起來解釋。郭店簡《老子》甲本簡 31 奇作戓，馬王堆帛書《老子》甲本奇作何，乙本同王弼本，北大簡《老子》奇作苛。裘錫圭在 1998 年寫成的《郭店〈老子〉簡初探》中，據郭店簡《老子》甲本此章上文“以奇用兵”的“奇”寫作“鼓”，認爲“戓”不應也讀爲“奇”，而應該讀爲“苛”，“苛物”是和“苛政”“苛禮”相類的表述，由此推論“法物”很有可能確指法令一類事物②。在 2014 年出版的由裘錫圭、郭永秉一同整理的馬王堆漢墓帛書《老子》注釋中，他們對前説有所補充：“帛乙及傳本作‘奇物’自有其理解，似不宜將‘奇物’亦讀爲‘苛物’。但《老子》原來所説的確應是‘苛物’而非‘奇物’。”③

以馬王堆帛書《老子》乙本、河上公本爲代表的這種理解④，很可能正是竇太后作爲漢初人所持有的理解。“奇物”説的淵源可以上溯到莊子及其後學組成的學派。《莊子・天地》：

> 子貢南遊於楚，反於晋，過漢陰，見一丈人方將爲圃畦，鑿隧而入井，抱甕而出灌，搰搰然用力甚多而見功寡。子貢曰：“有械於此，一日浸百畦，用力甚寡而見功多，夫子不欲乎？”爲圃者卬而視之曰：“奈何？”曰：“鑿木爲機，後重前輕，挈水若抽，數如泆湯，其名爲槔。”爲圃者忿然作色而笑曰：“吾聞之吾師，有機械者必有機事，有機事者必有機心。機心存於胸中，則純白不備；純白不備，則神生不定；神生不定者，道之所不載也。吾非不知，羞而不爲也。”⑤

“利器”“伎巧”所指的具體事物應是桔槔之類。這在《老子》本文中也可得到佐證。王弼本《老子》八十章：

> 小國寡民，使有什伯之器而不用，使民重死而不遠徙。雖有舟輿，無所乘之；雖有甲兵，無所陳之；使人復結繩而用之。甘其食，美其服，安其

---

① 王卡點校《老子道德經河上公章句》，中華書局，1993 年，頁 221。此書頁 224：“顧本、强本與 P 二六三九、《治要》此句均作‘法，好也’。”

② 裘錫圭《郭店〈老子〉簡初探》，《裘錫圭學術文集》第二卷，頁 305—306。

③ 裘錫圭主編，湖南省博物館、復旦大學出土文獻與古文字研究中心編纂《長沙馬王堆漢墓簡帛集成》第四册，中華書局，2014 年，頁 29。

④ 馬王堆帛書《老子》與對《老子》的其他理解存在一定分歧，如“道可道也，非恒道也”與《韓非子》、《淮南子》、《文子》、稷下道家、莊子學派均有不同(郭永秉《關於〈老子〉第一章“道可道”“名可名”兩句的解釋》，收入氏著《古文字與古文獻論集續編》，上海古籍出版社，2015 年，頁 350；又參裘錫圭《〈老子〉第一章解釋》，收入復旦大學古籍整理研究所、章培恒先生學術基金編《中國經典新詮論》，上海文藝出版社，2014 年，頁 5—22)。

⑤ [清]郭慶藩撰，王孝魚點校《莊子集釋》，中華書局，2012 年，頁 433—434。

居，樂其俗。鄰國相望，鷄犬之聲相聞，民至老死不相往來。①

“什伯”，郭店簡無此章，馬王堆帛書甲乙本均作“十百人”，北大簡作“什佰人”，河上公本作“什伯人”。高明指出：

> “十百人之器”，係指十倍百倍人工之器，非如俞樾獨謂兵器也。經之下文云：“雖有舟輿，無所乘之；雖有甲兵，無所陳之，使人復結繩而用之。”“舟輿”代步之器，跋涉千里可爲十百人之工；“甲兵”争戰之器，披堅執鋭可抵十百人之力。可見“十”乃十倍，“百”乃百倍，“十百人之器”係指相當於十、百倍人工之器。②

正如裘錫圭所指出的，“老子理想中合乎‘道’的人類社會也是原始淳樸的”③，在莊子一派道家心目中，《老子》反對使用新式生産工具的思想也是一以貫之的。以此反觀王弼本《老子》五十七章，“利器”“奇物”“法物”指的就應當是新式的生産工具或其他器物。把新産生的器物説成“奇”並加以反對，也見於《禮記·王制》：“作淫聲、異服、奇技、奇器以疑衆，殺。”④

裘錫圭根據郭店簡《老子》認爲“奇物滋起，法物滋彰，盗賊多有”是“人多智”（引按，對應王弼本“人多伎巧”）的結果，都是表結果的小句⑤。但如果遵照上文所説的這種“奇物”含義來理解，這三個小句連前“民多利器”可能存在遞進關係：民衆使用“利器”“奇物”，制作出“法物”等給人以物質享受的事物，引發貪慾從而使盗賊産生。這樣的解釋也能在《老子》中找到内證：

> 王弼本《老子》三章：“不尚賢，使民不争。不貴難得之貨，使民不爲盗。不見可欲，使民心不亂。”郭店簡無此章，馬王堆帛書無“心”字，北大簡無“民”字。
>
> 王弼本《老子》十二章：“五色令人目盲，五音令人耳聾，五味令人口爽，馳騁畋獵令人心發狂，難得之貨令人行妨。”郭店簡無此章，馬王堆帛書、北大簡“五味”“五音”兩句在“難得之貨”下，馬王堆帛書“令人行”作“使人之行”。
>
> 王弼本《老子》十九章：“絶巧棄利，盗賊無有。”郭店簡、馬王堆帛書、北大簡同。

“巧”“利”是“利器”“奇物”作爲新式生産工具所具有的屬性，它們生産出的財富便是“難得之貨”，“難得之貨”作爲“可欲”，引動人心貪欲，於是産生盗

---

① ［魏］王弼注，樓宇烈校釋《老子道德經注校釋》，頁 190。

② 高明《帛書老子校注》，中華書局，1996 年，頁 152。

③ 裘錫圭《説〈老子〉中的“無爲”和“爲”——兼論老子的社會、政治思想》，《中華文史論叢》2019 年第 4 期，頁 35。

④ ［清］阮元校刻《十三經注疏》，中華書局，2009 年，頁 2909 上欄。今本《禮記·王制》未必即爲《史記·封禪書》所説漢文帝時命博士刺取六經所作《王制》，但其中確多有秦漢間文句，故《禮記·王制》對“奇技、奇器”的看法可能與西漢初年治《老子》學者對“奇物”的看法相合。

⑤ 裘錫圭《郭店〈老子〉簡初探》，頁 304—305。

賊，這一邏輯順序是很明顯的。上引裘文之所以不選擇這種解釋，大概是出於對此章文義的整體理解[①]，也可能和對老、莊兩派道家思想差異的把握有關[②]。上文所論不過是推闡一種戰國秦漢之間對《老子》的理解，這種理解和《老子》原意的關係，看來還需要進一步的研究。

馬王堆漢墓屬於漢初的軑侯利蒼家族，而郭店簡年代在戰國中期，北大簡年代在西漢中期。從時代和階層看，馬王堆帛書中對“奇物”“法物”的理解更可能貼近竇太后對《老子》的認識。那麽，竇太后支持的老子學説並不反對法條律令。從竇太后的身份看，統治者也不太可能反對爲自己統治服務的法條律令。由此，服虔的解釋便失去根據。

在本文開頭概括的“司空城旦書”的四種可能解釋中，只剩下“司空城旦書”是單純謾罵的可能。“司空城旦”並非指“書”的内容、性質，只是表達對“書”的貶低。把人們所貶低的事物用作表達貶低的定語是很自然的，《漢書·儒林傳》便有承接對方所言之書，並加爲人賤視的事物作爲定語以表詈罵的辭例：

> （王式）既至，止舍中，會諸大夫博士，共持酒肉勞式，皆注意高仰之。博士江公世爲《魯詩》宗，至江公著《孝經説》，心嫉式，謂歌吹諸生曰：“歌《驪駒》。”式曰：“聞之於師：客歌《驪駒》，主人歌《客毋庸歸》。今日諸君爲主人，日尚早，未可也。”江翁曰：“經何以言之？”式曰：“在《曲禮》。”江翁曰：“何狗曲也！”式恥之，陽醉逿墜。式客罷，讓諸生曰：“我本不欲來，諸生强勸我，竟爲豎子所辱！”[③]

此例中“狗曲”承前“曲禮”而言，所以有固定的指涉對象，轅固生和竇太后的對話中則没有直接出現“書”，“司空城旦書”應當就是單純詈罵之語，不存在特定指涉對象。因此，以往從學術史、思想史角度闡發“司空城旦書”内涵的論述，大概都是缺乏依據的。

【作者簡介】王翊，北京大學中文系博士研究生，研究方向爲先秦秦漢文獻。

---

① 裘錫圭在《中國古典學重建中應該注意的問題》修正《郭店〈老子〉簡初探》中對“忌諱”的解釋：“‘天多忌諱而民彌叛’的意思是説，天頻繁地以特殊的天象示警於下民，下民反而更不聽話。”（《裘錫圭學術文集》第二卷，頁339—340）按照這一解釋，《老子》此章中“天”使用“忌諱”、“民”使用“利器”、“人”使用“智”都想要達成好的結果卻適得其反，而且除“民”和“國”的關係不容易説明外，“天”以“忌諱”治民，“人”以“智”治民（“盜賊”一定從民衆中來），説的都是一個主體對普通人施加影響。而以馬王堆帛書乙本《老子》爲代表的那種理解，使用“智”的卻是民衆。也就是説，“奇物”説雖然與《老子》其他章和《莊子》有相應之處，但不如“苛物”説符合《老子》該章的論述結構。從這個角度來説，裘文認爲“苛物”説更符合《老子》本意，自然是很合理的。

② 相關的具體研究見裘錫圭《關於〈老子〉的“絶仁棄義”和“絶聖”》，《裘錫圭學術文集》第二卷，頁518—521；《説〈老子〉中的“無爲”和“爲”——兼論老子的社會、政治思想》，頁57—66。

③ 《漢書》，頁3610。

董增齡《國語正義》研究*

郭萬青

【提　要】 董增齡《國語正義》是繼韋昭《國語解》之後又一部體大思精的著作，初以稿本流傳，光緒間由式訓堂刊刻行世。巴蜀書社影印本進一步擴大了《國語正義》的影響。該書並不囿於傳統的"疏不破注"理念，時而對韋注提出批評。此外，該書徵引資料宏富，對地理、制度、風物、訓詁多有疏證。當然，由於徵引典籍較多，存在諸多問題。總體而言，《國語正義》是韋昭《國語解》的疏證之作，帶有集解性質，在《國語》研究史上具有較重要的學術價值。

【關鍵詞】 董增齡　韋昭　國語正義

董增齡是清代乃至整個《國語》研究史上一位很重要的人物，主要生活時期應該爲嘉慶、道光時期，具體生卒年代不詳。東京大學人文研究所收有光緒六年會稽章氏式訓堂刊本《國語正義》12 册，並根據董增齡爲《國語正義》所作自序"今年踰四十。平日所聞於師友者。恐漸遺忘。是以就已撰集者。寫録成編。奮螗蜋之臂。未克當車矢。精衛之誠。不忘填海。歲在閼逢閹茂。始具簡編。時經五稔草創初成"文字，推斷董增齡大約乾隆四十五年(1780)以前生，其《國語正義》成於嘉慶十九年(1814)。現在我們可以根據《國語正義》稿本中董氏校改的簽條知道，在嘉慶二十五年(1820)的時候，《國語正義》還在修訂之中。

一、董增齡生平與交游

董增齡個人生平資料比較簡略，生卒年代不詳。王引之(1766—1834)、徐養原(1758—1825)、施國祁(1750—1824)等皆以"歸安董增齡"稱之。周慶雲(1866—1934)所纂《南潯志》卷二十《人物三》謂："董增齡，字慶千，號壽群，歸安廩生。(汪《志》)博雅士也。(王引之《國語正義》序)善治《春秋》，兼善醫道，著述有《規杜繹義》《論語雅言》《金匱集解》《江海明珠》《國語正義》。(汪《志》)其《國語正義》援據該備，自先儒傳注及近世通人之説，無弗徵引。又於發明韋

---

* 【基金項目】2019 年度國家社科重大招標項目"《國語》文獻集成與研究"(19ZDA251)階段成果之一。

注之中，時加是正。可謂語之詳而擇之精矣。（王序）”[1]又周《志》卷四一《著述二》云：“董增齡（見《人物傳》）《規杜繹義》八卷（自序）、《論語雅言》二十卷（自序、嘉慶乙亥德清徐養原序、己卯穀山蔡之定序）、《國語正義》二十一卷（閼逢奄茂自序、道光二年王引之序）、《金匱集解》二十二卷（嘉慶十九年自跋）、《江海明珠》二卷。”[2]周慶雲的《南潯志》是在汪曰楨（1812—1882）《南潯鎮志》的基礎上纂成[3]，其材料也基本采自汪《志》。關於董增齡生平，大體如是。趙紅娟著《明清湖州董氏文學世家研究》於董氏家族考證頗詳，但對董增齡個人，也僅僅引述巴蜀書社1985年影印本《國語正義》出版説明作爲補充。今據丁輝、陳心蓉《嘉興歷代進士研究》，其中有“金衍宗六女適歸安董增齡子董開榮”一條[4]，知董增齡有子名開榮，字勤甫，著有《育蠶要旨》，有清同治十年（1871）刊本。如果進一步深入發掘，或可得董開榮之詳細資料。今檢稿本《國語正義》中有“昆孫董蠡舟”之語。《爾雅・釋親》：“兄之子、弟之子相謂爲從父晜弟。子之子爲孫，孫之子爲曾孫，曾孫之子爲玄孫，玄孫之子爲來孫，來孫之子爲晜孫，晜孫之子爲仍孫。”邵晋涵（1743—1796）《正義》云：“昆孫又爲遠孫之統稱。”梁章鉅（1775—1849）《稱謂録》亦主是説。東漢劉熙《釋名・釋親屬》謂：“來孫之子曰昆孫。昆，貫也，恩情轉遠，以禮貫連之耳。”是或邵晋涵説之所本。又《左傳・昭公十六年》：“子張，君之昆孫子孔之後也。”杜預（222—285）注云：“昆，兄也。”則“昆孫”亦指自己哥哥的孫子。無論“昆孫”義謂哪一種，都説明董增齡和董蠡舟之間的親族關係。汪曰楨《南潯鎮志》卷十三“董熜”條下繫有“董師植”“董豐垣”“董肇鏜”“董增齡”“董蠡舟”“董恂”等人，其中董師植爲董熜（1680—1747）之父，董豐垣爲董熜之子，董肇鏜爲董熜從孫，而董增齡、董蠡舟、董恂皆列爲董熜之族人，謂：“董氏族人以著述名者，嘉慶時有增齡，字慶千，號壽群，歸安廩生，善治《春秋》，嘗疏《國語》韋昭注，兼善醫學。道光時有蠡舟，字濟甫，號鑄範，監生，貫穿經史，尤精三禮，著書甚多，兼善詩畫。蠡舟從弟恂，字謙甫，號壺山，府學生，工詩，能醫，亦通經學，嘗疏《夏小正》，並重修《南潯鎮志》。”[5]並未對董增齡、董蠡舟家世給予更詳盡的著録。

---

① 周慶雲《南潯志》，早稻田大學圖書館藏秀水陶葆廉癸亥（1923）孟冬跋本，本卷頁6—7。

② 周慶雲《南潯志》，同上，本卷頁10。

③ 汪曰楨《南潯鎮志》四十一卷，咸豐六年（1856）編修、同治二年（1863）刊印。汪曰楨《南潯鎮志》卷一三《人物二》“董熜”後附云：“董氏族人以著述名者，嘉慶時有增齡，字慶千，號壽群。歸安廩生。善治《春秋》，嘗疏《國語》韋昭注，兼善醫學。”（《續修四庫全書》第717册，上海古籍出版社，2002年，頁283）又汪志卷三〇《著述二》云：“董增齡（見人物附傳）《規杜繹義》八卷（寫本存〇自序）、《論語雅言》二十卷（寫本存〇自序、嘉慶乙亥（1815）德清徐養原序、己卯（1819）穀山蔡之定序）、《國語正義》二十一卷（寫本存〇閼逢閹茂（1814）自序、道光二年（1822）高郵王引之序）、《金匱集解》二十二卷（寫本存〇嘉慶十九年（1814）自跋）、《江海明珠》二卷（寫本存）。”（同前，頁479）今巴蜀書社與《續修四庫全書》收録董增齡《國語正義》，《四庫未收書輯刊》收入董增齡《論語雅言》。又《雪橋詩話續編》卷五謂：“董增齡字慶千，號壽群，烏程廩生，著有《國語正義》，《春柳》詩云：‘鵝黄初染色偏嬌，旅客無端折柳條。最愛石塘春水緑，半匽波鏡映纖腰。’”（文物出版社影印求恕齋本，本卷頁30）

④ 丁輝、陳心蓉《嘉興歷代進士研究》，黄山書社，2012年，頁237。

⑤ ［清］汪曰楨《南潯鎮志》，《續修四庫全書》第717册，頁283。

董增齡與徐養原爲中表兄弟，又與施國祁交往較密。徐養原，字新田，號飴菴，浙江德清人，嘉慶六年(1801)副貢生。其父徐天柱(1734—1793)，曾官翰林院編修，著有《天藻樓詩稿》，其母程宜人著有《菠蘿密室琴譜》。徐養原少年時期隨父宦游北京，從名家問學，其學問大爲錢大昕(1728—1804)所歎賞。曾至阮元(1764—1849)詁經精舍講學，分擔《尚書》《儀禮》的校勘。著有《明堂説》《井田議》《周官故書考》《儀禮古今文異同疏證》《論語魯讀考》《律吕臆説》《管色考》《頑石廬經説》等。支偉成(1899—1929)《清代樸學大師列傳》謂其"爲人舍書籍外無嗜好，非疾病喪紀不輟業，誦讀孜孜，考論矻矻，迄老弗衰"[①]。施國祁，字非熊，號北研，南潯人，與同爲南潯人的張鑒、楊鳳苞(1753—1816)肄業於詁經精舍，著有《金史詳校》十卷、《金史札記》三卷、《元遺山集箋注》十四卷、《年譜》一卷、《金源雜興詩》一卷、《禮耕館詩文集》、《禮耕堂叢説》、《吉貝居雜記》、《史論五答》等。與楊鳳苞等並稱爲"南潯三先生"。陸心源(1834—1894)曾輯刻《湖州叢書》，收録徐養原、嚴元照(1773—1817)、楊鳳苞、施國祁等人的著作12種。徐、施都對《國語正義》的撰寫有過建議和商榷。

以上即爲董增齡生平交游之大略。從上可見，其年齡當和徐養原、施國祁相仿佛。

二、董增齡《國語正義》流傳及刊印

董增齡《國語正義》形態分爲寫本、刊本、點校本三種形態。而寫本又可以分爲征求意見本、清稿本兩種。

(一)《國語正義》寫本

董增齡《國語正義》最初以稿本行世，其早期寫本分别呈送施國祁、徐養原，後來又曾以全本謄清稿呈送王引之，徵求意見。其撰作的同時就以部分稿子請正於徐養原和施國祁，徐養原和施國祁都有回復信函。

施國祁《國語新疏説(與董壽羣)》云："蒙示大著《國語·周語》上、中二卷新疏，訓詁精，援引博，可與邵氏《爾雅疏》、王氏《廣雅疏》並列爲參。且可度越尊先世所制《尚書大傳》《識小編》而上之。允乎不朽之作也。"[②]可知，董增齡給施國祁閲覽的稿本僅有《周語上》《周語中》兩卷。施國祁對董增齡《國語正義》評價甚高，認爲可以和邵晋涵《爾雅正義》、王念孫(1744—1832)《廣雅疏證》並列爲三，甚至超過了董豐垣的《尚書大傳》和《識小編》。就學術影響而言，恐怕施國祁的評價有過譽之詞。而就專書正義而言，董增齡《國語正義》確乎爲《國語》研究不可多得之作。同時施國祁也提到自己曾校讀《國語》，只是校本爲人取而未還，故在中講述了對《國語》具體文本的幾條意見。

① 支偉成《清代樸學大師列傳》，泰東書局，1925年，頁190。

② (清)施國祁《國語新疏説》，見載於宋志英選編《國語研究文獻輯刊》第五册，國家圖書館出版社，2012年，頁25—27。

徐養原《與董慶千論〈國語正義〉書》云:"承示大著《國語正義》,此書爲《春秋》外傳,治古文者必兼綜焉。而韋注孤行,未有爲之疏者。吾兄此作,洵屬不可少之書。捧讀數過,疏解詳明,條流淹貫,深合體制,必傳無疑,佩服佩服。"①徐養原首先對《國語》和董增齡《國語正義》進行了總體評價,認爲《國語》作爲《春秋》外傳,釋"治古文者必兼綜"之書。由於《國語》一書的價值,以及韋注的孤行,進而認爲《國語正義》確乎"不可少"。進而進一步指出《國語正義》的特點爲"疏解詳明,條流淹貫,深合體制"。同時指出,董書雖名"正義",實違注疏之旨。另外指出董增齡攻詰韋注太過,"詞氣有過峻處,似宜斟酌"。關於徐養原指出的這一點,董增齡在自序中有所申述,詳見下文。此外,徐養原給董增齡提出幾條建議:首先是對《國語》佚注的收録問題,徐養原認爲應該全部録入。從董增齡自序來看,他是接受了徐養原的建議的。其次,徐養原認爲韋注和韋昭(204—273)前後注家對同一語言點的注釋有些是相同的,而韋昭未標出處,或有暗用舊説之處。而後於韋昭之孔晁也當有暗用韋昭注者,需要在全然抄納佚注的基礎上進行辨析。董增齡接受了徐養原的建議。其三,韋昭佚注有爲他書引述而今本《國語》缺失者,當録入。董增齡自序中也表明了相同的看法。徐養原舉證的《禹貢》疏引述韋昭之言,董增齡《國語正義》亦已用之。其四,宋元以後的諸家説法,不必録入。董增齡《國語正義》參《補音》較少,宋元以後的《國語》研究者整體較少,但有些重要言論如朱熹(1130—1200)等人之説,仍録以備參。其五,清代學者的一些意見,屬於專門研究,本非爲注書而發,故與注疏體例不合,不宜録入。這一點,董增齡並没有採納徐養原的意見。檢董增齡《國語正義》徵引惠士奇(1671—1741)《禮説》較多,其他如錢大昕、王鳴盛(1722—1797)、邵晋涵等人的成果,也多有引用,甚至有些地方存在主觀襲用的情況,如董增齡對《禮説》《爾雅疏證》多處襲用而未注出。其六,貢獻出自己對《國語》兩處的意見。檢刊本《國語正義》引述徐養原之説7處,其中即有卜筮、説律者。

董增齡在吸收徐養原和施國祁意見的基礎上,手稿謄清後又請正於王引之。王引之爲之校批,並撰序一篇書於稿本《國語正義自序》之後,文云:

> 歸安董文學增齡,博雅士也。所著《國語正義》援據該備,自先儒傳注及近世通人之説,無弗徵引。又於發明韋注之中時加是正,可謂語之詳而釋之精矣。緜予爲《經義述聞》一書,謹志家公之説,附以鄙見,其中亦有考證《國語》者。他日寫定,當以就正於董君。玆先於董君之書志數語而歸之,道光二年五月戊寅高郵王引之敘。

在這篇序文中,王引之從兩個方面對《國語正義》進行了評價:其一是"援據該備,自先儒傳注及近世通人之説,無弗徵引",説明董增齡《國語正義》搜羅資料全面;其二是"於發明韋注之中時加是正,可謂語之詳而釋之精",贊揚董增齡

① (清)徐養原《頑石廬文集》,《清代詩文集匯編》第453册,上海古籍出版社,2010年,頁740。

功夫精到，既能發明韋注，又能對韋注進行辨正，故謂之“語之詳而釋之精”。此外，王引之在董增齡的手稿天頭上批了很多條意見，有些是加了“引之案”的，可以確定爲王引之的修改建議或意見。有的是向董增齡提供學術信息。如王引之建議董增齡宜參考陳樹華（1730—1801）《春秋外傳考正》一書。有的則是針對具體條目的商榷，大多是撰述基本規則問題。比如，王引之認爲，凡故訓與《國語》不合或無關者，可以不予引用。實際上這是學術研究中材料徵引方面的一個規則問題，即故訓材料的運用。曩者負笈隨園之時，方向東師在不同的場合講過考辨類札記運用材料的問題。方師在學禮堂訪談録中談到，徐復（1912—2006）先生當年垂示方師等及門弟子論文用例之法：“一定要寫非常精到的例子，他説我要説明這個問題，要在幾十種例子裏面，選擇最恰當最能説明問題的例子。”[①]徐復先生的出發點和王引之對董增齡的批評並不完全相同，但在撰述需要精選用例和材料，和語境貼合、和要論證的注文結論貼合等方面的認識，二者是毫無二致的。

王引之將謄清稿還給董增齡後，董增齡又在王引之建議的基礎上，對謄清稿進行了删補改易，多處貼有簽條。汪遠孫（1794—1836）等都曾參考董增齡的説法，不知道是轉録他人，還是經眼董增齡稿本。此一稿本疊經流傳，至於周慶雲之手。但式訓堂刊本與手稿本頗多不同之處，凡是簽條補充者，刊本皆未録入，即便正文部分，刊本也多與稿本有不同之處，懷疑式訓堂刊本所用底本是手稿本的傳録本，或别有所本。當然，也不排除刊本在刻板時棄簽條而不用的因素，但是後一種推斷比較牽强。根據章壽康（1850—1906）《式訓堂自己卯續藏書目》載，其中收有“國語正義六本抄”[②]，上海圖書館藏周慶雲原藏稿本爲八册，與章壽康藏《國語正義》抄本形態不盡同。而此六本之抄本恐即式訓堂刊本《國語正義》的底本，而與周慶雲藏稿本不同。至於二者之間的關係，還需進一步研討。

（二）《國語正義》刊本

今檢《國語正義》刊刻者章壽康，字碩卿，浙江會稽人，曾官嘉魚縣知縣，生平以藏書、刻書爲事，藏書處名小石山房、式訓堂，曾輯刻《式訓堂叢書》初集十四種四十二卷二集十一種三十二卷三集十二種五十三卷[③]。董增齡《國語正義》雖由式訓堂刊刻，但並不在《叢書》之内。該書刊刻於光緒庚辰（1880）冬，則章壽康所收《國語正義》抄本六册恐即在光緒己卯當年或光緒庚辰上半年。刊本牌記三行，行七字，云：“光緒庚辰冬會稽章氏式訓堂開雕福山王懿榮署耑。”依次爲董增齡《國語正義序》、王引之《國語正義叙》、《國語叙》、《國語正

① 王鍔主編《展也大成》，鳳凰出版社，2018年，頁57。

② ［清］章壽康《式訓堂自己卯後續藏書目》，哈佛大學圖書館藏民國三年（1914）王仲華抄本。

③ 見繆荃孫《章碩卿傳》，《繆荃孫全集・詩文1》，鳳凰出版社，2014年，頁484—486。關於《式訓堂叢書》之詳細，可參王柏涵《〈式訓堂叢書〉初探》（《第十届有鳳初鳴——漢學多元化領域之探索全國研究生學術煙臺會論文集》，2015年，頁277—298）。

義》全文。王引之序文無標題,序文末注明"寫本失載,兹於《南潯鎮志》録出",可見,式訓堂所用董增齡《國語正義》底本絶非周慶雲藏稿本,而章壽康所收抄本六册上並無王引之叙可知。由於刊刻促進流傳,故式訓堂刊本進一步擴大了董增齡《國語正義》的影響,海内外多家藏書機構收藏有式訓堂刊本《國語正義》,是刊本流布價值之體現。但刊本的流布也使得董增齡的稿本學術價值一直隱没,未能爲世所知。由於董增齡没有什麽名氣,故有的學者誤以作者爲董斯垣,如俞樾(1821—1906)《春在堂隨筆》卷三即謂:"江浙之開書局也,余曾有續刻《皇清經解》之議,因博訪通人,搜羅衆籍……董氏斯垣之《國語正義》……"[①]即誤"董增齡"爲"董斯垣",張之洞(1837—1909)《書目答問》誤同[②]。二十世紀二十至四十年代,日本主導的"東方文化事業總委員會"組織中國學者編纂古籍提要,著録《四庫總目》未收以及《四庫全書》編成之後問世的書籍,約計三萬四千種,整理之後以油印本的形式分藏中日研究機構。1972年,臺灣商務印書館據京都大學人文科學研究所藏油印本出版排印本,收書約計一萬一千篇。1993年,中國科學院圖書館以所藏稿本《提要·經部》爲底本整理出版;1996年,齊魯書社影印出版中國科學院圖書館全部館藏稿本。《續修四庫全書提要(稿本)》揭出《國語正義》的價值,並舉例説明董增齡對韋解誤注以及疏漏的糾正"極允當",同時也揭示其不足[③]。至王欣夫(1901—1966)又有評價。王欣夫首先據《書目答問》所載清代《國語》新疏三家,對三家進行了一定程度考辨,認爲洪亮吉(1746—1809)、龔麗正(1767—1841)兩家必屬誤傳,而董斯垣亦當爲董增齡之誤[④]。進一步揭示了董增齡《國語正義》影響較小的原因以及近世聞人譚獻(1832—1901)、章太炎(1869—1936)對《國語正義》的評價,又引述徐養原之言以與董增齡自序對照,謂二人所見可以互參。亦文獻家存典故之旨意焉。

1980年,日本京都中文出版社影印式訓堂本《國語正義》,四合一拼版,是《國語正義》的第一個影印本。1985年,成都巴蜀書社據式訓堂本影印《國語正義》,影印時脱掉一頁,又不録王引之序文,未能稱爲完備。其前言有頗可采者,謂:

> 《國語正義》爲清董增齡所撰,共二十一卷。《國語》自傳世以來,注家不少,唯三國韋昭注本獨存。本書作者有感于自注後千五百年間未有爲之疏者,乃發奮爲之,積五年之功,撰成是書。董氏實事求是,不墨守一家之言,故搜羅廣博,凡韋解逸文而見于其他注疏者,或韋解前後已失傳的

---

① [清]俞樾《春在堂隨筆》,遼寧教育出版社,2001年,頁41。甚至今人編的《湖州名人志》還謂"董增齡字斯坦"(沈文泉編著《湖州名人志》,杭州出版社,2009年,頁298)。

② 據載,章壽康曾於光緒元年協助張之洞編纂《書目答問》,此時章氏或尚未與聞董增齡《國語正義》之事。

③ 《續修四庫全書提要(稿本)》第1册,齊魯書社,1996年,頁196—197。

④ 王欣夫撰、鮑正鵠、徐鵬標點整理《蛾術軒篋存善本書録》,上海古籍出版社,2002年,頁874—875。

各家注釋(包括漢鄭衆、賈逵,魏王肅,吴虞翻、唐固及晋孔晁)而散見于其他注疏者,皆采掇而迻録之,以補韋解之義。又,作者于詮釋韋解之外,復援引漢代許慎、鄭玄舊詁,備載其後,以俟辨章。再者,韋解體崇簡潔,多缺而不釋,而自漢唐以來諸家注疏如《史記索隱》等,凡於馬、班正文引《國語》者各有發揮,或與韋解兩歧,或與韋解一致,董氏以"同者可助其佐證,異者博其指歸",而兼采並收,以匯古義。故本書爲漢唐以來《國語》諸家注釋之集大成者。凡研究《國語》者,不可不讀此書。

本書版本爲光緒庚辰章氏式訓堂經刻本,而其祖本爲作者兼收北宋宋公序補音本之長而刻印的,故板刻精良,基本上保存了宋刻本的原貌,甚爲難得。今據王利器先生珍藏原版影印以饗讀者。

該出版前言撮録董增齡《國語正義序》大義,揭出《國語正義》之價值,以該書"爲漢唐以來《國語》諸家注釋之集大成者"也符合事實。但謂《國語正義》"基本上保存了宋刻本的原貌",則爲不實之辭。

1996—2002年,上海古籍出版社輯印《續修四庫全書》,收入式訓堂本《國語正義》,在《續修四庫全書》第422册。此後又有新編《續修四庫全書總目提要》編纂,其中《國語正義》提要爲余和祥所撰。這篇提要據董增齡《自序》立説,又能揭示本書要旨①,可謂《國語正義》提要之後出轉精者。

(三)《國語正義》點校本

除了韋昭《國語解》有上海師大校點本之外,其他《國語》研究專著很少有點校整理本出現。《國語正義》在很長一段時間内,是靠巴蜀書社影印本和《續修四庫全書》本爲學者所瞭解的。《中華大典》的某些分典在纂輯的時候録入了《國語正義》的某些内容②,可以算作《國語正義》部分篇章的標點本。2018年6月,由金曉東博士點校整理的《國語正義》,與黄懷信點校的《逸周書》、謝保成點校的《貞觀政要》同列《儒藏》(精華編)第一三七册,由北京大學出版社出版。金點本《國語正義》共598頁。前有《校點説明》,對董增齡、《國語》及其注本、《國語正義》秉持家法、《國語正義》與後世集解之比較、《國語正義》之不

① 續修四庫全書總目提要編纂委員會編《續修四庫全書總目提要·史部》,上海古籍出版社,2014年,頁82。

② 如《中華大典·哲學典·儒家分典·範疇總部·經典、先秦部分·世界觀分部》"天"中就收録了《周語上》《周語中》《周語下》《晋語一》《晋語三》《晋語四》《晋語五》《鄭語》《越語下》董增齡《正義》部分篇章語段,見《中華大典·哲學典·儒家分典三》,雲南教育出版社,2007年,頁2362—2370;"天命"中收録了《周語下》《晋語四》《晋語八》《吴語》《越語上》《越語下》董增齡《正義》部分篇章語段,見《中華大典·哲學典·儒家分典三》,同上,頁2408—2412;"天道"中收録《周語中》《周語下》《晋語三》《越語下》部分,見《中華大典·哲學典·儒家分典三》,頁2423—2425;"氣"中收録《周語下》,見《中華大典·哲學典·儒家分典三》,頁2453—2455;"陰陽"中收録《周語上》部分,見頁2492—2493;"數"中收入《周語下》部分,見頁2505;《心性論分部》"神"中收録《周語上》《周語下》《魯語上》《楚語下》部分篇章語段,見頁2568—2579;《政治哲學論分部》"君臣"中收録《越語下》部分語段,見頁2657;"義利"中收入《周語中》部分語段,見頁2664;《道德修養論分部》"德"中收入《晋語六》部分語段,見頁2689;"仁"下收入《晋語三》部分語段,見頁2707;"和"下收入《鄭語》部分語段,見頁2773。

足、《國語正義》傳本、校點所參典籍等一一論及，同時比較全面地揭示出《國語正義》的不足，如其謂："《國語正義》存在有諸多不足，如書中引文存在以轉引代直引、引文出處錯誤、有意檃栝等現象。董氏引用人名、年代、字形等，錯訛之處亦屢有出現。推測其原因有三：一、章氏刊書所依爲董氏手稿而非謄清定稿，如章氏《叙》注曰'寫本失載'，或可爲證（王樹民《國語集解》前言）。與著者相隔六十年，無以質詢。二、魯魚帝虎，刻工所致。三、董氏著述條件有限，未能參考太多書籍。董氏亦自云'不獲闚秘府鴻章，廣資見聞'。譚獻評價當屬公允。"①金曉東博士的總結是有道理的。比如第一條，推測章壽康所據非董氏之謄清稿，這一推測完全可以和董氏刊刻《國語正義》實情相對應。即章壽康所藏寫本是没有王引之叙的。第二點是刻書之通例，比如有的書稿原本不誤，而刊本誤；有的書稿不脱，而刊本脱。這些恐怕是刊本造成的，當然也不排除章氏所據寫本有誤的情況。金曉東博士揭示第三點恐未能完全符合事實。檢董增齡引書衆多，僅醫學典籍就十好幾部，所引清人著述引述也不在少數。魯魚帝虎，有式訓堂本刊刻的問題，同時也有寫定過程中未能檢核的原因存在②。

金點本《國語正義》正文依照《正義》原文順序，"解""疏"二字黑體，"○"號僅加在疏文之前。校勘記排在當頁，全書共加校勘記 562 處，往往查證《國語正義》所引諸書，標出《國語正義》在引證過程中衍、脱、改、誤之處，在正文中直接改正。也有據《國語》他本進行校勘者，如《魯語下》"閔馬父笑"校勘記云："'父'，原脱，今據宋公序本《國語》補。"③《晋語二》"以爲淵"校勘記云："'淵'，明道本《國語》作'渠'。注同。"④實際上《國語正義》稿本"父"字未脱，或刊本誤脱，亦或刊本所據鈔本誤脱而刊本因襲之。還有少數屬於字形相近發生訛誤形成的校勘記，如"床第之不安邪"校勘記云："'第'，原作'第'，今據宋公序本及明道本《國語》改。"⑤都是據《國語》别本校勘《國語正義》的例子。但這個點校本也存在一些問題。首先，由於點校者不明《國語》版本系統，往往據"宋公序本"校改。實際上董增齡《國語正義》的很多文字問題不是版本系統問題，而是刊本本身的問題；其次，點校者在文獻檢核方面不够細緻，文獻徵引方面存在的諸多問題並未發現；第三，點校者在點校過程中滋生了一些新的問題。

以上是《國語正義》傳本的基本概況。大致分爲寫本、刻本和排印本三種，寫本又有稿本與抄本之别，刻本又有原刻本和影印本之别。寫本中，以上海圖書館所藏稿本最具文獻價值與學術價值，影印本則以《續修四庫全書》本較勝。排印本目前僅有《儒藏》本。希望在不久的將來，可以由《國語》研究者重新點校一部更爲精善之本。

---

① 北京大學《儒藏》編纂與研究中心《儒藏》精華編第一三七册，同上，頁 142—143。

② 關於這一點，可參郭萬青《〈國語正義·魯語〉刊本、稿本校異》，《古文獻整理與研究》第 3 輯，頁 20—60。

③ 北京大學《儒藏》編纂與研究中心《儒藏》精華編第一三七册，同上，頁 243。

④ 北京大學《儒藏》編纂與研究中心《儒藏》精華編第一三七册，同上，頁 314。

⑤ 北京大學《儒藏》編纂與研究中心《儒藏》精華編第一三七册，同上，頁 293。

三、董增齡《國語正義序》

董增齡《國語正義序》是《國語》研究史上又一篇系統探討《國語》作者、流傳、散佚、注解的文獻,應該引起重視。

(一) 關於《國語》作者

在這篇序文中,董增齡篤信漢人内外《傳》作者皆爲左丘明之説。對於隋唐以來學者以二書記載一件事情而内容有别否定二書作者爲同一人的説法,董增齡以韋昭"其文不主于經"作爲依據,並以《左傳》《史記》同書而所記不同爲例進行了反駁。認爲"作傳者必有外傳以曲暢其支派"。在序文中,董增齡舉了一些例證,説明一部古書當中記載同一事件内容容有不同。蓋左丘明"各承舊史,慎以闕疑,不敢參以臆斷","《内傳》一書如此,又何疑《外傳》《内傳》之有參差乎?"並以韋昭《國語解叙》之言作爲佐證。

(二)《國語》在漢代的流傳

由於《國語》得到漢人的關注,董增齡依據《新書·禮容語》引述《國語》之言,推測"《國語》之出亦當在漢文帝之世"。董增齡以賈誼(B. C. 200—B. C. 168)兼治《左傳》《國語》,從而推斷賈誼也認爲二書同出左丘明,恐爲武斷之談。董增齡根據班固(32—92)《藝文志》之《國語》二十一篇和《新國語》五十四篇的記載,認爲漢代《國語》有兩種,今傳者爲《藝文志》所載二十一篇本。董氏根據載籍引述《國語》内容不見於今本者,認爲今本《國語》或有散佚。另外,對於《國語》散佚的情形以及他書引《國語》而不見於今傳《國語》的情況,董增齡的判斷也是嚴謹且符合事實的。

(三)《齊語》《越語》的來源與真僞

關於《國語》中《齊語》與《管子》的關係、《越語》與其他各篇不同的問題,董增齡也都一一進行了梳理。並認爲《越語》可能是僞作,並以孔晁本二十卷作爲證據:

> 《齊語》一篇皆《管子·小匡篇》之辭,《管子》遠出《左氏》之前,必不預知《國語》之文而襲之,竊疑《齊語》全亡,而後人采《小匡》以補之與?説者又謂《越語》下卷,疑非《國語》本文,其與他卷不類。又《國語》叙事雖不盡有年月,然未嘗越次,今上卷已書越滅吴,下卷復從句踐即位三年起,他國無此例。《内傳》無范蠡姓名,《外傳》止《吴語》一見,在五大夫之列,旅進旅退而已,至此卷乃專載蠡策,若滅吴之事蠡獨任之者,殊非事實。《藝文志·兵權謀》有《范蠡》二篇,此殆其一,但攙入當在劉向以前。齡案:孔晁本二十卷。則第二十一卷,孔博士已不信其《國語》真文矣。

除了《國語》和《左傳》的關係備受關注之外,《國語·齊語》和《管子·小匡》的關係也是後世學者比較關注的。董增齡認爲管子生在左丘明之前,故不能預知《國語》之文。但管子並非《管子》一書的作者,這也是絶大多數研究者的基本認定。《管子》成書過程,恐怕並不比《國語》成書過程簡單。所以究竟是《小匡》抄《齊語》還是《齊語》全亡而後人采《小匡》補足,似未能遽下斷論。當然,董增齡的這一探討是有積極意義的。此外,董增齡還探討了《越語下》和《國語》全書體例不一的問題,最終認定恐是《范蠡》一篇攙入。董增齡之前的學者,有關注到文風不同的,尚無專門對《齊語》《越語下》的來源問題進行探討,董增齡可謂導夫先路。

(四)《國語》版本系統

另外,董增齡序文涉及《國語》版本系統以及《國語正義》版本依從問題,其序云:"宋公序《補音》本及天聖本兩家並行,近曲阜孔氏所刻用《補音》本。今兼收二家之長,而用《補音》本者十之七八云。"董增齡的生活時期,《國語》公序本、明道本的版本系統已經完全確立,並且已經成爲學者的共識。由於明代張一鯤本的通行量極大,故而董增齡此處"補音本"實指張一鯤本《國語》而言。董增齡揭出這一點之後,又指出曲阜詩禮堂本屬於公序本系統,以補音本爲底本。今檢詩禮堂本的版本來源問題比較複雜,恐怕是以明德堂本爲底本,又復參校多種本子而成。最後揭出《國語正義》版本依從標準,謂取補音本"十之七八",也即以公序本《國語》爲主,兼采明道本之長。檢董增齡《國語正義》正文中,凡文字取明道本者,多予以注出,如《周語下》"高位實疾顛"董增齡云:"顛,宋公序本作'債',今從明道本。"《魯語下》"笑吾子之大也"董增齡云:"宋公序《補音》本'大'下有'滿'字,明道本無'滿'字。"不僅標注,而且還給出依據。如"高位實疾顛"引述錢大昕之説,"笑吾子之大也"引述徐養原之説。當然,董增齡《國語正義》依從明道本的數量十分有限。實際上,董增齡《國語正義》是以張一鯤本的後刻本如維揚文盛堂本等一類《國語》本子爲底本,所謂取《補音》本"十之七八"與事實並不完全相符。

(五)《國語》歷代訓詁

此外,董增齡序文還簡略梳理了此前的《國語》注家,並指出"唯韋解尚存",但同時指出韋解也有散佚條目。首次對《國語》研究進行歷時梳理的是韋昭,第一次進行比較清晰梳理的則是宋庠(996—1066)。董增齡序文僅指其名,並没有對七家進行評價。唯獨揭出韋昭注雖存,但仍然有散佚。董增齡揭出的這一點很重要,清代以來的學者,主要關注《國語》佚注的輯佚,很少有學者認識到韋昭注其實也有散佚的問題存在。董增齡進而指出其他各家注的一些條目散見於各書之中,對輯佚來源進行了揭示。采擷各家注,以補充韋注,前此的惠棟(1697—1758)、孔廣栻(1755—1799)等都曾進行過嘗試。實際上,除了經史注釋,董增齡也利用《太平御覽》等大型類書保留的《國語》舊注材料,在《國語正義》中經常引用各種舊注。今檢董增齡《國語正義》刊本徵引各種文獻所存賈逵注 6 條，賈逵《左傳》注 25 條，賈逵《國語》注 30 條，徵引孔晁注 4 處，孔晁《國語》注 30 處。服虔《國語》注 1 處，鄭衆注文 5 處，唐固《國語》注 4 處，明確標注虞翻《國語》注 4 處。可見董增齡搜羅之勤。

（六）《國語正義》撰述的相關問題

董增齡序文的最後一部分交待了《國語正義》撰述緣由、條例、内容、成書過程等等。在這一部分中，董增齡首先對《國語正義》之作進行了説明，即"韋解孤行天壤間已千五百餘年，未有爲之疏者"。從四大部類的分屬上來看，《國語》一直在經部春秋類，而且還是先秦留下來的典籍。唐代以至於宋代，經部先秦其他各書都有了正義，唯獨《國語解》無之。這種現象值得引起重視和研究。周予同（1898—1981）認爲經有三個特點：（1）"經是中國封建專制政府'法定'的古代儒家書籍"；（2）"經是以孔子爲代表的古代儒家書籍"；（3）"經本身就是封建專制政府和封建統治階級用來進行文化教育思想統一的主要工具"[①]。張居三認爲，按照周予同的這個標準，《國語》不是經書，並進一步指出，"最重要的是它不解《春秋》"，"《國語》不但不得孔子的真傳，内容上對孔子論大骨、論楛矢事跡的記載也頗與'孔子不語怪力亂神'相悖"[②]，歷代置《國語》於經部恐怕主要還是《國語》和《左傳》的關係。所以韋昭《國語解叙》説《國語》"匪特諸子之倫"，説明即便在韋昭的心目當中，《國語》至少不能和真正的經典等齊劃一，這恐怕就是《國語》經過東漢三國西晉的研究繁榮之後，一直到董增齡《國語正義》之前，未有爲《國語》疏者的原因。之後的一段内容，董增齡對韋昭進行了評價，其實也是回答前句。董增齡回顧了三國時期和東漢時期的學術特徵。在董增齡看來，許慎（58—147）和鄭玄（127—200）是漢代儒學的集大成者。許慎師承賈逵（33—101），著有《五經異義》《説文解字》，《五經異義》已經亡逸，清陳壽祺（1771—1834）輯有《五經異義疏證》。"許慎按照經學中的問題進行分類，在每一個問題上羅列各家觀點，最後提出自己的斷語，其斷語大多贊同古文經學的説法，但有時也採取今文經學的説法，或者並存今、古文兩種説法。這表明許慎已經突破今、古文經學的限制，而以是否合理作爲自己的取捨標準，具有調和今、古文經學的通學特色。"[③]許慎的《説文解字》是千古奇書，不僅是文字學的重要著作，也是訓詁學著作。其價值，學者多已言之，如陸宗達（1905—1988）即謂："《説文》是我國語言學史上第一部分析字形、説解字義、辨識聲讀的字典。""《説文》在中國語言學史和世界語言學史上占有重要的地位。"[④]王寧等謂："《説文解字》本來就是一部從文字訓詁出發而映射

---

① 周予同著，朱維錚編《周予同經學史論著選集》（增訂版），上海人民出版社，1996 年，頁 844—845。

② 張居三《〈國語〉爲何不是"經"書》，《光明日報》2007 年 7 月 26 日。

③ 張立文主編，周桂鈿、李祥俊著《中國學術通史（秦漢卷）》，人民出版社，2004 年，頁 238。

④ 陸宗達《説文解字通論》，北京出版社，1981 年，頁 5、8。

至百科萬物的漢字文化庫。"[①]許慎撰作《説文》的立意很高:"蓋文字者,經藝之本,王政之始,前人所以垂後,後人所以識古。故曰本立而道生,知天下之至賾而不可亂也。今敘篆文,合以古籀,博采通人,至於小大,信而有證。稽撰其説,將以理群類,解謬誤,曉學者,達神怡。分別部居,不相雜廁。萬物咸睹,靡不兼載。厥誼不昭,爰明以諭。"可見其振興古文之雄心與法度。鄭玄是兩漢經學的集大成者,著有《駁五經異義》《六藝論》《三禮目録》,遍注群經。有學者認爲:"思想淡化,學術方興,這是兩漢經學發展的一個大趨勢。因爲,爲漢家立法的工作在董仲舒的時代已經基本完成了,後人需要做的只是傳播、修補,'微言大義'讓位於訓詁、考據,而注重經書文本本身的訓詁、考據本來就是古文經學的特色,所以,經學發展到東漢,今文經學逐漸爲古文經學所兼容、會通。這種會通之學早在東漢初年的賈逵等人就已經開始,而鄭玄則是其最高代表。這種會通之學相對而言還是較接近古文經學的,所以把鄭玄的經學稱爲古文經學、綜合學派或者是通派、鄭玄學派都無可無不可。"[②]鄭玄不僅對《五經異義》提出不同的看法,而且還時常引述許慎《説文》作爲佐證。也就是説,董增齡認爲許慎和鄭玄是"漢儒宗主"的説法是没有問題的。董增齡同時認爲三國時期開始,"儒學爲之一變",王肅(195—256)之學盛行一時,有學者謂漢魏晋時期正是中國學術轉型時期,而"王肅經學的價值,不僅在於他有别於鄭學的經學著作本身,還在於他著書的放大及其所帶來的影響"[③],當然"王肅注經,大半簡明切要,平易近人"[④],這也是需要指出的。但此後儒學進入與玄、佛、道並列的時代,或此即董增齡所謂"一變"。另外,董增齡認爲,不管是吴國所處的外部格局還是吴國的内部環境,韋昭的生活時代都非安定局面,故以"抱闕守殘"視之。就韋昭的一生學行而言,著有《國語解》《漢書音義》《洞紀》《吴書》《辨釋名》《孝經解贊》等,其中《國語》《孝經》是經學,《辨釋名》《漢書音義》爲小學,可以看出韋昭主要的學術成就在史學和經學兩方面,其經學研究並不涉及五經或以五經爲基礎的顯學,而在《國語》《孝經》方面下功夫。東漢時期的賈逵、鄭玄、服虔等都是博通群經,《内》《外》皆治,而韋昭僅治《外傳》。另外,當時的薛瑩曾謂韋昭"篤學好古,博見群籍,有記述之才",這倒可以爲韋昭爲什麽史學著述豐厚而經學著作寡少作一個註腳,無論是時代環境還是韋昭個人學養以及學術成就而言,都確實不能和東漢時期的大儒相比。基於如上推斷,董增齡認爲韋昭《國語解》雖然引述經義不少,但所引述和許慎、鄭玄解説不同,又往往依從《國語》本文,因文解義,"殊非實事求是"。董增齡的這一段陳述内容,主要爲撰作《國語正義》張本。當然,這裏面也出現另外一個問題,即一直到清代,作"正義"者雖未完全遵守"疏不破注"之例,但對原注進行攻訐者,似不多見。故董氏此舉爲其表兄徐養原所不能認同,徐養原

① 王寧、謝棟元、劉方《〈説文解字〉與中國古代文化》,遼寧教育出版社,2000年,前言頁1。

② 張立文主編,周桂鈿、李祥俊著《中國學術通史(秦漢卷)》,頁246。

③ 張立文主編,向世陵著《中國學術通史(魏晋南北朝卷)》,人民出版社,2004年,頁403。

④ 李振興《王肅之經學》,華東師範大學出版社,2012年,頁2。

《與董慶千論撰〈國語正義〉書》云:"既依注作疏,則注義不可輕駁。劉光伯《規杜》三百事,孔沖遠一一闢之,疏例固當如是。惟楊士勛《穀梁疏》頗糾范氏之失,然亦微文見義,不顯攻也。尊著攻詰韋注,詞氣有過峻處,似宜斟酌。"[①]董增齡序文中"檢楊氏《穀梁正義》間與范氏之注語具抑揚,則知'疏不破注'之例,古人亦所不拘"恐即是對徐養原批評的回應。

該序文此後内容,則是董增齡《國語正義》援引《國語》佚注以及東漢經學家觀點的交待。凡"正義",必"採擷舊説,間下己意",這是疏證體研究著作的基本撰述方式。正義,本身兼有博采前人、會通諸義以求確解的特點。故孔穎達《五經正義》卷帙浩繁,一句之下動輒引述多家。董增齡《國語正義》完全繼承了疏證體的這一撰述方式,博采經注。董增齡《國語正義》徵引了大量經緯、諸子、史書舊注並通人之説,其一當然是爲了詮釋《國語》,其二恐怕也有輯纂舊注、嘉惠後學的意思。因爲韋解簡約,不多徵引,故董增齡廣采舊注,並廣采《史記》《漢書》徵引《國語》文字,"各有發揮,或與韋解兩歧,或與韋解符合,同者可助其證佐,異者宜博其旨歸,並采兼收,以彙古義",薈萃舊注、辨明韋注、詮釋地理、疏解制度,此其大要。

序文最後一段内容,是董增齡對自己撰作《國語正義》的心曲做的交待。董增齡頗爲自謙,謂:"唯是賦性顓愚,疏於搜討,況草茅孤陋,既不獲窺秘府鴻章,廣資聞見,又不獲交四方碩彦,共得切磋,固蔽是虞,未敢自信。"從序文知道,該書是董增齡四十歲以後寫的,前後一共寫了五年的時間,書成之後,又向王引之等請益。從稿本中簽條題署的日期以及王引之序文撰作的時間可知,董增齡《國語正義》的修訂至少從嘉慶二十四年(1819)、二十五年一直持續到道光二年(1822)。

董增齡這篇序文極具學術史價值,有些《國語》研究上的問題還是董增齡首次提出,其序文學術價值及意義,有待進一步深入發掘。

四、《國語正義》的内容

正義體對原書序文往往進行疏證,董增齡也不例外。由於千五百年無疏韋注者,故董增齡的《韋昭國語解叙正義》是《國語》研究史上第一篇全面研究《國語解叙》的文獻。其周詳細密程度,可謂空前絶後。今以《國語解叙》頭一段内容爲例。

---

① [清]徐養原《頑石廬文集》,《清代詩文集匯編》第453册,頁740。有的學者認爲前人没有注意到徐養原爲董增齡諸著所寫序文。實際上王欣夫先生早已經注意到了徐養原和董增齡之間的關係,並在論列董增齡學術時徵引徐養原之説以爲補充説明。另外,吕友仁通過爬梳文獻,認爲"疏破注""並非只有幾個零星的孤例,而是群體現象。不僅是群體現象,而且是正常現象,是題中應有之義。應該説,'疏破注',很正常,無須大驚小怪;'疏不破注',倒反常了。準確地説,既有'疏不破注',又有'疏可破注',二者兼備,這纔合乎孔穎達撰《五經正義》時的原始設計。"(氏著《〈禮記〉研究四題》,中華書局,2014年,頁197—198)吕氏的見解倒可以爲董增齡《正義》撰作的註腳。

董氏每疏證《國語解叙》一義，必徵引諸書，以次第説明。僅《國語解叙》一段内容，就引述了《書》、《史記》、《釋名》、《左傳》、《公羊傳》、《説文解字》、《説文繫傳》、《國語補音》、《春秋經傳集解》、《孔子家語》、《汲郡古文》、《戰國策》、《曲禮》、《周禮》、孔穎達疏、董仲舒《對策》、賈逵《春秋序》、鄭康成《六蓺論》、劉歆、班固、荀崧、劉知幾、權德輿、服虔、陸機《文賦》、《尚書》孔傳、王充《論衡》、《離騷》王逸注、王延壽《魯靈光殿賦》、漢儒等等之言。可以印證王引之"援據該洽"之説。對韋昭《國語解叙》的疏證既有語義訓詁，又有學術史梳理，還包括詮釋典籍内容及其得名、史實補充等。如"國語叙"下董疏對《國語》注釋的回顧，對各家的平議，屬於學術史梳理。韋昭《國語解叙》謂："去非要，存事實，凡所發正，三百七事。"董增齡先引述《四庫總目提要》之説，謂"合於所正譌字、衍文、錯簡，亦不足三百七事之數"，董增齡進而推斷："其傳爲有誤，以六十爲三百與？"雖推斷未必接近事實，但是這種探討無疑是有意義的。這是對韋昭叙文數據真實性的探討。如"因賈君之精實，采唐、虞之信善，亦以所覺，增潤補綴，參之以《五經》，檢之以《内傳》，以《世本》考其流，以《爾雅》齊其訓"董疏云："此宏嗣論諸家之注，因自明其作解之由也。'檢之以《内傳》'者，《漢書·司馬遷傳贊》：'孔子因魯史記而作《春秋》，邱（稿本'邱'作'丘'。）[①]明論輯其本事以爲之傳，又纂異同爲《國語》。'宏嗣就兩書同異而互爲鉤核，故云'檢'也。'以《世本》考其流'者，班固又言：'《世本》録黄帝以來至春秋時帝王公侯卿大夫祖世所出。司馬遷據《左氏》《國語》，采《世本》《戰國策》，述《楚漢春秋》，接其後事，訖于天漢。'蓋遷本《左傳》《國語》《世本》之等以成《史》。宏嗣祖遷意，據《内傳》《世本》以作《國語解》也。'以《爾雅》齊其訓'者，鄭康成《駁五經異義》：'《爾雅》，孔子門人所作，以釋六蓺之言。'劉熙《釋名·爾雅》：'爾，昵也；昵，近也。雅，義也；義，正也。'張晏《漢書注》亦云：'爾，近也；雅，正也。'王充《論衡·是應篇》：'《爾雅》之書，五經之訓。'劉勰《宗經篇》：'《書》實紀言而訓詁茫昧，通乎《爾雅》則文義曉然。'齊，同也。《爾雅》誠九流之津涉，故必折衷于同也。（稿本'折衷于''同也'之間有'是始協于'四字。）"解釋《世本》《爾雅》等書的内容以及其得名。對《國語解叙》中的部分語詞進行解釋。有直陳語義者，如："叙者，舒也。舒展己意以次第經傳之義。"董增齡未加引述，直接釋義。有直陳語義而舉例説明者，如"左丘明因聖言以攄意"董疏云："攄，舒也。班固《答賓戲》：'猶攄意乎宇宙。'"此處直接訓釋語義，並引述班固《答賓戲》爲例。"攄"之訓"舒（抒）"，故訓多有。而"攄意"之用也有所本。雖然董增齡没有明言，恐怕也有爲韋昭用語尋找出處的考慮。當然也有表面上看似是董氏直陳語義，事實上仍是化用古書者，此類如"頗綜述焉"董疏云："綜，推而往，引而來也。《漢書·宣帝紀》：'綜核名實。'"今檢《列女傳》云："推而往，引而來者，綜也。"是知董增齡的解釋實本《列女傳》而未注出。有引故訓兼出陳述以明語義

---

① 本文引述董增齡《國語正義》文字時，凡手稿本與式訓堂刊本不同之處，皆在相應文字後面加括弧進行補充説明。

者，如"《釋名》：'傳，傳也。以傳示後人也。'《外傳》與《内傳》相補，故謂之語。《説文解字》：'語，論難也。'《説文繫傳》：'論難曰語。語者午也，言交午也……吾言爲語。吾，語詞也。言者，直言；語者，相應答。'《國語》載列國君臣朋友相論語，故謂之語。"本條主要解釋"傳"和"語"兩個字，引述《釋名》以釋"傳"義，引述《説文解字》《説文解字繫傳》以釋"語"義。當然，董增齡引述《説文繫傳》之説當本《康熙字典》而非引自《繫傳》原書。檢《繫傳》作"言吾爲語""吾，語聲也"，《康熙字典》引述則改字、倒序。董增齡引述《釋名》之後引出"語"字釋，認爲："《外傳》與《内傳》相補，故謂之語。"恐基於前人"左史記言，右史記事"之説，以《國語》爲記言之書，以補《左傳》，所以纔以"語"名書。在引述《説文》《繫傳》對"語"的解釋之後，以"相論語"釋"國語"之"語"，頗得意趣。又以"列國君臣朋友"釋"國"字，也有一定的道理。引述故訓兼舉例證者，如"孔子發憤"董疏云："憤，《説文》：'懣也。'《周語》'陽癉憤盈'，孔子憤昭定以降臣子道喪也。"首先引述《説文》以釋"憤"字之義，接著引述《周語》作爲例證。但是檢核《周語》韋注："憤，積也。"與董增齡此處引述《説文》不同。《周語》"憤盈"同義連文，恐與"發憤"之"憤"不盡相同。當然，從"充滿"這一義素上而言，二者倒是一致的。所述"孔子憤"之"憤"倒是完全可以和"孔子發憤"之"憤"字相應。也有僅引故訓而不作補充者，如"素王"董疏唯引孔穎達(574—648)云："素，空也。無位而空王之也。"董氏直接引述孔疏，不作補充。對涉及的人物、年號進行説明。用補充史實的方式，使讀者對《國語解叙》涉及的史事進行詳細的瞭解。如"遭秦之亂，幽而復光，賈生、史遷頗綜述焉"董疏云："此序列漢以來傳《國語》之人也。《秦始皇本紀》：'三十四年，李斯請史官，非秦紀，皆燒之。非博士官所職，天下敢有藏《詩》、《書》、百家語者，悉詣守尉雜燒之。令下三十日不燒，鯨爲城旦。'《漢書・蓺文志》：'漢興，改秦之敗，大收篇籍，廣開獻書之路。賈誼，洛陽人，年十八，以能誦《詩》、《書》、蜀文，稱于郡中。河南守吴公聞其秀材，召置門下。文帝初立，聞河南守吴公治平爲天下第一，徵以爲廷尉。乃言誼年少頗能通諸家之書，文帝乃召以爲博士。'(稿本夾批云：'賈子《新書・禮容語下篇》載單靖公、單襄公事，皆采《國語》。'刊本有此句，見前文。)《太史公自序》：'遷生龍門，年十歲則誦古文。'《索隱》曰：'遷及事伏生。'是學誦《古文尚書》。(稿本抹去'遷及事伏生。是學誦《古文尚書》'諸字，别增'引'字，更爲'櫽栝'。)劉氏以爲《左傳》《國語》《系本》等書，是亦名之古文也。《五帝本紀》：'予(稿本'予'作'余'。)觀《春秋國語》，其發明五帝德、帝系姓彰矣。'是賈生及遷皆能綜而述之。綜，推而往，引而來也。《漢書・宣帝紀》：'綜核名實。'述，《説文》：'循也。'《儀禮・士喪禮》注：'既受命而申言曰述。'"董增齡首先總體指出這幾句話意在"序列漢以來傳《國語》之人"，接著對"秦之亂"進行史實補充，接著對"復光"進行史實補充，然後對賈誼、司馬遷"綜述"之事進行史實補充，最後解釋"綜""述"的詞義。

《國語正義》正文中，《國語》原文大字單行，韋昭解小一號字單行附於正文之後，董增齡正義小字雙行。韋注以"解"標識，董增齡正義以"疏"標識，式訓堂刊本全書共1425條,其中疏解正文者29條,疏解有注文者1396條,即便疏解有注文的地方,有的也是在疏解正文而非疏解注文。疏解正文29條中,《吴語》5條,《楚語下》4條,《周語中》《晋語六》《晋語七》《晋語八》《鄭語》《越語上》《越語下》各2條,《魯語上》《魯語下》《齊語》《晋語一》《晋語四》《楚語上》各1條。"疏"字之下先出疏證範圍,往往以"××(至)××"出之,"至××"下以"○"與疏證内容隔開。疏文内容則雜取各家,爲之辨説。大致包括如下内容。

(一)疏通韋注

本書以"正義"爲名,疏通韋注是其主體,也是其重要内容。主要包括對韋注普通詞語解釋的疏證、對韋昭典制解釋的疏證、對韋昭器物解釋的疏證、對韋昭人物解釋的疏證、對韋昭物名解釋的疏證、對韋昭史實解釋的疏證、對韋昭地理解釋的疏證、對韋昭天文曆法解釋的疏證等。

1. 對韋注普通語詞解釋的疏證主要體現在:(1)通過引徵故訓對韋注進行補充。如《周語上》韋解:"觀,示也。"董疏云:"《穀梁》隱五年《傳》:'非常曰觀。'《説文》:'示,所以示人也。'"既通過徵引故訓解釋被釋詞,也通過徵引故訓解釋釋詞,進而探討韋注釋詞和被釋詞的語義關係。如《周語上》韋解"干,盾也"董疏云:"昭二十五年《公羊傳》注:'干,盾也。以朱飾盾。'《爾雅·釋言》'干,扞也'孫炎注:'干,盾,所以自扞蔽。'《方言》:'楯,自關而東謂之楯,或謂之干。'是'干''盾'一也。"通過故訓徵引,補充了"干"的形制、功能,通過《方言》補充了"干""盾"稱謂的區域,進而得出"'干''盾'一也"的結論,也就是説韋昭是以同義詞相互訓釋。(2)揭示韋昭釋義的來源。如《周語上》韋解"后,君也"董疏云:"'后,君',《釋詁》文。《説文》:'后,繼體君也。象人之形,施令以告四方,故厂之,从一、口。發號者君也。'《易·姤卦》象傳云:'后以施命誥四方。'"揭出韋昭注文據《爾雅·釋詁》,又引述《説文》以明"后"字之所以得義。如《周語上》"幽王二年,西周三川皆震"韋解"震,動也。地震,故三川亦動也"董疏云:"《漢書·五行志》應劭注:'震,地震。三川竭也。'顔師古注:'川自震耳,故將壅塞,非地震也。'案:韋解本應注,其義爲長。"董增齡根據應劭注文和韋昭注文的相似性,認爲韋昭解釋本於應劭。當然不排除這種可能性。韋昭對《漢書》也很熟悉,當熟悉應劭注。但二者並不完全相同,應劭謂"三川竭",韋昭謂"三川動",應劭注文或即本《國語》本文。另如《周語上》"惠王三年"韋解:"惠王,周莊王之孫、釐王之子惠王毋涼也。"董疏云:"《史記·周本紀》:'釐王五年崩,子惠王閬立。'《索隱》曰:'《世本》名毋涼。'是宏嗣從《世本》。"本條韋昭注人物,董增齡以《世本》所載惠王之名與韋昭同,即謂韋昭從《世本》。這也和韋昭《國語解叙》"以《世本》考其源"之説相應。如"工協革"韋解"革,更也"董疏云:"《易·雜卦》傳:'革,去故也。'故'革'以'更易'爲義。"韋昭以"更"釋"革",董增齡則引述《易傳》"革,去故"之言作爲"革"有"更易"之義的依據。實際上《説文》已謂:"革,獸皮治去其毛,革更之。"蓋謂"革"的形成是經過變易的,名詞而兼動詞義。另如"陰迫而不能烝"韋解"烝,升也"董疏云:

“賈誼《鵩鳥賦》‘雲烝雨降兮’李善注引《素問》:‘地氣上爲雲。’是‘烝’有‘升’義。”(3) 駁正韋注。董增齡在疏證中並不遵守“疏不破注”的成説,對於韋昭注進行大膽質疑。如《周語上》“伯陽父曰:周將亡矣”韋解:“伯陽父,周大夫。”董疏云:“《周本紀》:‘幽王(稿本‘幽王’下有‘以’字)褒姒爲后,以伯服爲太子。伯陽父曰:禍成矣。’《集解》引唐固曰:‘伯陽父,周柱下史老子也。’司馬貞曰:‘幽王元年至孔子卒三百餘年,老子當孔子時,唐固説非也。’案:《漢・五行志》服虔注:‘伯陽父,周太史。’得之。”唐固、服虔、韋昭三家對伯陽父的解釋不同,董增齡獨取服虔之説。其實除了唐固所釋太過具體,服虔和韋昭的解釋並不矛盾。蓋太史也是大夫之一。韋昭取“大夫”之説,義更籠統,並不誤。當然,董增齡通過徵引《國語》佚注以及故訓對韋昭注進行辨疑而不一味迴護的做法還是值得嘉許的。

2. 對韋昭典制解釋的疏證主要體現在:(1) 釋謚號。如《周語上》“商王帝辛”韋解“辛,紂名”董疏云:“《史記・殷本紀》:‘帝乙長子微子啓,啓母賤,不得立嗣。少子辛,辛母正后,辛爲嗣。帝乙崩,子辛立,是謂帝辛,天下謂之紂。’《集解》:‘《謚法》曰:殘義損善曰紂。’《書》言:‘獨夫受。’受、紂聲相近,紂爲謚,故知(稿本‘知’原作‘名’,抹去,旁書‘知’字)辛爲名。”本條實際上是董增齡補釋韋注,因爲韋昭説“辛”是商紂之名,牽涉到“紂”字,故董增齡引《史記》以明“辛”爲名,引《集解》所引《謚法》以明“紂”爲謚。(2) 釋服制。如《周語上》“邦内甸服”韋解“邦内,謂天子畿内千里之地。《商頌》曰:‘邦畿千里,惟民所止。’《王制》曰:‘千里之内曰甸。’京邑在其中央。故《夏書》曰:‘五百里甸服。’則古今同矣。甸,王田也。服,服其職業也。自商以前并畿内爲五服。武王克殷,周公致太平,因禹所弼,除畿内,更制天下爲九服。千里之内謂之王畿(稿本此處‘王畿’之‘畿’誤作‘圻’,抹去改正作‘畿’)。王畿之外曰侯服,侯服之外曰甸服,今謀父諫穆王,稱先王之制,猶以王畿爲甸服者。甸,古名,世俗所習也。故周襄王謂晋文公曰‘昔我先王之有天下也,規方千里以爲甸服’是也。《周禮》亦以蠻服爲要服,足以相況矣”董疏云:“《詩・殷武》疏:‘《禹貢》五百里甸服,每言五百里一服者,是堯舊服,每服之外更言三百里、二百里者,是禹所弼之殘數也。堯之五服服五百里耳,禹平水土之後,每服更以五百里輔之,是五服服别千里,故一面而爲差至于五千也。’王肅《難鄭》曰:‘禹功在平治山川,不在拓境廣土,土地之廣三倍于堯,《書》傳無稱焉。不知《經》言弼成五服至于五千,若五服之廣猶是堯之舊制,何弼成之有乎?凡言至于者,皆從此到彼之辭,明是自京師至于四境爲五千耳。若其四面相距爲五千,則經文從何而往而言至于哉?’王鳴盛曰:‘禹弼成五服,至于面各五千里,四面相距爲方萬里。湯承夏衰,更制中國方三千里之界,亦分爲九州,而建千七百七十三國焉。故鄭以《王制》所言爲殷制。迨周公輔成王,致太平,復禹之舊,考禹制,去王城五百里曰甸服,于周爲王畿,其弼當侯服,其外五百里爲侯服,當甸服,其弼當男服,其外五百里爲綏服,當采服,其弼當衛服,其外五百里爲要服,與周要服相當,去王城三千五百里,四面相距方七千里,是九州之内也。要服之弼當周夷服,又其外方五百里曰荒服,當周鎮服,其弼當周藩服,去王城五千里,四面相距方萬里。是周九服即禹弼成之五服而分之者也。'"(3)釋禮制,如"日祭"韋解"日祭,祭于祖考,謂上食也,近漢亦然"董疏云:"《尚書大傳》:'祭者,薦也。薦之爲言在也。'《漢書·韋玄成傳》:'日祭于寢……寢,日四上食。'以下皆約漢制言之,周亦當近是。"這是釋祭祀禮,因爲韋昭説"近漢亦然",故董增齡引《尚書大傳》以釋"祭"字,引《韋玄成傳》以釋"日祭"。(4)釋職官。《國語》職官名詞所在不少。羅春英統計出《國語》職官稱謂277個,分爲農林(26)、卜筮(24)、軍事(51)、禮儀(17)、工商(12)、教育(11)、伎藝(21)、朝廷外官(74)、宫廷内官(41)等九大類别①。韋昭往往注出其職權範圍,董增齡又爲疏證之。如《周語上》"司空除壇於籍"董疏云:"《荀子·王制篇》:'修隄梁、通溝澮、行水潦、安水藏,以時决塞。歲雖水旱凶敗(《荀子·王制篇》'水旱凶敗'作'凶敗水旱'),使民有所芸艾,司空(《荀子·王制篇》'司空'下有'之'字)事也。'《淮南·時則訓》'正月官司空'高注:'司空主土,春土受嘉穡,故官司空。'《大戴禮·盛德篇》:'司空之官以成禮。'潘安仁《籍田賦》'青壇蔚其嶽立兮,翠幕黕以雲布。結崇基之靈祉兮,啓四塗之廣阼'吕延濟注:'春上青,故用青壇。'李善注:'崇基,謂壇也。'"董增齡引述《荀子·王制》對司空職分的記述,又引《淮南子》高誘注等進行補充説明。(5)釋樂制。如《周語上》"樂及徧舞"韋解:"徧舞,六代之樂也。謂黄帝曰雲門,堯曰咸池,舜曰蕭(稿本'蕭'作'簫')韶,禹曰大夏,殷曰大濩,周曰大武。一曰:諸大夫徧舞也。"董疏云:"《周官·大司樂》'舞雲門'鄭注:'黄帝曰雲門。黄帝能成名萬物,以明民共財,言其德如雲之所出。'《吕氏春秋·仲夏紀》:'黄帝又命伶倫與榮,將鑄十二鐘以和五音,以施英韶,命之曰咸池。'《樂記》'咸池備矣'鄭注:'黄帝所作樂名,堯增修而用之。咸,皆也。池之言施也,言德之無不施也。'《漢書·禮樂志》顔注:'池,言其包容浸潤也。'《吕氏春秋·仲夏紀》:'舜立,仰延乃拌瞽史(稿本'史'作'叟',是。)之所爲瑟,益之八弦,以爲二十三弦之瑟。帝舜乃令質修《九招》《六列》《六英》,以明帝德。'《大司樂》鄭注:'大磬,舜樂也。言其德能紹堯之道。'《吕氏春秋·仲夏紀》:'禹立,降通漻水以導河,疏三江五湖,注之東海,以利黔首,命皋陶作爲《夏籥》九成,以昭其功。'《大司樂》鄭注:'大夏,禹樂也。禹治水傅土,言其德能大中國也。'《樂記》'夏,大也'鄭注言:'禹能大堯、舜之德。'《吕氏春秋·仲秋紀》:'湯率六州以討桀罪。功名大成,黔首安甯,湯乃命伊尹作爲《大濩》。'《大司樂》鄭注:'大濩,湯樂也。湯以寬治民而除其邪,言其德能使天下得所也。'《漢書·禮樂志》:'濩言救民也。'《吕氏春秋·仲夏紀》:'武王以六師伐殷,六師未至,以鋭兵克之于牧野,乃薦俘馘于京,太室命周公爲作《大武》。'《大司樂》鄭注:'大武,武王樂也。武王伐紂,以除其害,言其德能成武功也。'《内則》:'十三舞勺,二十舞大夏。'《大司樂》:'以樂舞教國子。'鄉大夫賓興賢能曰和容,是皆士大夫親舞。襄十六年《傳》:'晋侯與諸大夫宴

① 羅春英《〈國語〉中的職官稱謂語》,廣西師範大學碩士學位論文,2003年。

于温，使諸大夫舞，曰：歌詩必類。’杜注謂：‘使諸大夫起舞以助宴飲。’王子積享三子，則徧舞自指三子起舞。若六代之樂，則《雲門》以祀天神，《咸池》以祭地示，《大磬》以祀四望，《大夏》以祭山川，《大濩》以享先妣，《大武》以享先祖，于享臣無當也。”另外，伶州鳩論樂章也有相應内容。

3. 對韋昭器物解釋的疏證主要體現在：(1) 釋兵器。如《周語上》“載戢干戈，載櫜弓矢”韋解“干，盾也。戈，戟也。櫜，韜也”董疏云：“昭二十五年《公羊傳》注：‘干，盾也。以朱飾盾。’《爾雅・釋言》‘干，扞也’孫炎注：‘干，盾，所以自扞蔽。’《方言》：‘楯，自關而東謂之楯，或謂之干。’是‘干’‘盾’一也。《淮南・時則訓》‘孟夏，其兵戟’高注：‘戟有枝幹，象陽布散也。’《禮説》云：‘三鋒戟。《方言》謂之‘三刃枝’，‘單枝曰戈，雙枝曰戟，南楚宛郢謂之匽戟。’《廣雅》所謂‘雄戟’，(稿本‘戟’作‘戟’，是。)，張揖曰‘胡中有軛’者……《春秋疏》(稿本‘春秋疏’作‘《春秋》孔疏’，更爲規範。)：‘孑……有上刺之刃，有下鉤之刃。’……謂胡如鉤内利。《禮圖》畫戟，兩旁有枝，胡中無軛，三鋒向上而下無鉤。此聶氏臆造也……’《詩疏》：‘櫜者，弓衣，一名韜。’故納弓于衣謂之韜弓。昭元年《傳》：‘請垂韜而入。’《荀子・解蔽篇》：‘倕作弓，浮游作矢。’楊倞引《世本》云：‘夷牟作矢。’《周官》：‘司弓矢，掌六弓、四弩、八矢之法。’《爾雅》：‘弓，有緣者謂之弓，無緣者謂之弭。’《方言》：‘箭，自關而東謂之矢，江淮之間謂之鍭，關西曰箭。’《釋名》：‘矢，指也，言其有所指而迅疾也。’”此釋兵器。(2) 釋禮器。如《周語上》“奉犧牲玉鬯往獻焉”韋解：“玉鬯，鬯酒之圭，長尺二寸有瓚，所以灌地降神之器。”董疏云：“《詩・旱麓》箋：‘圭瓚之狀，以圭爲柄，黄金爲勺，青金爲外，朱中央。’案：鬯圭尺二寸，《冬官・玉人》文。《春官》‘典瑞’注引漢禮：‘瓚槃大五升，口徑八寸，下有槃，口徑一尺。’則瓚如勺，爲槃以承之也。”(3) 釋農具。如《齊語》“耒、耜、耞、芟”韋解：“耞，梻也，所以繫草也。芟，大鎌，所以芟草也。”董疏云：“《荀子・性惡篇》楊注：‘梻，從木旁，弗擊也。’《方言》云：‘自關而西謂之梻，今之農器連枷也。’《漢書・王莽傳》：‘予之北巡，必躬載梻。’顔注：‘梻，所以擊治禾者也，今謂之連枷。’則梻以擊禾，韋解‘繫草’，疑即‘擊’字之誤。《方言》：‘刈鉤，自關而西或謂之鎌。’《釋名》：‘鎌，廉也。體廉薄也。其所刈稍稍取之，又似廉者也。’《周官・稻人》：‘凡稼澤，以水殄草而芟夷之。’鄭康成謂六月大雨時行，以水病絶草之後生者，秋至水涸而芟之。明年乃稼。則鎌爲芟草器，即名之爲芟也。”《國語》中器具詞多有，如兵器、禮器、食器、量器、樂器等，董增齡每引故典釋之。

4. 對韋昭物名解釋的疏證主要體現在韋昭對《國語》出現的諸多植物、動物名稱的解釋方面，董增齡每引典籍予以補充説明。如《周語上》“得四白狼四白鹿以歸”董疏云：“《太平御覽》引《尚書璇機鈐》：‘湯受金符帝籙，白狼銜鉤入殷朝。’《水經注・濛水》：‘又東北逕白狼堆，南魏烈祖道武皇帝于是遇白狼之瑞。’《後漢書》：‘滕撫稍遷涿令，太守以其能，委任郡職行春，兩白鹿隨車，挾轂而行。’《水經注・浢水》：‘又逕含浢縣西。咸康中，郡民張魴爲縣有善政，有白鹿來游。’則白狼、白鹿，古以爲瑞，故貢之。《傳》言是役所得止此，以示戒後世。《後漢書・西羌傳》曰:'穆王西征犬戎,獲其五王,又得四白狼、四白鹿(稿本作'四白鹿、四白狼',與范曄《後漢書》語序同。前頁有浮簽,云:'梁玉繩曰:《山海・西山經》:孟山多白狼、白虎。郭璞注引《國語》作虎,謂虎名䖘𧇕。疑今本鹿字譌。亦得爲一解。此條寫在'即其事也'之下)。'即其事也。"董增齡分别引述文獻叙述白狼、白鹿在後世文獻中的記載。當然,有些引述有問題,如范曄《後漢書》卷三八《滕撫傳》云:"滕撫字叔輔,北海劇人也。初仕州郡,稍遷爲涿令,有文武才用。太守以其能,委任郡職,兼領六縣。"晋謝承《後漢書》:"鄭弘爲臨淮太守,行春,有兩白鹿隨車,挾轂而行。"董增齡誤二事爲一。董增齡又引述梁玉繩的説法,以"鹿"字或爲"虎"字之訛,以備一説。《吴語》"望之如荼"韋解:"荼,茅秀也。"董疏:"'荼,茅秀也'者,《爾雅・釋中》:'蕍、荂,荼。'《詩・鄭風》毛傳:'荼,英荼。'孔疏云:'荼是茅中秀出之穗。言英荼者,英是白貌。'《漢書・禮樂志》:'顔如荼。'應劭曰:'野菅,白華也。'顔師古曰:'菅,茅也。'《考工記・鮑人》:'望而眡之,欲其荼白也。'茅秀色白,故言白者,多取象焉。"

5. 對韋昭史實解釋的疏證主要體現在:(1) 補充人物資料方面,上文已經述及,可參。(2) 解釋國族。如《周語上》"穆王將征犬戎"董疏云:"'犬戎',《史記》《漢書》作'畎',《史記索隱》:'小顔云:"即昆夷也。"'(稿本抹去'史記索隱小顔'六字,别書'司馬貞、顔師古',更規範。)《山海經》:'黄帝生苗,苗生龍,龍生融,融生吾,吾生并明,并明生白,白生犬,犬有二,是爲犬戎。'《山海經》:'有人面獸身,名犬夷。'(稿本抹去'《山海經》:有人面獸身,名犬夷'十一字。)賈逵云:'犬夷,戎之别種。'《吕氏春秋・壹行篇》高誘注:'犬戎,西戎之别。'《周書・王會解》:'犬戎,駁馬。'《王制》:'西方曰戎。'故知爲西戎之别名。(稿本抹去'《王制》:西方曰戎。故知爲西戎之别名' 十四字。)《水經・河水注》引《穆天子傳》'壬戌,(稿本抹去'壬戌'二字。)天子至於雷首。犬戎觴天子於雷首之阿',下即引'趙盾田于首山',謂即此地。則雷首在晋境,與'荒服'之説悖矣。"先指出"犬戎"之異文異稱,然後揭出其地域所在。(3) 釋世系。往往在解釋歷史人物過程中會牽涉到歷史人物的世系問題,如《周語上》"召公告王曰"韋解"召公,召康公之後、穆公虎也,爲王卿士"董疏:"《詩》正義依《世本》,穆公是康公十六世孫。案:召康公當康王時尚在,康王至厲王止七世,而召公乃傳十六世。又《燕世家》自召公以下九世至惠侯。燕惠侯當厲王奔彘、共和之時。其封燕之一支止九世,而留王朝之一支乃傳十六世乎?《世本》之言莫可詳也。"韋昭解釋人物往往會講到此人是何人之子,或者何人之後,董增齡在疏證過程中就會追溯其世系,以明其終始。韋昭此處解釋召公爲召康公之後,故董增齡追溯其世系至召康公,引述《世本》之説而復疑之。(4) 釋補史實。韋昭在解釋史實的時候,用語較簡單,往往有語焉不詳之憾。董增齡詳引各書,爲補充史實。如《周語上》"宣王長而立之"韋解"彘之亂,公卿相與和而修政事,號曰共和。凡十四年而立宣王"董疏云:"《莊子》:'共伯得乎共首。'司馬彪曰:'共伯名和,諸侯知其賢,請以爲天子。即王位十有四年,大旱,屋焚。卜曰:厲王爲祟。乃立宣王。共伯復歸于宗,逍遥得意于共山之首。'《吕氏春秋》:'共伯和,其行好賢仁。厲王之難,天子曠絶,而天下皆來請矣。'案:祟既見於卜,則必厲王已崩。厲王崩,即應立宣王。設使不旱不焚,共伯必久居王位不去矣。何異莽之居攝乎?則《莊子》《吕覽》之説非也。《魯連子》云:'衛州共城縣,本周共伯國。共伯名和。厲王奔彘,諸侯奉和行天子事,號曰共和元年。十四年,厲王崩,共伯使諸侯奉王子靖爲宣王。共伯復歸國于衛。'《史記正義》引《世家》駮之曰:'釐侯十三年,厲王奔彘,共和行政。二十八年,宣王立。四十二年,釐侯卒,太子共伯餘立。共伯弟和攻共伯于墓上,共伯自殺,和爲衛侯。'据《正義》所引,則共伯之弟名和,顯是兩人,非共伯名和也。況釐侯之薨,宣王在位已十五年,前此二十九年爲流彘之歲。共伯安得爲諸侯而入輔王朝乎?則《魯連》(稿本'説'下有'之'字。)説非也。《漢書·人表》承《莊子》《吕覽》、魯連之説,列共伯和于厲王之後。顔師古尊《漢書》,因注:'共音恭。'但《莊子》半屬寓言,《魯連》亦多横議,未可據也。則班固之説非也。《汲冢古文》:'厲王十二年出奔彘。十三年,共伯和攝行天子事。二十六年,王陟于彘。周定公、召穆公立太子靖爲王。共伯和復歸其國。'案:厲王三十七年己未,王流于彘。三十八年庚申,共和攝政。五十一年癸酉,王崩于彘。灼然可徵。乃訛'三十八年'爲'十二年'、訛'五十一年'爲'二十六年',年歲已多繆誤,則事跡更屬荒唐。故《通鑑外紀》(稿本'通鑑外紀'原誤作'資治通鑑',已改正。)棄而不采,則《汲冢》之説非也。《水經·清水》注:'重門城在共縣故城西北二十里……漢高帝八年,封盧龍(稿本'龍'作'罷',是。)師爲共侯,國即共伯之故國也。共伯即歸帝政,逍遥于共山之上。山在國北,所謂共北山也。'此影射《莊子》之説而爲之者。隱元年'鄭叔段出奔共'杜注:'今汲郡共縣。'則'共'似即共伯國。但襄二十二年《傳》富辰言文昭十六國、武穆四國、周公之允六國而共無聞焉。《鄭語》史伯言當成周者,南北東西各國,又己姓、董姓、彭姓、秃姓、妘姓、曹姓之封而共無聞焉。既非勳戚之邦,又非神聖之胄,而令其總攝萬幾乎?則酈氏之説非也。《路史》引向秀、郭象,謂共和者,周王之孫懷道抱德,食封于共。厲王之難,諸侯立之。宣王立,乃廢。案:鄭子儀在位十四年,原繁尚不敢召突,共和既爲王孫而且賢,即位已十四年之久,諸侯何事廢之?且《傳》言召公以其子代王,則國人謂是宣王。孔穎達曰:'《國語》雖不言殺,必殺之矣。'于王之子尚攻殺之,何愛于王之孫而舍之乎?則向秀、郭象之説非也。《史記》:'周公、召公二相行政,號曰共和。'其説至當。周、召以三公而兼六卿,故曰'公卿'。此韋解從《史記》之義。昭二十六年《傳》'諸侯釋位以間王政'疏云:(稿本'疏云'作'孔疏'。)'周、召二相行政。號曰共和。'是其釋位以治王政之事,則孔亦從《史記》也。"

6. 對韋昭地理解釋的疏證主要體現在對韋昭涉及的水道、山川、州國、郡縣等地名的疏證上。如《周語上》"祭公謀父"韋解"祭,畿内之國"董疏云:"《史記正義》引《括地志》:'故祭城,在鄭州管城縣東北十五里,鄭大夫祭仲邑也。'(稿本抹去'《史記正義》引《括地志》:故祭城,在鄭州管城縣東北十五里,鄭大夫祭仲邑也’二十八字。)《釋例》云:‘祭城在河南,上有敖倉,周公後所封也。(稿本抹去‘也’字,今檢《釋例》有‘也’字。)’案:今開封府東北十五里有祭伯城。(稿本抹去‘今開封府東北十五里有祭伯城’十三字,旁書‘此東遷後改封,非謀父舊國。舊國當在今陝西西安、鳳翔二府境内’二十六字。)”孔祥军《清儒地理考据研究》認爲董增齡在考辨《國語》地理方面做了如下工作:(1) 考辨同名異地。如《周語上》“自竄於戎翟之間”董疏:“《生民》毛傳:‘邰,姜嫄之國,堯見天,因邰而生后稷,故國后稷於邰。’毛奇齡曰:‘古無封國母家之理,若《疏》所言,或滅或遷,則其後太王又娶有邰氏女,名太姜矣。’案:邰地有二,姜姓之邰邑在瑯琊,襄十二年《經》‘莒人伐我東鄙,圍台’杜注:‘瑯琊費縣南有邰亭,哀公時齊遷景公子于駘。’則入齊矣。在今山東沂州(稿本‘州’下有‘府’字。)費縣境内。稷封之邰,國在武功。昭九年《傳》‘魏駘芮岐畢吾西土’杜注:‘駘在始平武功縣所治釐城,后稷受此五國。’‘駘’即‘邰’也。武功隸(稿本脱‘武功’,後補。‘隸’原作‘在’,抹去改作‘隸’。)今陝西乾州。(稿本‘乾州’下原有‘釐城縣,言釐城縣在今縣南八里,明置邰城驛于此’諸字,抹去。)”(2) “駁正韋解地理之誤”是董增齡的另一項主要工作。如《周語上》“幽王二年,西周三川皆震”韋解“三川,涇、渭、洛,出於岐山也”董疏:“涇水,《漢・地理志》:‘出安定涇陽縣开頭山東南,至京兆陽陵縣入渭。’渭水,《漢・地理志》:‘出隴西郡西南鳥鼠山西北南谷山,東至京兆船司空縣入河。’洛水,《括地志》:‘一名漆沮水,源出慶州洛源縣白於山東南,流鄜、丹、同三州,至華陰北,南流入渭。’王伯厚《詩考》引《寰宇記》:‘漆水自耀州同官縣東北界來,經華陰縣,合沮水。’沮水,《地理志》出北地郡路縣東,今坊州宜君縣西北境。《寰宇記》:‘沮水自坊州昇平縣北子午嶺北下,合榆谷、慈馬等川,遂爲沮水。至耀州、華原合漆水,至同州朝邑縣東南入渭。’齡謂:漆、沮合流,至同州已與洛會,然後入渭。《寰宇記》不言合洛者,略也。《職方氏》:‘雍州其浸渭、洛。’《水經注》‘渭水又東過華陰縣,洛水入焉,闞駰以爲即漆沮水’是也。(稿本抹去‘闞駰以爲即漆沮水是也’諸字。)《淮南・墬形訓》‘洛出獵山’注:‘獵山在北地西北夷中。洛東南流入渭。’《説文》:‘洛水出左馮翊歸德北夷中,東南入渭。’全祖望據程泰之説,謂:‘漆在沮東,至華原而西合于沮。沮在漆西,受沮而南,遂東合于洛。洛又在漆、沮之東。至同州而始合。’杜君卿亦謂:‘漆、沮爲洛者,三水合流也。’王伯厚謂:‘北條荆山在褢德縣西,正洛水之源。’齡案:《地理志》《禹貢》:‘北條荆山在褢德縣南,下有强梁原,洛水東南入渭。’雍州寖則褢德荆山是洛如渭之地,非洛水發源之地矣。至《禹貢》‘導洛自熊耳’之‘洛’即《水經注・洛水》‘至成皋西入河’,此‘入河’之‘洛’與伯陽父所言‘三川之洛’迥别。後漢改‘洛’爲‘雒’者,即熊耳之洛也。三川所出之山:涇水,據《地理志》,出笄頭山,《淮南》一名薄洛山,故涇一名薄洛水;渭水,《水經注》出首陽縣首陽山渭首亭南谷山,在鳥鼠山西北,縣有高嶺,嶺上有城號渭源城,渭水出焉。洛即漆沮,(稿本抹去‘即漆沮’諸字。)出洛源縣白於山。皆非岐山也。韋解謂涇、渭、洛出于岐山,蓋因《淮南・本經訓》‘江河三川絶而不流’高注:‘三川,涇、渭、汧也,出于岐山。'又《淮南・俶真訓》亦云:'三川涸。'注亦謂涇、渭、汧。不知上文言醢鬼侯之女、菹梅伯之骸,則涇、渭、汧者,商紂時所竭之三川。涇、渭、洛者,周幽時所竭之三川也。三川均非發源(稿本'源'下有'于'字。)岐山。宏嗣尚沿《淮南》注之説耳。(稿本'尚沿'原作'舉','之説耳'原作'而承其誤'。)"孔祥軍認爲:"董氏不僅依據傳世文獻,言之鑿鑿地指出三川所出確非韋昭所解,而且追溯韋氏錯誤的由來,又從此源頭加以否定,可謂精審允當。"[①](3) 董增齡對前人誤説亦多辨正。如《周語上》"商之興也,檮杌次於丕山"韋解"大邳山在河東"董疏:"《漢書・溝洫志》'大伾'下引《尚書》鄭注:'在修武、武德之界。'張揖、顔師古云:'在成皋。'《爾雅》:'山一成曰伾。'山止一成,不必指最高之山以當之也。《水經注》:'洛水……東逕成皋北,又東逕大伾下,……又東合汜水。'汜水爲成皋所屬,而修武故城在今獲嘉縣北,地在城(稿本'城'作'成',是。)皋之東南。武德故城在今武陟縣,地在成皋之東。《漢書》臣瓚注、《尚書》僞孔傳獨創爲大伾在黎陽之説,《括地志》因言:'大伾山,今名黎陽東山。又曰青壇山,在衛州黎陽南七里。'果如瓚等及《括地志》所言,則黎陽地近冀州而居北。《禹貢》'東過洛、汭'之下必云'北至大伾',何以云'至于大伾'乎?則大伾之在洛、汭東明矣。《地理志》顔注:'洛、汭入河處,故曰山在河東。'"孔氏認爲:"董氏所駁雖稍欠説服力,但亦有合理之處,據今人考證大伾所在確非黎陽,當在成皋、修武之間。"[②]孔祥軍認爲《國語正義》"雖非專究地理,但也頗有見地,其主要的研究方法即將文獻徵引與地望辨析相結合,可謂《國語》地理考釋之功臣",孔氏也指出"董氏引文稍欠嚴謹,多滋訛誤",關於這一點,將在下文詳細論之,此處不贅。

7. 對韋昭天文曆法解釋的疏證主要體現在:(1) 釋天文。《國語》在記叙農業、音樂、史實的同時,會涉及天文星象,董增齡雜引各書詳細説明。如"農祥晨正"董疏云:"《太平御覽》二十引唐固注:'農祥,房星也。晨正,謂晨見東方立春之日也。'韋即用唐義。(從稿本看,這些文字是後來添加的。)《説文》:'辰者,農之時也。故房星爲辰田候也。'《史記》集解:('集解'二字當作'正義'。)張晏曰:'龍星左角曰天田,則農祥也,晨見而祭。'(檢《史記正義》本文'晨見而祭'作'見而祭之'。)《正義》:'《漢書儀》云:龍星左角爲天田,右角爲大(檢《封禪書》正義本文'大'多作'天'。)庭。天田爲司馬,教人種百穀爲稷……辰之神爲靈星,故于(檢《封禪書》正義本文'于'作'以'。)壬辰日祀靈星于東南。'《東都賦》薛綜注:'農祥天駟,即房星也。晨時正中也,謂正月初也。'張銑注:'房星,正月中晨見南方,農祥之候。(稿本'農祥之候'誤作'農之祥候也'。)"董增齡整理《國語正義》的時候,似未見到《國語》佚注輯佚資料,出於保存舊注、嘉惠將來的目的,靠個人爬梳所得,一一隸於《國語》各條之下,並以與韋昭注相比較。此處即以唐固注與韋昭注相較,認爲韋昭用唐固之説。當然,

① 孔祥軍《清儒地理考據研究・先秦卷》,齊魯書社,2015 年,頁 221。

② 孔祥軍《清儒地理考據研究・先秦卷》,同上,頁 223。

從前文可知，這個工作，是董增齡在接受徐養原的建議之後爲之的。然後雜引各書，詳釋房星之價值、位置等等，爲讀者提供了很大方便。（2）釋曆法。如“陰陽分布”韋解“陰陽分，日夜同也”董疏云：“馬融、王肅注《尚書》：‘日永，則晝漏六十刻，夜漏四十刻。日短，則晝漏四十刻，夜漏六十刻。日中、宵中，則日夜各五十刻。’《尚書》鄭注：‘日中、宵中者，日見之漏與不見者齊也。’（馬融、王肅、鄭玄等注實亦出《詩·東方未明》孔疏）《詩》疏謂：‘冬至，則晝四十五，夜五十五。夏至，則晝六十五，夜三十五。春、秋分，則晝五十五半，夜四十五（稿本‘四十五’作‘四十四’，是。）半。’案：諸家皆以晝夜爲百刻。今法分晝夜爲九十六刻，當春、秋二分，晝得四十八，夜得四十八也。”古人分一晝夜爲一百刻，據學者考察起於商代。漢哀帝時改爲一百二十刻，新莽政權之後被廢。梁武帝時改百刻爲九十六，但到大同十年又改用一百零八刻。至於董增齡生活的時代，以一晝夜爲九十六刻，據學者研究，是利瑪竇調和中西方計時單位的産物。經過康熙年間百刻與九十六刻之争後，九十六刻隨之確立[①]。董增齡不僅引述古制，亦引述今制，溝通古今。（3）釋災異。如《晋語三》“晋饑”韋解：“穀不熟曰饑。”董疏云：“《爾雅·釋天》：‘穀不熟爲饑。’襄二十四年《穀梁傳》：‘一穀不升謂之嗛，二穀不升謂之饑，三穀不升謂之饉，四穀不升謂之康，五穀不升謂之大饑。’《墨子·七患篇》：‘一穀不收謂之饉，二穀不收謂之旱，三穀不收謂之凶，四穀不收謂之饋，五穀不收謂之饑。’雖名各參差，其實五者皆饑也。”

8. 對韋昭其他注釋的疏證。如行爲動詞，是禮類書籍和史書中常見的動詞。有禮制，肯定就有具體的行爲，故對有些禮制行爲也進行解釋，董增齡疏證之。《國語》中動詞尤其多見，韋昭所釋也不在少數，董增齡也多予以疏證之。如《周語上》“三女奔之”韋解“奔，不由媒氏也。三女同姓”董疏云：“《内則》‘奔則爲妾’鄭注：‘妾之爲言接也。聞彼有禮，走而往焉，以得接見于君子也。’《周官·媒氏》：‘中春之月，令會男女，奔者不禁。’《疏》謂：‘若有父母不嫁不娶（《周禮疏》作‘不娶不嫁’。）之者，自相奔就，亦不禁之。’蓋媒氏謀合兩家之男女，使異類得爲伉儷。故鄭康成謂：‘齊人名麴麩曰媒。’‘猶和合得成酒醴。’（此句爲賈疏之言且無‘醴’字，非鄭注之言。）不由媒，則六禮不備也。《内傳》：‘泉邱人有女……奔孟僖子，其僚從之。’‘僚’有‘友’義，其非一姓可知。此《傳》總言三女而不言同僚，知此是同一姓也。”

9. 涉及器具動作，往往會涉及形制問題。韋昭解釋之，董增齡疏證之。如《周語上》“王耕一墢”韋解“一墢，一耜之墢也。王無耦，以一耜耕”董疏云：“墢，宋公序《補音》引《切韻》有‘蹳’‘伐’二音，又作‘坺’。《考工記》：‘匠人……耜廣五寸，二耜爲耦，一耦之伐，廣尺深尺，謂之甽。’是匠人之伐即墢也。鄭注：‘古者耜一金，兩人併發之。其壟中曰甽，甽上曰伐。伐之言發也。

① 參見馬偉華、關增建《九十六刻制在中國的確立》，載於江曉原、劉曉榮主編《文化視野中的科學史——〈上海交通大學學報〉（哲學社會科學版）科學文化欄目十年精選文集（中）》，上海交通大學出版社，2013年，頁54—61。

今之耜岐頭兩金，象古之耦也。’孔《疏》：‘耜謂耒頭金，金廣五寸，耒面謂之庛，庛亦當廣五寸。二耜爲耦者，二人各執一耜，若長沮、桀溺耦而耕。此兩人耕爲耦，共一尺，一尺深者謂之甽，甽上高土謂之伐……發土于上，故名伐。’案：兩人並頭，各執一耜發土，故曰耦。王者尊，無與敵，故用一耜而獨發之，而所發之土仍是廣尺、深尺。《詩・載芟》疏、《文選・籍田賦》所載（稿本無‘所載’二字，是。）李善注並引作‘一耜之發’，而不言‘一耦之發’也。”本條所釋實際上是量制單位，即“墢”之名義的問題。董增齡首先引述《國語補音》言及“墢”之讀音以及異文的問題，次引《考工記》以及鄭注、孔疏，以明墢之工作面的形成所需工具的形制、尺寸等等。

10.《國語》涉及很多引文，韋昭往往釋其篇名、内容、存佚等等，董增齡也往往疏證之。如《周語上》“是故周文公之頌曰”董疏云：“鄭康成《詩譜》：‘周頌者，周室成功致太平德治之詩。其作在周公攝政、成王即位之初。頌之言容，天子之德，光被四表，格于上下，無不覆幬，（稿本‘幬’作‘燾’，今檢《詩譜》字作‘燾’。）無不持載，此之謂容。於是和樂興焉，頌聲乃作。’《詩疏》引《中侯擿雒戒》云：‘曰若稽古，周公旦欽惟皇天順踐阼即攝七年，鸞鳳見，蓂莢生，青龍銜甲，玄龜背書。’此説文公作頌時事。頌，自民之歌謡而言周公之頌者，以周公攝政、歸功成王，歌其先人之功，事由不涉于己，故得自爲風雅也。”先引述鄭玄之語，疏證“頌”與“周頌”，此引緯書疏證本詩出現時候的征兆，最後作總結。

（二）校勘

董增齡《國語正義序》謂以補音本爲主，兼采明道本。既然有底本，有參照本，不可避免地遇到版本異文問題。校勘，也就成爲《國語正義》必有之事，但相對較少。

所校諸例中，有公序本和明道本版本系統的異文問題。如《周語上》“昔我先世后稷”董疏云：“宋公序本‘昔我先世后稷’，天聖本‘先’下有‘王’字。錢敏求、黄丕烈並（稿本‘並’作‘皆’。）從天聖本。梁玉繩曰：‘《周本紀》有‘王’字，而譙周引此無‘王’字。’許宗彦云：‘韋《解》于下先王不窋始釋王字。則此唯云‘先世’可知。’齡案：許説是。《周本紀》有‘王’字者，後人所加也。襄二十九年《傳》孔疏曰：‘《月令》首種不入，鄭注：首種爲稷也。’《國語》虢文公曰：‘民之大事在農，是故稷爲大官。’然則百穀稷爲其長，遂以稷名爲農官之長。《漢書・百官公卿表》‘棄作后稷’應劭注：‘棄，臣名。后，主也。爲此稷官之主。’（稿本此下原有‘《詩・長發》元王桓撥孔疏：湯有天下而稱王，即湯之始祖亦以王言。《尚書・武成》昔先王后稷，是其爲王之祖，故呼爲王。非追號爲王也。是稷稱王之義’諸字，抹去）”這是校版本異文。這是《國語》公序本、明道本異文的經典案例，清代許多學者都涉及本條的勘校，並且給出了贊同明道本的意見。董增齡引録了梁玉繩（1745—1819）和許宗彦（1768—1818）的説法。梁玉繩是《史記志疑》的作者，許宗彦是梁玉繩的妹夫。梁玉繩僅揭出異文，許宗彦則明確表示了傾向，即以公序本無“王”字爲是。董增齡贊同許宗彦之説，並進行了進一步的論證。

也有的不明確指出版本，僅以"一本"出之，揭明致誤原因或給出勘定依據。如《齊語》"築葵、兹晏、負夏、領、釜丘"董疏云："葵，《管子·小匡篇》作'蔡'。《晋語》'負葵'，一本作'負蔡'，蓋形似致譌也。"《鄭語》"鄢、蔽、補、丹"董疏云："一本作'舟'，或引昭十三年《傳》'克息舟城而居之'爲解。按：《詩正義》引作'丹'，則作'舟'者非也。"《吴語》"一介嫡男，奉槃匜以隨諸御"韋解："槃，承盥器也。"董疏云："一本作'盟器'，非。"作"盟器"之本，今檢有三餘堂本、緑蔭堂本。此等《國語》刻本皆自明末維揚文盛堂本而來。恐明末之文盛堂本即已誤作"盟"。王懋竑《讀書記疑》已經揭出。董增齡所謂"一本"實即其《國語正義》所據之底本。

還有的以他書引文異文進行校勘。如"今三川實震，是陽失其所而鎮陰也"韋解："鎮，爲陰所鎮笮也。"董疏云："鎮，《史記·周本紀》《漢書·五行志》並作'填'，《漢書》應劭注：'失其所，失其道也。填陰，爲陰所填，不得升也。'"《漢書·五行志》《史記·周本紀》的材料來源肯定是《周語》，但是具體用字不同，故董增齡取以爲校。實際上《説苑》字亦作"填"，與《史記》《漢書》同。黄丕烈(1763—1825)《札記》云："惠云：'《史記》填。《老子銘》：陰不填陽。當作填。'丕烈案，鎮、填古字通，《五行志》亦作'填'。"[①]《札記》言是。顔師古(581—645)注云："填，音竹刃反。"[②]是"填"音"鎮"。洪誠(1910—1980)謂："《史記》《漢書》借'填'爲'鎮'，常見。"[③]此即一例。韋注云："鎮，爲陰所鎮笮也。"《史記集解》引韋注爲釋，《漢書》應劭注或爲韋注之所本。從上一條來看，董增齡是見到黄刊明道本《國語》的，當然也參照了《札記》。就本條而言，自然以惠棟校出最早，而後顧廣圻(1766—1835)闡述原因，董增齡僅校異文，而未能進一步申述。

(三) 對《國語》正文進行解釋

如前文所述。刊本《國語正義》1425 條疏證中，尚有少數條目並非疏證韋注，而是直接解釋正文。如《周語上》"三川竭，岐山崩"，韋昭無釋，董疏云："《漢·五行志》又言：'劉向以爲，陽失在陰者，謂火氣來煎枯水，故川竭也。山川連體，下竭上崩，事執然也。'此川竭致山崩之義。"《國語》只是記載了結果，至於導致因由，也只是從人事附會的角度講的。董增齡引述《五行志》之言，實際上是力圖從客觀科學的角度對於自然災害給予合理的解釋。《越語下》"遂乘輕舟，以浮於五湖，莫知其所終極"，韋昭無注，董疏云："《越世家》：范蠡報會稽之恥，'裝其輕寶珠玉，自與其私徒屬乘舟浮海以行，終不反。浮海出齊，變姓名，自謂鴟夷子皮，耕于海畔。''齊人聞其賢，以爲相……間行以去，止于陶……致貲累巨萬，天下稱陶朱公。'《貨殖傳》索隱引《韓子》云：'夷子皮事田

① [清]黄丕烈《校刊明道本韋氏解國語札記》，同前，頁 243。

② 《漢書》，中華書局，1965 年，頁 1451。

③ 洪誠《訓詁學》，江蘇古籍出版社，1984 年，頁 32。

成子，成子去齊至燕，子皮從之。'‘蓋范蠡也。'《越世家》集解引張華曰：‘陶朱公冢在南郡華容縣西，樹碑云“是越之范蠡”也。'《正義》又引《括地志》云：‘濟州平陰縣三十里陶山南五里有陶朱公冢。'據《貨殖傳》及《越世家》所記，皆蠡去越後之事。然隨地改名，跡行詭秘，當時載筆者疑以傳疑，故云‘莫知其所終極'也。”

總之，董增齡《國語正義》由於隨文注釋，故而涉及《國語》和韋解的方方面面。釋地理，則包括《國語》以及韋解所涉及的山河、州川、郡縣、國族、采邑等等；釋動物，則包括《國語》及韋解涉及的禽鳥獸畜蟲等等；釋器具，則包括《國語》及韋解涉及的兵器、農具、禮器、樂器、雨具、食器、盛器；釋禮制，則涉及祭祀禮、籍田禮、冠禮、軍禮、相見禮、朝聘禮、賜命禮、燕禮等等。疏證韋解，包括對韋解的語義補充、史實補充、本原説明、駁斥補正等多個方面。從上面所舉諸例可知，董增齡徵引宏富，這一點，孔祥軍也已經提到。董增齡《國語正義》的訓釋方式和方法最爲明顯的特點即是廣徵博引，其引用文獻格式大體包括：1. 書名全出；2. 只出篇名；3. 只出作者；4. 暗引襲用。由於董增齡研究過《金匱要略》，對醫學典籍比較熟悉，故《國語正義》中引述到《黄帝内經》《外臺秘要》《論神農本草》《神農本草經》《蜀本草》《本艸》《本艸檢遺》《圖經本草俗傳》等醫學典籍。董增齡的疏證基本用典籍説話，以疏通文義、補充材料爲主。今檢董增齡《國語正義》徵引經部類文獻如下：經部之《易》類文獻：《周易》、注、疏，京房《易傳》、《焦氏易林》、《周易集解》、《易乾鑿度》、《周易述義》、伏曼容《易注》、《九家易》。《書》類文獻：《尚書》、《尚書大傳》、注、疏，閻若璩《尚書古文疏證》、胡渭《禹貢錐指》。《詩》類文獻：《毛詩》、《齊詩》、《韓詩》、《韓詩外傳》、《韓詩章句》、鄭康成《詩譜》、《毛詩正義》、王應麟《詩地理考》、王夫之《詩經稗疏》。“三禮”類文獻：《周禮》、注、疏，姜上均《周禮輯義》，《禮記》、注、疏，《儀禮》、注、疏，《大戴禮記》、孔廣森《補注》、《禮緯》、惠士奇《禮説》。樂類文獻：《樂緯動聲儀》、朱子《琴律・説太史公五聲數》、姜夔《大樂議》、蔡氏《律吕新書》、《樂律表微》。《春秋》類文獻：《春秋運斗樞》；《春秋左氏傳》注、疏，顧炎武《左傳杜解補正》，惠棟《左傳補注》，何休《春秋解詁》，《春秋公羊傳》、注、疏，《公羊説》，《春秋穀梁傳》、注、疏。《論語》以及《四書》類文獻：《論語》、注、疏、皇侃《論語疏》，《孟子》、注、疏，閻若璩《四書釋地》，《孝經》、注、疏。群經總義和小學類：《經典釋文》、《五經異義》、《駁五經異義》、《九經古義》，《爾雅》、注、疏，邵晋涵《爾雅正義》，《小爾雅》，《釋名》，《方言》，《廣雅》，《説文》、大徐、《説文繫傳》，《六書故》《急就篇》《隸釋》《字林》《玉篇》《類篇》《正字通》《衆經音義》《一切經音義》《廣韻》《集韻》、宋庠《國語補音》。僅僅從經部文獻的徵引上就可以看出，董增齡《國語正義》一書引書十分豐富。

五、《國語正義》材料徵引及存在問題

前曾在《上圖藏〈國語正義〉稿本價值初探》中揭示董增齡《國語正義》一書

考辨條目“又有襲用他人而不出注者”,其徵引材料則存在“剪裁不當、引文重複、文字錯訛、張冠李戴、標註不完整等問題”[1]。具體言之,刊本《國語正義》在引文方面的問題約分爲三個方面:(一)引文和原文有差别;(二)引文和其他文字有交叉;(三)引文出處標注不準確。

(一)《國語正義》引文和原文有差别

一般認爲,古人引用往往憑藉記憶,故引文往往與原文存在一定差異。這種情況在《國語正義》的引文中經常出現,且表現爲多種情况。

1. 文字問題

(1) 引文改换用字

以董增齡引述典籍文字和傳世文本相對照發現,董氏在引述過程中經常改换原書文字。原因大致有二:其一,如上所述,古人引述典籍,多憑記憶,事後未能檢核,故而有文字上的出入;其二,古人引述,所據典籍版本與今天我們所參照的版本不同。兩種可能性都存在。

A. 文字改换之後,語義上講得通。如:

> 孔穎達曰:“天子之於諸侯謂之爲賓。賓者,敵主之辭……此則天子與諸侯之義耳。若諸侯與天子,皆純臣矣。”

[按]引文中二“與”字,今檢《毛詩·周頌·臣工》孔疏本文作“於”。上文明云“天子之於諸侯謂之爲賓”,則此處二“與”字固當從本文作“於”,此屬引誤。但是獨立出現在此處,“與”字似乎也講得通。

> 昭二十九年《傳》“稷,田正也”《疏》:“《月令》:‘孟春行冬令,則首種不入。’鄭玄:‘首種爲稷也。’”

[按]孔疏本文“爲”作“謂”。爲、謂雖然具體語義不同,但在此語境中,作爲訓詁術語,皆可通。

> 《正義》:“《漢書儀》云:‘龍星左角爲天田,右角爲大庭。天田爲司馬,教人種百穀爲稷……辰之神爲靈星,故于壬辰日祀靈星于東南。’”

[按]檢《史記·封禪書》正義本文“大”作“天”,“故于”之“于”作“以”。“大”“天”當屬於字誤。但是“故于”之“于”改作“以”仍然是通的。

> 《水經·渭水》注:“沉水西北逕杜縣之杜京西,西北流逕杜伯冢南,杜伯與其友左儒事宣王。儒無罪見害,杜伯死之。”

[按]《水經注》“事”作“仕”。在本文語境中,“仕”和“事”皆通用,甚至董增齡改寫之“事”尚勝於《水經注》原文“仕”字。

> 案《吕氏春秋》:“密須之民,自縛其主,以予文王。”

---

① 郭萬青《上圖藏〈國語正義〉稿本價值初探》,《文獻》2018年第4期,頁113—123。

[按]今《吕氏春秋・用民》"以予"作"而與"。在本文語境下,"以予"之"以"和"而與"之"而"用法雖然不同,但在表義上,二者則無二致。

《周官・籩人》疏:"籩是竹器者,以其字竹下爲之……云'如豆'者,皆面徑尺,柄尺,依漢禮器制度知之也。"

[按]賈疏本文"依漢禮器制度"作"亦依漢禮"。董增齡改字之後,並没有改變語義。

《爾雅・釋地》:"邑外謂之郊,郊外謂之牧。"邵晋涵曰:"《説文》:'距國百里爲郊。'据天子郊畿千里而言,百里之國,則十里爲郊……近郊半之。"

[按]檢邵晋涵《爾雅正義》原文作"以百里爲遠郊,以五十里爲近郊",則董氏"近郊半之"之"之"指"百里"而言。

B. 改字之後,語義不通,如:

《路史後紀》:"黄帝次妃嫵母,生禺陽,生封于任……禺生傜梁……傜梁生番禺……番禺生奚仲,奚仲生吉光,建侯于辥。又十二世,仲虺爲湯左相,始分任。祖已七世成遷爲摯,有女歸周,是誕文王。"

[按]《路史》"生封于任"之"生"字作"受",是。此處改字之後,不辭,故不通。這類的例子在董增齡《國語正義》引述當中比較多見。

(2) 引文有誤字。如:

《淮南子》謂與高辛争帝,《史記》謂高陽誅之,荀卿以爲禹代。

[按]今檢《荀子・議兵篇》曰:"禹伐共工。"則董氏"代"字或爲"伐"字之誤。

《風俗通義》:"水艸交厝,多之爲澤。澤者,言其潤澤萬物,以阜民用也。"

[按]"多"當爲"名"字之誤。檢《風俗通義》本文字即作"名"。

《爾雅》"十藪"則有魯之大野、周之焦穫,而不列鉅鹿也。

[按]今檢《爾雅・釋地》"穫"作"護"。

《漢書・食貨志》:"理民之道,地著爲本。""民年十二受田,六十歸田。七十以上,上所養也。七歲以上,上所長也。十一以上,上所强也。"

[按]《漢書・食貨志》本文"七歲以上"作"十歲以下"。"七""十"字形相近混誤,而"上""下"之異則恐爲誤識。

前三例,屬於字形相近造成的混誤。最後一例,則比較複雜,既有字形混誤,也有誤識。

(3) 原文本無其字,引述過程中增字。董增齡在引述過程中增字,造成衍文。如:

《周官·瞽矇》"諷誦詩，世奠繫"鄭注："諷誦詩，謂闇讀之，不依詠也。鄭司農云：'諷誦詩、主詩誦詩以刺君過。'"

［按］稿本"主"下無"詩"字，是。刊本衍"詩"字，不辭。恐怕刊本所據的抄本本來就已誤增"詩"字。

孔穎達曰："案《三統曆》：'立春日在危十六度，正月中日在室十四度。'《元嘉曆》：'立春日在危三度，正月中日在室一度。'""日行遲，一月行二十九度半餘；月行疾，一月行天一帀，三百六十五度四分度之一，過帀更行二十九度半餘，逐及于日，而與日會，所謂之次，謂之爲辰。""娵訾，亥次之號。立春之日，日在危十六度。月半雨水之時，日在營室十四度。"

［按］孔疏本文無"所謂之次"四字，董增齡引述時誤衍，不辭。又孔疏本文"之日"之"日"作"時"，此恐涉下文"日在"之"日"誤。

《周官》："冪人掌共巾冪……祭祀，以疏布巾冪八尊，以畫布巾冪六彝。凡王巾，皆用黼。"

［按］今檢《周禮》本文無"用"字。

（4）引述過程中有脱文。如：

《禮記·月令》鄭注："孟春之月，祈穀于上帝。上帝，太微之帝也。"《疏》："太微爲天庭，中五帝座：蒼曰靈威仰，赤曰赤熛怒，黄曰含樞紐，白曰白招拒，黑曰汁光紀。郊天，各祭所感帝。"

［按］稿本"中"下有"有"字，是，因鄭注原文就有"有"字。"中五帝座"不能説不通，至少語義不够完足，加一"有"字，無論是語法還是語義，都更完足。

《荀子·王制篇》："宰爵知賓客、祭祀、饗食、犧牲之數。"

［按］《荀子·王制篇》本文"數"上有"牢"字。今檢《王制》云："序官：宰爵知賓客祭祀饗食犧牲之牢數，司徒知百宗城郭立器之數，司馬知師旅甲兵乘白之數。"是董增齡引述時脱"牢"字。

《春秋繁露·執贄篇》："羔有角而不任，設備而不用，類好仁者；執之不鳴，殺之不諦，類死義者；羔食於其母，必跪而受之，類知禮者。故羊之爲言猶祥與？故卿以爲贄。"

［按］今檢《春秋繁露》本文"卿"下有"大夫"二字，董增齡引脱。

（5）在引述過程中，董增齡《國語正義》存在引文顛倒次序的問題。如：

《周官·媒氏》："中春之月，令會男女，奔者不禁。"《疏》謂："若有父母不嫁不娶之者，自相奔就，亦不禁之。"

［按］不嫁不娶，今檢《周禮疏》作"不娶不嫁"。這種顛倒只是顛倒語序，倒無礙於文義表達。

《詩·桑柔》箋:“芮伯,畿内諸侯,王卿士也。良夫,字。”

[按]稿本“良夫字”作“字良夫”,稿本是。又稿本“良夫”下有“疏”字,是。“良夫字”和“字良夫”不但在語法結構上不同,表義也不一樣。刊本《國語正義》的倒序是錯誤的。

《荀子·王制篇》:“修隄梁、通溝澮、行水潦、安水藏,以時决塞。歲雖水旱凶敗,使民有所芸艾,司空事也。”

[按]今檢《荀子·王制篇》“水旱凶敗”作“凶敗水旱”,“司空”下有“之”字。“兇”“敗”“水”“旱”四字平列,語序顛倒並不影響文義。

“《西山經》曰:‘峚山之玉,堅粟精密……’郭璞云:‘玉有粟文,所謂穀璧。’唐代宗即位,楚州獻定國寶十有二,其三曰穀璧,白玉也,如粟粒,無彫鐫之跡……又泰冒之山多藻玉。《説文》云:‘璪,如水藻之文。’……粟謂之穀,藻謂之蒲,文理出於天然,非關彫琢。‘養人’‘安人’,其説妄矣。”

[按]本段文字實引自惠士奇《禮説》。今檢《禮説》卷十四本文“粟謂之穀,藻謂之蒲”在“非關彫琢”下。離開惠士奇《禮説》的前後文語境,僅以本段内容攙入董氏疏證中,亦可通。

《内經》:“岐伯曰:天食人以五氣,地食人以五味。五氣入鼻,藏于心肺……五味入口,藏于腸胃,味有所藏,以養五氣,氣和而生,津液相成,神乃自生。五色修明,音聲能彰。”

[按]今檢《内經·六節臟象論》原文“五色修明,音聲能彰”八字在“五味入口”之上。這段引文,至“神乃自生”已經結束,似不必再有“五色修明,音聲能彰”八字。此處語序顛倒實成贅餘,不如按照《内經》原文次序。

(6) 引文與原文文句有差别。此處有差别還不是簡單地增字或删字問題,而是句子甚或語義有較大區别。例如:

《大戴禮·保傅篇》“天子春朝朝日,秋暮夕月”孔廣森補注:“舊説:春分朝日,秋分夕月。《公冠篇》云:‘于正月朔日迎日于東郊。’《春秋·莊十八年》:‘迎日于東郊。’《穀梁傳》曰:‘……王者朝日。’由此言之,朝日以朔,夕月以望與?顔師古曰:‘朝日以朝,夕月以暮,皆迎其初出也。’”

[按]今檢孔廣森(1751—1786)《補注》本文“于正月朔日”之“于”字作“以”,“迎日于東郊”作“春,王三月,日有食之”,“朝日以朔”之“以朔”作“於朝”。又孔廣森原書“顔師古”作“顔籀”。“于(於)”“以”之異可能在語義上没有大的差别。但《春秋·莊公十八年》之言則完全對不上,恐“迎日于東郊”涉上文引《公冠篇》而誤。“朝”“朔”二字形近而誤。

《史記索隱》:商均封虞,即今之梁國虞城。夏代猶封虞思、虞遂。宋忠曰:“虞思之後,箕伯、直柄中衰,殷湯封遂于陳以祀舜。”

［按］《史記索隱》本文“祀舜”作“爲舜後”。“祀舜”和“爲舜後”語義不同。

> 惠棟曰：“《汲郡古文》：‘帝辛十六年，帝使重帥師滅有鄶。’此高辛時之鄶，非西周之鄶。王符之説失之。”

［按］惠棟《九經古義》卷五本文“古文”下有“云”字，又惠棟《九經古義》卷五本文“此高辛時之鄶，非西周之鄶”作“左史戎夫所云‘重氏之鄶君以亡’是也。《世本》云：‘陸終娶鬼方氏妹，曰女嬇，生子六人，四曰求言，是爲鄶人。鄶人者鄭是。（宋衷曰：求言，名也，妘姓，所出鄶國也。）陸終在高辛之後，或因有鄶之墟而封之，後爲鄭武公所滅耳”，董增齡約略惠棟之言而概括之。

2. 引事問題

在董增齡引述古書中，有誤二事爲一事的。如：

> 《後漢書》：“滕撫稍遷涿令，太守以其能，委任郡職行春，兩白鹿隨車，挾轂而行。”

［按］今檢范曄（398—445）《後漢書》卷三八《滕撫傳》云：“滕撫字叔輔，北海劇人也。初仕州郡，稍遷爲涿令，有文武才用。太守以其能，委任郡職，兼領六縣。”晋謝承《後漢書》：“鄭弘爲臨淮太守，行春，有兩白鹿隨車，挾轂而行。”董增齡誤二事爲一。實際上雖同爲《後漢書》，作者不同，所載不同，仍然需要區别分明。

3. 没能區分引文的正文和注文

引文部分有自注，《國語正義》在引述中誤繫注文於正文中。董增齡《國語正義》徵引的文獻，有的在行文過程中有自注，原書可能是以小字標識，董增齡引用時不審，誤以爲正文，這樣就造成正文讀不通或語序失當。如：

> 《禮説》：“管以候十二月之氣，氣至則風動，風動則吹灰……不出爲衰，全出爲猛，半出爲和。風出乎土，故候風必以土。……漢官靈臺待詔有候風十二人。又星官有風隅，占四隅之風。《内經》：六氣之位，土位之下，風氣承之。……康成據《五行傳》，風爲土氣，土乃木妃……東方之木合于中央之土……而爲夫妻。”

［按］《禮説》卷九“保章氏”下云：“管如篪，六孔。十二月之音，目候十二月之氣。氣至則風動，風動則吹灰。古之制，管目候氣者，所目候風也。然氣應有早晚，灰飛有多少。説者謂，吹灰不出爲衰，全出爲猛，半出爲和，豈其然？風出乎土，故候風必於土，古有候風地動儀，蓋保章之術也。虞幕能聽協風，目成樂物生，非所謂察天地之和者乎？音官省風，省目此五行。《傳》曰：思心之不容，是謂不聖。厥咎霧，厥罰恒風。貌、言、視、聽目心爲主，金、木、水、火目土爲中，雨、暘、寒、燠目風爲本。凡思心傷者病土氣，土氣病，故其罰常風。候風而知地動者，亦目此。漢官靈臺待詔有候風十二人，又星官有風隅，占四隅之風，四隅有四鉤，并四中爲十二風隅角也，故一名風角。六氣之位，土位之下，風氣承之，故風勝則地動，《陰陽大論》言之詳矣。知其説者豈獨張平子乎？

(賈逵、服虔皆謂風屬東方，説本《管子》。康成據《五行傳》風爲土氣，土乃木妃，故箕好風，東方之木合於中央之土，大言之爲陰陽，小言之爲夫婦。兩説未嘗相背也。孔穎達駁之，誤矣。且《内經》亦目風屬東方也。《陰陽大論》又云風承土。兩説豈相背乎？巽爲風，爲木，《管子》之説本乎《易》也。)”可見《禮説》本文，“内經”二字在注文中，且所引非“六氣之位，土位之下，風氣承之”之語。

《禮説》：“司商者，大司樂……協名姓者，同姓合族，異姓主名，故《昏禮》問名……太師掌同律以合陰陽，陰柔陽剛……殷之德陽，以子爲姓；周之德陰，以姬爲姓。殷王以男書子，周王以女書姬。姓有陰陽，出於律吕。……《天問》：‘啓棘賓商。’……《荀子》：‘審詩商。’古樂皆名商……故大司樂一名司商。”

[按]今檢《禮説》卷八“春官三·小史”下云：“司商者，大司樂。瞽矇，其屬也。協名姓者，同姓合族，異姓主名。故《昏禮》問名。協，猶合也。《詩》曰：‘文王初載，天作之合。’聯兄弟也。定世繫者，蓋目協名姓，聯兄弟歟？太師掌同律目合陰陽。陰爲柔，陽爲剛，陰陽合，剛柔分，鼓瑟、鼓琴目播其音。《易林》曰：‘剛柔相呼，二姓爲家。’此之謂也。殷之德陽，目子爲姓。周之德陰，目姬爲姓。故殷王目男，書子；周王目女，書姬。姓有陰陽，出於律吕，不鼓琴瑟，焉能定之？《天問》：‘啓棘賓商。’賓商，樂章名。棘，猶革也。(古棘、革通)改定樂章(古樂皆名商，賓商誤爲賓天，猶《詩》商誤爲誅賞，字之誤也)。《荀子》曰：‘審詩商。’商者，五帝之遺聲。大招有楚勞，商楚之樂也。故大司樂一名司商。”可見“古樂皆名商”五字原爲“改定樂章”下注文，且在所引《荀子》文之上，董氏剪裁且顛倒語序引用。

(二) 引文與作者自撰之辭或與其他引文交錯出現

一般徵引材料，都是把引述文字作爲一個獨立單元存在。但董增齡在引述的時候，往往在一個獨立引文中間插入他書引文。或者由於不標出處，兩段不同的引文銜接在一起，容易使人誤會爲同一來源。

1. 明明全引某書，但在中間又插入他書引文，宜被誤會爲自撰之辭。如：

惠士奇曰：“《周書》：‘諸侯奉圭，當其朝而皆布乘黄。’《覲禮》：‘侯氏奠圭，及其享，而亦陳匹卓。’此朝覲也，皆先以圭致命，然後陳馬於庭，而享禮行焉。諸侯之賵亦如之。《雜記》曰：‘上介賵執圭，將命，陳乘黄大路于中庭。’此非圭以馬與？”《白虎通》：“半圭曰璋。”“璋以皮者，亦以璋先之。故曰‘圭璋’，特謂皮馬不上堂……璧以帛、琮以錦，謂帛錦之上以璧琮加之。”“方中圜外曰璧……圜中牙身玄外曰琮。”《儀禮·士昏禮》鄭注：“古文‘錦’皆作‘帛’。”“蓋古‘錦’‘帛’通，故不曰錦而皆曰帛。璧琮九寸，諸侯以享天子，而諸侯自相享，則以瑑璧琮。享諸侯，束帛加璧；享夫人，束帛加琮。此享禮之璧琮，曰加也。”琥，刻玉爲虎形。半璧曰璜。“天子饗諸侯。諸侯自相享酬以繡黼，而將以琥、璜終南，諸侯受顯服曰黻衣繡裳。《采菽》：天子命諸侯曰'玄袞及黼'，此王錫繡黼之文。其錫之也，王拜送爵以琥璜將之，故曰琥璜爵。"

［按］今檢惠士奇《禮說》卷十三云："《周書》：'諸侯奉圭，當其朝而皆布乘黄。'《覲禮》：'侯氏奠圭，及其享而亦陳匹卓。'《康王之誥》：'布乘黄朱。'謂陳四黄馬而朱鬣。《覲禮》：'匹馬卓上，九馬隨之。'卓猶的也，以素的一馬爲上，此朝覲也。皆先以圭致命，然後陳馬於庭，而享禮行焉。諸侯之賵亦如之。《雜記》曰：'上介賵執圭，將命，陳乘黄大路于中庭。'此非所謂圭以馬歟？蓋弔之賵，猶聘之享，故其禮亦如之。聘享或以皮，或以馬。《聘禮》曰：'庭實皮則攝之。'《聘記》曰：'庭實隨入，左先，皮馬相間可也。'則聘亦以皮馬矣。惟聘用瑑圭，璋短一寸爲異耳。璋以皮者，亦以璋先之，故曰圭璋，特謂皮馬不上堂。《老子》曰：'拱璧先駟馬。'拱璧者，圭璋也。此圭璋曰先也。璧以帛，琮以錦，謂帛錦之上，以璧琮加之。《士昏禮》注云：'古文錦皆作帛。'蓋古錦、帛通，故不曰錦而皆曰帛。璧琮九寸，諸侯以享天子。而諸侯自相享，則以瑑璧琮。享諸侯，束帛加璧；享夫人，束帛(帛讀爲錦)加琮。此享禮之璧，琮曰加也。琥以繡、黄以黼者，謂天子饗諸侯，諸侯自相享，酬以繡黼，而將以琥璜。終南，諸侯受顯服曰黻衣繡裳。采菽，天子命諸侯曰元袞及黼。此王賜繡黼之文。其錫之也，王拜送爵，以琥璜將之，故曰琥璜爵。《詩》曰：'承筐是將。'此大饗之，琥璜曰將也。""方中圓外曰璧……圓中牙身玄外曰琮"出《禮說》卷七引《白虎通》。《禮說》全書未引《白虎通》"半圭曰璋"之言。董增齡中間插入《白虎通》之説，又插入《儀禮》鄭玄注，又插入個人表述"琥，刻玉爲虎形。半璧曰璜"，把完整的一段引文割裂爲幾個部分。

《爾雅·釋器》："圭大尺二寸，謂之玠。"玉人之鎮圭也，天子守之。《周官·大宗伯》鄭注："鎮，安也，所以安四方。鎮圭者，蓋以四鎮之圭爲瑑飾。圭長尺有二寸。""公，二王之後及王之上公。雙植謂之桓，桓，宫室之象，所以安其上也。桓圭蓋亦以桓爲瑑飾，圭長九寸。""'信'當爲'身'，聲之誤也。身圭、躬圭，蓋皆象以人形爲瑑飾，文有麤縟耳。欲其慎言行以保身。圭皆長七寸。""穀，所以養人。蒲爲席，所以安人。二玉蓋或以穀爲飾，或以蒲爲瑑飾，皆徑五寸。"惠士奇曰："四方象鎮，雙植象桓，玉之體也。直身象信，曲身象躬，玉之形也。粟文象穀，藻文象蒲，玉之采也。其瑑飾則無文焉。瑑者，頫聘之圭璧，卿大夫執之以頫聘天子及聘問諸侯，故加瑑飾以别之。六瑞則不瑑也，故曰大圭。不瑑，美其質也。康成依漢禮而言，遂謂六瑞皆瑑。如其説，則與頫聘之圭璧何異乎？""《西山經》曰：'峚山之玉，堅粟精密……'郭璞云：'玉有粟文，所謂穀璧。'唐代宗即位，楚州獻定國寶十有二，其三曰穀璧，白玉也，如粟粒，無彫鐫之跡……又泰冒之山多藻玉。《説文》云：'璪，如水藻之文。'……粟謂之穀，藻謂之蒲，文理出於天然，非關彫琢[①]。'養人''安人'，其説妄矣。""《曲禮》：凡摯，天子鬯，諸侯圭，不别言子、男璧，是子、男同執圭。《雜記》引贊大行曰：'圭：公九寸，侯、伯七寸，子、男五寸。'是子、男不執璧。先儒謂《曲禮》不言璧，略也。案：《曲禮》言贄，自天子、諸侯、卿大夫、士、庶人以逮婦人、童子野外軍中，何獨子、男而略之……《覲禮》：天子當依南面立，諸侯入廟門右坐，奠圭玉，再拜。言諸侯，則子、男在其中；言奠圭而不言璧，則子、男執圭可知……《玉人》云：'天子執冒以朝諸侯。'説者謂冒方四寸，邪刻之以冒諸侯之圭璧……夫圭鋭而璧圜，冒可冒圭而不可以冒璧，且未聞天子有兩冒也。亦必無舍子、男而不冒也。"

[按]"《曲禮》：凡摯"一段文字當出萬斯大(1633—1683)《周官辨非》。今檢《周官辨非》云："《曲禮》曰：凡摯，諸侯圭玉，别言子男璧，是子男同執圭也。《贊大行》曰：圭，公九寸，侯伯七寸，子男五寸。是子男不執璧也。獨此言子男執璧。先儒據此，遂于《曲禮》云不言璧，略也；於《贊大行》云子男執璧。作此贊者，失之。夫《曲禮》言摯，自天子，達諸侯，且詳及卿大夫、士、庶人，以至婦人、童子，野外軍中，何獨于子男而略之？《贊大行》則更詳其長短之度。蓋公、侯、伯、子、男，爵列雖五，而車旗服物之等維三。大率降殺以兩，則九寸、七寸、五寸之文，必有所據。奈何是此而非彼乎？《考工記・玉人》列公、侯、伯命圭，其九寸、七寸，與《贊大行》同，而子男獨闕，其同于《贊大行》所言可知也。《玉人》註曰：'故書或云，命圭五寸謂之躬圭。'故書，謂漢初所遺《考工記》古本。杜子春云：'五寸當爲七寸。玄謂五寸者，璧文之闕亂存焉。以愚觀之，故書所謂命圭五寸即子男之圭，正與《贊大行》相合，其亦謂之躬圭，此或是文之誤耳。'杜子春因其謂之躬圭，乃謂五寸當爲七寸。夫七寸之圭，伯所守也。伯圭，上文已見，豈容復出乎？鄭玄謂五寸者璧，則亦知爲子男之所執，而不知其實爲圭也、凡皆泥于子男執璧之文耳。載考覲禮，天子當依南面立，諸侯入廟門右坐，奠圭玉再拜，言諸侯，則子男在其中矣。言奠圭玉而不言璧，則子男亦執圭可知矣。《禮器》云：'禮有以少爲貴者。'圭璋特此，謂諸侯朝聘用圭璋，圭璋皆特達。享禮用璧琮，則以束帛薦之，若子男執璧，則璧亦有特時矣，《禮器》何以不及乎？《顧命》云：'上宗奉同瑁。'《玉人》云：'天子執冒以朝諸侯。'説者謂瑁方四寸，邪刻之，以冒諸侯之圭璧，以齊瑞信。夫圭方而璧員，瑁可以冒圭，而不可以冒璧，且未聞天子有兩冒也，亦必無置子男而不目也。則五等皆圭，益無疑矣。況圭以爲摯，手之所執，當朝覲行禮之時藉，獨子男執璧若奉槃，然尚何禮度之足言乎？又按，諸侯始封，天子錫之介圭，傳諸子孫，永久不易，是曰命圭。朝聘用以爲信，禮畢皆反之。覲禮、聘禮班班可考也。璧非天子所命，庭實用之，祭祀用之，贈遺燕好用之，傳記昭然，不得與圭溷也。"[②]董增齡文字與《周官辨非》基本意思是一致的。假如不仔細檢尋，還以爲後面這

① 《禮説》卷十四本文"粟謂之穀，藻謂之蒲"在"非關彫琢"下。

② [清]萬斯大《周官辨非》，《續修四庫全書》第78册，頁416—417。

一部分也出自惠士奇《禮說》。

類似的如"堯用殛之於羽山"韋注:"殛,誅也。舜臣堯,殛鯀於羽山。羽山,今在東海祝其縣南。"董疏云:"《漢・地理志》:'祝其縣有羽山。'昭七年《傳》杜注亦云在祝其縣西南,今贛榆縣。《隋志》:'朐山縣有羽山。'《元和郡縣志》:'臨沂縣東南一百十里,與朐山分界。'朐山,今海州。臨沂,今沂州也。郯城東北亦有羽山,接贛榆界。蓋一山跨四州縣之境。此《禹貢》蒙羽之蒙山也。齡案:徐州地近東藩,非荒服放流之宅。《尚書》孔《傳》:'羽山東裔在海中。'今登州府蓬萊縣有羽山。《寰宇記》:'羽山在蓬萊縣南十五里,即殛鯀處,有鯀城,在縣南六十里。'與孔《傳》謂'在東裔'者合,與《禹貢》徐州之羽山迥别也。"今檢王鳴盛《蛾術編》卷五十"羽山"條注云:"《舜典》'殛鯀于羽山'馬融注:'東裔也。'考《禹貢》徐州'蒙羽其藝',即此羽山。昭七年《左傳》鄭子産對晋韓宣子曰:'昔堯殛鯀于羽山,其神化爲黄熊,以入于羽淵。'杜預云:'羽山在東海祝其縣西南。'《漢・地理志》云:'東海郡祝其縣,《禹貢》羽山在南,鯀所殛。'《續漢・郡國》同,劉昭注引《博物記》曰:'縣東北獨居山西南有淵水,即羽泉也。俗謂此山爲懲父山。'晋《地理志》亦云:'東海郡祝其縣,羽山在縣之西,今屬江南贛榆縣界。縣南有祝其故城,即漢舊縣也。'然《隋志》云:'朐山縣有羽山。'《元和志》亦云:'羽山在朐山縣西北一百里。'又云:'羽山在臨沂縣東南一百十里,與朐山縣分界。'朐山,今之海州。臨沂,今沂州府蘭山縣。《郯城縣志》云:'縣東北有羽山,接贛榆縣界。'諸説不同。要之,此山在蘭山之東南、海州之西北、贛榆之西南、郯城之東北,實一山跨四州縣之境也。隋唐省祝其入朐山,仍屬東海郡,故志但有朐山縣。(鶴壽案:羽山在今江蘇海州西北百里,去海岸二百餘里,班固諸家咸謂《堯典》之羽山即《禹貢》之羽山,胡氏《禹貢錐指》則云:'此地非荒服放流之宅。孔傳云:羽山東裔在海中。《太平寰宇記》云:登州蓬萊縣羽山在縣南十五里。此説與孔傳合,當從之。'不知樂史此條即從僞孔傳'在海中'三字附會其説,其于海州朐山縣則仍載羽山及羽淵矣。"①

2. 引自他書文字,不注出處,而緊跟另外引文,易被誤會成一個出處。如:

> 《遂人職》曰:"以歲時稽其民人……簡其兵器……以起征役。"則六遂亦當出六軍,鄉爲正,遂爲副。鄭衆云:"六遂之地在王國百里之外。""王國百里爲郊,鄉在郊内,遂在郊外。"

[按]今檢《周禮》本文"民人"作"人民","征"作"政"。又檢"王國百里爲郊,鄉在郊内,遂在郊外"之言出《尚書正義》卷二十。《國語正義》以這種方式出現,易被誤會成鄭衆之語。

(三) 引文出處問題

1. 實係引用,但不標出處,宜被誤會成《國語正義》自撰之辭者。如:

---

① [清]王鳴盛著,顧美華整理標校《蛾術編》,上海書店出版社,2012年,頁700—701。

《詩·鄭風》毛傳："粲，餐也。""今河北人呼食爲餐。"

[按]"今河北人呼食爲餐"一句爲《爾雅》郭璞注文。董增齡引述而不標注，宜被讀者誤認爲是董增齡個人的表述。

《周禮·司巫》："掌巫降之禮。""司巫與神通，故掌下神之禮。楚人名巫爲靈子，言靈降其身也。《離騷》《九歌》皆歌其事。"

[按]"司巫與神通，故掌下神之禮。楚人名巫爲靈子，言靈降其身也。《離騷》《九歌》皆歌其事"一段話出惠士奇《禮説》。檢董增齡《國語正義》一書多處引述惠士奇《禮説》與邵晋涵《爾雅正義》，但卻不出注的現象。有些地方，甚至進行了主觀改竄，使之在文字表述形式上易被誤會爲董增齡個人的意見。

昭十五年《傳》"鏚鉞秬鬯"杜注："鏚，斧也。鉞，金鉞。"《疏》："《廣雅》曰：'鏚、鉞，斧也。'俱是斧也。蓋鉞大而斧小。……《尚書·牧誓》'王左仗黄鉞'孔《傳》：'以黄金飾斧。'是鉞以金飾也……《王制》：'諸侯錫鈇鉞，然後殺。'"《周官·司刑》"墨刑五百"鄭注："墨，黥也，先刻其面，以墨窒之。""非事而事之，出入不以道義，而誦不祥之辭者，其刑墨。"

[按]"非事而事之，出入不以道義，而誦不祥之辭者，其刑墨"一段出《尚書大傳》，《周禮》鄭玄亦有之。若非檢尋，易誤爲董增齡個人表述。

《漢書·食貨志》應劭注："量資幣多少有無，平其輕重也。"顔師古注："凡言幣者，皆所以通貨物、易有無也。故金之與錢，皆爲幣也。"案：《周官·職幣》："用邦財之幣，振掌事者之餘財。"物謂之幣，幣謂之財，抍其不足而檢其羡焉，故曰振，謂廢者起之，亂者治之，委者作之，滯者流之，則天下無棄物，而財恒足矣。

[按]董氏此條用惠棟《禮説》卷二。今檢《禮説》卷二云："物謂之幣，幣謂之財，財謂之賦，司書入之職，歲叙之巾車之毁折，入其齎泉府之賒，貸納其餘，是爲掌事者之餘財，亦曰幣餘之賦，各爲書以楬之，辨其物而良塩分，奠其録而貴賤定，抍其不足，而檢其羡焉，故曰振，謂廢者起之，亂者治之，委者作之，滯者流之，則天下無弃物而財恒足矣。"

2. 有些材料屬於轉引，但不注轉引來源，以直引形式出現。如：

《禮説》曰："鄭司農云：'鬱十葉爲貫，百二十貫爲築。'許叔重云：'十葉爲貫，百廿貫築。以煮之爲鬱，其文从鬯。彡，其飾也。'明鬯皆和鬱。……應劭曰：'鬱，芳艸也。百艸之華，煮以合釀黑黍。'或説今鬱金者。"《説文》："皀，穀之馨香也。象嘉穀在裹中之形。匕，所以扱之。鬯以秬釀，鬱艸芬芳，攸服以降神，从凵爲器，中象米，匕所以扱之。"

[按]《禮説》本文"叔重"下有"亦"字。又《禮説》卷五亦引《説文》"皀"字之言。但在董增齡的行文表述中，《説文》"皀"字注似是董氏直接引用。

馬融、王肅注《尚書》："日永，則晝漏六十刻，夜漏四十刻。日短，則晝漏四十刻,夜漏六十刻。日中、宵中,則日夜各五十刻。"《尚書》鄭注:"日中、宵中者,日見之漏與不見者齊也。"

[按]馬融、王肅、鄭玄等注實亦出《詩·東方未明》孔疏,董增齡以轉載爲直接引用。

《説文》:"演,水脈行地中。"《漢·五行志》應劭注:"演,引也。所以引出土氣者也。"

[按]《文選·郭璞·江賦》"潛演之所汩淈"李善注引《説文》作此。今《説文》云:"演,長流也。一曰水名。"可以看出,本處引《説文》也是轉引而非引自原書。

方中圜外曰璧……圜中牙身玄外曰琮。

[按]本句出惠士奇《禮説》卷七所引《白虎通》。

《漢·郡國志》:"陳,庖犧所都,舜後所封。"

[按]刊本、稿本"漢"上俱脱"後"字。又本句實出《後漢書·郡國志》注引《帝王世紀》之言,非《郡國志》之言。董氏失檢。

《史記·律書》:"亢者,言萬物亢見也。""氐者,言萬物皆至也。"《夏小正》云:"四月:初昏,南門正。""十月:初昏,南門見。"南門者,亢上下之星也。亢四星曲而長,故《天官書》云:"亢爲疏廟……其南北兩大星曰南門。""小正以識亢星所在,氐四星側向以承柢。"故《爾雅》云:"天根,氐也。"《史記·天官書》索隱引孫炎注:"角、亢下繫于氐。若木之有根,故云亢、氐之間也。"《衆經音義》引《爾雅音義》:"天根,爲天下萬物作根柢,故曰天根。"

[按]"小正以識亢星所在,氐四星側向以承柢"及其以上文字實出邵晋涵《爾雅正義》,下文《史記·天官書》索隱引孫炎注、《衆經音義》引《爾雅音義》亦出《爾雅正義》同條。董增齡割裂《爾雅正義》引述文字,重新排序,給讀者以董氏自引的假象。

《儀禮·聘禮》:歸饔餼五牢于賓館:飪一牢,鼎九,設于西階前。腥二牢,陳于東階之前。南陳并上飪一牢。所謂死牢三。又餼二牢,陳于門内之西。

[按]此本《左傳》孔疏之言,並非直接引自《儀禮·聘禮》。今檢《儀禮·聘禮》云:"君使卿韋弁,歸饔餼五牢。上介請事,賓朝服禮辭。有司入陳。饔:飪一牢,鼎九,設于西階前……腥二牢,鼎二七,無鮮魚、鮮臘,設于阼階前,西面,南陳如飪鼎,二列……餼二牢,陳于門西,北面東上。"又:"上介:饔餼三牢,飪一牢,在西,鼎七,羞鼎三,腥一牢,在東,鼎七;堂上之饌六。西夾亦如之。筥及甕,如上賓。餼一牢。門外米、禾視死牢,牢十車,薪芻倍禾。"孔疏引用節略且次序不盡與原書同,董增齡不審,直接標《儀禮》書名。

《月令》孟冬言昏危中,仲冬言昏東壁中。不言昏營室中者,營室在危東壁之間。孔穎達謂十六度,日行一度,至十月半而室中,十一月初而壁中也。

[按]本段文字實出邵晋涵《爾雅正義》卷九"營室謂之定"條,王先謙《詩三家義集疏》卷三中亦引本段文字,標爲"邵晋涵云"。

3. 誤繫出處,有的引文由於疏於檢核,把引文出處弄錯了。如:

故鄭康成謂:"齊人名麴麩曰媒。""猶和合得成酒醴。"

[按]"猶和合得成酒醴",此句爲賈疏之言且無"醴"字,非鄭注之言。董增齡誤繫在鄭玄名下。

《史記》集解:張晏曰:"龍星左角曰天田,則農祥也,晨見而祭。"

[按]"集解"二字當作"正義"。又檢《史記正義》本文"晨見而祭"作"見而祭之"。是本條不但誤繫出處且引文文字有異。

僖三十三年《傳》"餼牽竭矣"孔穎達曰:"'餼'與'牽'相對,是'牲'可牽行,則'餼'是已殺。殺又非熟……謂生肉未煮者……其實餼亦生。哀二十四年《傳》:'餼臧石牛。'是以生牛賜之也。"

[按]此實本《詩·瓠葉》孔疏,並非孔穎達《左傳正義》。

《詩·小明》:"虔共爾位。"

[按]今檢《詩》,唯《大雅·韓奕》有"虔共爾位"四字,董氏引誤。

4. 引述標註出處,但是出處有誤字。如:

又謂之農率,《周小正》:"農率均田。"

[按]"周"當爲"夏"字之誤。

5. 原書誤繫作者或注者,董氏直接引用,未及檢出。如:

隱十一年《傳》孔《疏》:"《世本》:'息國,姬姓。'此'息侯伐鄭',責其不親親,知與鄭國同姬姓。莊十四年《傳》:'楚文王滅息。'其初則不知誰之子,何時封也。《地理志》汝南郡有新息縣,故息國也。應劭曰:'其後東徙,故加新云。'其後東徙,當云'故息',何以反加'新'字乎?蓋本自他處而徙此也。"

[按]今檢《漢書》,注文"其後東徙,故加新云"繫於"孟康"名下,非應劭。桂馥(1736—1805)已揭出其異,《說文·邑部》"鄎"字《義證》云:"今汝南新鄎者,《漢志》汝南郡有新鄎縣,孟康曰:'故息國,其後東徙,故加新云。'馥案:隱十一年《左傳正義》引作應劭語,且辨之云:'若其後東徙,當云故息,何以反加新字乎?蓋本自他處而徙此也。'"①

① [清]桂馥《說文解字義證》,影印連筠簃本,上海古籍出版社,1987年,頁559下。

6. 引述一位作者的多部著作，只標注作者名，不標注著作名。如：

《周禮·秋官》鄭注："凡行刑，必先規識其所刑之處，乃後刑之。"《疏》："規識在體，若衣服在身，故曰服。"《尚書·洛誥》孔《傳》："卜，必先墨畫規，然後灼之。"王鳴盛曰："墨者，煙煤所成。"

[按]檢賈疏原文"故曰服"作"故名規識爲服也"。引王鳴盛說出氏著《尚書後案》。此說實出漢《墨史雜記》引《說文解字》之釋。董增齡《國語正義》引王鳴盛之書不限於《尚書後案》。包括董增齡引述孔穎達，有《左傳正義》，有《詩經正義》，而時有僅標"孔穎達"者，給讀者精準檢尋造成煩難。

7. 作者和著作不匹配。如：

襄十二年，季孫宿師救台，遂入鄆。昭元年取鄆。楊氏《六書故》之說："春秋有二鄆，莒在魯東，莒、魯所爭東鄆也。公待於鄆，西鄆也。文公城諸及鄆，不聞與莒爭。及成公時，楚伐莒入鄆，則鄆自爲莒邑。"

[按]《六書故》是戴侗（1200—1285）著作，而董氏誤標爲"楊氏"。

以上所標十八例，是《國語正義》在徵引過程中存在的諸多問題，有稿本的問題，也有刊本的問題。此後《國語正義》的整理與研究，恐怕要注意到《國語正義》的類似問題，不僅僅注意其明引之處，還要看到其暗用前人之處。董增齡在引述的時候經常襲用惠士奇《禮說》、邵晋涵《爾雅正義》的材料而不出注。標明出處的材料，有些也變換語序，爲讀者造成檢核的麻煩。通過考察其引述材料及方式，可藉以考察董增齡之學術淵源及學術旨趣。

六、《國語正義》的學術價值

（一）是《國語》注釋史上第一部疏證體著作

董增齡《國語正義序》已經提到，韋昭注之後一千五百年間，無有爲其書疏證者。故而董增齡《國語正義》是韋昭注的首部疏證之作，雖然其對韋昭注並非處處維護，但大體不離疏證要旨，對進一步理解、整理和研究韋昭注提供了視角。

（二）具有《國語》集解的性質

所謂集解，即集衆說於一體，爲讀者提供最全面的學術信息。集解共分兩種，一種即資料齊全，屬於輯纂類；一種則在參考衆多資料的基礎上案以己意。前者屬於資料彙編，後者則兼具資料彙編與研究著作雙重性質。董增齡《國語正義》屬於後者，這部書產生在《國語》佚注輯佚尚未博興的時代，而搜輯佚注、考校異文、徵引故訓，對讀者瞭解《國語》研究之全豹是有貢獻的。由於董增齡之前，清代《國語》研究成果不多，能爲董氏所引述者就更爲少見。而《國語正義》引述佚注多家，十分難得。

(三)《國語》研究史上的重要著作

回溯整個中國本土《國語》研究史,《國語》專門著作數量相對較少,且細密程度普遍不高。民國以前《國語》研究史流傳至今的著作而言,考校條目超過1000條的《國語》著作並不多。就中國本土而言,僅有韋昭《國語解》、宋庠《國語補音》、牟庭《國語校注》、董增齡《國語正義》、汪遠孫《國語明道本考異》、吴曾祺《國語韋解補正》、徐元誥《國語集解》等七部著作而已。當然,考校數量不能説明全部問題,但至少可以説明部分問題。僅從這個角度而言,董增齡《國語正義》就顯得尤爲重要。

(四)對後來的《國語》研究具有一定影響

清代《國語》研究主要以考辨體爲主,但是細密度如董增齡者,似整個清代唯董增齡一人。晚清吴曾祺撰作《國語韋解補正》,其中公序本云云者,多據董增齡《國語正義》,而其考辨條目整體較簡約,其數量上比董增齡少三分之一。雖然董增齡的《國語正義》在很長時間内以寫本形式流傳,但其後的《國語》研究者仍然有引述之者。如汪遠孫《國語發正》即引述董增齡《國語正義》之説多處,且多以董氏之言爲解,不再别立新説。又《發正》尚引董增齡其他著作,如《晋語四》"秦伯賦六月"汪遠孫《發正》云:"《内傳·僖二十三年》杜《注》云:'《六月》,《詩·小雅》道尹吉甫佐宣王征伐,喻公子還晋,必能匡王國。其全稱詩篇者,多取義首章。'劉光伯駁之,《春秋》賦詩,雖舉篇名,不取首章。歸安董氏增齡《規杜繹義》云:'韋宏嗣亦不用義取首章之説。'與劉合。"是汪遠孫用董增齡《規杜繹義》之説。可見,即便在董增齡《國語正義》僅以寫本傳世的時期,汪遠孫仍然引用多條。亦足見汪遠孫搜羅之勤,亦可見董增齡《國語正義》在汪遠孫心目中的學術價值與地位。式訓堂本《國語正義》面世之後,學界引述之者就更爲多見。甚至有的學者進行其他古籍的匯釋工作,也會徵引董增齡《國語正義》,如王利器(1912—1998)《吕氏春秋注疏》就有多處直接徵引《國語正義》。

當然,董增齡《國語正義》總體水平不高,顧頡剛(1893—1980)謂"董書平庸"[①],説是。故董增齡《國語正義》的輯纂功能大於著述價值。且其立論,多有瑕疵。即便如此,我們仍然要看到《國語正義》的學術貢獻及其在《國語》研究史上應有的地位,未可一概抹煞。

【作者簡介】郭萬青,唐山師範學院文學院教授,主要從事中國古典文獻學、訓詁學、《國語》專書研究。

① 見顧頡剛1962年11月15日覆黄永年(1925—2007)函。引自曹旅寧《黄永年與心太平盦》,三秦出版社,2015年,頁12。

《公檮生終始》"傳黄帝《終始》書"説獻疑

劉貝嘉

【提　要】《漢書·藝文志》"陰陽家"著録有"《公檮生終始》十四篇",班固注云:"傳鄒奭《始終》書。"清人姚振宗根據《漢志》著録次序與鄧名世《古今姓氏書辯證》引文,指出班固原注當作"傳黄帝《終始》書",並認爲在鄒衍之前,已存在五德終始學説之著作。姚氏之説對於先秦陰陽家授受源流顛覆頗大,後之學者多從其説。然通過考查《漢書》版本,知班固原注本作"傳鄒奭《始終》書",《古今姓氏書辯證》所引"傳黄帝終始之術"實爲鄧名世檃栝《漢志》之語,不可據以改動今本《漢書》。姚振宗蓋因不明《漢志》著録之特例及鄧氏引書之通例而致誤。

【關鍵詞】　公檮生終始　漢書　班固　古今姓氏書辯證　姚振宗

一、緒論

《漢書·藝文志》"陰陽家"著録有"《公檮生終始》十四篇",班固注曰:"傳鄒奭《始終》書。"[①]《公檮生終始》一書,《隋志》未有著録,此後各類書目亦未見記載,蓋久已亡佚。公檮生之生平事行,亦不見載於存世典籍。因此班固"傳鄒奭《始終》書"之注便成爲瞭解《公檮生終始》一書之内容性質及授受源流的唯一憑證。

據班固注,《公檮生終始》"傳鄒奭《始終》書",則公檮生當爲鄒奭後學。鄒奭之生平及思想具見《史記·孟子荀卿列傳》:

> 騶奭者,齊諸騶子,亦頗采騶衍之術以紀文。……騶衍之術迂大而閎辯;奭也文具難施;淳于髡久與處,時有得善言。故齊人頌曰:"談天衍,雕龍奭,炙轂過髡。"[②]

《史記集解》又引劉向《别録》云:

> 騶衍之所言五德終始,天地廣大,盡言天事,故曰"談天"。騶奭脩衍

---

① ［漢］班固《漢書》卷三〇,中華書局,1962年,頁1733。

② ［漢］司馬遷《史記》卷七四,中華書局,2014年,頁2852。

之文,飾若雕鏤龍文,故曰"雕龍"。[①]

知鄒奭學説,源出鄒衍[②]。《漢書·藝文志》"陰陽家"有"《鄒奭子》十二篇",其説或與鄒衍"五德終始"有關。公檮生既爲鄒奭後學,則《公檮生終始》一書當亦是討論終始五德之運。綜上,《公檮生終始》大抵傳鄒奭之學,"五德終始"是其理論的重要組成。以上即就現有材料所能考知的《公檮生終始》之内容性質及學術前承。

二、班注"傳鄒奭《始終》書"之争論

關於《公檮生終始》,因傳世資料極其有限,故後世頗具争議。論争的焦點即在於班固"傳鄒奭《始終》書"之注文,學者多疑其錯訛。章學誠《校讎通義》即稱:

> 陰陽家《公檮生終始十四篇》在《鄒子終始五十六篇》之前,而班固注云:"公檮傳鄒奭《始終》書。"豈可使創書之人居傳書之人後乎?又《鄒子終始五十六篇》之下注云:"鄒衍所説。"而公檮下注:"鄒奭《始終》。"名既互易,而以《終始》爲《始終》,亦必有錯訛也。[③]

錢大昭《漢書辨疑》云:

> 《公檮生終始十四篇》,傳鄒奭始終書。案:下有《鄒子終始五十六篇》,則此"始終"當作"終始"矣。"奭"字亦誤,作《終始》者是鄒衍,非鄒奭也。别有《鄒奭子十二篇》,非《終始書》。[④]

沈欽韓《漢書疏證》亦云:

> 《公檮生終始》十四篇,傳鄒奭始終書。按:言"終始"者鄒衍,非鄒奭,亦不當在鄒子前。[⑤]

李零《蘭台萬卷——讀〈漢書·藝文志〉》也認爲:

> "傳鄒奭《始終》書",不應排在鄒衍、鄒奭前,疑文有誤。[⑥]

綜覽上述諸説,知諸家質疑依據大致有三:

其一,著録次序不合。若《公檮生終始》係傳鄒奭《始終》書,則在《漢志》著録中當次於鄒奭著作之後,不當在其前;

---

① 《史記》卷七四,頁2853。

② 吕思勉推測鄒奭或就鄒衍之理論提出具體實施的方案:"鄒奭似更定有實行之方案者,豈本衍之理論爲之邪?"見氏著《先秦學術概論》,雲南人民出版社,2005年,頁152。

③ [清]章學誠撰、葉瑛校注《文史通義校注》,中華書局,2014年,頁1213。

④ [清]錢大昭《漢書辨疑》卷一六,上海古籍出版社,2006年,頁363。

⑤ [清]沈欽韓《漢書藝文志疏證》,《二十五史藝文經籍志考補萃編》第二卷,清華大學出版社,2011年,頁91。

⑥ 李零《蘭台萬卷——讀〈漢書·藝文志〉》,三聯書店,2013年,頁93。

其二，人名不合。著《終始》書者乃鄒衍，而非鄒奭；

其三，書名不合。鄒衍所著者爲《終始》，而非《始終》。

然而上述學者僅就班注提出質疑，認爲“必有錯訛”，至於《公檮生終始》下注文原應作何，卻並未給出明確的答案。

姚振宗(1842—1906)在章學誠等人基礎之上，據宋人鄧名世《古今姓氏書辯證》引《漢志》之文，認爲《公檮生終始十四篇》下班固之注原應作“傳黄帝《始終》書”，今本“傳鄒奭《始終》書”當是後人轉寫之訛：

> 按此條據鄧名世所引，則班氏原注當爲“傳黄帝《終始》書”，此云“鄒奭《始終》”，寫誤也。[①]

又云：

> 按章氏《校讎通義》有曰：“陰陽家《公檮生終始》十四篇，在《鄒子終始》五十六篇之前，而班固注云‘公檮傳鄒奭《始終》書’，豈可使創書之人居傳書之人後乎？”今考鄧氏《姓氏辨證》，班氏原注“傳黄帝《終始》書”，今注乃轉寫之誤，是爲傳《終始》書之最初者。又《終始》之書不始傳於鄒奭，而鄒奭之書亦不名《終始》，是亦足以證寫誤之實。據章氏以鄒衍、鄒奭爲創書之人，非也。[②]

按姚氏之説，則鄒衍、鄒奭之前，已有“黄帝《終始》書”行於世，並傳之公檮生。鄒衍僅是“五德終始”學説的傳述者，非創立者。如此，前人的諸多質疑似得圓滿之解釋。

姚氏之説對以往先秦陰陽家之學術脈絡有較大顛覆：傳統意義上，鄒衍被視爲“五德終始”説創立者。《史記·孟子荀卿列傳》於鄒衍之學特詳加描述：“騶衍睹有國者益淫侈，不能尚德，若《大雅》整之於身，施及黎庶矣。乃深觀陰陽消息而作怪迂之變，《終始》《大聖》之篇十餘萬言。……稱引天地剖判以來，五德轉移，治各有宜，而符應若兹。”[③]《史記·封禪書》亦稱：“自齊威、宣之時，騶子之徒論著終始五德之運……騶衍以陰陽主運顯於諸侯，而燕齊海上之方士傳其術不能通，然則怪迂阿諛苟合之徒自此興，不可勝數也。”[④]如姚氏之説成立，則不僅“五德終始”説緣起之時間有所提前，鄒衍於此學説初創之功亦將大爲弱化。

姚氏此説頗有影響，後之學者亦多表認同。如葉長青《漢書藝文志問答》即採姚氏之説：

> 【問】《公檮生終始》十四篇，班氏自注“傳鄒奭《始終》書”，以傳書之人

---

① [清]姚振宗《漢書藝文志條理》，《二十五史藝文經籍志考補萃編》第三卷，清華大學出版社，2011年，頁236。

② 《漢書藝文志條理》，頁237。原書標點訛誤之處，已隨文刊正。

③ 《史記》卷七四，頁2848。

④ 《史記》卷二八，頁1646。

居創書之先,何故?

【答】據鄧名世《古今姓氏書辯證》引本志,班氏原注當爲"傳《黄帝終始書》",此云鄒奭《始終》書,傳寫之誤也。

……

【問】傳五德終始者,自公檮生始,而鄒衍之説獨見盛行,何故?

【答】鄒衍爲稷下學者之一。……蓋其言足以熒惑六國之君,又有術以濟之,故可以奪公檮生之席,而其説特見盛行。[①]

又如楊樹達《漢書窺管》:

章學誠云:鄧名世《古今姓氏書辯證》引作黄帝終始,今本乃傳寫之誤。樹達按:《史記·三代世表》褚先生補引《黄帝終始傳》。[②]

此外,施之勉《漢書集釋》[③]、張舜徽《漢書藝文志通釋》[④]、司馬朝軍《漢書諸子略通考》[⑤]、温浚源《〈漢書·藝文志〉講要》[⑥]亦引姚氏此説,以説明《公檮生終始》之授受源流。陳鵬《終始傳和歷譜牒》一文指出"傳黄帝終始之術"云云不過鄒衍後學託名"黄帝"之作,但仍以班注原文有作"傳黄帝終始之術"之可能[⑦]。有鑒於此,故有必要對姚振宗之説加以辨正,以釐清《漢志》文本面貌及先秦陰陽家之學術脈絡。

審姚振宗立論之依據,在於鄧名世《古今姓氏書辯證》所引班注作"傳黄帝《終始》書"。因鄧名世爲宋人,故姚振宗認爲其所引《漢書》班注即班固原注之本來面貌,未經後世訛寫。

鄧名世,字元亞,撫州臨川(今江西)人。其所著《古今姓氏書辯證》爲宋代姓氏學研究集大成之作。據鄧名世之子鄧椿所作之《辯證序》,知《姓氏書辯證》先後歷經三個版本:五卷本,"成書於宣、政之間";十四卷本,"成書於建炎之初";四十卷本,爲鄧名世去世後,鄧椿裒輯其"遺篇斷稿",釐爲四十卷,梓行於乾道四年[⑧]。入清以後,《辯證》便已散佚。乾隆間,四庫館臣自《永樂大典》

① 葉長青《漢書藝文志問答》,華東師範大學出版社,2015 年,頁 127—128。

② 楊樹達《漢書窺管》,上海古籍出版社,2006 年,頁 232。其"章學誠"當作"姚振宗",蓋楊樹達誤以姚氏之語爲章學誠《校讎通義》之引文。沈元《〈漢書補注〉批注》並沿楊氏之訛。見氏著《〈漢書補注〉批注》,西泠印社出版社,2008 年,頁 3277。

③ 施之勉《漢書集釋》,三民書局,2003 年,頁 4383。

④ 張舜徽《漢書藝文志通釋》,華中師範大學出版社,2004 年,頁 302。

⑤ 司馬朝軍《漢書諸子略通考》,花木蘭文化事業有限公司,2017 年,頁 348。

⑥ 温浚源《〈漢書·藝文志〉講要》,社會科學文獻出版社,2018 年,頁 310。

⑦ 陳鵬《終始傳和歷譜牒》:"'傳鄒奭始終書',鄧名世《古今姓氏書辯證》卷二引作'傳黄帝終始之術',姚振宗以爲是,見姚氏《漢書藝文志條理》。……不過,縱使作'傳黄帝終始之術',《公檮生終始》亦爲鄒衍後學治終始者所傳習,托名黄帝罷了。"載《中國典籍與文化》,2013 年第 1 期,頁 134—142。

⑧ [宋]鄧名世《古今姓氏書辯證》,江西人民出版社,2006 年,頁 675。

内輯出，仍釐爲四十卷，編次刊行[①]。姚振宗所見之《古今姓氏書辯證》即四庫館臣輯録之本。核之《姓氏書辯證》，其文作：

> 公檮，或作公禱，《漢・藝文志》有《公檮生終始十四篇》。師古曰："檮音疇，其字從木。"傳黄帝終始之術[②]。

可知《古今姓氏書辯證》原作"傳黄帝終始之術"，非姚振宗所謂之"傳黄帝《終始》書"[③]。儘管文字上有所出入，姚氏立論之依據仍未顛覆：即班固原注當爲《古今姓氏書辯證》所引之"傳黄帝終始之術"，後世傳寫時方訛爲今本之"傳鄒奭《始終》書"。

然而細究其説，不無可議之處：首先，"黄帝"與"鄒奭"音形相去甚遠，如何由"黄帝"訛爲"鄒奭"？其致誤之由難以解釋；其次，由"終始之術"訛爲"始終書"，則需訛"術"爲"書"，脱去"之"字，並誤倒"終始"。如是後世訛寫，四字之中需同時做到訛、脱、倒，一般而言，此類情形較爲少見。因此需重新考慮：鄧名世所見之《漢書》班注是否果作"傳黄帝終始之術"？

如前所述，鄧名世《古今姓氏書辯證》四十卷本刊於乾道四年，則其所能見到的《漢書》版本必在此前。

宋以前，《漢書》多以寫本流傳。據孫顯斌統計，宋以前《漢書》寫本存世者計有十八件，其中敦煌吐魯番寫本殘卷十二件、日藏寫本殘卷六件[④]。惟存世寫本均無《藝文志》部分，故寫本中《公檮生終始》下班注作何，難於直接討論。然而前代《漢書》寫本宋人尚可見到：北宋房庶"自言得古本《漢書》"[⑤]，章惇有"家藏古本《漢書》"[⑥]，景祐間余靖、王洙以"秘閣古本"校對《漢書》[⑦]，宋祁取"古本"以校《漢書》[⑧]，南宋劉之問又在宋祁校本基礎上參考"卷子古本"重加校對[⑨]。其中宋祁、劉之問等人的校語憑藉慶元本、蔡琪本得以保存[⑩]。考存世之慶元、蔡琪諸本，其"公檮生終始十四篇"條，並無校語，可證"公檮生終始"及其下班注，宋祁、劉之問所見之寫本與今本《漢書》並無差別，俱作"傳鄒奭《始終》書"。

另乾道四年以前之《漢書》刻本，存世者有如下幾種：

（一）所謂"景祐本"。舊稱景祐本《漢書》，據尾崎康考證，實爲北宋末南

---

① 王力平《鄧名世與〈古今姓氏書辯證〉——兼談宋代姓氏譜牒學的發展》，《文獻》2006 年第 3 期，頁 41—49。

② 《古今姓氏書辯證》卷二，頁 20—21。

③ 考姚振宗於《公檮生終始十四篇》下迻録鄧名世《古今姓氏書辯證》之文，作"傳黄帝終始之術"無誤，然於按語中考辨又稱鄧氏《姓氏書》引作"傳黄帝《終始》書"。

④ 孫顯斌《〈漢書〉顔師古注研究》，鳳凰出版社，2018 年，頁 195—215。

⑤ ［宋］陳振孫《直齋書録解題》卷一四，上海古籍出版社，2015 年，頁 403。

⑥ ［宋］劉昌詩《蘆浦筆記》卷二，中華書局，1986 年，頁 15。

⑦ ［宋］程俱撰、張富祥校證《麟台故事》卷二，中華書局，2000 年，頁 70。

⑧ 宋慶元二年劉元起建安刊本《漢書》卷首。其"古本"下注云："顔師古未注以前本。"

⑨ 宋慶元二年劉元起建安刊本《漢書》卷首。

⑩ 慶元本、蔡琪本保存宋祁校語各有不同，總體而言，蔡琪本多於慶元本。

宋初覆刊本，爲《漢書》現存最古版本[①]。現存兩部，均藏國家圖書館。其中一部卷三十《藝文志》係配補宋慶元元年建安劉之問刊本，屬乾道以後，故不列入討論；另一部存九十二卷。此本之覆刊本則有南宋後半期福唐郡庠本，元大德八年、九年，至大元年、延祐二年遞修，宫内廳書陵部、静嘉堂文庫、台北"故宫博物院"藏。

（二）宋紹興中湖北提舉茶鹽司刊本。宋紹興中刊，淳熙二年、紹熙四年、慶元五年遞修。現存一部，凡一百卷，藏静嘉堂文庫。

（三）南宋前期兩淮江東轉運司刊本。書中"桓"字有挖改，亦有缺"慎"字者，尾崎康據此認爲係紹興刊本，經孝宗朝修補。然目前所存傳本均無《藝文志》部分，故亦不列入討論。

上述諸本中《公檮生終始》下班固注亦作"傳鄒奭《始終》書"，無作"傳黄帝終始之術"者。可知《古今姓氏書辯證》刊行以前，《漢書》班注便已作"傳鄒奭《始終》書"，並非後世傳寫之訛。此外，乾道四年以後之諸版《漢書》，如宋慶元黄善夫、劉元起刊本、宋嘉定蔡琪一經堂刊本、元白鷺洲書院刊本、元大德九年太平路儒學刊本，亦皆作"傳鄒奭《始終》書"[②]。若按姚氏之意，"傳鄒奭《始終》書"爲後世傳寫之訛，那麽不同系統、不同地域的《漢書》版本何以短時間内競相訛寫，悉數將"傳黄帝終始之術"訛爲"傳鄒奭《始終》書"？因此，無論是宋以前寫本，還是《古今姓氏書辯證》刊行之前、之後的諸版《漢書》，其《公檮生終始》下班注俱作"傳鄒奭《始終》書"。此亦鄧名世所見之文本，非出於後世訛寫；而《古今姓氏書辯證》所引"傳黄帝終始之術"（即姚振宗所謂之"傳黄帝《終始》書"）非班注原文，不可據以校改今本。

三、姚振宗致誤原因之分析

姚振宗認爲《公檮生終始》下班固之注原作"傳黄帝《終始》書"，而非"傳鄒奭《始終》書"，其致誤之由有三：

（一）忽視《漢志》著録次序上的特例

關於《漢志》著録次序，此前學者如胡應麟、章學誠、周壽昌、姚振宗、張舜徽等均有研究，其中尤以姚振宗《漢書藝文志條理》探討最爲全面深入。姚氏在歸納《漢志》著録義例的同時，也注意根據各篇在《漢志》中的著録次序去推究其性質及年代[③]。姚振宗稱《公檮生終始》爲"傳《終始》書之最初者"，即是據《公檮生終始》在《漢志》"陰陽家"中的著録次序來推定。考《漢志》著録之陰

---

① 尾崎康《正史宋元版之研究》，中華書局，2018 年，頁 53。

② 《漢書》諸版本間關係，可參馬清源《〈漢書〉版本之再認識》，《版本目録學研究》第五輯，國家圖書館出版社，2014 年。

③ 關於《漢志》著録次序，姚振宗亦非完全認同，對於次序不諧之條目，姚氏認爲是"後人妄移次第""寫著顛倒亂之"。

陽家凡二十一家,順序如次:

《宋司星子韋》三篇。景公之史。
《公檮生終始》十四篇。傳鄒奭始終書。
《公孫發》二十二篇。六國時。
《鄒子》四十九篇。名衍,齊人,爲燕昭王師,居稷下,號談天衍。
《鄒子終始》五十六篇。
《乘丘子》五篇。六國時。
《杜文公》五篇。六國時。
《黄帝泰素》二十篇。六國時韓諸公子所作。
《南公》三十一篇。六國時。
《容成子》十四篇。
《張蒼》十六篇。丞相北平侯。
《鄒奭子》十二篇。齊人,號曰雕龍奭。
《閭丘子》十三篇。名快,魏人,在南公前。
《馮促》十三篇。鄭人。
《將鉅子》五篇。六國時。先南公,南公稱之。
《五曹官制》五篇。漢制,似賈誼所條。
《周伯》十一篇。齊人,六國時。
《衛侯官》十二篇。近世,不知作者。
于長《天下忠臣》九篇。平陰人,近世。
《公孫渾邪》十五篇。平曲侯。
《雜陰陽》三十八篇。不知作者。

首篇《宋司星子韋》班固注云“景公之史”,是爲春秋時人。其後《公孫發》《鄒子》《鄒子終始》《乘丘子》《杜文公》《黄帝泰素》《南公》諸篇,據班固注,知爲戰國時人。之後《張蒼》班注云“丞相北平侯”,《五曹官制》班注云“漢制,似賈誼所條”,皆漢初之人。而最末之《衛侯官》《天下忠臣》,班注云“近世”,其時間距班固所在之東漢較近。

可見,“陰陽家”諸篇於《漢志》中大體是依時序之遠近,依次著録。正基於此,章學誠、沈欽韓、姚振宗等均對《公檮生終始》列於《鄒子》《鄒奭子》前提出質疑。所不同者在於,章學誠、沈欽韓懷疑《漢志》著録次序有誤,認爲《公檮生終始》係傳鄒衍終始學説,當列於《鄒子終始》之後[①];而姚振宗則以《漢志》著録次序爲據,認爲《公檮生終始》固當在《鄒子》《鄒奭子》之前,爲“傳《終始》書之最初者”,只是班注原文應作“傳黄帝《終始》書”,而非“傳鄒奭《始終》書”。

然而細繹《漢志》著録各篇次序,發現其間多有例外,未必完全合乎時序由遠及近的著録規律。如“墨家”中《隨巢子》《胡非子》,據班固注,俱爲墨翟弟

① 章學誠《校讎通義》:“豈可使創書之人居傳書之人後乎?”沈欽韓《漢書疏證》:“不當在鄒子前。”

子，《漢志》卻將其列於《墨子》之前。又如“陰陽家”《將鉅子》，班固注云：“六國時。先南公，南公稱之。”《漢志》將其列於《南公》之後。《周伯》，班固注云：“六國時。”列於漢代《張蒼》《五曹官制》之後。《公孫渾邪》，據《史記·孝景本紀》及《惠景間侯者年表》，知爲漢文、景時人，《漢志》卻將其列於“近世”之《衛侯官》《天下忠臣》後。可知《漢志》雖在整體上遵循時序由遠及近的著録規則，但具體到各篇，間有錯亂者，未必全然合乎此規律。孫德謙嘗歸納《漢志》之義例，有“前後叙次不拘例”：“編藝文者，於其人時代前後，自當叙次秩然，不可紛亂者也。……及今觀之，有以知前後叙次，班氏不甚拘拘於是也。……蓋班氏表章家學，苟其書或爲儒，或爲道，或爲名、墨、陰陽，或爲縱横、小説，入乎其中，無一乖迕，則叙次前後，原不必拘也。……後世目録家，自不必用其例，然不可執此以議班氏。”[①]故《公檮生終始》在《漢志》中雖列於《鄒子》《鄒奭子》之前，但並不能證明其撰著時代早於後兩者，更不能認定其是“傳《終始》書之最初者”。姚振宗等人之誤，在於將《漢志》著録的整體性規則絶對化，未考慮其間諸多例外，因而對今本班注産生懷疑。

（二）不明《古今姓氏書辯證》引書之通例

姚振宗據鄧名世《古今姓氏書辯證》引《漢志》之文，認爲《公檮生終始》下班固原注應作“傳黄帝《終始》書”（《姓氏書》實引作“傳黄帝終始之術”）。前文通過梳理《漢書》版本系統，知在《姓氏書辯證》成書以前，諸版《漢書》之班注均作“傳鄒奭《始終》書”，並無作“傳黄帝《終始》書”或“黄帝終始之術”者。鄧名世《古今姓氏書辯證》因何將“傳鄒奭《始終》書”引作“傳黄帝終始之術”？

兹將《漢志》與鄧名世《古今姓氏書辯證》所引之文逐句比勘：

《漢書藝文志》	《古今姓氏書辯證》
【漢志】《公檮生終始》十四篇	公檮，或作公禱。《漢·藝文志》有《公檮生終始》十四篇。
【班注】傳鄒奭《始終》書。	
【顔注】師古曰：檮音疇，其字從木。	師古曰：檮音疇，其字從木。
	傳黄帝終始之術。

可見《漢書·藝文志》文本依《漢志》原文（“《公檮生終始》十四篇”）、其次班固注（“傳鄒奭《始終》書”）、再次顔師古注（“師古曰：檮音疇，其字從木”）之層級構成。鄧名世《姓氏書》引《漢志》此段文字，文本結構卻有所不同：首《漢志》原文，次顔師古注，次“傳黄帝終始之術”（即姚振宗認爲之“班氏原注”）。如姚氏此説成立，則鄧名世在徵引時爲何不依照先班注、後顔注的固有層級順序來，反而刻意調整次序？於例殊爲不合。

---

① 孫德謙《漢書藝文志舉例》，《二十五史藝文經籍志考補萃編續刊》第二卷，清華大學出版社，2019年，頁50。

蓋古人引據文獻並非全據原文，而是有所熔裁、删削、合併，此古人引書之通例。在《古今姓氏書辯證》中，此類情形頗多。以《姓氏書》引《漢書》顔師古注數則爲例，與《漢書》顔注原文相較，對比如下：

《漢書》	《古今姓氏書辯證》
師古曰："曼丘、母丘本一姓也，語有緩急耳。"	師古曰："曼丘、母丘本一姓，語有緩急，**故爲兩氏**。"
服虔曰："游水，縣名。發根，人姓名。"晋灼曰："地理志游水，水名，在臨淮淮浦也。"師古曰："**二説皆非也**。游水，姓也。發根，名也。蓋因水爲姓也。本嘗遇病，而鬼下之，故爲巫也。"	服虔曰："游水，縣名。發根，人姓名。"師古曰："**服説非也**。游水，姓也。發根，名也。蓋因水爲姓也。本嘗遇病，而鬼下之。"
師古曰："**今見有祕姓**，讀如祕書。"	師古曰："**祕，姓也**，讀如祕書**之祕**。"

可見，《古今姓氏書辯證》在引據文獻時，會根據行文之需要，或稍加改寫，或撮取大意，並非完全依照原文。如此便可以對此前論及之《姓氏書》徵引次序做出合理的闡釋。《姓氏書》"師古曰：檮音疇，其字從木"一句照引《漢志》顔注原文。至於"傳黄帝終始之術"一句，則是鄧名世檃栝《漢志》班注"傳鄒奭《始終》書"一語，述以己意，非班注原文，故置於顔注之後。

鄧名世將"傳鄒奭《始終》書"稱之爲"傳黄帝終始之術"，應有其内在理據。"終始"之稱，本係篇名，戰國時鄒衍所作："騶衍睹有國者益淫侈，不能尚德，若大雅整之於身，施及黎庶矣。乃深觀陰陽消息而作怪迂之變，《終始》《大聖》之篇十餘萬言。"[①]《終始》，又稱《五德終始》。如淳之注鄒衍曰："今其書有《五德終始》。"[②]時有踵武者，亦頗采《五德終始》之説。《史記・封禪書》云："自齊威宣之時，騶子之徒論著終始五德之运。及秦帝而齊人奏之，故始皇采用之。"[③]既言"騶子之徒"，明非獨騶衍一人。又云"齊人奏之"，則證其説爲時人所學習採納。《史記・孟子荀卿列傳》："騶奭者，齊諸騶子，亦頗采騶衍之術以紀文。"[④]《史記・孝文本紀》："魯人公孫臣上書陳終始傳五德事。"司馬貞注曰："五行之德，帝王相承傳易，終而復始。故云終始傳五德之事。"[⑤]上述諸人皆爲終始學説傳人。由此可見，隨著鄒衍五德終始之説影響的擴大，效法者漸多，"終始"的含義已由最初的篇名擴大爲學説之名。《鹽鐵論・論儒》云："鄒子以儒術干世，主不用，即以變化始終之論，卒以顯名。"[⑥]所謂"變化終始之

① 《史記》卷七四，頁2848。

② 《史記・封禪書》："自齊威宣之時，騶子之徒論著終始五德之运。""騶子之徒"《集解》曰："韋昭曰：名衍。"又云："如淳曰：今其書有《五德終始》，五德各以所勝爲行。秦謂周爲火德，滅火者水，故自謂之水德。"見《史記》卷二八，頁1646—1647。

③ 《史記》卷二八，頁1646。

④ 《史記》卷七四，頁2852。

⑤ 《史記》卷一〇，頁543。

⑥ ［漢］桓寬撰、王利器校注《鹽鐵論校注》卷二，中華書局，2017年，頁139。

論"即五德轉運、終而復始等學説。《漢志》"陰陽家"之"鄒奭《始終》書",即屬此類[①]。

終始學説之特點,往往溯自黄帝。《史記·孟子荀卿列傳》載鄒衍終始之説特徵云:"其語閎大不經,必先驗小物,推而大之,至於無垠。先序今以上至黄帝,學者所共術,大並世盛衰,因載其禨祥度制,推而遠之,至天地未生、窈冥不可考而原也。"[②]《漢書·律曆志》:"又言黄帝至元鳳三年六千餘歲,丞相屬寶、長安單安國、安陵桮育治終始,言黄帝以來三千六百二十九歲。"[③]《史記·三代世表》:"余讀諜記,黄帝以來皆有年數。稽其曆譜諜終始五德之傳,古文咸不同,乖異。"[④]以上雖略言終始學説之梗概,然可知其言五德之傳,俱自黄帝始,後以次推衍。這一點亦可從《史記·封禪書》中得到印證:

> 秦始皇既并天下而帝,或曰:黄帝得土德,黄龍地螾見。夏得木德,青龍止於郊,草木暢茂。殷得金德,銀自山溢。周得火德,有赤烏之符。今秦變周,水德之時。[⑤]

始皇之時,齊人獻終始五德之説,爲秦所采納,故此處"或曰",可能即齊人所獻終始之説。《史記》"或曰"以下一段又見《吕氏春秋·有始覽·應同》[⑥]:

> 凡帝王者之將興也,天必先見祥乎下民。黄帝之時,天先見大螾大螻。黄帝曰:土氣勝。土氣勝,故其色尚黄,其事則土。及禹之時,天先見草木,秋冬不殺。禹曰:木氣勝。木氣勝,故其色尚青,其事則木。及湯之時,天先見金刃生於水。湯曰:金氣勝。金氣勝,故其色尚白,其事則金。及文王之時,天先見火,赤烏銜丹書集于周社。文王曰:火氣勝。火氣勝,故其色尚赤,其事則火。代火者必將水,天且先見水氣勝。水氣勝,故其色尚黑,其事則水[⑦]。

從《吕氏春秋》《史記》所載終始之説來看,"黄帝終始之術"其稱名由來蓋因言五德循環者均自黄帝開始,逐代推衍。因此鄧名世稱"鄒奭《始終》書"爲"黄帝終始之術",有其學理上的依據。至於這種稱名是否得當,暫且不論,但至少應明確"傳黄帝終始之術"實係鄧名世之語,非班固原文。

姚振宗因未能深察《古今姓氏書辯證》之引書通例,將鄧名世所檃栝之《漢志》文字"傳黄帝終始之術"視作宋人所見之《漢書》原文,從而誤以公檮生爲鄒衍、鄒奭前最初傳"五德終始"説者。

---

① 錢大昭《漢書辨疑》以爲"傳鄒奭《始終》書"之"始終"當作"終始",對於錢氏之説,汪榮寶認爲:"稱名小異,無關閎旨,奭書自名始終,其義亦同,不必爲終始之誤。"見氏著《法言義疏》,中華書局,1987年,頁318。

② 《史記》卷七四,頁2848。

③ 《漢書》卷二一,頁978。

④ 《史記》卷一三,頁624。

⑤ 《史記》卷二八,頁1643。

⑥ 《史記索隱》:"出《吕氏春秋》。"則《吕氏春秋》所載當是《史記》所本。見《史記》卷二八,頁1643。

⑦ [戰國]吕不韋等撰、許維遹集釋《吕氏春秋集釋》卷一三,中華書局,2009年,頁284。

(三) 誤解沈濤之論述

姚振宗《漢書藝文志條理》於《公檮生終始》篇下,引據鄧名世《姓氏書辯證》之外,復引沈濤《銅熨斗齋隨筆》以證己説。玆迻録於下:

> 沈濤《銅熨斗齋隨筆》曰:"褚先生引《黄帝終始傳》曰:'漢興百有餘年,有人不短不長,出白燕之鄉'云云。《索隱》曰:'蓋謂五行讖緯之説,若今之童謡也。'濤案:小司馬説非是,《終始傳》即終始五德之傳,《封禪書》公孫臣上書曰'推終始傳,則漢當土德',疑即《黄帝終始傳》。《漢志》有《公檮生終始十四篇》即其類也。"[①]

"《漢志》有《公檮生終始十四篇》即其類也","其類"即上文所云之"終始五德之傳",沈濤之本意是指褚少孫所引之《黄帝終始傳》與《公檮生終始》二者之性質俱爲五德終始學説,並未明言二書有何傳承關係。蓋姚振宗誤以"其類"所指爲《黄帝終始傳》,遂認爲《公檮生終始》傳習自《黄帝終始傳》。

事實上,褚少孫所引《黄帝終始傳》已是西漢後期的著作,考《史記》原文:

> 漢大將軍霍子孟名光者,亦黄帝后世也。此可爲博聞遠見者言,固難爲淺聞者説也。何以言之?古諸侯以國爲姓。霍者,國名也。武王封弟叔處於霍,後世晋獻公滅霍公,後世爲庶民,往來居平陽。平陽在河東,河東晋地,分爲韛國。以詩言之,亦可爲周世。周起后稷,后稷無父而生。以三代世傳言之,后稷有父名高辛;高辛,黄帝曾孫。《黄帝終始傳》曰:"漢興百有餘年,有人不短不長,出白燕之鄉,持天下之政,時有嬰兒主,欲行車。"霍將軍者,本居平陽。臣爲郎時,與方士考功會旗亭下,爲臣言。豈不偉哉[②]!

褚文通篇皆圍繞霍光而言,故文中引《黄帝終始傳》,亦是藉助政治隱喻暗指霍光。"漢興百有餘年,有人不短不長,出白燕之鄉"一句,張守節《史記正義》云:"一本作'白彘'。按:霍光,平陽人。平陽,今晋州霍邑。本秦時霍伯國,漢爲彘縣,後漢改彘曰永安,隋又改爲霍邑。遍檢記傳,無'白燕'之名,疑'白彘'是鄉之名。"[③]通過對"白燕"一詞的校勘及考證,推測"白燕之鄉"所指或爲霍光之籍貫平陽。如此,便合理解釋了在《黄帝終始傳》引文後,褚少孫突兀地插入"霍將軍者,本居平陽"一語之原因。證明褚少孫所引《黄帝終始傳》確係言霍光之事。這一點上,司馬貞與張守節看法相同。其《史記索隱》注"嬰兒主"云:"謂昭帝也。"注"郤行車"云:"言霍光持政擅權,遏帝令如郤行車,使不前也。"[④]由此可見《黄帝終始傳》此處所影射者爲漢宣帝時事。又,褚少孫

---

① 《漢書藝文志條理》,頁237。

② 《史記》卷一三,頁642—643。

③④ 《史記》卷一三,頁643。

自述《黄帝終始傳》之由來:"臣爲郎時,與方士考功會旗亭下,爲臣言。"[①]蓋褚少孫考績時聞自方士處。褚少孫爲宣帝時爲博士,仕於元、成間[②]。則《黄帝終始傳》當作於漢元、成之間,依託五德終始的理論框架,並加入漢代流行之讖緯學説[③]。無論從時間上還是思想上來看,均不可能是《公檮生終始》所傳習之書。姚振宗《漢書藝文志條理》稱褚少孫所引《黄帝終始傳》"似武、昭時方士依託爲之,非即此本也"[④]。可見,姚振宗雖也意識到褚少孫所引之《黄帝終始傳》爲漢代托名之作,不過他認爲在此之前當有同名之作爲《公檮生終始》所傳習。姚氏既誤以《姓氏書辯證》"傳黄帝終始之術"爲《公檮生終始》之班固原注,又受沈濤之説影響,誤將《黄帝終始傳》與《公檮生終始》加以聯繫,認爲二書存在授受源流間關係,折中群言,遂提出"傳黄帝《終始》書"爲公檮生所傳習之書。

四、結論

《漢志》"陰陽家"《公檮生終始》下班固之注即今本之"傳鄒奭《始終》書",而非姚振宗所謂之"傳黄帝《終始》書"。姚氏之誤有三:首先,過分偏信《漢志》著録規律,以各篇著録之次序去推定其撰著時間。而《漢志》之著録雖在整體上遵循一定規律,但亦多例外之處,故不可僅憑《公檮生終始》在"陰陽家"中的著録次序斷定其爲鄒衍、鄒奭前最早傳《終始》書者;其次,忽視《古今姓氏書辯證》引書體例,誤將鄧名世檃栝班固之語當作班注原文,並據以校改今本《漢書》;同時,誤讀沈濤關於《黄帝終始傳》之論述,誤認爲鄒衍之前已有傳《終始》書者,從而混淆先秦陰陽家之授受體系、弱化鄒衍對"五德終始"學説的開創之功。朱一新《無邪堂答問》嘗論古人妄改之失云:"據類書以改本書,則通人之蔽。若《北堂書鈔》《太平御覽》之類,世無善本,又其書初非爲經訓而作,事出衆手,其來歷已不可恃。而以改數千年諸儒斷斷考定之本,不亦慎乎?……若徒求異前人,單文孤證,務爲穿鑿,則經學之蠹矣。"[⑤]因此對於今本班注"傳鄒奭《始終》書",不宜僅憑《姓氏書辯證》所引異文而輕言其訛。

【作者簡介】劉貝嘉,北京大學中國語言文學系古典文獻專業 2019 級博士研究生,研究方向爲目録學。

---

① 《史記》卷一三,頁 643。

② [唐]司馬貞《史記索隱》:"張晏云:褚先生,潁川人,仕元成間。韋稜云:《褚顗家傳》:褚少孫,梁相褚大弟之孫,宣帝時爲博士,寓居沛,事大儒王式,故號先生,續《太史公書》。阮孝緒亦以爲然。"見《史記》卷一二,頁 575。

③ [唐]司馬貞《史記索隱》注:"蓋謂五行讖緯之説,若今之童謡也。"見《史記》卷一三,頁 643。

④ 見《漢書藝文志條理》,頁 237。姚振宗《漢書藝文志拾補》"陰陽家"著録《黄帝終始傳》一書,下引褚少孫及《史記索隱》之文,亦稱"此必是昭、宣時方士所作,而托之黄帝。褚嘗言好觀外家傳記,此即外家傳記之一歟?"見氏著《漢書藝文志拾補》,《二十五史藝文經籍志考補萃編》第二卷,清華大學出版社,2011 年,頁 279。

⑤ [清]朱一新《無邪堂答問》,中華書局,2000 年,頁 75。

《玉海》引《國史藝文志》考述

馬　楠

【提　要】《玉海》徵引《國史藝文志》限於《三朝國史藝文志》與《兩朝國史藝文志》，不包含《四朝國史藝文志》與《中興國史藝文志》。以仁宗爲斷，可以進一步離析《兩朝志》。《文獻通考》稱《三朝志》收書下限爲大中祥符九年二月，基本可信；太祖、太宗、真宗時官修書、進呈書更有可能屬於《三朝志》。

【關鍵詞】　玉海　崇文總目

一　《玉海》引《國史藝文志》主體爲《三朝志》與《兩朝志》

《宋史藝文志》(下文簡稱《宋志》)據三朝、兩朝、四朝、中興四種《國史藝文志》(下文簡稱《國史志》)"刪其重複，合爲一志"，其刪併過程，馬楠認爲是以著録78405卷書的《中興志》爲底本，利用《三朝志》《兩朝志》《四朝志》進行補充修訂，因而《中興志》著録書基本完整地保留在《宋史藝文志》119972卷之中，約占65%①。

《三朝志》《兩朝志》《四朝志》中，《四朝志》編纂依據的是實録、會要或長編等文獻中修書、獻書的進呈記録、頒行記録，以及名臣行狀、碑傳的著述記録，體現出"溯其當有"的性質，正因如此，《四朝志》與《三朝志》《兩朝志》幾乎没有重合，與《中興志》少有重合，所著録25254卷書可對比《續資治通鑒長編》《宋會要輯稿》相關記載，從《宋志》中勾稽出大半。而《三朝志》《兩朝志》則涵蓋了先秦兩漢至唐五代舊書與北宋前期典籍，與《中興志》條目存在大量重合，且由於元代館臣補入、修訂工作非常粗疏，許多書籍北宋尚存或篇卷尚多，南宋已

① 《中興志》在淳熙五年《中興館閣書目》和嘉定十三年《中興館閣續書目》的基礎上形成。趙士煒輯得《中興館閣書目》19042卷，《續目》680卷(趙士煒《中興館閣書目輯考》，頁444。《中興館閣續書目輯考》，頁449，《宋元明清書目題跋叢刊》第一册影印1933年《古逸書録叢輯》本，中華書局，2006年)，約爲《中興志》著録的四分之一，與《宋志》相比較幾乎完全吻合。

散佚不完,《宋志》著録卻依然體現的是南宋《中興志》的面貌①。

上述認識爲我們討論《玉海》引《國史藝文志》的性質提供了基礎。趙士煒所輯《國史藝文志》中,《玉海》徵引當然是最主要的來源②。趙氏輯佚罕有闕失,但没有辨析《玉海》所引《國史志》究竟屬於三朝、兩朝、四朝、中興中的何種《國史志》。逐條檢閱《玉海》引《國史志》諸條,基本爲英宗以前著述,提示我們《玉海》引《國史志》應當不包含《四朝志》與《中興志》,而僅限於《三朝志》與《兩朝志》。

《玉海》引《國史志》首先可以排除《中興志》。《中興四朝國史》最終完成於理宗寶祐五年(1257)③,而王應麟寶祐四年(1256)中博學宏詞科,景定五年(1264)五月以太常博士除秘書郎,十月度宗即位,十二月爲著作佐郎,咸淳元年(1265)七月爲著作郎,其後常年任職史館,本有條件援引《中興志》。但如張良所考,王應麟纂輯《玉海》,初爲應博學宏詞試而作,寶祐四年之前必已粗具規模,引述書目自然據民間流傳廣遠的《中興館閣書目》和《續書目》;任職中秘後固可遍覽群籍,但《玉海》規模已定,難以自亂體例④。另外《中興志》基本取《中興目》《續目》二目歸併,改易較少,因此《玉海》既引《中興目》《續目》,功能大體同於引《中興志》,也就不必全書通改爲引《中興志》了⑤。

《玉海》引《國史志》其次可以排除《四朝志》。如馬楠所論《四朝志》編纂方式不誤,即《四朝志》主要采摭實録等文獻中修書、獻書的進呈記録、頒行記録,及名臣行狀、碑傳的著述記録,爲孝宗時館臣"溯其當有",那麽《四朝志》内容基本爲神哲徽欽四朝時所修、所進,及卒年在神哲徽欽四朝的名臣著述;再加上《國史藝文志》編纂有所謂"三朝所録,則兩朝不復登載,而録其所未有者;四朝於兩朝亦然"的體例,《四朝志》著録書籍基本限定在神哲徽欽四朝,與《三朝志》《兩朝志》和《中興志》總載館閣秘省藏書、不拘著述時代的情況完

---

① 馬楠《離析〈宋史藝文志〉》,《中國典籍與文化論叢》第二十一輯,鳳凰出版社,2020年,頁117—163。又《唐宋官私目録研究》,中西書局,2020年,頁135—180。前者對《玉海》引《國史藝文志》認識存在錯誤,後者已修訂。《四朝志》研究詳馬楠《宋〈四朝國史藝文志〉鉤摭》,待刊。

② 趙士煒《宋國史藝文志輯本》,《二十五史藝文經籍志考補萃編》第二十卷,清華大學出版社,2013年。此外《玉海》禮儀、車服、選舉引《四朝志》,是屬於《輿服志》《儀衛志》《職官志》的内容,不在趙輯本與本文的討論範圍。又本文引《玉海》等書據《玉海(合璧本)》,大化書局,1977年。上海師範大學古籍研究所、華東師範大學古籍研究所點校《文獻通考》,中華書局,2011年。徐小蠻、顧美華點校《直齋書録解題》,上海古籍出版社,2015年。

③ 《宋史》卷四四《理宗紀》:(寶祐五年)閏四月己丑,程元鳳等進玉牒、日曆、會要、《經武要略》及《中興四朝》志傳。(中華書局,1985年,頁859)《玉海》卷四六"淳祐四朝史"條亦云"淳祐二年二月,進紀。十一年,命史官分撰志、傳。編修官王撝撰《輿服志》四卷。寶祐二年八月二十三日癸巳,進志、傳。五年閏四月四日,修潤上之。"(頁922)

④ 張良《跋蘇天爵〈三史質疑〉》,《北京大學中國古文獻研究中心集刊》第二十輯,北京大學出版社,2020年。

⑤ 馬楠《離析〈宋史藝文志〉》,《唐宋官私目録研究》。

全不同[1]。而《玉海》引《國史志》諸條,基本爲英宗以前著述,也就排除了《國史志》中引《四朝志》的可能。

另外,《玉海》引述神哲徽欽四朝著述,之前冠以書目出處的,往往是"《書目》曰",而非"《國史志》"。《中興館閣書目》於淳熙五年(1178)編訂,而《四朝國史》志書部分則在淳熙七年完成,《中興目》當然也不會援引《四朝志》。《玉海》既初爲應博學宏詞試而作,備列藝文著述始末便於翻檢即可,撰作中也不需要詳細考校異同。

排除《四朝志》《中興志》,《玉海》引《國史志》當然就只包括《三朝志》與《兩朝志》。

《三朝志》與《兩朝志》著録情況不可詳考,而《崇文總目》恰好處於二目之間,可以作爲參考。《玉海》引書録以《隋志》《新唐書》《中興目》爲主,在最開始的天文類同時引用《國史志》與《崇文總目》的情況較爲常見,但目的當是標識與隋唐志和《中興目》的異同之處(案語爲筆者所加,用【案】標誌,下同):

(1)《藝文志》(【案】《新唐志》):《長慶筭五星所在宿度圖》一卷。(司天少監徐昇。《崇文目》云二卷。《國史志》云一卷)

(2)《隋志》:梁奉朝請祖暅天監中受詔集古天官及圖緯舊説,撰《天文録》三十卷。(《唐志》《崇文目》同)《國史》:《天文録經要訣》一卷,鈔祖暅書。(【案】《崇文總目》同。《宋志》同,小注"鈔祖暅書"亦本《國史志》)

(3)《中興書目》:《像曆》一卷,梁陶弘景較定。推演巫咸氏、甘氏、石氏等説。案《崇文總目》:《天文星經》五卷,梁陶弘景校合三垣列宿中外官三百十九名,各設圖象,著巫咸、甘德、石申所記(【案】以下有闕文)以變,即弘景所定也。(《國史志》經五卷)

(4)《書目》:《乾坤秘奥》一卷,太史令淳風撰。自乾災至錯紀凡三十五篇。(《崇文目》七卷,《國史志》七卷)

(5)《藝文志》(【案】《新唐志》):《大唐開元占經》一百一十卷,瞿曇悉達集。(《國史志》四卷。《崇文目》三卷)

(6)《國史志》:徐承嗣《星書要略》六卷(【案】《崇文總目》同)。徐彦卿《證應集》三卷(【案】《崇文總目》《宋志》作徵應)。《宿曜度分城名録》一卷。(【案】《崇文總目》作"分域")《元象應驗録》二十卷。(【案】《崇文總目》同)

(7)《國史志》:商紹《太史堪輿曆》一卷。(【案】《崇文總目》同)

(8)《國史志》:《京房周易律曆》一卷,題虞翻注。(【案】《崇文總目》同)[2]

---

① 馬楠《宋〈四朝國史藝文志〉鉤摭》。《四朝志》中有個别條目在神哲徽欽四朝之外,如《宋志》兵書類仁宗《行軍環珠》一部(卷亡)、《四路戰守約束》一部(卷亡)本於《四朝志》,兩條當本《長編》神宗熙寧五年十二月乙亥"詔賜王韶《御制攻守圖》、《行軍環珠》、《武經總要》、《神武祕略》、《風角集占》、《四路戰守約束》各一部,仍令秦鳳路經略司鈔録"一類記録編入《四朝志》(《續資治通鑑長編》卷二四一,中華書局,2004年,頁5874)。

② 《玉海》卷一、卷三、卷五《天文》,頁43、77、80、91、130、135。

可以看出《玉海·天文》引用《國史志》《崇文總目》,主要是爲標記與《隋志》《新唐志》《中興目》的異同之處,本不是爲了討論《國史志》《崇文總目》的異同,二者大體相同,就只出其一了。天文類以下,同時引用《國史志》《崇文總目》的情況明顯減少,也説明了這樣的引用目的。

二者不同的如:

(9)《崇文目》:《唐國要圖》五卷、《大唐國照圖》一卷。《國史志》:賈耽《國要圖》一卷。

(10) 唐武孝經。《書目》一卷。(《崇文目》小説)唐郭良輔設太公、孫子問答,仿《孝經》篇第,以述武事。(《崇文目》有《兵書論語》三卷,《國史志》一卷)

(11)《志》:(【案】《新唐志》)《唐皇室維城録》一卷。(《崇文目》同。《國史志》云李衢)

(12)《志》:(【案】《新唐志》)元和十一年秘書郎韋公肅録開元以後禮文損益,爲《禮閣新儀》三十卷。(《崇文目》二十卷。《藝文志》三十卷)①

二者相同的如:

(13) 志(【案】《新唐志》)韋澳《諸道山河地名要略》九卷。(一名處分語、一名新集地理書。《崇文目》《國史志》同)

(14) 子華子。《書目》儒家十卷……《崇文總目》《國史藝文志》悉無此書。吴兢、李淑二家書目亦不載,必近世依託也。(晁氏志云元豐以後舉子所爲,雜家)②

《玉海》引述《國史志》與《崇文總目》未必全然是王應麟的工作,至少從(3)(4)(10)(14)看來,存在從《中興館閣書目》轉引的可能。而《直齋書録解題》之《三輔黄圖》條云"案《唐志》一卷,今分上下卷……然《中興書目》以爲《崇文總目》及《國史志》不載,疑非本書也"③,則是《中興目》轉引《崇文總目》《國史志》的實例。如上所述,《中興目》纂修完成在《四朝志》之前,這也解釋了爲何《玉海》引《國史志》中不包含《四朝志》。

二 《玉海》引《國史志》之《兩朝志》

《兩朝志》所收書當然不限於仁宗、英宗兩朝。《玉海》引"《兩朝志》滕宗諒《大唐統制》三十卷,集唐制誥";"《兩朝藝文志》總集有《五代國初内制雜編》十卷。《建隆景德雜麻制》十五卷";"《兩朝志》:《唐奏議駁論》一卷";"《兩朝志》有《御集諫書》八十卷";"《兩朝志》樂史《孝悌贊》五卷"④,並見於《崇文總目》《宋志》,僅據書名無從判斷成書時間。但以仁宗爲斷,可以區分《玉海》所引

① 《玉海》卷一四《地理》,頁 303。卷四一、卷五一《藝文》,頁 823、1005。卷六九《禮儀》,頁 1357。
② 《玉海》卷一五《地理》,頁 327。卷五三《藝文》,頁 1053。
③ 《直齋書録解題》,頁 242。
④ 《玉海》卷六四《詔令》,頁 1268、1269。《玉海》卷六一、卷五八《藝文》,頁 1219、1222、1164。

“國史志”中的《兩朝志》，如：

唐史例。……（《兩朝志》：林槩《史論》二十卷。邵必《史例》十卷）

《國史志》：《詩譜》，世傳太叔求注，不在秘府。《經典釋文》叙録所稱徐整暢、太叔裘隱，蓋整既暢演，而裘隱括之。求，字訛也。（歐陽脩補注一卷）

《國史志》：《慶曆善救方》一卷。（八年頒行，《紀》二月癸酉）《皇祐簡要濟衆方》（一云廣濟）五卷。（皇祐中）仁宗謂輔臣曰：外無善醫，其令太醫簡《聖惠方》之要者頒下諸道。仍敕長史拯濟，令醫官使周應編。三年頒行。（《紀》：三年五月己亥頒，命長史按方劑救民疾）①

林槩、邵必皆仁宗時人。後三書參照《通考》引述，可以確認爲《兩朝志》②。

根據修書、進呈時間先後順序，可以指出《玉海》所引《兩朝志》條目。首先是慶曆《崇文總目》之前書：

（1）《國史志》：胡旦《漢春秋》百卷《問答》一卷（因四百年行事立褒貶，以擬《春秋》）淳化五年旦自言，願給借館吏繕寫。帝曰：“褒貶出於胸臆，豈得容易流傳？”祥符三年，謝泌又爲言，敕襄州給紙寫。天聖中，獻之，仁宗稱歎，遷旦秘書監。③

（2）天聖七年七月己卯，泰州泰興簿胡訥上所著《孝行録》二卷、《賢惠録》二卷、《民表録》三卷。（《國史志》）④

（3）明道元年六月癸卯，國子監（説書）李敏上所著《孔子七十二弟子贊傳》六十卷。（《國史志》李略六十卷）

《書目》：皇朝李畋爲《孔子弟子贊傳》六十卷，十萬餘言。（《國史志》李略）⑤

此書《宋志》作李畋《孔子弟子贊傳》六十卷，顯然本自《中興志》，而題作“李略”“孔子七十二弟子贊傳”的當爲《兩朝志》。

（4）《國史志》：《扁鵲鍼傳》一卷。（許希請與扁鵲廟築於城西隅，因立太醫局其旁。希著《神應鍼經要訣》）⑥

---

① 《玉海》卷四九、三八、六三《藝文》，頁980、761、1250。

② 《文獻通考》引《兩朝藝文志》：“詔以福州奏獄醫林士元，藥下蠱毒，人以獲全，録其方，令國醫類集附益。八年頒行。”“皇祐中，仁宗謂輔臣曰：‘外無善醫，民有疾疫或不能救療。其令太醫簡《聖惠方》之要者頒下諸道，仍敕長史按方劑以時拯濟。’令醫官使周應編以爲此方。三年頒行。”（卷二二三，頁6155）又引《兩朝國史志》：“歐陽脩於絳州得注本，卷首殘闕，因補成進之，而不知注者爲太叔求也。”《宋志》醫書類有《慶曆善救方》一卷，周應《簡要濟衆方》五卷。（卷一七九，頁5318）

③ 《玉海》卷四一《藝文》，頁807。

④ 《玉海》卷五八《藝文》，頁1164。

⑤ 《玉海》卷五七《藝文》，頁1138，卷五八《藝文》，頁1154。

⑥ 《玉海》卷六三《藝文》，頁1249。又見《崇文總目》《宋志》。許希事在景祐元年九月戊子（《續資治通鑑長編》卷一一五，頁2698）。

(5)《國史志》:《土牛經》四篇。景祐元年詔日官取舊文删定,丁度序頒之。實録:景祐元年十月己巳,頒諸州軍《土牛經》,前詔日官取舊文删校重複,爲四篇,知制誥丁度撰序而印行之,其牛色及策人衣並以歲月支干納音相配。①

(6)《國史志》雜史:王軫《五朝春秋》二十五卷。

(7)《國史志》雜史:王沿《唐志》二十一卷。孫沖《五代紀》七十七卷。史抄類賈昌朝《通紀》八十卷。②

(8)《國史志》:孫沖《遺士傳》一卷。③

(9)實録:(【案】景祐)三年十月乙巳朔,國子博士周越上纂集古今人書并隸體法,(傳云"并所更體法")名《書苑》,凡二十卷。命知國子監書學。(《志》云二十九卷,傳云十卷)④

(10)景祐《漢書刊誤》。《國史志》:余靖《漢書刊誤》三十卷。景祐初,靖言《漢書》差舛,詔與王洙盡取秘閣古本對校,逾年乃定著此。議者譏其疏謬。⑤

"議者譏其疏謬"以下,《玉海》又云"程俱《班左誨蒙》三卷,崔端詩爲《廣蒙》三卷",爲連類引及,不屬"國史志"。崔書不見於《宋志》,程俱南宋紹興年間乃卒。又如《玉海》"嘉祐新唐書"條引《國史志》云慶曆五年詔修,凡十有七年,至嘉祐五年而成,下文亦連類引及"宣和中進士李繪以舊書參新書而爲之注。崇寧五年董衡爲《釋音》二十五卷。吴縝《糾繆》二十卷。"李、董、吴三書亦不屬"國史志",《宋志》唯吴縝書與此合⑥。

(11)康定《羣經音辨》。《書目》七卷(《國史志》同。或云十卷)天章閣侍講賈昌朝撰進,凡五門:一辨字同音異,二辨字音清濁,三辨彼此異音,四辨字音疑混,五辨字訓得失。康定二年詔刊行。⑦

---

① 《玉海》卷一七八《食貨》,頁3377—3378。《續資治通鑒長編》一一五景祐元年十月:"己巳,頒諸州軍土牛經。前詔日官取舊文删校重複爲四篇,知制誥丁度撰序刊印,其牛色及策人衣,並以歲日支干納音相配云。(頁2704)案此書《玉海》引《中興目》爲一卷,云"景祐元年司天監校《土牛經》(《書目》一卷),去其複重,釋牛色等四篇,爲農事之占。十月己巳,命知制誥丁度序之,敓天下。其牛色及執策者衣並以歲月支干納音相配。"(卷七六《禮儀》,頁1469)《宋志》著録一卷,本《中興志》。

② 《玉海》卷四一《藝文》,頁811。卷四七《藝文》,頁930。《續資治通鑑長編》一一九景祐三年七月:"丁亥,工部郎中王軫直祕閣。軫上所撰《五朝春秋》二十五卷,特擢之。""戊子,翰林侍講學士、兼龍圖閣學士、禮部侍郎馮元,度支判官、工部郎中、集賢校理、同修起居注聶冠卿,太常博士、直史館宋祁等,上《景祐廣樂記》八十一卷。己丑,以元爲户部侍郎,冠卿爲刑部郎中、直集賢院,祁爲工部郎中。""庚寅,右諫議大夫、集賢院學士孫沖上所撰《五代紀》七十七卷,降詔褒答。"(頁2796)《景祐廣樂記》,详下。

③ 《玉海》卷五八《藝文》,頁1159。《文獻通考》卷一九五引《兩朝志》傳記類小叙"傳記之作,近世尤盛,其爲家者,亦多可稱,采獲削稿,爲史所傳。然根據膚淺,好尚偏駁,滯泥一隅,寡通方之用,至孫沖、胡訥,收摭益細,而通之於小説。"(頁5649)孫沖書亦當在《兩朝志》。

④ 《玉海》卷四五《藝文》,頁892。

⑤ 《玉海》卷四九《藝文》,頁981。

⑥ 《玉海》卷四六《藝文》,頁918。

⑦ 《玉海》卷四三《藝文》,頁858。

(12)《國史志》類事：王純臣《青宮懿典》十五卷。慶曆中進，詔藏秘閣。①

(13) 慶曆元年(康定二年辛巳即慶曆元年)七月戊申朔，出御制《觀文鑒古圖記》以示輔臣(繪列百篇，合爲十卷)。初，康定二年七月己卯，命圖畫前代帝王美惡之迹可爲規戒者，號曰《觀文鑒古圖》。上自爲記，凡十二卷(《藝文志》云十卷)，百二十事，每事帝自爲一篇，始黄帝夢風后、力牧，終長孫皇后賞魏玄成諫。慶曆四年二月丙辰御迎陽門，召輔臣觀之。②

慶曆《崇文總目》以下：

(14) 慶曆元年十二月己丑，翰林學士王堯臣等上新修《崇文總目》六十卷。(《中興書目》云六十六卷，當考。《國史志》：《崇文總目》六十六卷，序録一卷，多所繆誤。)③

(15)《皇祐方域圖志》。三年七月己巳(二十一日)知制誥王洙、直集賢院掌禹錫上新修地理圖五十卷(《國史志》三卷)、《圖繪要覽》一卷，詔賜名《皇祐方域圖志》(會要云“九域”、志云“圖記”)。④

(16) 宋朝會計録。《國史志》地理類：……田況皇祐六卷。蔡襄治平六卷。⑤

(17)《國史志》：……何涉《治道中説》三篇，嘉祐中進。(儒家)⑥

(18)《國史志》：慶曆五年(五月四日己未)詔王堯臣、張方平、宋祁等刊修……凡十有七年，至嘉祐五年而成。提舉曾公亮上之(七月戊戌。一本云六月二十四日進呈)。⑦

當然官修書集中在刑法、禮儀、樂書等類别，也對應了《玉海》的相關門類。《兩朝志》刑法類可確認條目包括：

(1) 嘉祐編録端拱以來宣敕。三年十二月甲辰，樞密院上端拱以來宣敕劄子六十卷目録二卷，一本留中，一本藏龍圖閣。初，韓琦爲副樞，言嘗任河北，見祖宗所下詔令皆契丹未講和以前經武禦戎之事，請下本院編録上之(《志》刑法類)。⑧

(2) 天聖新修令。七年五月己巳，詔以新修令三十卷，又附令勑頒

① 《玉海》卷一二九《官制》，頁 2474。此書見於《崇文總目》，當在慶曆元年十二月前。

② 《玉海》卷五六《藝文》，頁 1119。

③ 《玉海》卷五二《藝文》，頁 1043。

④ 《玉海》卷一四《地理》，頁 310。

⑤ 《玉海》卷五八《藝文》，頁 1166。田況上又有“林特三十卷。丁謂景德六卷。”未知屬《兩朝志》抑或《三朝志》。

⑥ 《玉海》卷五五《藝文》，頁 1102。《國史志》下云“刁衎《本説》十卷”，繼云“何涉《治道中説》三篇”。刁衎太宗真宗時人，其書未必屬《兩朝志》。何涉書進呈在嘉祐二年十一月己亥。(《續資治通鑑長編》卷一八六，頁 4495)

⑦ 《玉海》卷四六《藝文》，頁 918。

⑧ 《玉海》卷六四《詔令》，頁 1269。《宋志》作韓琦端拱以來宣敕札子六十卷。

行。初修令官修令成,又録罪名之輕者五百餘條爲附令勅一卷(《志》令文三十卷,附令勅一卷),乃下兩制看詳,既上,頒行之。[1]

(3) 慶曆編敕。七年正月己亥編勅成,凡十二卷……八年四月二十八日,宰臣賈昌朝、樞副吴育上删定編勅、赦書德音、附令勅目録二十卷。……《志》續附令勅一卷。續降赦書德音三卷。

(4) 嘉祐禄令。二年十月甲辰朔三司使張方平上新修禄令十卷,名曰嘉祐禄令。……《志》嘉祐初,韓琦言内外吏兵俸禄雖有等差,而無著令,乃命官即三司類次爲禄令,又以驛料名數著爲驛令。

(5)嘉祐編勅。七年四月宰臣琦等上言:所修嘉祐編勅起慶曆四年冬盡嘉祐三年,凡十二卷(《志》十八卷,卷大分上中下)總例一卷,目録五卷。其元降勅但行約束,不在刑名者,又析爲續降附令勅三卷,目録一卷。(續赦書德音二卷)[2]

(6)《國史志》:審官院編敕十五卷。銓曹格敕十四卷。[3]

《兩朝志》儀注類包括:

(1)《國史志》:宋綬《内東門儀制》五卷。李淑《閤門儀制》十二卷。[4]

(2)《藝文志》:景祐三年,詔賈昌朝與丁度、李淑采國朝律曆典禮日度昏曉中星祠祀配侑歲時施行者,約唐月令定爲《時令》一卷,以備宣讀。而淑定入閤儀,異於通禮。明年,詔因入閤讀《時令》,尋停。[5]

(3) 仁宗皇帝即位十一年,明道元年(歲次壬申)十二月(一本十二月,一本正月)庚子(三日),詔以來歲仲春涓日行耕藉之禮,命有司草具儀。辛丑,尚書司封員外郎、直集賢院王舉正,太常博士、直集賢院李淑與禮官詳定儀注。(《國史志》:李淑《耕藉類事》五卷)[6]

(4)《慶曆祀儀》六十三卷。(《書目》云:"凡一百二十篇,止慶曆三年。"《志》云:"漏略短於采獲。")[7]

(5) 實録:是年(【案】皇祐二年)三月丙辰,(一本云三月二十九日)判太常

---

① 《玉海》卷六六《詔令》,頁 1312。

② 《玉海》卷六六《詔令》,頁 1313。

③ 《玉海》卷一一七《選舉》,頁 2245。《玉海》卷六六《詔令》:"王珪以審官院皇祐一司勅至嘉祐七年以前續降勅劄一千二十三道編成條貫,並總例共四百七十六條,爲十五卷,以嘉祐審官院編勅爲目。"(頁 134)

④ 《玉海》卷六九《禮儀》,頁 1360。據《續資治通鑒長編》,宋綬書上於天聖九年六月庚辰,李淑書上於康定元年四月壬子(頁 2562、3009)。此下又有"梁顥《閤門儀制》六卷",其書進呈於景德元年二月壬午(頁 1231)。

⑤ 《玉海》卷七〇《禮儀》,頁 1387。案《兩朝志》此條似爲李淑《閤門儀注》之入閤儀注而發。《文獻通考》卷二〇六《經籍》國朝時令條引"《兩朝藝文志》:詔因入閤讀時令,問禮官:五月朔日夏至,百官入閤可否"云云。(頁 5866)

⑥ 《玉海》卷七六《禮儀》,頁 1468。

⑦ 《玉海》卷六九《禮儀》,頁 1361。

禮儀事宋祁上《明堂通議》二篇。(或作六篇,《國史志》:宋祁《通議》二卷)①

(6)《國史志》:"開寶已後,三輯禮書。推其要歸,嘉祐尤悉。然繁簡失中,訛缺不備,豈有所拘而不得騁乎?"②

《兩朝志》樂類包括:

(1)《律志》:仁宗著《樂髓新經》,凡六篇。(《志》一卷)

(2)康定御撰《審樂要紀》(見御制)。《書目》:二卷,康定元年製。《志》云:《要紀》二卷。御集有《審樂要記》四卷、《樂府要略》三卷、《樂髓新經》二卷。

(3)《藝文志》:《景祐廣樂記》八十一卷,馮元、宋祁等撰。

(4)《藝文志》:《景祐大樂圖》二十卷。宋祁《大樂圖》二卷。③

三 《三朝志》收書下限

太祖、太宗兩朝史編修始於真宗景德四年(1007)八月二十四日,大中祥符九年(1016)二月修成:

九年二月十二日丁亥,史成,(王)旦率史官詣崇政殿以獻,凡百二十卷,目録一卷,帝紀六,(太祖、太宗各三)志五十五,(天文三、地理七、律曆三、禮四、五行二、藝文七、樂三、職官九、河渠二、選舉三、輿服三、食貨六、兵三、刑法二)列傳五十九,(后妃一、宗室一、臣僚四十八、四夷九),優詔答之。④

《三朝國史》編修始於仁宗天聖五年(1027)二月,進呈於八年(1030)六月:

天聖五年二月癸酉,仁宗詔曰:先朝正史,久而未修,年祀寖遠,事或淪墜,宜令參政吕夷簡、副樞密夏竦修國史,宋綬、劉筠、陳堯佐同修。仍命宰臣王曾監修……八年六月十一日癸巳夷簡等(曾率夷簡上)詣崇政殿上進……先是太祖太宗紀六、志五十五、傳五十九、目録一,凡百二十卷,至是修真宗史成,增紀爲十,志爲六十,傳爲八十,總百五十卷,此所謂《三朝國史》也。(凡紀十卷,志增修道釋、符瑞爲六十卷,列傳八十卷,總一百五十卷)⑤

---

① 《玉海》卷九六《郊祀》,頁1810—1811。《續資治通鑑長編》卷一六八皇祐二年三月:"丙辰,宋祁上《明堂通議》二篇,祁自序略曰……其書自内降出,尋復有詔進入。"(頁4036)

② 《玉海》卷六九《禮儀》,頁1363。"嘉祐尤悉"指《太常因革禮》。《玉海》引《國史志》在"政和續因革禮"條下,但"開寶已後"云云據《郡齋讀書志》爲李清臣語(《郡齋讀書志校證》,上海古籍出版社,2006年,頁79)。李清臣元豐時預修《兩朝國史》,則此句爲《兩朝志》。"三輯禮書"當指開寶《通禮》、景祐《太常新禮》、嘉祐六年至治平二年《太常因革禮》。此外《郡齋讀書志》另一處引李清臣語爲《虜廷雜記》十卷解題:"右契丹降人趙志忠撰。記北廷雜事,始於阿保謹,迄邪律宗真。李清臣云:'志忠仕虜,爲中書舍人,得罪宗真,來歸。上此書及契丹地圖,言北中事甚詳'"(頁294),也有可能屬於《兩朝志》。

③ 《玉海》卷一〇五《音樂》,頁1994—1997。

④ 《玉海》卷四六《藝文》"景德太祖太宗兩朝史"條,頁919。

⑤ 《玉海》卷四六《藝文》"天聖三朝國史"條,頁920。

天聖年間所修真宗史，志增《道釋》《符瑞》，凡五卷。因而《三朝國史藝文志》仍當同於太祖太宗兩朝史，爲七卷；所載圖籍，即《文獻通考》所稱“自建隆至大中祥符，著録總三萬六千二百八十卷”①。天禧元年至乾興元年（1017—1022）書更有可能屬於《兩朝志》。

因而《三朝志》收書下限當在大中祥符九年二月，《玉海》引《國史志》也證明了這一點：

祥符《仙源積慶圖》。……九年三月癸亥，趙安仁（宗正卿）言：唐故事，祖宗玉牒皆首載混元皇帝，請以御製聖祖降臨記冠於列聖玉牒，及别修皇朝新譜，如唐《天潢源派譜》，製爲美名。詔名曰《僊源積慶圖》。（歲寫一本，藏龍圖閣）請御製序，從之。（《藝文志》八年進《積慶圖》，與此不同）

祥符《仙源類譜》。《兩朝志》：《仙源類譜》三十卷。祥符八年建玉牒殿屬籍堂於新寺。趙安仁重修玉牒屬籍，因上《仙源積慶圖》。歲寫一本，藏龍圖閣。明年，又請御製降臨記冠玉牒，别修皇室新譜，賜名《仙源類譜》，二十卷。②

兩條相參，《仙源積慶圖》條下所引《藝文志》正是《兩朝志》。或以其書藏禁中龍圖閣，因而未列於《三朝志》。

宋朝會計録。《國史志》地理類：林特三十卷。丁謂景德六卷。田況皇祐六卷。蔡襄治平六卷。③

田況、蔡襄兩書屬《兩朝志》當無疑問，而林特書進上在大中祥符九年正月辛酉，並付祕閣④。如果丁謂、林特兩書屬於《三朝志》的話，林特書可能就是《三朝志》著録成書時間最晚的書籍了。

又《玉海》引《國史志》：

《國史藝文志》儒家以太宗《文明政化》十卷、真宗《正説》十卷爲首。⑤

《正説》以“天禧元年二月戊寅幸龍圖閣，出是書及《春秋要言》三卷示輔臣，二年以賜皇太子，三年十月辛卯賜輔臣。”⑥但此句可能指《三朝志》儒家類以《文明政化》爲首，《兩朝志》儒家類以《正説》爲首。《宋志》中《文明政化》《正説》兩書不相連屬，可爲旁證。

《三朝志》收書下限在大中祥符九年二月，而各部類小叙或述及真宗末年即天禧間事，當爲仁宗天聖時增續的内容。

《宋三朝藝文志》曰：……迄於皇朝，復興翻譯，太平興國後至道二年，

---

① 《文獻通考》卷一七四《經籍考》，頁5206。

② 《玉海》卷五一《藝文》，頁1009。

③ 《玉海》卷五八《藝文》，頁1166。

④ 《續資治通鑑長編》卷八六，頁1966。

⑤ 《玉海》卷二八《聖文》，頁596。

⑥ 《玉海》卷二八《聖文》，頁597。

二百三十九卷。又至大中祥符四年,成一百七十五卷,潤文官趙安仁等編纂新目,爲《大中祥符法寶》。咸平初,雲勝奉詔編《藏經隨函索隱》六百六十卷,又令詔訪唐貞元以後未附藏諸經益之,並令摹刻。劉安仁又分《太宗妙覺祕銓》爲名《真宗法音》,集論、頌、贊、詩爲三卷,以《法音旨要》爲名,摹印頒行。訖於天禧末,又譯成七十卷。(凡大乘經三百三十四卷,大乘律一卷,大乘論二十九卷,小乘經八十一卷,小乘律五卷,西方聖賢集二十九卷)今取傳記禪律纂之書,參儒典者具之。①

宋朝天禧四年八月二十六日,利州轉運李昉請頒行《四時纂要》《齊民要術》二書(皆古書陳耕植之法),詔館閣校勘鏤本摹賜,又出繪龍封鵝祈禳祕法,令長吏遵行,劭農之道備矣。(《國史志》:天禧中頒《齊民要術》於天下,教種植蓄養之方)《兩朝志》農家十二部十七卷篇。②

天禧頒行《四時纂要》《齊民要術》兩書,但兩書館閣種應有其書,當録在《三朝志》中。《國史志》"天禧中頒《齊民要術》於天下,教種植蓄養之方"云云也應是仁宗初年編修《三朝志》所述。

四 《玉海》引《國史志》之《三朝志》

《三朝志》根據《直齋》《玉海》《通考》等書援引,可以認定的著録如:

《直齋》著録《羣書麗藻》六十五卷,云:

按:《三朝藝文志》一千卷,崔遵度編。《中興館閣書目》但有《目録》五十卷,云南唐司門員外郎崔遵度撰。③

則《宋志》總集著録宋遵度《羣書麗藻》一千卷、目五十卷中,"目五十卷"本《中興志》,而"一千卷"本《三朝志》。

《玉海》引"《國史藝文志》儒家以太宗《文明政化》十卷、真宗《正説》十卷爲首",此條前半當爲《三朝志》,説明各部類均當以御撰居首,那麽《玉海》所引"《國史志》有太宗《棊圖》一卷"更有可能屬於《三朝志》④。

太祖、太宗、真宗時官修書、進呈書更可能出自《三朝志》:

(1)《國史志》:乾德六年《史館新定書目》四卷。⑤

(2)《國史志》:太平興國七年新修曆經三卷。⑥

(3)《志》(【案】《新唐志》):竇滂《雲南别録》一卷(敍南蠻族類及風土)、《雲南行記》一卷、樊綽《蠻書》十卷。(咸通蔡襲從事)《書目》:樊綽《南蠻記》

① 《文獻通考》卷二二六《經籍考》引,當爲《三朝志》釋氏類小序,頁6212—6213。

② 《玉海》卷一七八《食貨》,頁3776。

③ 《直齋書録解題》,頁442。

④ 《玉海》卷五六《藝文》,頁1117。

⑤ 《玉海》卷五二《藝文》,頁1044。

⑥ 《玉海》卷一〇《律曆》,頁226。

十卷。(載南詔)《國史志》辛怡顯《至道雲南録》三卷。(皇朝至道初書所歷)《崇文目》:《雲南風俗記》一卷。[①]

(4) 太平興國海外諸域圖。三年正月丁未,知廣州李符獻《海外諸域圖》《嶺表花木圖》各一。八年八月丁酉,辰州言溪錦潋富等四州蠻求内附、輸租税,詔令州長吏察其謡俗情僞,並按視山川地形具圖來上。天禧二年六月壬寅,富州刺史向通漢以《五溪地理圖》來上,乞留京師,不允,以爲防禦使。咸平六年五月乙卯,知廣州淩策上《海外諸蕃地理圖》。《國史志》:崔峻《華夷列國入貢圖》二十卷。吴育録上真宗時通西域諸蕃事迹。(真宗命潘羅支攻殺李繼遷,其子德明遂歸順)曾致堯《西陲要紀》十卷。范旻《邕管記》三卷。[②]

(5) 聖朝臣僚家譜。《國史志》一卷。太宗時,韓溥好談唐朝氏族,近世之肉譜。[③]

(6)《國史志》:刁衎《本説》十卷。[④]

(7)《國史志》皇侃疏雖時有鄙近,然博極群言,補諸家之未至,爲後學所宗。咸平中,詔邢昺刊定正義。[⑤]

(8)《國史志》:……梁顥《閤門儀制》六卷。[⑥]

(9)《國史志》:徐庸注《太玄經》十二卷。張齊《太玄正義統論》一卷、《釋文玄説》二卷。宋咸音一卷。師望《玄鑒》十卷。陳漸《演玄》七卷,本十卷,其間多言星曆,自焚三卷。前世多詆《太玄》,自王涯著説,發明淵奥,其學遂盛。[⑦]

(10)《國史志》王晦叔《周書音訓》十二卷。[⑧]

(11) 景德二年七月庚戌,改諸州牧龍坊爲監。是月丙辰,羣牧判官、著作佐郎王晦叔(一名曉)上言:"馬政之設……舉其會要,以示紀綱,纂成六卷,目曰《羣牧故事》,望藏本司備詳閲。"上覽之,嘉其詳博,詔奬之。(《書目》三卷。《國史志》六卷)[⑨]

(12) 陳靖多所建言,尤於農事爲詳。取淳化至咸平以來陳利害表章合三十餘通,目曰《勸農奏議》録上之,然其説多泥古難盡行。(《國史志》:

---

① 《玉海》卷一六《地理》,頁339。

② 《玉海》卷一六《地理》,頁340。崔峻書,《宋志》作崔峽《列國入貢圖》二十卷,似爲唐人。吴育、曾致堯、范旻,皆在太宗、真宗時,未知是否上屬《國史志》。唯范旻《邕管記》三卷見《宋志》。

③ 《玉海》卷五〇《藝文》,頁1002。

④ 《玉海》卷五五《藝文》,頁1102。下有"何涉《治道中説》三篇",進上在嘉祐二年十一月己亥,必屬《兩朝志》。説詳前。

⑤ 《玉海》卷四一《藝文》,頁813。

⑥ 《玉海》卷六九《禮儀》,頁1360。其書進呈於景德元年二月壬午。此上又有宋綬《内東門儀制》五卷(天聖九年六月庚辰)、李淑《閤門儀制》十二卷(康定元年四月壬子),屬《兩朝志》,詳前。

⑦ 《玉海》卷三六《藝文》,頁732。

⑧ 《玉海》卷三七《藝文》,頁754。

⑨ 《玉海》卷一四九《兵制》,頁2828。

陳靖《勸農奏議》三十篇)[①]

(13) 祥符六年(癸丑歲)正月辛酉判宗寺趙世長可封等,請於皇屬籍之上别崇懿號,詔名《皇宋玉牒》。(又令屬籍别録一本,藏秘閣。五月癸巳,世長請以御製聖祖降臨記藏於玉牒樓,詔可。《國史志》:《皇宋玉牒》三十三卷)[②]

《玉海》引《國史志》宋以前著述更可能出自《三朝志》,相關條目較多,僅以《玉海·地理》所引爲例:

《崇文目》:《唐國要圖》五卷、《大唐國照圖》一卷(又見圖類)。《國史志》:賈耽《國要圖》一卷。

《志》:(【案】《新唐志》)賈耽《地圖》十卷,又《皇華四達記》十卷,貞元十四年上。(載驛程遠近。《中興目》亦同。《崇文目》同)……《國史志》:地理名家者賈耽,世之所傳有《皇華四達記》,餘多殘缺。

唐《元和郡縣圖志》。《中興書目》:自京兆府至隴右道,凡四十七鎮,每鎮皆圖在篇首,冠於叙事之前。今本四十卷,並目録共四十二卷,圖闕(題爲"郡縣圖志"。淳熙二年五月程大昌爲序,三年十一月洪邁爲後序。)……《國史志》:《元和郡國志》四十卷。

《志》(【案】《新唐志》):韋澳《諸道山河地名要略》九卷。(一名處分語,一名新集地理書。《崇文目》、《國史志》同)

《國史志》:韓郁《十道四蕃引》一卷。[③]

綜上,《玉海》徵引《國史藝文志》限於《三朝志》與《兩朝志》。《三朝志》著録書籍 36280 卷,《兩朝志》則 8494 卷[④],且"《三朝》所録,則《兩朝》不復登載"[⑤]。但就《玉海》引述而言,《兩朝志》遠較《三朝志》詳備,或許是《兩朝志》以《崇文總目》爲基礎,編修質量較好的緣故。

【作者簡介】馬楠,清華大學歷史系副教授,主要研究方向爲歷史文獻學。

---

① 《玉海》卷一七八《食貨》,頁 3377。
② 《玉海》卷五一《藝文》,頁 1006。
③ 《玉海》卷一四、卷一五、卷一六《地理》,頁 303、325、326、327、340。
④ 《文獻通考》卷一七四《經籍》,頁 5206。
⑤ 《宋史》卷二〇二《藝文志》,頁 5033。

《學》《庸》類目設置與清初學風[①]

周春健

【提　要】《大學》《中庸》原本是《禮記》中的兩篇，唐、宋以來尤其是南宋朱熹結集爲《四書》並精心結撰章句、集注之後，其學術地位逐漸提升。元仁宗延祐年間恢復科舉，科目程式規定先考朱子《四書》，四書學地位逐漸超越傳統的五經學。在目録學著作中，《大學》《中庸》二篇也從過去的隸屬于經部"禮類"，漸而歸入"四書類"，這在明代尤其明顯。但在清初，以黄虞稷《千頃堂書目》和朱彝尊《經義考》爲代表的目録書，又與明代大异，不僅將《大學》《中庸》"黜還戴《記》"，而且懷疑其爲"僞書"，很大程度上顛覆了二者的經典地位。這一學術現象，與清代初年推崇漢學與批判明學的學術風氣有直接關聯。

【關鍵詞】　大學　中庸　四書學　五經學　漢宋兼采　清初

《大學》《中庸》是《四書》中的重要兩部，在朱子四書學體系當中，這兩部書占有非常重要的地位。尤其是《大學》，錢穆先生（1895—1990）説："《大學》乃宋明六百年理學家發論依據之中心。"[②]從讀書方法來講，朱子主張首先讀《大學》，最後讀《中庸》，次序不可紊亂，所謂："某要人先讀《大學》，以定其規模；次讀《論語》，以立其根本；次讀《孟子》，以觀其發越；次讀《中庸》，以求古人之微妙處。"[③]朱子認爲只有如此，才可把握《四書》精義。

其實嚴格説來，這兩部又算不上是真正的"書"，二者原本是小戴《禮記》中的兩篇禮學文章。《大學》是《禮記》的第 42 篇，《中庸》是《禮記》的第 31 篇，原本主要隨著《五經》系統中的《禮記》而流傳，未曾獨立單行。一般認爲，《中庸》一篇大概從南朝宋代開始從《禮記》當中抽出單行[④]，而《大學》一篇在中唐以後隨著韓愈（768—824）、李翺（772—841）的提倡亦開始單行。至于宋代，隨著理學的興起，《大學》《中庸》二篇越來越受到重視。在司馬光（1019—1086）、張

---

① 【基金項目】本文係國家社科基金重大項目"四書學與中國思想傳統研究"（15ZDB005）的階段性成果。

② 錢穆《中國近三百年學術史》第二章，商務印書館，1997 年，頁 56。

③ ［南宋］朱熹《朱子語類》卷十四，朱杰人等主編《朱子全書》第 14 册，上海古籍出版社、安徽教育出版社，2002 年，頁 419。

④ 顧歆藝《〈四書章句集注〉研究》，北京大學博士學位論文，1999 年，頁 73。

載(1020—1077)、程顥(1032—1085)、程頤(1033—1107)等理學家的推動之下,尤其到了南宋大儒朱熹(1130—1200)那裏,傾其畢生主要精力,爲《大學》《論語》《孟子》《中庸》四書撰作章句、集注,並于淳熙九年(1182)將四書合爲一集刻于婺州,思想史上的"四書"之名首次出現,這也意味著朱子四書學的正式創立①。

宋代以降,中國學術可以説是進入了"四書"時代。尤其是朱子四書學創立之後,《四書》更是在學術與社會各領域産生了深刻的影響,其深度廣度,都要超過漢唐的《五經》。就《大學》《中庸》二篇而言,由于之前屬"五經學"體系,在中國古典社會後期流傳時,自然會遇到作爲主流的"四書學"體系與作爲傳統的"五經學"體系之間的張力。這一張力,可以通過二書在目録學著作中的類目設置體現出來,這在清初表現得尤爲明顯。討論這一問題,既可以使我們瞭解目録學與學術史之間的密切關聯,更可以使我們明曉近世以來"四書學"與"五經學"兩大學術系統的浮沉消長,因而具有重要的思想史意義。

一、宋代以來目録書中的《學》《庸》類目設置

雖然朱子早在宋孝宗淳熙年間已將《四書》彙編在一起,但在朱子生前,其學並未受到官方的認可,甚至在"慶元黨禁"中遭受嚴厲打擊。直到二十多年後的理宗即位,于寶慶三年(1227)稱:"朕觀朱熹集注《大學》《論語》《孟子》《中庸》,發揮聖賢藴奥,有補治道。"②並特贈朱熹"太師",追封爲"信國公",情況才逐漸好轉起來。這一情形在目録學著作中有所反映。

1. 宋代目録書與《學》《庸》類目設置

宋代的目録書,開始收録關于《學》《論》《孟》《庸》四書研究的相關著述,朱子的諸種著作也多有收録。當然,最初並無"四書"之類目設置,《學》《論》《孟》《庸》四書,往往分散到幾個相關類目當中。

南宋目録學家陳振孫(1179—1261)在《直齋書録解題》中,曾于卷三專設"語孟類",收録《論語》《孟子》相關圖書,其中即有朱子的《語孟集義》二十四卷、《論語集注》十卷、《孟子集注》十四卷、《論語或問》十卷、《孟子或問》十四卷五種。而《四書》中關于《大學》《中庸》二書的著述,則歸入卷二"禮類",包含朱子所撰《大學章句》一卷、《或問》二卷、《中庸章句》一卷、《或問》二卷、《中庸輯略》一卷五種。

需要注意,陳氏于"禮類",並未説明《學》《庸》之歸類緣由,大概是沿遵《五經》傳統。雖然在"語孟類"對于朱子《論孟集注》評價甚高,稱:"大略本程氏學,通取注疏、古今諸儒之説,間復斷以己見。晦翁生平講解,此爲第一,所謂毫髮無遺憾者矣。"③但對于"語孟類"之設置緣由,並未提及朱子四書

---

① 參周春健《〈四書〉的結集與定名》,見《宋元明清四書學編年·代序》,臺北萬卷樓,2012年。

② [元]脱脱等《宋史·理宗紀一》,中華書局,1985年,頁789。

③ [南宋]陳振孫《直齋書録解題》卷三,上海古籍出版社,1987年,頁77。

之學，而是稱：

> 前志《孟子》本列于儒家，然趙岐固嘗以爲則象《論語》矣。自韓文公稱孔子傳之孟軻，軻死不得其傳，天下學者咸曰“孔孟”。孟子之書，固非荀、揚以降所可同日語也。今國家設科取士，《語》《孟》並列爲經，而程氏諸儒訓解二書常相表裏，故今合爲一類。[①]

可見，陳氏之所以設置“語孟類”，主要是因爲宋代科舉考試以《語》《孟》爲經書，且二程多有説解，與朱子四書學尚無直接關聯。换句話説，南宋朱子學的地位並不彰顯。

宋末元初文獻學家馬端臨（1254—1323）于《文獻通考》中專立《經籍考》，吸納了陳氏《直齋書録解題》的許多成果。對于《學》《論》《孟》《庸》四書的處置方式，與陳氏基本相同。《學》《庸》二篇相關書籍歸入“禮類”（卷一八一），《論》《孟》二經相關者，則分别立爲“論語類”和“孟子類”（卷一八四）。並且在“禮類”和“論語類”“孟子類”的設置緣由中，亦未提及朱子四書學。

這表明，南宋迄于元初，朱子四書學的學術地位尚遠不及後世，目録學家也尚未將“四書”作爲一個不可分割的學術整體來看待，《學》《庸》二篇一直歸屬于“五經學”體系。

2. 元代目録書與《學》《庸》類目設置

朱子四書學官方地位的大幅提升，開始于元仁宗時期的恢復科舉。四庫館臣稱：

> 《論語》《孟子》，舊各爲帙；《大學》《中庸》，舊《禮記》之二篇。其編爲《四書》，自宋淳熙始；其懸爲令甲，則自元延祐復科舉始，古來無是名也。[②]

元仁宗于皇慶二年（1313）頒布詔令，規定科舉取士首試《四書》，再試《五經》；《四書》以朱子《四書章句集注》爲基本依據，《五經》諸書，也均屬程朱一派[③]。這一規定及具體施行，實現了四書學官學地位的制度化，並使元代學術發生了明顯的四書學轉向[④]。自此，學者逐漸視《四書》爲一個有機學術整體，並逐漸確立起不同于“五經學”的“四書學”觀念。體現在著作方面，有元一代共涌現出四書類著述 290 餘種，其中“四書合刻總義類”172 種、“論語類”30 種、“孟子類”23 種、“大學類”37 種、“中庸類”28 種[⑤]。就《大學》《中庸》而言，學者逐漸將其從“五經學”體系中抽離出來，而將其放置到“四書學”體系中考察研究。這是學術史上的一個重大轉折。

不過，編集一代或通代圖書的目録書，在通過類目設置和收録圖書來反映

---

① ［南宋］陳振孫《直齋書録解題》卷三，頁 72。

② ［清］永瑢等《四庫全書總目》卷三十五《四書類一》，中華書局，1965 年，頁 289。

③ 參［明］宋濂等《元史・選舉志一・科目》，中華書局，1976 年，頁 2019。

④ 參周春健《元代四書學研究》第二章，華東師大出版社，2008 年，頁 65—76。

⑤ 參周春健《元代四書學研究》附録《元代四書類著述考》，頁 308。

學術變化方面，通常是滯後的。因此，雖然朱子四書學"懸爲令甲"在元代中期已成事實，但考察整個元代的目録學著作，尚未得見專門爲"四書類"立目者（清代有盧文弨、錢大昕等補《元史藝文志》數種，一定程度上又難免受到清代學術觀念的影響）。成書于元順帝至正五年（1345）的《宋史·藝文志》，經部單立"論語類"，《孟子》入"子部儒家類"，《大學》《中庸》仍然入經部"禮類"。

3. 明代目録書與《學》《庸》類目設置

至明代，程朱理學地位更加穩固，加之明代科舉對于《四書》的不斷加强（比如永樂年間編纂《四書大全》並作爲考試的基本依據），元代以來朱子四書學學術地位的提升，也逐漸在明代目録學著作中體現出來。明代的目録書，多將《大學》《論語》《孟子》《中庸》分别立類，並開始專門設立一類——"四書類"，這是此前未有的類目。在此情形下，《大學》《中庸》逐漸從"禮類"中抽離出來，歸入"四書類"。

從《學》《庸》類目設置的具體方式來看，又分如下三種情況：

第一，設立"四書"一類，既收録《四書》合刻總義之書，又收録《大學》《論語》《孟子》《中庸》單經之書，《學》《庸》包含于《四書》當中。比如明英宗正統六年（1441）由大學士楊士奇（1366—1444）主持編纂的《文淵閣書目》四卷，以"天、地、玄、黄"等千字文爲序排定圖書。"天、地、玄"三部設"易、書、詩、春秋、周禮、儀禮、禮記、禮書、樂書、諸經總類"諸類，"黄"部則設"四書、性理、經濟"諸類。其中"四書類"收書 70 餘種，《學》《庸》之書皆入"四書"，"禮記類"不再收録。

這中間，較爲特殊的是陳第（1541—1617）于明神宗萬曆年間編纂的《世善堂藏書目録》二卷。此書單設"四書類"，收録《大學》之書 13 種、《中庸》之書 11 種、《論語》之書 8 種、《孟子》之書 6 種、《四書》總編之書 14 種，計 52 種。但全書分爲"經類、四書類、諸子百家類、史類、集類、各家"六大類，以"四書類"與"五經類"相並列。這與《明史·藝文志》將"諸經類""四書類"皆歸"經部"略有不同，意味著在編者心目中，"四書學"可與傳統"五經學"分庭抗禮，已成爲與其並列的一類。

第二，于"經部"，既設"大學""中庸""論語""孟子"之類，又設"四書"一類。如明人趙琦美（1563—1624）所編《脉望館書目》，于"經書"一類下，收"大學"書 9 種、"中庸"書 5 種、"論語"書 6 種、"孟子"書 4 種，又收"四書"總義書 6 種。

第三，于"經部"，僅設"大學""中庸""論語""孟子"之類，未專設"四書類"。比如明人高儒于嘉靖十九年（1540）編成的《百川書志》二十卷，將"學、庸、論、孟"四類次于"易、書、詩、禮、春秋"五類之後，而將原來以"四書"命名者（如朱子之《四書章句集注》）分别隸屬于"學、庸、論、孟"各類之下。

需要指出，第二、第三兩種情形，《大學》《中庸》相關書籍皆專門立目，雖然未隸屬于"四書類"（或未設置"四書類"），但很明顯，編者均視《學》《庸》爲《四書》中之單經，而非《禮記》中之單篇。

統觀宋代以來目録書對于《大學》《中庸》二書的類目設置，我們可以明顯看出：隨著朱子四書學的影響越來越大，《大學》《中庸》之單經研究著述越來越多；先是依附于傳統的"禮記"類目中，後來則逐漸從"禮類"抽離出來，歸附"四書"。元代科舉以來尤其是到了明代，《大學》《中庸》在很大程度上不再被人們視爲傳統"五經學"的組成部分，而逐漸成爲後來居上的"四書學"的專屬[①]。甚至在通行的《禮記》注本中，《學》《庸》兩篇文字也只留存目，具體内容要求去參看《四書集注》。比如元人陳澔（1260—1341）撰有《禮記集説》，于"《中庸》第三十一"之下作注云："朱子《章句》。《大學》《中庸》已列《四書》，故不具載。"[②]于"《大學》第四十二"之下，也僅注明："朱子《章句》。"明永樂年間纂修而成的《禮記大全》，也作了類似處置，可見《四書》尤其是《四書集注》對傳統經學的巨大影響。

這一情形到了清代初年，發生了重要變化，關于《大學》《中庸》二書的性質與歸屬，也産生了激烈争論，體現出清初學術不同于明代的新特徵。

二、從《千頃堂》到《明史·藝文志》

從目録學史的角度講，清初有兩部私家目録具有特殊價值，産生了重要影響。一部是黄虞稷（1629—1691）編纂的《千頃堂書目》三十二卷（以下簡稱《千頃堂》），一部是朱彝尊（1629—1709）編纂的《經義考》三百卷。前者創立著録一代圖書之體例，後者則是古代最著名的經學專科目録，二者又都與成書于康、雍時期的史志目録《明史·藝文志》有直接關聯。《千頃堂》和《經義考》對于《大學》《中庸》類書籍的設置，均與有明一代主流方式有很大差别。曾經取材于二書、成書時間稍晚的《明史·藝文志》，在《學》《庸》類目設置上却又發生朝向明代的回轉。這是一個值得關注的學術現象。

1.《千頃堂》：以《學》《庸》入"禮類"

黄虞稷，字俞邰，泉州晋江（今福建泉州）人。其父黄居中曾于萬曆年間任國子監丞，後移居金陵（今江蘇南京），家馬路街，構"千頃齋"以藏書。居中在世時，即就自家藏書編成《千頃齋藏書目録》六卷。後虞稷在此基礎上多所增補，乃成《千頃堂書目》三十二卷。康熙十八年（1679），黄虞稷經内閣學士徐元文舉薦參與纂修《明史》，主要負責"列傳"和"藝文"，乃在《千頃堂書目》基礎上再作增損，而成《明史·藝文志稿》[③]。後又經多人删削調整，才有今日得見之

① 在明代亦有目録書將《大學》《中庸》歸入"禮類"，如焦竑（1540—1620）之《國史經籍志》，但該書同時也在"經總解"一類首先收録《四書》合刻總義類書籍 30 種，實質對"四書"一類亦有標舉。

② ［元］陳澔《禮記集説》卷九，清文淵閣四庫全書本。

③ 著名目録學家王重民先生認爲："《千目》是初稿，《明志稿》是增訂稿；《千目》在先，《明志稿》在後。"見《中國目録學史論叢·〈千頃堂書目〉考》，中華書局，1984 年，頁 206。一説，《明史·藝文志稿》成書在前、《千頃堂書目》在後，甚至認爲《千頃堂書目》作者並非黄虞稷；又認爲《明史·藝文志稿》尚存世，就是《續修四庫全書》第 326 册萬斯同撰《明史》之卷 133—136。參李言《〈千頃堂書目〉新證》，南京師範大學博士學位論文，2013 年。

《明史·藝文志》。

不過,作爲《明史·藝文志》源頭的《千頃堂書目》,在對《大學》《中庸》二類圖書的類目設置上,却有絶大不同。我們先來看《千頃堂》。

《千頃堂》以經、史、子、集四部立目,經部共分十一類,分别爲:易類、書類、詩類、三禮類、春秋類、孝經類、論語類、孟子類、經解類、四書類、小學類。其中與"四書"相關各書之收録情況列表如下:

書籍名稱	類目歸屬	收録明代圖書數量	補宋金元圖書數量①
《中庸》	三禮類	42 家	22 家
《大學》		72 家	
《學庸》		28 家	
《論語》	論語類	20 家	12 家
《孟子》	孟子類	8 家	13 家
《四書》	四書類	87 家	53 家

由上表可知,《論語》《孟子》及《四書》之類目設置,乃是延續了明代以來單獨立目的傳統;而《大學》《中庸》相關圖書之數量雖然頗大,却均歸入"三禮類";既未單獨立目,也未歸入"四書類"。這與明代以來將《學》《庸》歸入"四書"的做法很不一樣。

乾隆間修成的《四庫總目》對于《千頃堂》的這一處理方式提出了批評,稱:

> "經部"分十一門,既以"四書"爲一類,又以"論語""孟子"各爲一類,又以説《大學》《中庸》者入于"三禮類"中,蓋欲略存古例,用意頗深。然明人所説《大學》《中庸》,皆爲《四書》而解,非爲《禮記》而解。即《論語》《孟子》,亦因《四書》而説,非若古人之别爲一經,專門授受。其分合殊爲不當。②

四庫館臣認爲黄虞稷將《大學》《中庸》二類圖書入于"三禮類",屬"分合殊爲不當",這應當是站在目録書應當客觀反映學術史的角度上來説的。在館臣看來,至少自明代以來,《大學》《中庸》"皆爲《四書》而解,非爲《禮記》而解",甚至包括《論語》《孟子》二書在内,"亦因《四書》而説,非若古人之别爲一經,專門授受"。换言之,明代以來對于《大學》《中庸》的解説不再是"五經學"而是"四書學";對于《論語》《孟子》的解説也早已不再是先秦的"子學"和漢、唐至宋以來的"經學",而變成了"四書學"。因此,《大學》《中庸》應當歸"四書類"而不當歸"三禮類"。

那麽,黄虞稷是否未曾意識到這一學術大格局的轉换呢?似乎不能這樣

① 各類所收圖書数量之統計,以瞿鳳起、潘景郑先生整理之《千頃堂書目》(上海古籍出版社,2001年)爲依據,此統計已經減去清人盧文弨(1717—1795)及吴騫(1733—1813)對《千頃堂》的增補。

② [清]永瑢等《四庫全書總目》卷八十五《目録類一》,頁732。

説。他在編纂《千頃堂》的時候，不僅注意到元、明以來四書學從科舉、學術等諸領域超越五經學的事實，也在實際收録圖書的過程中，將反映明代學術特點的重要著述都收録到《千頃堂》中。比如于“四書類”便首列明成祖永樂年間編成的《四書大全》三十六卷，並作小注云：

> 永樂十二年十一月，諭胡廣、楊榮、金幼孜曰：“《五經》《四書》，皆聖賢精義要道。傳注之外，諸儒議論有發明餘藴者，爾等采其切要至當之言，增附于下。”命廣等總其事。仍命舉朝臣及在外文學者同纂修，開館于東華門外，命光禄寺給酒饌。十三年九月書成，命禮部刊刻。十五年正月，頒于六部及兩京國子監、天下郡縣學，賜纂修官鈔幣有差。[①]

于“五經”，也在各類顯著位置收録了《周易傳義大全》《書傳大全》《詩集傳大全》《禮記集説大全》《春秋集傳大全》等五部《大全》。而《四書五經大全》在永樂後，成爲有明一代科舉考試的重要文本依據，對整個明代學術産生了重大影響。這表明，黄虞稷對于明代學術變遷之大勢是相當瞭解的。

如此説來，《千頃堂》對于《大學》《中庸》的類目設置以及圖書歸屬，確乎可能如四庫館臣所説是“欲略存古例，用意頗深”，而這又可能與清初學者對于《學》《庸》二書的認識發生了重大變化有關（詳下節）。

2.《明史·藝文志》：以《學》《庸》入“四書類”

據王重民先生考證，黄虞稷大概花費十年時間，在《千頃堂書目》基礎上編纂而成《明史藝文志稿》，于康熙二十八年（1689）呈交給《明史》總裁官徐乾學（1631—1694）。其後，黄虞稷便離開明史館，隨徐乾學去修《清一統志》。康熙三十三年（1694）後，《明史》之纂修工作由王鴻緒（1645—1723）、張玉書（1642—1711）、陳廷敬（1638—1712）分擔起來。王鴻緒曾在黄虞稷原稿基礎上加以增損，而成《明史稿·藝文志》，王氏所做工作主要有三點：

> 1. 把宋、遼、金、元人四朝的藝文都删去。
> 2. 把明人著作中“卷數莫考”、書不甚著者也都删去。
> 3. 也作了一些小小的增補工作，如經部的易、詩、書三類都依《經義考》作了補充或改正。[②]

今本《明史·藝文志》，則是雍正、乾隆年間由張廷玉（1672—1755）領銜編修而成的，所用底稿，正是“王鴻緒就黄虞稷《明史藝文志稿》改編成的《明史稿·藝文志》”[③]。如此輾轉下來，《明史·藝文志》對于圖書的分類，與《千頃堂》已有很大不同，應當説已經是兩部不同的著作了。

《明史·藝文志》以經、史、子、集四部立目，經部分爲十類，分别爲：一曰

① 清·黄虞稷：《千頃堂書目》卷三，頁 88。

② 王重民《中國目録學史論叢·〈明史·藝文志〉與補史藝文志的興起》，頁 218。又參張雲《從〈千頃堂書目〉到〈明史·藝文志〉》，山東大學博士學位論文，2017 年。

③ 王重民《中國目録學史論叢·〈明史·藝文志〉與補史藝文志的興起》，頁 218。

"易類",二曰"書類",三曰"詩類",四曰"禮類",五曰"樂類",六曰"春秋類",七曰"孝經類",八曰"諸經類",九曰"四書類",十曰"小學類"。與《千頃堂》不同的是,"禮類"僅收《禮記》總義及其他單篇如《月令》《檀弓》等,而不收《大學》《中庸》。而于"諸經類"下單設"四書類",收書59部、712卷,既包括《四書》總義諸書,也包括《大學》《中庸》《論語》《孟子》之單經。

《明史》何以如此調整對于《大學》《中庸》之書的類目歸屬,目前尚無法找到直接的文獻證據。但我們可以通過《藝文志》序文和《選舉志》中相關規定,或許可以作出一定推論。《藝文志》序文較爲簡潔,言藝文之處置,乃遠紹晋人荀勖《中經新簿》以來之四部分類法,並批評萬曆中焦竑所撰《國史經籍志》"贋書錯列,徒滋訛舛"[①],而《國史經籍志》便是將《大學》《中庸》歸入"禮類"。值得注意的是,《選舉志》規定了明代科舉考試的科目定制,稱:

> 初場試《四書》義三道,經義四道。《四書》主朱子《集注》,《易》主程《傳》、朱子《本義》,《書》主蔡氏《傳》及古注疏,《詩》主朱子《集傳》,《春秋》主左氏、公羊、穀梁三《傳》及胡安國、張洽《傳》,《禮記》主古注疏。永樂間,頒《四書五經大全》,廢注疏不用。其後,《春秋》亦不用張洽《傳》,《禮記》止用陳澔《集説》。[②]

科舉作爲國家"掄才大典"[③],對于社會風氣及士子讀書撰著,都有莫大影響。明代科舉主要試"八股文",又稱"四書文",題目主要從《四書》中擬定,便體現出整個社會的濃重四書學風氣。在此背景下,視《學》《庸》《論》《孟》爲一體,將《學》《庸》歸入《四書》而不歸《禮記》,便是可以理解的了。

雖然《明史》纂成于清初,但畢竟是要反映有明一代之整體實際,出現對《學》《庸》類目歸屬的調整,也體現了一種求實的史學精神。四庫館臣也對《明史·藝文志》的學術價值給予了充分肯定,認爲它可以作爲考察明代學術的重要依據:

> 每類之末,各附以宋、金、元人之書,既不賅備,又不及于五代以前,其體例特异,亦不可解。然焦竑《國史經籍志》既誕妄不足爲憑,傅維鱗《明書經籍志》、尤侗《明史·藝文志稿》,尤冗雜無緒。考明一代著作者,終以是書爲可據。所以欽定《明史·藝文志》頗采録之,略其舛駁而取其賅贍可也。[④]

三、從《經義考》到《四庫總目》

從目録書"略存古例"的角度講,與黄虞稷爲同時代人的朱彝尊所撰之《經

① [清]張廷玉等《明史·藝文志一》,中華書局,1974年,頁2344。
② [清]張廷玉等《明史·選舉志二》,頁1694。
③ 趙爾巽等《清史稿·選舉志三》,中華書局,1977年,頁3149。
④ [清]永瑢等《四庫全書總目》卷八十五《目録類一》,頁732。

義考》三百卷,也是一典型例證。此書不僅爲《明史·藝文志》取材,也是乾隆年間編成的《四庫全書總目》的重要取資之一。

朱彝尊,字錫鬯,號竹垞,浙江秀水(今浙江嘉興)人,明朝大學士朱國祚曾孫。生有異禀,過目成誦。康熙十八年(1679),以布衣舉博學鴻詞,授翰林院檢討,與修《明史》。又曾典江南鄉試,入直南書房。後遭彈劾降職,數年復原官後乞歸還里,卒年八十一。竹垞博洽多聞,通曉諸經,於晚年編成《經義考》巨帙,又有《曝書亭集》八十卷等。民國徐世昌(1855—1939)《清儒學案》曾爲其專立"竹垞學案"。

《經義考》共著録歷代經學著述8400餘種,是一部集大成式的經學專科目録。朱彝尊在書中將歷代經學著述分爲兩大部分:一是"十四經",分别是作爲主體的"易、書、詩、周禮、儀禮、禮記、樂、春秋、論語、孝經、孟子、爾雅、群經、四書"等十四類;一是作爲附録的"逸經、毖緯、擬經、家學、承師、宣講、立學、刊石、書壁、鏤板、著録、通説"等十二類。每一書下,又分"存""佚""闕""未見"四門標注。于每一種書,竹垞廣爲搜羅序跋題記及前代目録書提要等文獻,資料極爲富贍。觀此書,"上下二千年間,元元本本,使傳經源委一一可稽,亦可以云詳贍矣"[①],誠可謂"使窮經之士一覽而知所考焉,洋洋乎大觀哉"[②]!

《經義考》對《四書》相關書籍的處置,列表如下:

書籍名稱	所屬類目	《經義考》中卷數
《中庸》	禮記類	卷151—卷156
《大學》		卷157—卷161
《學庸》		卷162
《論語》	論語類	卷211—卷221
《孟子》	孟子類	卷231—卷236
《四書》	四書類	卷252—卷259

由上表可知,朱彝尊在對包括《大學》《中庸》在内的四書類書籍的類目歸置上,與黄虞稷《千頃堂》完全一致。事實上,朱彝尊生前與黄虞稷實有學術往來,在《經義考》中朱氏也引用黄氏論説三四百處。這表明,朱彝尊對于《大學》《中庸》的處置方式,顯然受到了黄虞稷的直接影響。

如同對待黄虞稷《千頃堂》一樣,對于《經義考》的這樣一種處理方式,四庫館臣其實並不贊同。《四庫總目》將"經部"分爲"易類、書類、詩類、禮類、春秋類、孝經類、五經總義類、四書類、樂類、小學類"等十類,而將《大學》《中庸》《論語》《孟子》及《四書》總義之相關圖書悉歸"四書類",並在"四書類"案語中特别説明:

---

① [清]永瑢等《四庫全書總目》卷八十五《目録類一》,頁732。

② [清]毛奇齡《經義考序》,載[清]朱彝尊《經義考》書前,中華書局,1998年,頁4。

> 《論語》《孟子》，舊各爲帙。《大學》《中庸》，舊《禮記》之二篇。其編爲《四書》，自宋淳熙始。其懸爲令甲，則自元延祐復科舉始，古來無是名也。然二戴所録《曲禮》《檀弓》諸篇，非一人之書，迨立名曰《禮記》，《禮記》遂爲一家。即王逸所録屈原、宋玉諸篇，《漢志》均謂之"賦"，迨立名曰"楚詞"，"楚詞"亦遂爲一家。元丘葵《周禮補亡序》稱聖朝以"六經"取士，則當時固以《四書》爲一經。前創後因，久則爲律，是固難以一説拘矣。今從《明史·藝文志》例，别立《四書》一門，亦所謂禮以義起也。朱彝尊《經義考》于《四書》之前仍立《論語》《孟子》二類，黄虞稷《千頃堂書目》凡説《大學》《中庸》者，皆附于"禮類"，蓋欲以不去餼羊，略存古義。然朱子書行五百載矣，趙岐、何晏以下，古籍存者寥寥。梁武帝《義疏》以下，且散佚並盡。元、明以來之所解，皆自《四書》分出者耳。①

在這裏，四庫館臣簡要梳理了"四書"一目的歷史沿革。在館臣看來，自元延祐復科舉以來，"四書學"逐漸成爲學術主流，以至元人視《四書》爲"一經"，可與傳統的《易》《書》《詩》《禮》《春秋》五經並列而稱"六經"。這一學術情勢，在目録學著作中得到反映，便是自《明史·藝文志》以來的"别立《四書》一門"。這屬"禮以義起"，符合學術發展的實際。而《千頃堂》《經義考》依然將《大學》《中庸》附于"禮類"，乃是由于"欲以不去餼羊，略存古義"，是學者的有意爲之。而這有意爲之的背後，便是清初對漢學的推崇和對明代學術的反思批判風氣。

在談到《經義考》的編纂緣由時，朱彝尊曾言：

> 見近日譚經者，局守一家之言，先儒遺編，失傳者十九，因仿鄱陽馬氏《經籍考》而推廣之，自周迄今，各疏其大略。微言雖絶，大義間存。編成《經義考》三百卷，分存、佚、闕、未見四門，于十四經外，附以逸經、毖緯、擬經、家學、承師、宣講、立學、刊石、書壁、鏤板、著録，而以通説終焉。②

竹垞所謂"近日譚經者，局守一家之言"，應當即指明代永樂以來，于科舉考試中唯以《四書大全》《五經大全》《性理大全》三部《大全》爲依據，導致學者皆株守程朱一派之説，無法通過"兼用古注疏"而通曉漢唐經説③，于是依照馬端臨《文獻通考·經籍考》而作此書。作爲清代考據學奠基人物的顧炎武(1613—1682)也曾對三部《大全》有嚴厲批評，認爲"自八股行而古學弃，《大全》出而經説亡"④，這是清代初年的一種普遍認識。

朱彝尊曾明確提倡復興經學，認爲經學可以包含理學，而理學不可統經學，他説：

> 六經者，治世之大法，致君堯舜之術不外是焉。學者從而修明之，傳

① ［清］永瑢等《四庫全書總目》卷三十五《四書類一》，中華書局，1965年，頁289。

② ［清］朱彝尊《曝書亭集》卷三十三《寄禮部韓尚書書》，清文淵閣《四庫全書》本。

③ 參周春健《元代科考程式"兼用古注疏"考論》，《安徽大學學報》，2008年第4期。

④ ［清］顧炎武著，黄汝成集釋，欒保群校注《日知録》卷十八《書傳會選》，浙江古籍出版社，2013年，頁1057。

心之要，會極之理，範圍曲成之道，未嘗不備。故儒林足以包道學，道學不可以統儒林。夫多文之謂儒，特立之謂儒，以道得民之謂儒，區别古今之謂儒，通天地人之謂儒。儒之爲義大矣！非有遜讓于道學也。①

從這一點上説，竹垞此論與顧亭林著名的"經學即理學"的觀念正相呼應，這代表了清朝初年對于明學的反動和對于經學的提倡。在這一學術背景之下，黄虞稷、朱彝尊諸人將本屬《五經》系統的《大學》《中庸》二篇還歸《禮記》當中，便是情理之中的事了。

當然，《四庫總目》在進行類目設置時，之所以又將《大學》《中庸》歸入"四書類"，則是因乾隆時代的學術風氣與清初又有不同，朝廷對于程朱理學的提倡亦甚用力。而且作爲一部官修的國家書目，對于"元、明以來之所解，皆自《四書》分出者耳"的學術大勢，把握也較爲準確。將《大學》《中庸》從《禮記》中抽出而歸入《四書》，也符合學術發展的實際。

四、"黜還戴《記》"與清初形上學的没落

王汎森先生在談到明末清初思想界的兩種趨勢時，有過這樣一個判斷："第一，心性之學的衰微；第二，形上玄遠之學的没落。這兩者幾乎同時發生，它們動摇了宋明以來思想傳統的兩大支柱。"②這裏所謂"心性之學的衰微"，主要是指明末清初陽明學"心即理"説的動摇；所謂"形上玄遠之學的没落"，則主要指明末清初學人試圖打破宋明理學的"先天預成論"，後者與對《大學》《中庸》二書性質的看法直接相關。

王先生認爲：

在"心即理"的前提下，因爲心是一個，所以以前理學範疇中那些二元對立的、具有本體論意味的修養境界，如人心、道心、理與氣等分别逐漸泯滅。不斷向心滑落的結果，心只是此一個心，在心中的活動中並無何等階段順序可以劃分，所以心學家强調格致誠正皆是一件工夫，心身家國天下皆是一件事，故不能同意《大學》八步之類的架構，同時也對朱學分别順序、階段的道德修養論感到不滿。……當時有一種離開形上追求而返回到日用實事實行的要求，認爲《大學》《中庸》所揭示的一些道德修養方法與境界，實際是無法做到的玄遠之論。③

其實，對于《大學》"格—致—誠—正—身—家—國—天下"八目與"心即理"之間存在的張力，在明儒劉宗周（1578—1645）那裏就體現出來了。蕺山在《大學古文參疑》自序中説：

① ［清］朱彝尊《曝書亭集》卷三十二《史館上總裁第五書》，清文淵閣《四庫全書》本。

② 王汎森《清初思想中形上玄遠之學的没落》，載《權力的毛細管作用：清代的思想、學術與心態》（修訂版），北京大學出版社，2015 年，頁 1。

③ 王汎森《清初思想中形上玄遠之學的没落》，頁 9。

合而觀之,《大學》之爲疑案也久矣。古本、石本皆疑案也,程本、朱本、高本皆疑案也。而其爲格致之完與缺疏、格致之紛然异同,種種皆疑案也。嗚呼!斯道何由而明乎?宗周讀書至晚年,終不能釋然于《大學》也。①

清初學者中,對于《大學》批判最嚴厲的,當數宗周弟子陳確(1604—1677)。他曾撰《大學辨》一文,言辭激烈地試圖顛覆《大學》一書的經典地位。開篇即稱:"《大學》首章,非聖經也;其傳十章,非賢傳也。"②而在朱子看來,《大學》文本的"經一章,蓋孔子之言,而曾子述之。其傳十章,則曾子之意而門人記之也"③,這是朱子確立以《大學》爲發端的四書學體系的基本前提。陳確此論,便試圖從根本上動摇以《大學》作爲重要文本的"四書"經典體系,這在當時真正是石破天驚之論④。

基于此,陳確在給朋友的信中提出他對《大學》一篇的處理方式:

《大學》之在戴《記》,垂二千餘年,絶未有聖之者也。而程子鑿空以爲孔氏之書,既又疑其有錯簡而大變其文。朱子又變易程子之文,又爲之補傳,出戴《記》而升諸《四書》之首,而反以爲能述而信,而無所改作。僕欲黜還戴《記》,以仍《大學》之舊,而反以爲不能信述,而妄改作。此何異瞽者之論東西黑白乎?……《大學》之非聖經,至公之論也;以《大學》還戴《記》,至平之事也;知止之爲禪學,格致誠之不可先于正心,至當之説也。⑤

陳確從義理的角度,認爲《大學》之説流于禪學,故欲"黜還戴《記》,以仍《大學》之舊","以《大學》還戴《記》"。當然,陳確申張此説,主要是基于對明學虚誕弊端的反動。不過如此處置,《大學》確乎不再像在"四書學"體系當中那樣獨立成"經",其經典地位大打折扣。

在辨僞學史上占有重要地位的清初學者姚際恒(1647—約1715),不僅批判《大學》之"格物論",還斥《中庸》亦屬"禪學",以《中庸》爲"僞書",並非子思之作。他説:

君子之道,辟如行遠必自邇,辟如登高必自卑。今僞《中庸》所言,無非高遠之事,何曾有一毫卑邇來?與子思之言不啻若冰炭,則予之分别,仍非漫然者,不得咎我以割裂也。⑥

基于此,姚際恒在撰著《禮記通論》的時候,也將《大學》《中庸》歸入其中,

① 轉引自[清]朱彝尊《經義考》卷一六一,頁836。

② [清]陳確《乾初先生遺集》别集《大學辨一》,清餐霞軒鈔本。

③ [南宋]朱熹《四書章句集注·大學章句》,中華書局,1983年,頁4。

④ 參陳立勝《儒學經傳中"懷疑"與"否定"的言説方式》,載《"身體"與"詮釋"——宋明儒學論集》,臺大出版中心,2011年,頁293—301。

⑤ [清]陳確《乾初先生遺集》别集《大學辨二》,清餐霞軒鈔本。

⑥ [清]杭世駿《續禮記集説》卷八十六《中庸》,清光緒三十年(1894)浙江書局刻本。

這是不同于元、明以來相關著述的一種新做法。這在當時也形成了一種風氣,比如時人朱元弼撰著《禮記通注》,對《學》《庸》也作了類似處理(雖然元人吴澄作《禮記纂言》三十六卷,也曾將《大學》《中庸》歸入《禮記》中,但其時四書學的地位尚不穩固,與四書學發展至清代的情形完全不同)。

劉宗周、陳確、姚際恒等人對于《大學》《中庸》二書的這一態度,也會影響到目録學領域,也就自然出現了將《學》《庸》歸入"禮類"的現象。王汎森先生即稱:"清初朱彝尊(1629—1709)的《經義考》在'四書'一門之前,立了'論語''孟子'二目以示分辨。而黄虞稷(1629—1691)之《千頃堂書目》中則説凡《大學》《中庸》之書皆附于《禮》。這個態度與陳確、朱元弼之主張將《大學》回歸《禮記》相近。"①

簡短的餘論

梁啓超(1873—1929)在《中國近三百年學術史》中,曾對清代學者整理舊學之總成績作出系統梳理。談到"四書學"時,任公言:

> "四書"之名,是朱子以後才有的。明人及清的理學家關于四書的著作頗多,清的漢學家却很少。最著名的,前有閻百詩之《四書釋地》,後有翟晴江(灝)的《四書考異》,但都是局部的考證,無關宏旨。清儒有價值的著作,還是將《大學》《中庸》璧回《禮記》,《論語》《孟子》各别研究。②

任公此言,正是基于"將《大學》《中庸》璧回《禮記》"代表了清代學術傳統而發的。從這一點上説,清初學者的批明學、倡漢學,正是一個二而一的進程。由明代心學遞變進入清代樸學,學術研究的重心也從《四書》轉到《五經》,這意味著一種話語體系的轉變。如美國學者艾爾曼所言:"作爲思想學術事件,實證性樸學話語特點的逐步形成是基本學術觀念變化的反映。後者同時還引發了對傳統認知和理解的更重大的基本變革,從前公認的學術範式受到了致命的挑戰。"③《大學》《中庸》與《禮記》的分合歷程,便很好地驗證了這一點。

不過需要注意,清代人雖然提倡漢學,較明代更重視《五經》之學,但並不全然否定宋學。正如錢穆先生所言:"清朝初年人並不反宋學,……像顧亭林、閻百詩,他們反的是明學,不是宋學。"④清代漢學家惠士奇(1671—1741)曾手

① 王汎森《清初思想中形上玄遠之學的没落》,頁19—20。
② 梁啓超《中國近三百年學術史·十三》,東方出版社,1996年,頁240。
③ [美]艾爾曼《從理學到朴學——中華帝國晚期思想與社會變化面面觀·著者初版序》,江蘇人民出版社,1995年。
④ 錢穆《經學大要》第二十九講,臺北蘭臺出版社,2000年,頁542。

書其“紅豆山齋”之楹帖云：“六經尊服鄭，百行法程朱”[①]，這裏道出的，正是清代學術“漢宋兼采”的基本特點。

【作者簡介】周春健，中山大學哲學系教授，主要從事四書學、詩經學、文獻學研究。

① ［清］江藩：《國朝宋學淵源記》卷上，中華書局，1983年，頁154。皮錫瑞《經學歷史·經學復盛時代》所云版本略有差异：“而惠氏紅豆山齋楹帖云：‘六經宗孔孟，百行法程朱’，是惠氏之學未嘗薄宋儒也。”（中華書局，2004年，頁227）

《四庫全書總目》總集類提要獻疑*

孫利政

【提　要】《四庫全書總目》是中國古代集大成的目録學著作。今以中華書局整理本《欽定四庫全書總目》爲底本，參校浙本及各家分纂稿，並採用《總目》著録之典籍與提要徵引之原文獻，就集部總集類提要進行考校，凡前賢已訂正者從略，共校正各類訛誤五十二則。

【關鍵詞】　四庫全書總目　集部　總集類　訂誤

《四庫全書總目》是中國古代集大成的目録學著作，一直備受學者關注，對其進行考辨校訂的專著、論文也層出不窮。1997 年中華書局出版了《欽定四庫全書總目》整理本，以殿本爲底本，以浙、粤二本爲校本，同時廣泛吸取前人校訂成果。2012 年上海古籍出版社出版了魏小虎《四庫全書總目彙訂》，以浙本爲底本，對校殿本，極力搜集 2011 年底前發表的考校成果，資料頗爲完備。然校書如掃塵，旋掃旋生，《總目》仍然存在不少問題。今以中華書局整理本《欽定四庫全書總目》爲底本（同時按檢武英殿本，以免排印訛誤），參校浙本及各家分纂稿，並採用《總目》著録之典籍與提要徵引之原文獻，就卷一八六至一九四集部總集類提要進行考校，凡排印之誤及前賢已訂正者從略，共校正各類訛誤五十二則。每條後提要原文附整理本頁碼，以便按核，並就教于方家。

1. 文選顔鮑謝詩評四卷

是編取《文選》所録顔延之、鮑照、謝靈運、謝惠連、謝朓之詩，各爲論次。（卷 186，頁 2600）

按："謝靈運"下，文淵閣書前提要、《文溯閣四庫全書提要》、文津閣書前提要、《四庫全書簡明目録》（下簡稱《簡明目録》）有"謝瞻"二字，是。《文選顔鮑謝詩評》評論謝瞻（字宣遠）詩凡《九日從公戲馬臺集送孔令詩一首》《王撫軍庾西陽集別時爲豫章太守庾被徵還東一首》《張子房詩》《答靈運一首》《於安城答靈運一首》等五首，提要下文亦稱"謝瞻《張子房》詩，評曰'東坡詆五臣誤註"三殤"，其實乃是李善'"，則《總目》提要脱"謝瞻"二字無疑。

---

* 【基金項目】本文係 2021 年南京大學優秀博士研究生創新能力提升計劃 B 階段性成果。

2. 篋中集一卷

唐元結編。……録沈千運、王季友、于逖、孟雲卿、張彪、趙微明、元季川七人之詩。……雲卿,河南人,或曰成昌人,嘗第進士,官校書郎。(卷 186,頁 2602)

按:成昌,浙本、粤本、文淵閣書前提要、文瀾閣書前提要作"武昌",是。余嘉錫《四庫提要辨證》辨云:

> 集中七人,均見《唐詩紀事》及《唐才子傳》,提要所述與之不盡同,蓋純本之《全唐詩》小傳也。如孟雲卿,《紀事》卷二十五但云"河南人,元次山有《送孟校書往南海》詩。"《才子傳》卷二云:"關西人。天寶間不第,氣頗難平,志亦高尚,懷嘉遯之節。與薛據相友善,嘗流寓荆州。仕終校書郎。"是雲卿固始終未登第者。《全唐詩》卷百五十七不知何據,乃言"一曰武昌人,第進士。"提要從之,深所未喻。《元次山文集》卷七《送孟校書往南海序》云:"平昌孟雲卿,與元次山同州里。"平昌爲孟氏郡望。元結本河南人,家於魯縣商餘山,晚乃流寓武昌,必不肯以異鄉爲州里,然則雲卿非武昌人也。次山詩文多爲孟武昌作,考其人名彦深,字士源,登天寶二年第,爲武昌令。《全唐詩》蓋混雲卿與彦深爲一人,而以武昌作其里貫,誤之甚矣。《甘澤謡》稱爲前進士孟彦深、進士孟雲卿,則雲卿蓋嘗應進士舉而未及第者也。①

今考袁郊《甘澤謡》"陶峴"條云"客有前進士孟彦深、進士孟雲卿、布衣焦遂,各置僕妾共載。而峴有女樂一部,奏清商曲"②,然宋本《杜工部草堂詩箋·酬孟雲卿》蔡夢弼注引袁氏《甘澤謡》作"進士孟彦深、樊口進士孟雲卿、布衣焦遂"云云③,"進士孟雲卿"前有"樊口"二字。蔡氏宋人,所見《甘澤謡》尚有"樊口"二字,今傳本或傳寫脱誤。"樊口"地屬武昌,當即孟雲卿爲武昌人説之根據,非余氏所謂雲卿籍貫因涉武昌令孟彦深而誤。萬曆《廣東通志·郡縣志·流寓》載孟氏傳云:"孟雲卿,河南平昌人,家于樊口。少好學,工於詩,高古奥逸,不作常語。第進士,擢校書郎,與杜甫、元結最相友善。"④與蔡注所稱里貫合。

要之,孟氏祖籍河南平昌,後家於武昌樊口,故亦稱"武昌人"。殿本提要"成昌人"之説史籍無載,前既云"河南人",則"成昌"顯非"平昌"之誤,當係"武昌"字誤亦明。

3. 中興間氣集二卷

姓氏下各有品題,拈其警句,如《河岳英靈集》例,而張衆甫、章八元、戴叔

---

① 余嘉錫《四庫提要辨證》卷二四,中華書局,2007 年,頁 1552—1553。

② [唐]袁郊撰、李宗爲點校《甘澤謡》,上海古籍出版社,2012 年,頁 167。

③ [宋]魯訔編次、[宋]蔡夢弼會箋《杜工部草堂詩箋》卷一二,《古逸叢書》影印宋麻沙本,葉 8a。

④ [明]郭棐纂修《廣東通志》卷二二,《四庫全書存目叢書》影印明萬曆三十年(1602)刻本,齊魯書社,1995 年,史部,册 197,頁 528。

倫、孟雲卿、劉灣五人俱闕。考毛晋跋,謂得舊鈔本,所闕張、章、戴諸評俱在,獨劉灣無考。故編中於四家姓氏之下,俱註云:"評載卷首。"(卷186,頁2604)

按:"所闕張章戴"下,《四庫全書初次進呈存目》《文溯閣四庫全書提要》有"孟"字,是。"孟"即前文"孟雲卿",與"張、章、戴"即提要所稱"四家姓氏"。《中興間氣集》卷末毛晋跋云:"予家藏《中興間氣集》凡三本,俱逸五人評語,勉爾考訂就梨,殊未快也。……簡得一舊抄本,後又元祐曾氏跋,考覈甚確。向所缺張衆父、章八元、戴叔倫、孟雲卿諸評具在,獨劉灣無考。"①同書卷下"孟雲卿"下注云:"評載卷首。"②則《總目》提要"戴"下脱"孟"字明甚。

4. 唐四僧詩六卷

唐僧靈澈詩一卷,靈一詩二卷,清塞詩二卷,常達詩一卷。案《書録解題》載靈澈、靈一集皆一卷,而清塞與常達失載。(卷186,頁2605)

按:《直齋書録解題》實載靈一、清塞集皆一卷,而靈澈與常達失載。輯本《直齋書録解題》著録《靈一集》《周賀集》各一卷,"《周賀集》一卷"條云:"唐周賀撰。嘗爲僧,名清塞,後反初服。别本又號《清塞集》。"③《文獻通考》"《周賀集》一卷"條引陳氏曰同④。輯本未著録靈澈、常達詩集。《文獻通考》著録《僧靈澈詩集》一卷⑤,即提要所本,《文溯閣四庫全書提要》"書録解題"四字即作"文獻通考",可爲確證⑥。然《通考》此條但叙其生平及節引劉禹錫序文,未稱引晁、陳二氏之説,則《書録解題》實未著録此書。提要偶疏。

---

① [唐]高仲武編《中興間氣集》卷末,文淵閣《四庫全書》本,臺灣商務印書館,1983年,册1332,頁147。

② 《中興間氣集》卷下,頁144。

③ [宋]陳振孫撰、徐小蠻、顧美華點校《直齋書録解題》卷一九,上海古籍出版社,1987年,頁577。

④ [元]馬端臨《文獻通考》卷二四三《經籍考》,中華書局,2011年,頁6575。

⑤ 《文獻通考》卷二四三《經籍考》,頁6585。

⑥ 《總目》稱引晁公武《郡齋讀書志》、陳振孫《直齋書録解題》往往據《文獻通考》轉引,如本卷《〈二程文集〉提要》云:"陳振孫《書録解題》載《明道集》四卷,《遺文》一卷;《伊川集》一本二十卷,一本九卷。"輯本《直齋書録解題》著録《伊川集》九卷,館臣按語云:"《文獻通考》作二十卷。"並未著録二十卷本。高中正《〈四庫全書總目〉著録唐宋元人總集考辨》認爲"提要撰寫者誤將按語當作《直齋書録解題》正文而誤。"(《天一閣文叢》第12輯,浙江古籍出版社,2015年,頁142)此説不確。考《文獻通考·經籍考》著録《伊川集》二十卷,援引晁氏曰後又引陳氏曰:"集凡九卷。"晁公武《郡齋讀書志》著録《程伊川集》二十卷。則《通考》著録"二十卷"乃據《讀書志》,又引陳氏《書録解題》著録"九卷"説明此書卷數有異。提要本據《通考》謂"一本二十卷,一本九卷",因改其出處作"陳振孫《書録解題》",遂有此牴牾。又如《總目·〈萬首唐人絶句詩〉提要》云:"陳振孫《書録解題》謂其中多採宋人詩,'如李九齡、郭振、滕白、王喦、王初之屬。其尤不深考者,爲梁何遜。'劉克莊《後村詩話》亦謂其但取唐人文集雜説,鈔類成書,非必有所去取。"王培軍《〈四庫全書總目〉集部條辨》稱"此説不見《後村詩話》,而見《四庫全書》本《後村集》卷二十四《唐人五七言絶句序》;館臣誤記。"(《復旦學報(社會科學版)》,2016年第3期,頁77)觀前引《直齋書録解題》,知提要"劉克莊《後村詩話》"云云實據《文獻通考·經籍考》"《唐人絶句詩集》一百卷"條"後村劉氏曰"而來,"後村詩話"乃館臣臆增。

5. 文苑英華辨證十卷

是書蓋因周必大所校《文苑英華》而作。考必大《平園集》有《文苑英華跋》曰:"孝宗皇帝欲刻江鈿《文海》,臣奏其去取差謬不足觀。乃詔館閣裒集《皇朝文鑑》,臣因及《文苑英華》,雖祕閣有本,然舛誤不可讀。俄聞傳旨取入,遂經乙覽。時御前置校正書籍一二十員,往往妄加塗註,繕寫裝飾,付之祕閣。頃嘗屬荆帥范仲藝、筠倅丁介稍加校正。"(卷186,頁2608)

按:筠倅,文淵閣書前提要、《文溯閣四庫全書提要》、聚珍版書前提要作"均倅",是。周必大《平園稿·文苑英華序》作"均倅"①,《文苑英華》周必大序同②,《宋會要輯稿》載此文同③。考周必大《文忠集·乾道壬辰南歸録》五月丙子日載"前均倅程承事禧"云云④,"均倅"指均州知州之副職,當即通判⑤。《文苑英華》開雕於嘉泰元年(1201),嘉泰四年完成。考《褚氏遺書》有嘉泰元年甘泉寄士丁介跋⑥,《宋史·藝文志》著録丁介《武陵郡離合記》六卷⑦,武陵郡有甘泉寺,當即一人。是原文作"均倅"不誤,《總目》提要誤改。

6. 同文館唱和詩十卷

(鄧)忠臣詩有"單閼孟夏草木長"句,自注云:"丁卯四年還朝。"丁卯爲元祐二年,意者即在是歲歟?(卷186,頁2610)

按:四年,浙本、粤本、文淵閣書前提要、《文溯閣四庫全書提要》、文津閣書前提要作"四月",是。《同文館唱和詩》載鄧忠臣《考校同文館戲贈子方兼呈文潛》"單閼孟夏草木長"句自注:"忠臣癸亥六月以家難去國,丁卯四月還省。"⑧原詩"單閼"指卯年,"孟夏"指農曆四月,與注"丁卯四月"合。

7. 宋文選三十二卷

何焯《義門讀書記》跋所校《元豐類稿》後曰:"己卯冬,於保定行臺閱内府所賜大臣《古文淵鑒》,有在集外者六篇,則《書魏鄭公傳》、《邪正辨》、《説再》、《上田正言書》、《上歐蔡書》也。"(卷186,頁2613)

按:説再,文淵閣書前提要作"説用",是。據何焯《義門讀書記·元豐類

① [宋]周必大《文忠集》卷五五《平園稿》,王蓉貴、[日]白井順點校《周必大全集》,四川大學出版社,2017年,頁518。

② [宋]李昉等編《文苑英華》卷首,中華書局,1966年,頁9。

③ [清]徐松輯《宋會要輯稿·崇儒五》,中華書局,1967年,頁2247。

④ 《文忠集》卷一七一,頁1612。

⑤ 余讓堯認爲"倅通粹,均倅指調整文字,使其純正。丁介,兩字形體相近,容易訛誤。均倅丁介即校正調整訛誤的文字"(周鑾書、姚公騫主編《江西古文精華叢書·序跋卷》,江西人民出版社,1999年,頁104),誤。

⑥ [南齊]褚澄撰、許敬生、馬鴻祥校注《褚氏遺書校注》卷末,河南科學技術出版社,2017年,頁27。

⑦ [元]脱脱等《宋史》卷二〇四,中華書局,1985年,頁5164。

⑧ [宋]鄧忠臣等《同文館唱和詩》卷九,文淵閣《四庫全書》本,册1344,頁554。

稿》,六篇集外文爲"《書魏鄭公傳》、《邪正辨》、《説用》、《讀賈誼傳》、《上田正言書》、《上歐蔡書》"[①],《翁方綱纂四庫提要稿》長編引《義門讀書記》同[②]。《宋文選》載曾鞏《説用》[③],全文主要探討自然界與人類社會的作用力根源,可證《總目》提要"再"爲"用"字形誤。又提要"上田正言書"上闕述"《讀賈誼傳》"一篇,《彙訂》已發[④]。

8. 嚴陵集九卷

(董)棻自序謂嘗與僚屬修是州圖經,蒐求碑版,稽考載籍,所得逸文甚多。又得郡人喻彦先家所藏書,與教授沈傣廣求備録而成。……至於宋人諸作,自有專集者數人外,他如曹輔……賈青、王達、張綬、余闢……錢聞詩諸人,今有不知其名者,有知名而不見其集者,藉棻是編,尚存梗概,是亦談藝者所取資矣。(卷 187,頁 2615)

按:沈傣,《文溯閣四庫全書提要》、文津閣書前提要作"沈傃",是。《嚴陵集》卷首紹興九年(1139)董氏自序有"屬州學教授沈君傃與諸生廣求備録"云云[⑤],即提要所據。考《景定嚴州續志》載州學教授有"沈傃,紹興八年十二月初五日到任。鄭範,紹興十一年十二月初五日到任"[⑥],即董序所稱紹興九年嚴州州學教授"沈傃",《總目》提要作"傣"誤。

又按:王達,《文溯閣四庫全書提要》、文津閣書前提要作"王逵",是。《嚴陵集》"賈青"與"張綬"之間載王逵《釣臺》詩[⑦],全書無"王達"詩。宋人名王逵者非一,《總目・〈蠡海集〉提要》即稱"宋有三王逵"[⑧],陸心源《宋詩紀事補遺》據《嚴陵集》收録王逵《釣臺》,小傳云:"濮陽人。嘉祐四年,知金州,工部郎中,直龍圖閣,提舉兖州景靈宫。"[⑨]

9. 南嶽酬唱集一卷

宋朱子與張栻、林用中同遊南嶽倡和之詩也。……以"南嶽"標題而泛及别地之尺牘;以"唱酬[⑩]"爲名而濫載平居之講論;以三人合集而獨贅用中一人之言行,皆非體例。(卷 187,頁 2616)

---

① [清]何焯《義門讀書記》卷四四,中華書局,1987 年,頁 854。

② [清]翁方綱撰,吴格整理《翁方綱纂四庫提要稿》,上海科學技術文獻出版社,2005 年,頁 1066。

③ 佚名編《聖宋文選全集》卷一三,《中華再造善本》影印宋刻本,北京圖書館出版社,2006 年,葉 4b。

④ 魏小虎《四庫全書總目彙訂》卷一八六,上海古籍出版社,2012 年,頁 6328。

⑤ [宋]董棻《嚴陵集》卷首,文淵閣《四庫全書》本,册 1348,頁 526。

⑥ [宋]鄭瑶、方仁榮《景定嚴州續志》卷三《州學教授題名》,文淵閣《四庫全書》本,册 487,頁 545。

⑦ 《嚴陵集》卷五,頁 567。

⑧ [清]紀昀等《欽定四庫全書總目》卷一二二,中華書局,1997 年,頁 1630。

⑨ [清]陸心源《宋詩紀事補遺》卷一五,山西古籍出版社,1997 年,頁 325。

⑩ 唱酬,浙本作"倡酬"。

按：南嶽酬唱集，浙本、粵本、文淵閣書前提要、《文溯閣四庫全書提要》、《翁方綱纂四庫提要稿》、《簡明目録》作“南嶽倡酬集”。《彙訂》校從浙本，云：“明弘治刻本作《南嶽唱酬集》，文淵閣《四庫》本作《南嶽倡酬集》。”①今考提要明言“以‘唱酬’爲名而濫載平居之講論”，則殿本“酬唱”乃“唱酬”之誤倒，今存明弘治刻本可證。别本作“倡”，與“唱”音同字通。要之殿本原文當作“唱酬”。

10. 萬首唐人絶句詩九十一卷

(洪)邁於淳熙間録唐五七言絶句五千四百首進御，後復補輯得滿萬首，爲百卷，紹興三年上之。是時降敕褒嘉，有“選擇甚精，備見博洽”之諭。陳振孫《書録解題》謂其中多採宋人詩，“如李九齡、郭振、滕白、王喦、王初之屬。其尤不深考者，爲梁何遜。”(卷 187，頁 2616)

按：紹興，浙本、粵本、文淵閣書前提要、《文溯閣四庫全書提要》、文津閣書前提要、文瀾閣書前提要、《四庫全書初次進呈存目》、《簡明目録》作“紹熙”，是。據提要上下文，洪邁進御百卷本《絶句詩》在宋孝宗淳熙(1174—1189)以後，顯與殿本所稱宋高宗“紹興三年(1133)”牴牾。《萬首唐人絶句詩》卷首宋光宗紹熙元年(1190)洪邁自序云：“淳熙庚子秋……取諸家遺集、一切整彙，凡五、七言五千四百篇，手書爲六帙。……踰年再還朝，侍壽皇帝清燕，偶及宫中書扇事。聖語云：‘比使人集録唐詩，得數百首。’邁因以昔所編具奏。”②又紹熙三年《重華宫投進劄子》云：“臣頃歲備數禁廷，得侍清間之燕，因及手寫唐人絶句詩，即蒙聖旨許令進入，是時纔有五十四卷。去年守越，嘗於公庫鏤板，未及了畢，奉祠西歸。家居無事，又復搜討文集，傍及傳記、小説，遂得滿萬首，分爲百卷。”③此述洪邁編撰《萬首唐人絶句詩》始末甚詳。其時宋孝宗已退位居於重華宫，《重華宫宣賜白劄子》稱“宣諭閣學，比觀向所進唐詩絶句，選擇甚精，備見博洽”④，即提要所引孝宗褒獎敕諭，則“紹興”爲“紹熙”之誤亦明。

又按：郭振，浙本、粵本、文淵閣書前提要、《文溯閣四庫全書提要》、文津閣書前提要、文瀾閣書前提要、《四庫全書初次進呈存目》作“郭震”，是。《直齋書録解題》“《唐人絶句詩集》一百卷”條原文作“郭震”⑤，《文獻通考》“《唐人絶句詩集》一百卷”條引陳氏曰同⑥。《萬首唐人絶句詩》載郭震《螢》等七言詩凡七首⑦，即《書録解題》所本，則“振”爲“震”之誤字亦明。

11. 聲畫集八卷

所録皆唐、宋人題畫之詩。……其所録如折中古、夏均父、徐師川、陳子

---

① 《四庫全書總目彙訂》卷一八七，頁 6334。
② ［宋］洪邁《萬首唐人絶句詩》卷首，文學古籍刊行社，1955 年，頁 7。
③ 《萬首唐人絶句詩》卷首，頁 9—10。
④ 《萬首唐人絶句詩》卷首，頁 11。
⑤ 《直齋書録解題》卷一五，頁 450。
⑥ 《文獻通考》卷二四九《經籍考》，頁 6703。
⑦ 《萬首唐人絶句詩》卷七二，頁 2202—2204。

高、王子思、劉叔贛、僧士珪、劉王孟、林子來……王佐才、陶商翁……李膺仲、倪巨濟、華叔深、歐陽闢諸人，其集皆不傳，且有不知其名字者，頗賴是書存其一二。（卷 187，頁 2616—2617）

按：華叔深，疑當作“晏叔源”。《聲畫集》無“華叔深”詩。觀提要前後所列李膺仲、倪巨濟、歐陽闢三人見載於《聲畫集》卷八，而倪巨濟與歐陽闢間依次載夏均父、元微之、王荊公、晏叔源、劉叔贛、李成年、徐師川、林子來、陳子高、陳去非、吕居仁、晁無咎諸人詩[①]。夏均父、劉叔贛等已見提要前舉諸人，元微之（稹）、王荊公（安石）等均有詩文集傳世，唯“晏叔源（幾道）”雖存《小山詞》一卷，然無詩文集傳世，且與“華叔深”字形頗近。要之提要原文當作“晏叔源”，傳寫誤作“華叔深”。

又按：“折中古”上浙本、粵本有“劉莘老李廌”五字，“僧士珪”下浙本、粵本、文淵閣書前提要、《文溯閣四庫全書提要》、文津閣書前提要有“王履道”三字，“王佐才”下浙本、粵本、文淵閣書前提要、《文溯閣四庫全書提要》、文津閣書前提要有“曾子開”三字，《彙訂》均認定爲殿本脱文[②]。竊以爲當是殿本有意删削，並非傳寫脱誤。如《總目》著録曾肇（字子開）《曲阜集》四卷，則諸提要所舉“曾子開”顯與下文“其集皆不傳，且有不知其名字者”牴牾，故殿本削之。至於劉摯（字莘老）、李廌、王安中（字履道）三人詩文集原本確已亡佚，然館臣已從《永樂大典》中裒輯成帙，諸輯本《總目》已著録[③]，故殿本未列三人之名亦合情理。且諸書前提要均無“劉莘老”“李廌”二人之名，獨浙本有之，當即浙本徑增。要之殿本文字是經過有意删定而成，並無脱誤，反映了《總目》定本的文字面貌。

12. 古文關鍵二卷

此本爲明嘉靖中所刊，前有鄭鳳翔序。（卷 187，頁 2617—2618）

按：作序者乃鄭鳳，字翔于，提要稱“鄭鳳翔”誤。提要所據爲明嘉靖十一年（1532）李成刻《東萊先生古文關鍵》二卷本，卷首《重刊古文關鍵叙》末署“嘉靖壬辰八月望莆田鄭鳳翔于書”[④]，卷末載嘉靖十一年壬辰李成跋云：“是板有傳，魯魚亥豕，讀者病之。予遊鄭翔于先生門，見其手録二卷，楷書端方，校正明白，請而鋟梓。”[⑤]考乾隆《興化府莆田縣志》載嘉靖十三年舉人有鄭鳳，云：“字翔于，敏政子，桐城知縣。”[⑥]《嘉靖十三年福建鄉試録》載第八十一名“鄭

---

① [宋]孫紹遠編《聲畫集》卷八，《四庫提要著録叢書》影印清康熙四十五年（1706）曹寅揚州使院刻《楝亭十二種》本，集部，册 138，北京出版社，2011 年，頁 332—334。

② 《四庫全書總目彙訂》卷一八七，頁 6336。

③ 《總目》卷一五三著録劉摯《忠肅集》二十卷，又卷一五六著録王安中《初寮集》八卷，均爲《永樂大典》本。又卷一八七“《蘇門六君子文粹》七十卷”條云：“《李廌集》世無傳本，今始從《永樂大典》裒輯成帙，頗藉此書相補苴。”

④⑤ [宋]吕祖謙編《東萊先生古文關鍵》卷首，明嘉靖十一年（1532）李成刻本。

⑥ [清]汪大經等修，[清]廖必琦等纂《興化府莆田縣志》卷一三《選舉》，《中國地方志集成·善本方志輯（第二編）》影印清乾隆二十三年（1758）刻本，册 20，頁 345。

鳳，莆田縣學增廣生。《書》"[1]，即此人。明林大輅《愧瘖集》載《同鄭翔于、陳君復諸友飲月峰寺座中放歌》詩[2]，所稱"鄭翔于"即"鄭鳳"。則作序者鄭鳳字翔于，提要誤以序文"鄭鳳翔"三字爲句。

13. 江湖後集二十四卷(永樂大典本)

宋陳起編。案：起以刻《江湖集》得名，然其書刻非一時，版非一律，故諸家所藏如黃俞邰、朱彝尊、曹楝、吴焯及花谿徐氏、花山馬氏諸本，少或二十八家，多至六十四家。……今檢《永樂大典》所載，有《江湖集》，有《江湖前集》，有《江湖後集》，有《江湖續集》，有《中興江湖集》諸名。其接次刊刻之迹，略可考見。以世傳《江湖集》本互校，其人爲《前集》所未有者，凡鞏豐……章粲、盛世宗、程坦……釋永頤，凡四十八人。(卷187，頁2622—2623)

按：曹楝，當作"曹楝亭"。清雍正三年(1725)，吴焯爲《南宋群賢小集》作序云：

> (陳起)所刻《江湖群賢小集》，曹楝亭所藏宋印，後歸郎温勤，今見于家石倉書舍。僅有其半，并無序目可考，板樣亦參差不齊。……此其平生未竟之緒，是以無編定卷帙，但從後來藏書家簿録中紀爲《宋人小集》六十四家而已。余所見秀水朱氏本、花谿徐氏本、花山馬氏本各不相同。大抵此集多不全，後人間取北宋人集之小者，如陶弼、蔣堂等以傅儷之，以實六十四家之數耳。……余搜求不下十年，始彙其全。近日與趙谷林校勘此集，因書其端委示之。惜乎竹垞已往，不及見余本之完善。憶曩日落帆亭舟中對語，老人深歎曹氏藏本之佳而不知其不全。[3]

吴序所稱"秀水朱氏本、花谿徐氏本、花山馬氏本"及"余(吴焯)本"與提要所述一一吻合，當即其史源之一。則提要所謂"曹楝"藏本當即吴序"曹楝亭"，而提要文有訛脱。提要所增"黃俞邰"藏《宋人小集》二十八家("少或二十八家")事載王士禎《居易録》(詳下文"宋百家詩存"條)。

"楝亭"爲曹寅號，《總目》著録曹氏《楝亭詩鈔》五卷。考曹寅《楝亭書目》："宋本宋人詩，宋錢塘陳起編，六函四十七册。"[4]今臺灣圖書館藏宋刊本《南宋群賢小集》五十六家六十册[5]，鈐"楝亭曹氏藏書"朱文長方印，或即吴序所謂"曹楝亭所藏宋印"。

另《總目》著録曹廷楝《宋百家詩存》二十八卷，提要云："所録凡一百家……雖别裁未必盡當，然宋人遺集，徐乾學傳是樓二十八家之本，朱彝尊曝

---

① 《嘉靖十三年福建鄉試録》，載龔延明主編《天一閣藏明代科舉録選刊·鄉試録》，寧波出版社，2016年，册8，頁6867。

② [明]林大輅《愧瘖集》卷四，《續修四庫全書》影印明嘉靖四十年(1561)刻本，册1338，頁538。

③ [宋]陳起編，[清]顧修重輯《南宋群賢小集》卷首，清嘉慶六年(1801)石門顧氏讀畫齋刻本。

④ [清]曹寅撰，金毓紱輯《楝亭書目》卷四，《遼海叢書》本，頁12。

⑤ 《楝亭書目》所記册數與今存本不同，王媛認爲可能是曹寅藏四十七册宋刊本在流傳中經過重新裝訂，或有所增損而成。(參王媛《江湖詩集考》，《文史》2016年第3輯，頁275)

書亭五十家之本，皆未刊刻。”[①]前引吴焯序“花谿徐氏”即指徐乾學。《宋百家詩存》“凡一百家”，與提要“少或二十八家，多至六十四家”之語不合，故提要所稱“曹楝”當非“曹廷楝”脱誤。

又按：盛世宗，文淵閣書前提要、《文溯閣四庫全書提要》、文津閣書前提要作“盛世忠”，是。《江湖後集》無“盛世宗”詩，章粲詩後載盛世忠詩十五首，小傳云：“世忠字景韓，清源人。有《松坡摘稿》。”[②]《永樂大典》引《江湖續集》所載盛世忠《倦妝圖》[③]，此詩館臣已據《大典》輯録在盛氏名下[④]，可證“宗”爲“忠”字之誤。

又按：程坦，浙本、粤本、文淵閣書前提要、《文溯閣四庫全書提要》、文津閣書前提要作“程垣”，是。《江湖後集》無“程坦”詩，盛世忠詩後載程垣詩十二首，小傳云：“垣字務實，龍巖人。”[⑤]劉克莊《後村集》載《(題)程垣詩卷》[⑥]，當即此人。

14. 三體唐詩六卷

宋周弼編。弼有《汶陽端平詩雋》，已著録。……考范晞文《對牀夜語》曰：“周伯弼選唐人家法，以四實爲第一格，四虚次之，虚實相半又次之。”(卷 187，頁 2623)

按：周伯弼，當作“周伯弜”。考周弼字伯弜，范晞文《對牀夜語》原文作“周伯弜”[⑦]，稱其字也。《總目·〈汶陽端平詩雋〉提要》云：“宋周弼撰。弼字伯弜，汶陽人。……末有‘伯弜平生心不下人，今隔九原，閲予此選，必不以予爲謬’云云。”[⑧]《〈英溪集〉提要》稱“題周伯弜手澤”[⑨]，《〈唐詩説〉提要》引都穆《南濠詩話》稱“(釋圓至)嘗註周伯弜[⑩]所選《唐三體詩》”[⑪]，均稱其字“伯弜”。此文“周伯弼”，提要蓋失考其字，以《對牀夜語》原文“伯”爲尊稱，“弜”爲“弼”之壞字，故誤改作“周伯弼”。

15. 吴都文粹九卷

宋鄭虎臣編。案《蘇州府志》，虎臣字景兆，曾爲會稽尉，宋德祐初，自請監押賈似道，殺之於木綿菴者，即其人也。……是書於吴郡遺文綜輯頗富，其中

---

① 《欽定四庫全書總目》卷一九〇，頁 2666。

② [宋]陳起編《江湖後集》卷一四，文淵閣《四庫全書》本，册 1357，頁 907。

③ 《永樂大典》卷六五二三《十八陽·倦妝》，頁 2590。

④⑤ 《江湖後集》卷一四，頁 908。

⑥ [宋]劉克莊撰、辛更儒校注《劉克莊集箋校》卷一〇一《題跋》，中華書局，2011 年，册 10，頁 4245。

⑦ [宋]范晞文《對牀夜語》卷二，丁福保輯《歷代詩話續編》本，中華書局，2006 年，頁 415。

⑧ 《欽定四庫全書總目》卷一六四，頁 2181。

⑨ 《欽定四庫全書總目》卷一六五，頁 2192。

⑩ 周伯弜，浙本作“周伯弼”，誤，《南濠詩話》原文作“周伯弜”可證。

⑪ 《欽定四庫全書總目》卷一九一，頁 2673。

若李壽朋之《劄補新軍》、汪應辰之《申奏許浦水軍》、趙肅之《三十六浦利害》、郟亶之《至和塘六得六失》諸篇，均有關兵農大計。……書中龔頤正《企賢堂記》曰："長洲爲縣，肇唐萬歲通天中。"而《吴地記》則云建自貞觀七年。考《唐・地理志》，與頤正之《記》合，可以證《吴地記》之訛。又《吴地記》云常熟縣改自唐貞觀九年，而書中范成大《常熟縣題名記》曰："縣舊爲毗陵，至梁而改。"又可與《吴地記》考異。(卷 187，頁 2624)

按：景兆，當作"景召"。明盧熊洪武《蘇州府志》："鄭虎臣宅在鶴舞橋東，其家鉅富，時居第之盛，號鄭半州。四時飲饌，各有品目。著《集珍日用》一卷，并《元夕閏燈寔録》一卷，皆言其奢侈于饜飲也。當宋末殺賈似道于木綿菴，即其人也。虎臣名景召。"[①]盧志或即提要所據《蘇州府志》，或其史源文獻。萬曆《會稽縣志》載宋恭帝德祐元年(1275)會稽尉爲"鄭虎臣，吴郡人，字景召"[②]，並引《宋史・姦臣・賈似道傳》所記鄭氏自請監押賈似道，殺賈氏於木綿菴事。正德《姑蘇志》："鄭虎臣墓在陽山西白龍祠南。"原注："虎臣字景召。"[③]是鄭虎臣字景召，《蘇州府志》誤字爲名，然皆證"景兆"字誤。

又按：趙肅，當作"趙霖"。《吴都文粹》無"趙肅"文，目録載《三十六浦利害》作者題"趙霖"，文中亦數次自稱"霖"，末云："政和六年四月御筆：'訪問平江府三十六浦自古置閘，隨潮啓閉，歲久堙塞，遂致積年爲患。仰莊徽差户曹趙霖具逐浦經久利害，破馹券遞馬赴尚書省指説。'霖既上其説，是歲九月奉御筆差趙霖充兩浙提舉常平，前去本路措置興修。"[④]范成大《吴郡志》載政和六年四月御筆同[⑤]。考《宋史・河渠志》載政和六年詔趙霖開濬平江三十六浦事略同[⑥]。考《宋史・食貨志》載紹興二十八年(1158)兩浙轉運副使趙子潚疏濬太湖事[⑦]，同書《宗室・趙子潚傳》載其事同[⑧]。提要"肅"或"霖"字形誤，或涉"趙子潚"而誤脱爲"趙肅"。

又按：龔頤正，當作"黄由"。提要引文見《吴都文粹》載黄由《企賢堂記》，文末署"淳熙九年十月一日邑人黄由記，龔頤正書"[⑨]，《吴郡志》載黄由《企賢堂記》同[⑩]。考《南宋館閣續録》載"黄由，字子由，姑蘇人。淳熙八年進士及

---

① [明]盧熊纂修《蘇州府志》卷七《園第》，《中國方志叢書・華中地方》影印明洪武十二年(1379)鈔本，432 號，臺北成文出版社，1983 年，頁 317。

② [明]楊維新修，[明]張元忭等纂《會稽縣志》卷九《官師表》，《中國方志叢書・華中地方》影印明萬曆三年(1575)刻本，550 號，頁 346。

③ [明]林世遠修，[明]王鏊纂《姑蘇志》卷三四《冢墓》，《四庫提要著録叢書》影印明正德刻本，史部，册 212，頁 76。

④ [宋]鄭虎臣編《吴都文粹》卷六，《四庫提要著録叢書》影印清鈔本，集部，册 76，頁 666。

⑤ [宋]范成大撰、陸振嶽點校《吴郡志》卷一九《水利下》，江蘇古籍出版社，1999 年，頁 287。

⑥ 《宋史》卷九六，頁 2387—2388。

⑦ 《宋史》卷一七三，頁 4184。

⑧ 《宋史》卷二四七，頁 8747。

⑨ 《吴都文粹》卷九，頁 746。

⑩ 《吴郡志》卷三七《縣記》，頁 544—545。

第，治賦。（紹熙）二年十一月除（著作郎），四年五月爲軍器少監”[①]，即此人。《吴都文粹》黄由文前爲龔頤正《蟠翠亭記》[②]，提要蓋因二人文章相鄰且書者爲“龔頤正”而誤記。

又按：范成大，當作“曾慎”。提要引文見《吴都文粹》載曾慎《常熟縣題名記》，文末署“紹興二十一年九月魯國曾慎記”[③]，《吴郡志》載曾慎《常熟縣題名記》同[④]。常熟别名“琴川”，考寶祐《重修琴川志》載宋縣令有“（紹興）二十年，曾慎，右通直郎，十二月至二十二年八月”[⑤]，即此人。《吴都文粹》曾慎文前爲范成大《新修主簿廳記》[⑥]，提要蓋因二人文章相鄰而誤記。

16. 月泉吟社詩一卷

王士禎《池北偶談》稱其“清新尖刻，别自一家”，而怪所品高下未當，爲移第六名子進第一名，第十三名魏子大爲第二……第三名高寧爲第八，第四十二名俞自德爲第九，第二十五名槐空居士爲第十。（卷187，頁2625）

按：高寧，浙本、粤本作“高宇”；俞自德，浙本、粤本、文淵閣書前提要作“俞自得”，是。《月泉吟社詩》第三名“高宇”，注云：“杭州西塾梁相，字必大。”[⑦]第四十二名“吟隱俞自得”，注云：“金華孝順鎮。”[⑧]《池北偶談》“月泉吟社”條云：“第八名高宇（梁相，字必大），第九名俞自得。”[⑨]《宋詩紀事》載“（梁）相，字必大，杭人。月泉吟社第三名，託名高宇”，“（俞）自得，號吟隱，金華孝順鎮人。月泉吟社第四十二名”[⑩]，即本《月泉吟社詩》，則當從别本作“高宇”“俞自得”爲是。

又按：槐空居士，當作“槐窗居士”。《月泉吟社詩》第廿五名“槐窗居士”，注云：“浦陽長塘黄景昌。”[⑪]《池北偶談》“月泉吟社”條云：“第十名槐牕居士（黄景昌）。”[⑫]《宋詩紀事》載“（黄）景昌，浦陽長塘人。月泉吟社第廿五名，自署槐窗居士”[⑬]，即本《月泉吟社詩》，是“空”當爲“窗”字形誤。

---

① ［宋］佚名編《南宋館閣續録》卷八，中華書局，1998年，頁281。

② 《吴都文粹》卷九，頁745。

③ 《吴都文粹》卷九，頁748。

④ 《吴郡志》卷三八《縣記》，頁548。

⑤ ［宋］孫應時等纂修，［元］盧鎮增修《重修琴川志》卷三《叙官》，《續修四庫全書》影印清道光三年（1823）瞿氏恬裕齋影元鈔本，册698，頁305。

⑥ 《吴都文粹》卷九，頁747。

⑦ ［宋］吴渭編《月泉吟社詩》，《四庫提要著録叢書》影印明天啓、崇禎間海虞毛氏汲古閣刻《詩詞雜俎》本，集部，册360，頁365。

⑧ 《月泉吟社詩》，頁376。

⑨ ［清］王士禎《池北偶談》卷一九，中華書局，1982年，頁461。

⑩ ［清］厲鶚《宋詩紀事》卷八一，上海古籍出版社，2013年，頁1971、1985。

⑪ 《月泉吟社詩》，頁371。

⑫ 《池北偶談》卷一九，頁461。

⑬ 《宋詩紀事》卷八一，頁1979。

17. 中州集十卷附中州樂府一卷

《壬集》自馬舜之下别標"諸相"一門,列劉豫等十六人。……其例每人各爲小傳,詳具始末,兼評其詩。或一傳而附見數人,如《乙集》"張子羽"下附載僧可道、鮮于可、高鵾、王景徽、吴演之類。(卷188,頁2629)

按:馬舜,當作"馬舜卿"。《中州集》"諸相"門前載馬舜卿《會州道中》一首,小傳云:"舜卿名肩龍,以字行,宛平人。……正大四年冬,薄游鳳翔,德順州將愛申以書招舜卿,舜卿欲往鳳翔,總管以'敵兵勢甚張,吾城可恃,德順不可守'勸勿往。舜卿曰:'愛申平生未嘗識我,一見爲知己。我知德順不可守,我往必死。然以知己故,不得不死也。'"①《金史·忠義·愛申傳》載愛申、馬舜卿事略同②,可證提要"舜"下脱"卿"字。

又按:"高鵾"當作"高鵾化","吴演"當作"吴縯"。《中州集》"張子羽"條小傳稱馬定國《薺堂集》載馬氏師友六人,除張子羽、釋可道、鮮于可、王景徽四人外,"其一高鯤化,字圖南,平原人","其一吴縯,字子長。"③《薺堂集》已佚,《中州集》録馬氏詩有《懷高圖南》《送圖南》④,即懷念高鯤化之詩。"鯤化"之名出《莊子·逍遥遊》鯤魚化鵬之典。"鯤""鵾"本二字,後人在"鯤鵬"這一典故中"鯤"或訛寫作"鵾"字,遂相沿成俗。提要下文稱《中州樂府》"與此集皆毛晋所刊",檢汲古閣本作"高鵾化""吴縯",可知提要傳寫"鵾"下脱"化"字,"演"又"縯"字形誤。

18. 谷音二卷

每人各載小傳,惟柯芝、柯茂謙父子共一傳,楊應登、楊零祖孫共一傳。(卷188,頁2630)

按:楊零,當作"楊雯"。《谷音》載臨江楊應登幼平詩二首,小傳云:"應登寬厚長者,有德行、言辭。七試國子不第,退就耕牧,老于南塘。孫雯。"⑤並載其孫楊雯天章詩五首。《宋詩紀事》載"(楊)雯,字天章,應登之孫"⑥,即本《谷音》,可證"零"爲"雯"字形誤。

19. 唐音十四卷

凡《始音》一卷,《正音》六卷,《遺響》七卷。……其《始音》惟録王、楊、盧、駱四家。《正音》則詩以體分,而以初唐、盛唐爲一類,中唐爲一類,晚唐爲一

---

① [金]元好問編,張静校注《中州集校注·壬集第九》,中華書局,2018年,頁2321—2322。

② 《金史》卷一二三,中華書局,1975年,頁2691。

③ 《中州集校注·乙集第二》,頁280。

④ 《中州集校注·甲集第一》,頁257、262。

⑤ [元]杜本編《谷音》卷下,《四庫提要著録叢書》影印明天啓、崇禎間海虞毛氏汲古閣刻《詩詞雜俎》本,集部,册301,頁393。

⑥ 《宋詩紀事》卷七九,頁1911。

類。《遺響》則諸家之作咸在,而附以僧詩、女子詩。……明蘇衡作劉敬伯《古詩選》序,頗以是書所分《始音》、《正音》、《遺響》爲非。……曹安《讕言長語》稱舊有丹陽顔潤卿註,今未見其本。此本題張震輯註……註極弇陋,明唐覲《延州筆記》嘗摘其註李商隱《咸陽》詩"自是當時天帝醉"一條、李頎《贈從弟》詩"第五之名齊驃騎"一條、盧照鄰《送趙司倉入蜀》詩"潘年三十外"一條。(卷188,頁2634—2635)

按:"明蘇衡作劉敬伯《古詩選》序"一句當作"明蘇伯衡作林敬伯《古詩選唐》序"。考蘇伯衡《蘇平仲文集·古詩選唐序》云:

> 昔襄城楊伯謙選唐詩爲《唐音》録,蜀郡虞文靖公序之。慨夫聲文之成,係於世道之升降,而終之以一言曰:吾於伯謙之録,安得不歎?夫知言之難也,蓋不能無憾焉。……盛時之詩,不謂之正音而謂之始音;衰世之詩,不謂之變音而謂之正音;又以盛唐、中唐、晚唐並謂之遺響,是以体裁論而不以世變論也,其亦異乎大小雅、十三國風之所以爲正爲變者矣。……平陽林敬伯,蚤歲誦文靖之序,深有概乎其衷。及遊國學,質諸博士貝廷琚、劉子憲,而知《唐音》去取出其嗜好也。其友蒙陰縣簿,暇日乃更選焉,非有風雅騷些之遺韻者不取也,得七百六首,隨其世次釐爲六卷,以所選皆五、七言古詩,故目爲《古詩選唐》。[1]

蘇伯衡字平仲,《明史·文苑》有傳[2]。林氏《古詩選唐》已佚,考蘇伯衡《林氏族譜序》云:"平陽林氏五季時自長溪赤岸來居四溪,宋中葉自四溪析居嶺門。嶺門之族字敬伯者,持其譜圖指示余曰……"[3]又蘇氏《潔菴集序》:"《潔菴集》詩文若干首,平陽孔子升先生之所作,門人同邑林與直敬伯之所彙次也。"[4]則林敬伯名與直,官蒙陰縣簿。又《蘇平仲文集》卷首黎諒題識稱"太史蘇先生平生所著詩文若干篇,前蒙陰縣簿林與直編類,分爲一十六卷,鏤板郡庠"[5],則蘇氏文集即林與直編刻,原文"林敬伯"及"《古詩選唐》"必不誤。

提要下引曹安《讕言長語》原文稱"舊有《唐音輯釋》,丹陽顔潤卿註,宋祭酒訥爲序。平陽劉敬伯輯《古詩選唐》,蘇平仲序之"云云[6],則提要實據曹書轉引,故襲其"劉敬伯"之誤,而"古詩選"下又脱"唐"字,唯考"蘇平仲"作"蘇衡",當是偶脱"伯"字。

又按:趙司倉,文淵閣書前提要作"鄭司倉",是。唐觀《延州筆記》云:"《唐音》盧照鄰《送鄭司倉入蜀》詩曰:'潘年三十外,蜀道五千難。'註云:'潘年未

---

① [明]蘇伯衡《蘇平仲文集》卷四,《四庫提要著録叢書》影印明正統七年(1442)黎諒刻本,集部,册36,頁503—504。

② 《明史》卷二八五,中華書局,1974年,頁7310—7311。

③ 《蘇平仲文集》卷四,頁501。

④ 《蘇平仲文集》卷五,頁511。

⑤ 《蘇平仲文集》卷首,頁451。

⑥ [明]曹安《讕言長語》,《四庫提要著録叢書》影印明正德十三年(1518)趙元刻本,子部,册170,頁100。

詳。'按《文選》潘岳作《秋興賦》曰：'岳年三十二，始見二毛，以太尉掾兼虎賁中郎將，寓直於散騎之省。'又《駱賓王集·上裴侍郎詩》曰'三十二餘罷，鬢似潘安仁'，亦用此也。"①《唐音》《盧照鄰集》②載此詩均題"送鄭司倉入蜀"，則"趙"爲"鄭"之誤字亦明。

20. 元音遺響十卷

前八卷爲胡布詩，又名《崆峒樵音》。後二卷則張達、劉紹詩也。……布字子申，達字秀充，皆盱江人。紹字子憲，黎川人也。（卷188，頁2637）

按：秀充，《翁方綱纂四庫提要稿》作"季充"，所列長編載卷九卷端題"古盱張達季充遺稿，盱江胡福元澤類集"③。朱彝尊《静志居詩話》"劉紹"條云："子憲與盱江胡布子申、張達季充爲郡人，張烈光啓、胡福元澤類編其詩，號《元音遺響》。"④《元音遺響》載胡布《張子玄畫梅詩》自注云"爲季充先生賦"⑤，則"秀"爲"季"之形誤亦明。

21. 元詩體要十四卷

明宋緒編。緒字公傳，以字行，餘姚人。成祖時預修《永樂大典》，時同邑被徵者五人。及書成，宋孟嶽、趙膚迪、朱德茂、張廷皆授官，緒獨辭歸。（卷189，頁2641）

按：宋孟嶽，當作"宋孟徽"；張廷，當作"張廷玉"。乾隆《紹興府志》引《東山志》云："宋緒，字公傳，餘姚人。篤學有志操。同修《永樂大典》時，餘姚被徵者五人，緒與宋孟徽、趙膚迪、朱德茂、張廷玉。書成，皆授官，緒獨辭歸。"⑥與提要所述頗合，史源當同。《紹興府志》又載永樂年間被徵者有宋緒、趙膚迪、張廷玉、宋孟徽、朱德茂五人，名下或注"修《永樂大典》"五字⑦。光緒《餘姚縣志》引《嘉靖志》云："宋緒，字公傳。篤學有志操。永樂初，與仲父孟徽及同邑趙膚迪、朱德茂、張廷玉皆被徵預修《大典》。書成，授官，緒獨辭曰：'願賜歸教授鄉里，不願得官。'上嘉其恬退，許之。"⑧此較《紹興府志》爲詳，所列五人姓名全同，可證提要"宋孟嶽"爲"宋孟徽"之誤，"張廷"下又脱"玉"字。

---

① ［明］唐覲《延州筆記》卷二，《叢書集成續編》本，册213，臺北新文豐出版社，頁599。

② ［元］楊士弘編《唐音》卷一，文淵閣《四庫全書》本，册1368，頁195；［唐］盧照鄰撰，李雲逸校注《盧照鄰集校注》卷三，中華書局，1998年，頁125。

③ 《翁方綱纂四庫提要稿》，頁1080。

④ ［清］朱彝尊《静志居詩話》卷二，人民文學出版社，1990年，頁45。

⑤ ［元］胡布等撰《元音遺響》卷三，文淵閣《四庫全書》本，册1369，頁638。

⑥ ［清］李亨特修，［清］平恕等纂《紹興府志》卷五三《人物志·儒林》，《中國方志叢書·華中地方》影印清乾隆五十七年(1792)刻本，221號，頁1278。

⑦ 《紹興府志》卷三〇《選舉志·薦辟》，頁708。

⑧ ［清］邵友濂修，［清］孫德祖等纂《餘姚縣志》卷二三《列傳》，《中國方志叢書·華中地方》影印清光緒二十五年(1899)刻本，500號，頁564。

22. 經義模範一卷

不著編輯者名氏。前有王廷表序稱"嘉靖丁未,訪楊升菴於滇,得《經義模範》一帙,乃同年朱良矩所刻"云云。……所録凡宋張才叔、姚孝寧、吴師孟、張孝四人經義,共十六篇。其弁首即才叔《自靖人自獻于先王》一篇,吕祖謙録入《文鑑》者也。(卷189,頁2643)

按:張孝,文淵閣書前提要、《文溯閣四庫全書提要》、文津閣書前提要作"張孝祥",是。《經義模範》卷首王廷表序云:

> 丁未冬表訪太史楊升菴,得《經義模範》一帙,乃同年朱良矩所刻也。退觀之義,凡十六篇。《易義》二篇爲姚孝寧,餘篇則蜀先賢廣安張才叔、中江吴師孟、簡州張孝祥也。夫經義盛於宋,張才叔《自靖人自獻于先王》之義,吕東萊取之入《文鑑》。[①]

提要即本王序。張孝祥字安國,有《于湖集》等傳世,《宋史》有傳[②]。《經義模範》録張氏經義凡五篇,均題"張孝祥",則提要誤脱"祥"字。

23. 宋藝圃集二十二卷

所列凡二百三十有六人,而核其名氏,實二百三十有七人,蓋編目時誤數一人。末卷附釋衲三十三人,宫閨六人,靈怪三則,妓流五人,不知名四人,通上當爲二百八十八人,而註曰"共二百八十四人",則除不知姓名四人不數耳。(卷189,頁2646)

按:靈怪三則,文淵閣書前提要、《文溯閣四庫全書提要》、文津閣書前提要作"靈怪三人",是。《宋藝圃集·目録》首注云:"宋詩人名氏二百三十六人。"卷二二列"釋衲三十三人""宫閨六人""靈怪三人""妓流五人"及"不知名四人"諸子目,末注云:"以上共二百八十四人。"[③]則提要即據《目録》迻録末卷子目,所謂"靈怪三人"指紫姑僊、女僊和夢中媜人,分别録其《命觴》、《絶句》(三首)和《陽春曲》詩[④]。細繹提要上下文,唯作"三人",方和前後文句一致,且與"二百八十八人"之數相合。蓋館臣修定時或以"靈怪三人"不辭,又未細覈原書及上下文句,遂臆改作"靈怪三則",大謬!

24. 吴都文粹續集五十六卷補遺一卷

明錢穀撰。穀字叔寶,長洲人。《明史·文苑傳》附見《文徵明傳》中,但稱其能畫。朱彝尊《静志居詩話》則稱穀"貧無典籍,遊文徵明之門,日取插架書

---

① [明]楊慎編《經義模範》,文淵閣《四庫全書》本,册1377,頁80。

② 《宋史》卷三八九,頁11942。(按《宋史》稱張孝祥爲"歷陽烏江人",楊慎《詞品》卷四:"張孝祥字安國,蜀之簡州人,四狀元之一也。後卜居歷陽。")

③ [明]李蓘編《宋藝圃集》卷首,《四庫提要著録叢書》影印明萬曆間暴孟奇本,集部,册303,頁247—254。

④ [明]李蓘編《宋藝圃集》卷二二,頁516—517。

讀之，手抄異書最多，至老不倦。做鄭虎臣《吴都文粹》，輯成《續編》，聞有三百卷。其子功甫繼之，吴中文獻藉以不墜"云云。功甫，錢與治之字也。所稱卷數與此本不符，疑合與治《續編》言之。（卷189，頁2647—2648）

按：與治，當作"允治"。錢允治字功甫，錢穀之子。錢謙益《題錢叔寶手書續吴都文粹》：

> 吴郡錢穀叔寶以善書名家，博雅好學，手鈔圖籍至數十卷，取宋人鄭虎臣《吴都文粹》增益至百卷，以備吴中故實。余從其子功甫借鈔，與何季穆、周安期共加芟補，欲成一書，未就也。功甫名允治，介獨自好，不妄交接。口多雌黄，吴人畏而遠之。余每過之，坐談移日。[①]

又朱彝尊《静志居詩話》"錢允治"條稱其"初名府，後以字行，更字功父，長洲人。穀子。有《少室先生集》"[②]。皆可證。《總目·〈文心雕龍〉提要》云"明末常熟錢允治稱得阮華山宋槧本"[③]，即此人。錢允治編撰有《詩韻輯要》《正續名世文宗》《類選箋釋草堂詩餘》等傳世。

又提要引《静志居詩話》"遊文徵明之門"句之"文徵明"，浙本作"文徵仲"。《彙訂》據《静志居詩話》原文作"文徵仲"而謂殿本誤[④]。考《明史·文苑·文徵明傳》云其"初名壁，以字行，更字徵仲"[⑤]，《總目·〈甫田集〉提要》同[⑥]，則提要所稱"文徵明""文徵仲"實即一人。提要引書常改易文字，此不得以原文定其是非。

25. 御定全唐詩九百卷

舊以六朝人誤作唐人者，如陳昭儀、沈氏、衛敬瑜妻之類。（卷190，頁2656）

按：陳昭儀，當作"陳昭"。《全唐詩·凡例》稱"六朝人詩誤收入《全唐》者，如陳昭及沈氏、衛敬瑜妻、吴興神女之類，並應刊正"[⑦]，此即提要所本。《凡例》所稱"全唐"指季振宜在錢謙益殘稿基礎上補輯而成的《全唐詩》，檢季書僅收有"范静妻沈氏"詩，小傳云："范静妻沈氏，《樂府詩》俱指爲梁人，洪邁《萬首絶句》收入唐詩。"[⑧]並無"陳昭儀沈氏"詩。又季書兩載陳昭《昭君詞》一首[⑨]，該詩首見於唐歐陽詢《藝文類聚》[⑩]，明馮惟訥《詩紀》收此詩，載其小傳云："陳

---

① [清]錢謙益撰、[清]錢曾箋注《牧齋初學集》卷八四，上海古籍出版社，1985年，頁1766。
② 《静志居詩話》卷一八，頁543。
③ 《欽定四庫全書總目》卷一九五，頁2737。
④ 《四庫全書總目彙訂》卷一八九，頁6413。
⑤ 《明史》卷二八七，頁7361。
⑥ 《欽定四庫全書總目》卷一七二，頁2718。
⑦ [清]彭定求等編《全唐詩·凡例》，中華書局，1960年，頁7。
⑧ [清]錢謙益、[清]季振宜選輯《全唐詩稿本》卷七〇八，册71，臺北聯經出版事業公司，1979年，頁25051。
⑨ 《全唐詩稿本》卷一八、卷六五五，册3、册67，頁907、23387。
⑩ [唐]歐陽詢《藝文類聚》卷三〇《人部·怨》，中華書局，1965年，頁540—541。

昭，義興國山人，慶之之子。慶之在梁，以軍功封永興侯，卒，昭嗣位。”①此傳史源即《梁書》和《南史》。是《凡例》原文“陳昭”“沈氏”均確鑿無誤。

檢《紀曉嵐删定〈四庫全書總目〉稿本》句讀作“如陳昭儀沈氏、衛敬瑜妻之類”，“儀”爲墨筆增入②。蓋紀氏誤以“陳”指六朝陳代，“沈氏”、“衛敬瑜妻”同爲陳女詩人，故以“沈氏”名前所冠之“昭”字爲“昭儀”（古代妃嬪稱號）脱誤。

26. 唐人萬首絶句選七卷

國朝王士禛編。洪邁《唐人萬首絶句》務求盈數，踳駁至多。宋倉部郎中福清林清之真父鈔取其佳者，得七言一千二百八十首，五言一千五十六首，六言十五首，勒爲四卷，名曰《唐絶句選》，見於陳振孫《書録解題》。（卷 190，頁 2662）

按：真父，當作“直父”。《直齋書録解題》“《唐絶句選》四卷”條云：“倉部郎中福清林清之直父以洪氏《絶句》鈔取其佳者，七言一千二百八十，五言百五十六，六言十五首。”③《文獻通考》“《唐絶句選》四卷”條引陳氏曰同④。《淳熙三山志》載慶元二年（1196）鄒應龍榜進士“林清之，字直甫，福清人。父椬，祖仲堪。……終中奉大夫直文華閣湖南漕”⑤，即此人，則“真”爲“直”之誤字亦明。

27. 粵西文載七十五卷

其志、傳二門多採黄佐、蘇濬之《通志》，亦殊挂漏。然其體例明整，所録碑版題咏，多採諸金石遺刻，如宋何麟曾、元曹師孔、魯師道、石天岳諸作，皆志乘所未備。（卷 190，頁 2663—2664）

按：何麟曾，當作“何麟、曾琢”。《粵西文載·城郭公署記》載何麟《重脩古縣廳事記》，此卷其後載宋人譚景先《重修鬱林子城記》、趙善慶《灌陽縣治記》、曾琢《重修義寧縣治記》、趙希《朝京館記》和元人羅咸、吴瓊、鐳如孫、曹師孔、鄒魯、楊子春諸作⑥，又《學校記》載有元人魯師道、石天岳諸作⑦，提要當即本此。嘉靖《廣西通志》“古田縣”條載《重修記》文同，作者亦稱“宋何麟”⑧，當即《粵西文載》之史源。細繹提要上下文及《粵西文載》本卷，“何麟”與“曹師孔”間宋人曾姓者唯“曾琢”一人，當即提要所指，而傳寫脱“琢”字。考《粵西文

① [明]馮惟訥輯《詩紀》卷一〇六，《四庫提要著録叢書》影印明嘉靖三十九年（1560）甄敬刻本，集部第 151 册，第 351 頁。

② [清]紀昀《紀曉嵐删定〈四庫全書總目〉稿本》，國家圖書館出版社，2011 年，册 9，頁 5。

③ 《直齋書録解題》卷一五，頁 450。

④ 《文獻通考》卷二四九《經籍考》，頁 6704。

⑤ [宋]梁克家《淳熙三山志》卷三一《人物六》，《福建舊方志叢書》影印明萬曆四十一年（1613）刻本，方志出版社，2004 年，頁 295。

⑥ [清]汪森編，黄盛陸等校點《粵西文載》卷二二，册 2，廣西人民出版社，1990 年，頁 160—167。

⑦ 《粵西文載》卷二六，册 2，頁 263、273。

⑧ [明]林富修，[明]黄佐纂《廣西通志》卷二三《公署志》，《北京圖書館古籍珍本叢刊》影印明嘉靖刻藍印本，册 41，書目文獻出版社，1995 年，頁 287。

載·名宦傳》載"曾垓,廬陵人。淳祐五年通判静江,主管義寧。勸農,公事節用,捐俸修理公署,不勞民而能成功"①,即此人。蓋提要傳寫脱"垓"字。

28. 甬上耆舊詩三十卷

輯明州詩文者,宋有《鄞江集》,今已失傳。《四明文獻集》亦復佚缺。至明宋士之《四明雅集》二十家,戴鯨之《續集》六十家,張時徹之《四明風雅》一百二十家,於作者採綴稍廣,而源流未備。……凡四百三十人,得詩三千餘首,本四十卷。甫授梓而文學即世,其子德邁因以前三十卷先刊行之。(卷190,頁2664—2665)

按:宋士,文淵閣書前提要、《文溯閣四庫全書提要》、文津閣書前提要作"宋士弘",均誤,當作"宋弘之"。《甬上耆舊詩》卷首李鄴嗣序云:

> 即以吾鄉言之,若所載《鄞江集》九卷,今里中久失傳。……王深寧先生集至百卷,僅見其《哭袁進士》一首。鄭滎陽詩學三世,其《四明文獻録》所載詩亦僅數家。可見宋人詩在當時遂已散軼,俱闕於采録之罪也。至洪、建以來,甬上詩道復興,其後高士宋弘之取里中詩人二十家爲《四明雅集》,參議南江戴公續爲六十家,大司馬東沙張公廣爲一百二十家,更名曰《四明風雅》,自謂于先輩無遺詩。……集成,凡得選家四百三十人,詩三千有奇,爲四十卷。……初道南先生既與余相論定,遂以前三十卷先付梓。人工甫及半,而道南云亡,未及覩其書之成。其子德邁,年少善讀書,以爲先公之業不可中廢也,遂梓成前三十卷行世。②

提要所叙即本李序,原序"參議南江戴公"指戴鯨,"大司馬東沙張公"指張時徹,而序稱作"《四明雅集》二十家"者乃"宋弘之"。考宋弘之名恢,《甬上耆舊詩》"宋先生恢"條小傳云:

> 字弘之,以經術授里中子弟,及門最盛,陸康僖公瑜其最著者也。先生嘗憫郡中文獻失徵,因選天順、成化以來諸名士詩,合爲一集。……其後參議南江戴公更從芝山處得此集,因爲增輯,序之曰:"余嘗慨想鄉賢篇什,思搜訪而不可得。一日從芝山楊君所見《四明雅集》一編,乃詩人宋弘之先已纂輯,因取諸家近詩增所未備,總得六十人,集成四卷。"③

與李序合。又《總目·〈四明風雅〉提要》稱"明宋宏之編。戴鯨增删,張時徹又增删之。宏之仕履未詳"④,與此提要亦合,唯稱"宋宏之"及"宏之仕履未詳",殆未檢及《甬上耆舊詩》,故稱其字。要之諸書前提要"宋士弘"當係"宋弘之"傳寫倒誤,《總目》提要修定時又脱"弘"字。

---

① 《粤西文載》卷六三,册4,頁401。

② [清]胡文學、[清]李鄴嗣編《甬上耆舊詩》卷首,《四庫提要著録叢書》影印清康熙十四年(1675)敬義堂刻本,集部,册210,頁178—182。

③ 《甬上耆舊詩》卷五,頁247。

④ 《欽定四庫全書總目》卷一九二,頁2688。

另提要"《四明文獻集》"上浙本有"王應麟"三字。提要所稱"《四明文獻集》"實源自李序"鄭滎陽詩學三世,其《四明文獻録》所載詩亦僅數家"一句,考"鄭滎陽"指鄭真,《甬上耆舊詩》"教授鄭先生真"條小傳云:"字千之,别號滎陽外史。……採摭鄉先生言行文章,撰《四明文獻録》。"①鄭氏《四明文獻集》尚有清鈔本傳世,輯董秉彝、薛觀、鄭覺民、蔣敬之等人詩文。又一本《四明文獻集》專輯王應麟詩文,《總目·〈四明文獻集〉提要》稱應麟:"所著《深寧集》本一百卷,然《宋志》已不著録,焦竑《國史經籍志》亦不載其名,則散佚久矣。此本乃明鄞縣鄭真、陳朝輔所輯《四明文獻》之一種,故一人之作冒總集之名也。"②則提要本義據李序稱引"《四明文獻集》",因未著鄭氏之名,後遂誤以王應麟《四明文獻集》當之,故於書名前補"王應麟"三字。檢《紀曉嵐删定〈四庫全書總目〉稿本》圈去"王應麟"三字③,或已覺其非。要之殿本文字反映《總目》定本面貌。又浙本"德邁"作"得邁",誤。李序稱胡文學之子名"德邁",《甬上耆舊詩》卷首有胡德邁《附述》,卷端題"後學胡文學輯選,男德邁、姪德裕較",則浙本"得"爲"德"之誤字無疑。此兩條異文前人不置可否,加此説明合適。

29. 宋百家詩存二十八卷(江蘇巡撫採進本)

國朝曹廷棟編。……許棐、張至龍、施樞諸人載於《江湖小集》,王士禎《居易録》詆爲概無足取者,亦皆録其寸長,不遺採擇。雖别裁未必盡當,然宋人遺集,徐乾學傳是樓二十八家之本、朱彝尊曝書亭五十家之本皆未刊刻,輾轉傳鈔,陶陰多誤。(卷190,頁2666)

按:"徐乾學傳是樓二十八家之本"當爲黄虞稷事誤記。考《總目·〈傳是樓宋人小集〉提要》稱"不著編輯者名氏。卷尾有嘉定戴范雲跋語,云是崑山徐氏所輯,故仍題之曰《傳是樓宋人小集》,然則徐乾學家本也。所録凡二十二家"④,並詳列薛嵎《雲泉詩》至釋永頤《雲泉詩集》二十二家姓名、集名,則徐氏傳是樓爲"二十二家",非"二十八家"。《江蘇省第一次書目》著録《宋人小集》六本⑤,當即此書。館臣所見《傳是樓宋人小集》是否刻本尚無明證,然細味提要"皆未刊刻"四字,當因館臣未見其書,實即"未見傳本"之義,故《總目》但著録徐氏傳是樓本,而本篇提要所引朱彝尊曝書亭五十家本和《〈野谷詩稿〉提要》所引黄虞稷二十八家本則未著録。

考王士禎《居易録》載黄虞稷(字俞邰)鈔《南宋詩小集》二十八家事,文云"《南宋詩小集》二十八家,黄俞邰鈔自宋刻,所謂江湖詩也",並鈔録姜夔等三家,摘録十九家佳句,餘六家未録,云"餘如建安張至龍季靈《雪林删餘》、壺山許棐忱父《梅屋稿》、浮玉施樞知言《横舟稿》、菏澤李龏和父《梅花衲》、南徐朱

① 《甬上耆舊詩》卷四,頁223。
② 《欽定四庫全書總目》卷一六五,頁2186。
③ 《紀曉嵐删定〈四庫全書總目〉稿本》,册9,頁63。
④ 《欽定四庫全書總目》卷一九四,頁2725。
⑤ 吴慰祖校訂《四庫採進書目》,商務印書館,1960年,頁13。

南埜學吟、盱江余觀復中行《北牕稿》,概無足録”[①],即提要“許樂[②]、張至龍、施樞諸人載於《江湖小集》,王士禎《居易録》詆爲概無足取者,亦皆録其寸長,不遺採擇”所本。

據此提要下文“二十八家”云云亦當本前引王士禎《居易録》,《總目·〈野谷詩稿〉提要》云“王士禎《池北偶談》載黄虞稷嘗鈔《宋人小集》二十八家,士禎手鈔姜夔、周弼、鄧林三家,餘摘録佳句者十九家,以汝鐩爲首”[③],與此正可參證,唯“《池北偶談》”爲“《居易録》”之誤記。考提要“朱彝尊曝書亭五十家之本”亦當本《居易録》[④],《總目·〈兩宋名賢小集〉提要》稱“王士禎《居易録》曰:‘竹垞輯宋人小集四十餘種……’是彝尊本有《宋人小集》四十餘種”[⑤]可證。原文稱“四十餘種”,此云“五十家”,蓋約舉成數也。

要之,本篇提要所述“二十八家”史源爲《居易録》所記黄虞稷鈔《宋人小集》二十八家事無疑,因涉徐乾學傳是樓所輯《宋人小集》二十二家而誤記。

又作者“曹廷棟”,浙本作“曹庭棟”。《總目》“曹廷棟”“曹庭棟”之名互見,《彙訂》均校作“曹庭棟”,於本篇提要亦指殿本誤[⑥]。今考曹氏《慈山居士自叙傳》云:“(庭棟)字楷人,號六圃,初名廷,後改爲庭,以示終老牖下之意云。”[⑦]則曹氏初名廷棟,後改名庭棟,《彙訂》誤校。

30. 文選音義八卷

劉琨《重贈盧諶》詩下注引《蔡寬夫詩話》曰:“秦、漢以前平仄皆通,魏、晋間此體猶存。潘安詩‘位同單父邑,愧無子賤歌。豈敢陋微官,但恐忝所荷’是也。”潘岳《河陽》詩下又注曰:“《國語補音》:‘負荷’之‘荷’,亦音何。”兩卷之中是非頓異,數頁之後平仄迥殊,將使讀者何從耶?……首引何焯批本,稱《塵史》“宋景文母夢朱衣人攜《文選》一部與之,遂生景文,故小字選哥”,已爲枝蔓。又沿用其例,於顔延年《贈王太常》詩“玉水記方流”句下注曰:“王定保《唐摭言》:‘白樂天及第,省試《玉水記方流》詩。’”此於音義居何等也?(卷191,頁2668—2669)

潘安,浙本作“潘岳”。《彙訂》校從浙本,云:“《文選》卷二十六收潘岳《河陽縣作》二首,其第二首末四句即‘位同單父邑,愧無子賤歌。豈敢陋微官,但恐忝所荷’。潘岳字安仁。”[⑧]

按:提要所引確出潘岳《河陽縣作》,下文“潘岳《河陽》詩”云云亦可證。

---

① [清]王士禎《居易録》卷二,袁世碩主編《王士禛全集》,齊魯書社,2007年,册5,頁3701—3706。

② 許樂,浙本作“許棐”,是。參《四庫全書總目彙訂》卷一九〇,頁6458。

③ 《欽定四庫全書總目》卷一六二,頁2160。

④ 《居易録》卷一七,册5,頁4004—4006。

⑤ 《欽定四庫全書總目》卷一八七,頁2628。

⑥ 《四庫全書總目彙訂》卷一九〇,頁6458。

⑦ [清]曹庭棟《産鶴亭詩》卷首,《四庫全書存目叢書》影印清乾隆刻本,集部,册282,頁147。

⑧ 《四庫全書總目彙訂》卷一九一,頁6465。

《文選音義》載劉琨《重贈盧諶》題註"叟"條引《蔡寬夫詩話》原文作"潘安仁"[①]。細繹下文引《麈史》"宋景文"、《唐摭言》"白樂天"云云，稱宋祁、白居易字號而不書名，提要徑迻其文不改，而當轉述時如謂"潘岳《河陽》詩"，則書其名。準此，提要原文當作"潘安仁"，殿本傳寫偶脱"仁"字，當據補。浙本已察其誤，故校改作"潘岳"，要非提要原文。

31. 宋遺民録一卷

此卷皆宋遺民詩詞雜文，未知誰所編録。……此本所録，僅謝翱、方鳳、納新[②]、李吟山、王學文、梁棟、林德暘、王炎午、黄潛、吴師道十人之作，已多挂漏。又潛及師道皆元臣，而納新爲郭囉洛氏，爲元色目人，與宋尤邈不相涉。概曰"遺民"，殊不可解。殆書肆賈豎僞託之以售欺也。(卷 191，頁 2672)

按：黄潛，浙本、粵本、《四庫全書初次進呈存目》、《紀曉嵐删定〈四庫全書總目〉稿本》作"黄溍"，是。《總目》著録毛晋汲古閣刻佚名《宋遺民録》一卷，檢《汲古閣合訂唐宋元詩五集》本《宋遺民録》列十二人詩，除最末"韓性""唐肅"二人，又"王炎午"與"吴師道"間載黄溍《喜韶父先生至，兼懷山南先生》一詩外[③]，餘與提要所述人名、次序全合。前人指出此書乃割截拼凑明程敏政《宋遺民録》而成之僞書[④]，考程敏政《宋遺民録》載此詩亦題"黄溍"[⑤]，檢黄溍《文獻集》亦收録此詩[⑥]。黄溍字晋卿，婺州義烏人，《元史》有傳[⑦]。《總目》著録黄氏《黄文獻集》和《日損齋筆記》，則此與下"又潛及師道皆元臣"之"潛"俱"溍"之形誤甚明。

32. 姑蘇雜詠二卷

上卷爲高啓原唱，下卷爲其祖南老續作。啓詩凡古、今體一百三十六首，南老復因其題，各賦五言六韻。末又增《叠韻吴官詞》一首，補遺四首，續附詞二首。按啓所作已具見本集中。(卷 191，頁 2676)

按：叠韻吴官詞，浙本、粵本、《紀曉嵐删定〈四庫全書總目〉稿本》作"叠韻吴宫詞"，是。《姑蘇雜詠》末載高啓《叠韻吴宫詞》云："筵前憐嬋娟，醉媚睡翠

---

① [清]余蕭客《文選音義》卷六，《四庫全書存目叢書》影印清乾隆二十三年(1758)静勝堂刻本，集部，册 288，頁 285。

② 納新，整理本作"綱新"，排印之誤。

③ 佚名編《宋遺民録》，《四庫全書存目叢書》影印明崇禎毛氏汲古閣刻《汲古閣合訂唐宋元詩五集》本，史部，册 87，頁 762。

④ 《四庫全書總目彙訂》卷一九一，頁 6472。

⑤ [明]程敏政《宋遺民録》卷八，《四庫全書存目叢書》影印明嘉靖程威等刻本，史部，册 88，頁 504。

⑥ [元]黄溍《文獻集》卷二，文淵閣《四庫全書》本，册 1209，頁 262。

⑦ [明]宋濂《元史》卷一八一，中華書局，1976 年，頁 4187—4189。

被。精兵驚升城,棄避愧墜淚。"[①]檢高啓《高青丘集》載此詩名同[②]。"吴宫"即春秋時期吴王夫差的宫殿,歷代題詠吴宫者甚夥,作"官"顯誤。

33. 金華文統十三卷

是書於《正學編》外,兼録金華耆舊之文。宋宗澤、梅執禮、潘良貴、鄭剛中、賈廷佐、范浚、陳亮、吕祖儉、徐僑、何恪、時少章、喬行簡等十二人,元柳貫、張樞、吴師道、黄溍、吴萊等六人。(卷192,頁2683)

按:提要所列"元柳貫、張樞、吴師道、黄溍、吴萊"僅五人,與"六人"之數不合。《金華文統》"吴師道"與"黄溍"之間尚有"胡助"一人,録其《真西山小像贊》《古愚齋記》二文,小傳云:"字古愚,東陽人。以草廬吴文正公薦仕元,終國史編修。"[③]《總目》著録元胡助《純白齋類稿》二十卷,則提要"吴師道"下脱"胡助"二字亦明。

34. 廣文選六十卷

卷末有晋江陳蕙跋。……曹植《蟬賦》、傅咸《螢賦》入之"鳥獸",而傅亮《金燈草賦》不入"草木",謝朓《遊後園賦》不入"遊覽",陸雲《南征賦》不入"紀行",陶潛《桃花源詩》入"咏史",《史記·禮書》、班固《律曆志》入"雜文",皆不可理解。(卷192,頁2683)

按:傅亮,當作"江淹"。《廣文選》"雜賦"收晋人傅亮《感物賦》、謝朓《遊後園賦》、江淹《燈賦》《丹砂可學賦》《金燈草賦》《泣賦》。《金燈草賦》文"山華綺錯,陸葉錦名。金燈麗草,鑄氣含英"云云[④],檢《江文通集·金燈草賦》文同[⑤]。則《廣文選》題《金燈草賦》作者爲"江淹"無誤,提要"傅亮"蓋涉前傅氏《感物賦》而誤記。

35. 蓉溪書屋集四卷續集五卷

《正集》,明方豪編。《續集》,高第編。……初,緜州左都御史金爵居州城東三里,所居有水,迤邐而南入於涪江。水上多植芙蓉,因以名溪,頗擅林壑之勝。爵以按察使罷歸時,嘗構屋數楹,徜徉其間,名之曰蓉溪書屋。後復起掌憲,思之不置。……正德十四年,因屬豪裒集成書,凡作者七十八人。至嘉靖

---

① [明]周希孟、[明]周希夔編《姑蘇雜詠》卷下,《四庫全書存目叢書》影印明萬曆四十六年(1618)周氏刻本,集部,册290,頁82。

② [明]高啓撰,(清)金檀輯注,徐澄宇、沈北宗校點《高青丘集》卷二,上海古籍出版社,2013年,頁94。

③ [明]趙鶴編《金華文統》卷六,《四庫全書存目叢書》影印明正德七年(1512)刻萬曆重修本,集部,册297,頁344。

④ [明]劉節編《廣文選》卷七,《四庫全書存目叢書》影印明嘉靖十六年(1537)陳蕙刻本,集部,册297,頁620。

⑤ [南朝梁]江淹撰,丁福林、楊勝朋校注《江文通集校注》卷二,上海古籍出版社,2017年,頁211。

二年,繼和者益衆,復屬第編爲《續集》,凡作者七十一人。爵字舜舉,成化己丑進士,官至刑部尚書。其父良貴,以進士累官左參政。子皋以進士爲翰林,皞亦以進士爲主事。三世通顯,交遊甚盛,故一時題贈至盈八九卷云。(卷192,頁2684—2685)

按:"蓉溪書屋"爲左都御史金獻民構建,此集即其友朋題贈詩。金爵乃獻民父。《蓉溪書屋集》及《續集》已佚,考李東陽《蓉溪書屋詩序》云:

> 都察院右副都御史金君舜舉,世居綿州。城東三里有莊焉,莊之北東百餘里,有水曰芙蓉溪。迤邐而南,入於涪江。……惟芙蓉之花,當八、九月盛開,溪是以名。舜舉自家食時,已心賞之。越成化,弘治間舉進士,爲御史,遷按察,揚歷中外,不遑寧外。正德之初,權姦煽虐,罷政家居,乃購屋數楹,貯先世所藏書畫,名之曰"芙蓉書屋"。比歲以來,朝廷釐革庶政,去邪振滯。舜舉復起而掌憲山東,巡撫延綏,佐理内臺,奉使中外。賢勞之暇,顧懷舊邦,不離心目。禮部尚書劉君仁仲、喬君希大皆有賦詠,以紀其勝,大夫士聞而和者,多至若干篇。舜舉以予雅有世契,請序首簡。……舜舉之父良貴君,舉成化己丑進士,終廣西左參政。子皋,正德辛未進士,爲翰林檢討。皞亦舉甲戌進士云。[①]

方豪《棠陵文集·蓉溪書屋記》亦云:

> 大司寇綿州金公在正德初以按察副使家居於州城之東,結屋若干楹,畜書萬卷,時以誦讀爲樂,兼誨厥子。前有溪,自州北百餘里逶迤而來,南入涪江,名曰芙蓉溪。……及夫元姦既踣,天子思用舊臣,公乃復起爲按察使,爲副都御史,以至今官。所至勳名赫赫,在人耳目。長子鶴卿,舉辛未進士,檢討翰林,以文華國。次子治卿,舉甲戌進士,兩歷清曹,明慎有章,一時門第,蔚然炳然,世鮮有其匹。[②]

提要蓋本李序檃栝,以金舜舉即金爵,下文"爵字舜舉"可證。檢《室名别號索引》《明人室名别稱字號索引》稱蓉溪書屋爲明開化方豪、明綿州金爵室名[③],當承襲方氏此記及《總目》之説。今考《成化五年進士登科録》三甲進士載:"金爵,貫四川成都府綿州人,利州衛軍籍。國子生。治《書經》。字良貴,行一,年三十二,九月初三日生。曾祖亨。祖天澤。父祐。母林氏。慈侍下。娶周氏。"[④]《正德六年進士登科録》三甲進士載:"金皋,貫四川成都府綿州,軍籍,直隸上海縣人。國子生。治《書經》。字鶴卿……曾祖祐,贈知府。祖爵,布政

---

① [明]李東陽撰、周寅賓、錢振民校點《李東陽集·續集》卷三,嶽麓書社,2008年,頁166—167。

② [明]方豪《棠陵文集》卷四,《四庫全書存目叢書》影印清康熙十二年(1673)方元啓刻本,集部,册64,頁385。

③ 陳乃乾編《室名别號索引》,中華書局,1957年,頁274;楊廷福、楊同甫編《明人室名别稱字號索引》,上海古籍出版社,2002年,頁398。

④ 《成化五年進士登科録》,載龔延明主編《天一閣藏明代科舉録選刊·登科録》,寧波出版社,2016年,上册,頁389。

司左參政。父獻民,按察使。母文氏,封宜人。"[①]據此明憲宗成化五年己丑(1469)進士金爵字良貴,乃金皋祖父,官至布政司左參政。考爵子、皋父金獻民字舜舉,成化二十年甲辰進士,《明史》本傳載:

> 金獻民,字舜舉,綿州人。成化二十年進士。除行人。弘治初,選授御史,按雲南、順天,並著風裁。出爲天津副使,歷湖廣按察使。
>
> 正德初,劉瑾亂政,追坐獻民勘天津地不實,與巡撫柳應辰等械繫詔獄,斥爲民。未幾,又坐湖廣事,再下獄,罰贖歸。踰年,又以瀏陽民劉道隆獄讞不實,罰米輸塞下。瑾誅,起貴州按察使。擢僉都御史,巡撫延綏,歷南京刑部尚書。
>
> 世宗即位,召爲左都御史。李鳳陽下刑部,程貴下都察院,皆改詔獄,獻民力爭。已,遷刑部尚書。[②]

傳叙正德初金獻民以湖廣按察使坐劉瑾及湖廣事罷歸,後擢僉都御史、左都御史、刑部尚書等,與方序合。考同時楊一清《石淙詩稿》載《蓉溪書屋爲金都憲舜舉賦》[③],顧清《東江家藏集》載《蓉溪書屋爲金都憲舜舉賦》[④],邊貢《邊華泉集》載《題金憲長舜舉蓉溪書屋圖四首》[⑤],尹襄《巽峰集》載《蓉溪書屋》詩原注"少司寇金舜舉家居時所作"[⑥],四人詩當在此集中,均稱金舜舉,可證此集乃爲金爵子獻民蓉溪書屋賦詠者,提要三"爵"字均當改作"獻民"。提要誤考"金爵""金舜舉"爲一人,故其叙"爵字舜舉"、"其父良貴"、"子皋"等世次、别字皆誤。

36. 婺賢文軌四卷拾遺一卷

明戚熊編。……是編以《金華文統》去取未當,乃取其鄉先輩潘良貴、范浚、吕祖謙、陳亮、唐仲友、夏明誠、何恪、時少章、何基、王柏、柳貫、金履祥、許謙、吴師道、胡助、黄溍、吴萊、宋濂、王禕、胡翰、戴良、馮宿、陳樵二十三人之文,薈而録之。大旨謂宗澤、梅詢皆以忠義功業顯,不必取其尋常酬應之作。(卷192,頁2686)

按:梅詢,當作"梅執禮"。《婺賢文軌》目録後戚熊按語云:"如宗忠簡、梅執禮輩忠義有餘,功業炳焕,正不必取其尋常應酬之作以蓋其平生可也。"[⑦]此即提要所本,"忠簡"爲宗澤謚號,原文"梅執禮"則非"梅詢"。

---

① 《正德六年進士登科録》,載龔延明主編《天一閣藏明代科舉録選刊·登科録》,中册,頁231。

② 《明史》卷一九四,中華書局,1974年,頁5141。

③ [明]楊一清《石淙詩稿》卷一二,《四庫全書存目叢書》影印明嘉靖刻本,集部,册40,頁505。

④ [明]顧清《東江家藏集》卷一三,文淵閣《四庫全書》本,册1261,頁464—465。

⑤ [明]邊貢《邊華泉集》卷七,《四庫提要著録叢書》影印明刻本,集部,册69,頁415—416。

⑥ [明]尹襄《巽峰集》卷五,《四庫全書存目叢書》影印清光緒七年(1881)永錫堂刻本,集部,册67,頁177。

⑦ [明]戚熊編《婺賢文軌》卷首,《四庫全書存目叢書》影印明嘉靖三十八年(1559)戚寵常熟縣學刻本,集部,册299,頁699。

考梅詢字昌言，宣州宣城人，宋太宗端拱二年(989)進士，官至翰林學士、給事中，卒任上；梅執禮字和勝，婺州浦江人，宋徽宗崇寧五年(1106)進士，官至吏部侍郎，金人以徽宗、欽宗二帝爲質，向宋索要大量金帛，執禮拒不繳納，遂遭砍殺，謚節愍，《宋史》均有傳[①]。梅詢既爲宣州人，則與是書"婺賢"無涉，婺州賢臣梅執禮事迹與"忠義有餘，功業炳焕""忠義功業顯"評語正合。婺州又稱金華，《總目·〈金華文統〉提要》稱"是書於《正學編》外，兼録金華耆舊之文。宋宗澤、梅執禮、潘良貴、鄭剛中、賈廷佐、范浚、陳亮、吕祖儉、徐僑、何恪、時少章、喬行簡等十二人"[②]，戚氏以《金華文統》去取未當，故削去宗澤、梅執禮二人，可證提要"梅詢"爲"梅執禮"之誤。又《婺賢文軌》實收二十四人，"王褘"與"胡翰"間尚收"蘇伯衡"文五篇，提要失載，前人已發[③]。

37. 吴興絶倡集四卷續集二卷

明邱吉編。吉字大祐，湖州人。……以"絶倡"爲名，而吉所自作亦復載入，亦未免嫌於自炫。又閻若璩《潛邱劄記》載吉是編選其父詩，而直書其父之名，深以爲譏。吉蓋未見《中州集》中有元好問之舊例耳。(卷192，頁2687)

按：檢閻若璩《潛邱劄記》無邱吉《吴興絶倡集》書其父名事，唯同書《與戴唐器書》云：

> 《明文授讀》必不出黄先生手。果出黄先生手，敢直標其父名曰黄尊素乎？竊以元好問《中州集》選其父德明詩，目曰"先大夫"，不敢標名。……憶邱季貞選《淮安詩城》，標其尊人之名曰邱峻孫，爲余懷心所寄語直攻，當燬其板，且并追還其已送人間者，無令世謂淮安人不通邱氏子爲不孝，嚴哉！嚴哉！曾謂黄先生一代文獻，而忍出於此乎？敢出於此乎？[④]

此閻氏據《明文授讀》標有"黄尊素"之名，辨該書非其子黄宗羲所編，並引證元好問《中州集》及邱季貞《淮安詩城》二例。考國圖藏清初刻本《淮安詩城》八卷，卷端題"西軒丘象隨季貞訂"，録有丘俊孫五言絶句二首[⑤]。《己未詞科録》："邱象隨字季貞，號西軒，江南山陽人。參政俊孫次子，淮安衛人。順治甲午拔貢，由監察御史羅秉倫薦舉授檢討，歷官至冼馬。著有《西山紀年集》。"[⑥]則《潛邱劄記》所稱乃清山陽丘象隨《淮安詩城》標其父俊孫名事，唯"俊孫"誤作"駿孫"，與明湖州丘吉《吴興絶倡集》無涉。

---

① 《宋史》卷三〇一《梅詢傳》，頁9984—9985；《宋史》卷三五七《梅執禮傳》，頁11232—11234。

② 《欽定四庫全書總目》卷一九二，頁2683。

③ 徐大軍《〈四庫全書總目〉集部存目提要辨證》，南京師範大學碩士學位論文，2006年，頁13—14。

④ [清]閻若璩《潛邱劄記》卷五，《四庫提要著録叢書》影印清乾隆九年(1744)閻學林眷西堂刻本，子部，册55，頁494。

⑤ [清]丘象隨輯《淮安詩城》卷六，清初刻本。

⑥ [清]秦瀛《己未詞科録》卷二，《續修四庫全書》影印清嘉慶中刻本，册537，頁147。

《總目·〈明文海〉提要》云"考閻若璩《潛邱劄記》,辨此書體例,謂必非黄先生所編"①,即據閻氏《與戴唐器書》此文②。本篇提要下文稱引元好問《中州集》與《與戴唐器書》"元好問《中州集》選其父德名詩,目曰'先大夫',不敢標名"亦相合,當即其所據,而誤記"邱季貞"爲"邱吉"事亦明。

38. 崑山雜咏二十八卷

明俞允文編。……宋嘉定中,龔昱嘗輯《崑山雜咏》三卷,《續集》一卷,開禧中,知嘉定縣事徐挺之曾刊之縣齋。(卷192,頁2694)

楊武泉《四庫全書總目辨誤》:"開禧紀事在嘉定之前,嘉定時編定之書,怎會在開禧時即已刊行?《宋史·地理志》'嘉定縣'條云:'嘉定十五年析崑山縣置,以年爲名。'嘉定年間始置之嘉定縣,何得在開禧時,即有此縣之知縣?道光《崑(山)新(陽)兩縣志》卷一四《職官表》載:'徐挺之,嘉定元年知縣。'則'開禧中'當爲'嘉定中'之誤;承上'嘉定中','開禧中'宜徑删。"③

按:考《崑山雜咏》附録依次載嘉定元年(1208)十二月范之柔《崑山雜咏序》和開禧三年(1207)中秋徐挺之跋。范之柔序但稱"友人龔君立道裒次古今詩,分爲三袠,目之曰《崑山雜詠》,又得百篇,號《續編》",未言成書年月。徐挺之跋云:

> 棲閒主人龔君昱字立道,崑山佳士也。講學之暇,刻意於詩。裒所藏今昔名公之什,總成此編,以示交承金華潘文叔。文叔迫去,不克廣其傳。挺之來試邑,刊寘縣齋,不惟嘉立道之好,尚抒以全文叔之志云。④

考道光《崑新兩縣續修合志》載宋縣令名"徐挺之(嘉定元年)"前爲"潘友文"⑤,又載其傳云:"潘友文字文叔,東陽人。與朱熹、吕祖謙友善。開禧初知崑山,寬厚愛人,人呼爲潘佛子。秩滿,争結綵於路,以志去思。"⑥"東陽"即金華府屬縣。宋代知縣任期一般是以三年爲一任,則潘氏任崑山知縣當在開禧元年初至三年末,繼任者即徐挺之。"交承"謂前後任官員交接之際,則龔昱《崑山雜詠》編成并交給潘友文刊刻當在開禧三年,潘氏因卸任離職,未及刊印,接任知縣徐挺之於開禧三年刊置縣齋,嘉定元年范之柔爲之作序。

要之,提要稱徐挺之刊之縣齋在"開禧中"即據徐跋"開禧丁卯中秋"而來,楊武泉以爲"嘉定中"之誤,非是。而提要上文稱龔昱輯《崑山雜咏》在"宋嘉定

---

① 《欽定四庫全書總目》卷一九〇,頁2661。

② 《潛邱劄記》原文乃辨駁《明文授讀》非黄宗羲作,並非《明文海》,提要所述不確。參張宗祥《讀四庫五桂兩種明文海目録書後》,載氏著《鐵如意館碎録》,上海古籍出版社,2015年,頁45。

③ 楊武泉《四庫全書總目辨誤》,上海古籍出版社,2001年,頁283。

④ [明]俞允文編《崑山雜詠》附録,《四庫全書存目叢書》影印明隆慶四年(1570)孟曾刻本,集部,册315,頁150。

⑤ [清]張鴻、來汝緣修,[清]王學浩等纂《崑新兩縣續修合志》卷一四《職官表》,《中國地方志集成·江蘇府縣志》影印清光緒七年(1881)刻本,册16,江蘇古籍出版社等,1991年,頁195。

⑥ 《崑新兩縣續修合志》卷一八《名宦志》,頁254。

中"乃採自范序末所署"嘉定改元十二月初吉",因附録范序在前,徐跋在後,提要徑迻年號,未暇考開禧、嘉定之先後,故有輯於"嘉定中"之誤會。據此,提要當改作"開禧中",原"開禧中"三字則當改作"開禧三年",或徑删之。而"知嘉定縣事"則宜改稱"知崑山縣事"。

39. 翰墨選註十二卷

是書皆歷代尺牘,謬妄不可殫述。如前載漢晁錯與友人索《詩編》尺牘一篇曰"日外入芳圃,知騎氣南遊。抱恨而返,所謂南山千萬峰,盡是相思情也。吟編久客左右,偶欲檢點,敢請頒下。霜月更白,尚容瀆寒往見,話前人工拙"云云,則其他可知矣。(卷193,頁2699)

按:瀆寒,當作"凌寒"。《歷朝翰墨選註》載晁錯《索友人詩編》原文作"尚容凌寒往見"①。"凌寒"即"冒寒"義,本句謂冬月更加潔白,冒寒前往尚且得見。"瀆"字又作"瀆",醫籍中有"瀆寒而寢"之説,彼"瀆"通"黷",義爲"貪求",顯與此文義不合,是"瀆"爲"凌"之誤字甚明。又此書選春秋至明萬曆間尺牘若干,晁錯文載"前漢"目下,提要"前載漢"似是而非,當爲"載前漢"之倒。

40. 四六叢珠彙選十卷

明王明嶅編。明嶅字懋良,晋江人。萬歷己卯舉人,官至寧波府通判。(卷193,頁2700)

按:懋良,當作"懋艮"。《宋四六叢珠彙選》卷首王氏自序末署"署當塗縣儒學事,晋江王明嶅懋艮甫"②,康熙《當塗縣志》載明萬曆十四年(1586)當塗縣教諭:"王明嶅,字懋艮,晋江舉人,分考江西鄉試,陞知縣。"③乾隆《泉州府志》:"王明嶅,字懋艮,號衢源,晋江人。萬曆己卯舉人,授當塗教諭。"④乾隆《晋江縣志》:"王明嶅,字懋艮,萬曆己卯舉人,授當塗教諭。……遷寧波通判,尋告歸。"⑤考《説文·山部》:"嶅,山多小石也。"⑥"艮"爲《易》卦之一,象征山,與其名"嶅"義相關,皆其證。

41. 漢魏名家無卷數

是編所録自漢董仲舒迄周庾信,凡二十二集。……又有題吕兆禧、焦竑、

---

① [明]屠隆《歷朝翰墨選註》卷一,《四庫全書存目叢書》影印明萬曆二十四年(1596)唐廷仁世德堂刻本,集部,册324,頁389。

② [明]王明嶅、[明]黄金璽輯《宋四六叢珠彙選》卷首,《四庫全書存目叢書》影印明萬曆陳璧刻本,子部,册172,頁617。

③ [清]祝元敏等修纂,[清]成文運增修《當塗縣志》卷一二《職官志》,《稀見中國地方志彙刊》影印清康熙三十四年(1695)刻四十六年(1707)增修本,册23,中國書店,1992年,頁143。

④ [清]懷蔭布修,[清]黄任等纂修《泉州府志》卷四九《循續》,《中國地方志集成·福建府縣志輯》影印清乾隆二十八年(1763)刻本,册23,頁598。

⑤ [清]方鼎等修,[清]朱升元等纂《晋江縣志》卷一一《人物志·仕蹟》,《中國方志叢書》影印清乾隆三十年(1765)刻本,82號,頁311。

⑥ [漢]許慎《説文解字》,中華書局,1963年,頁190。

程榮校者,則非(汪)士賢一人所手定也。(卷193,頁2708)

按:吕兆僖,當作"吕兆禧"。《漢魏六朝二十一名家集》東方朔、潘岳、陶淵明、任昉四集卷端均題"明河東吕兆禧校",東方朔集卷首吕氏序署"河東吕兆禧錫侯"[①]。吕兆禧字錫侯,撰有《吕錫侯筆記》存世,生平參劉世教《研寶齋遺稿·吕生傳》[②]。

42. 情采編三十六卷

梁劉孝標之《淇上戲蕩子婦》誤題王筠,唐崔融之《寶劍篇》誤題北魏崔鴻,甚至以宋周密《癸辛雜識》所載女優之詩"柳條金嫩不勝鴉"一首題爲《小秦王》,竄入唐人詩者,更指不勝屈也。(卷193,頁2709)

按:劉孝標,當作"劉孝綽"。《情采編》載王筠《淇上戲蕩子婦》云:"桑中始奕奕,淇上漸湯湯。美人要雜佩,上客解明璫。不見青絲騎,徒勞紅粉妝。如何嫁蕩子,春夜守空床。"[③]考《玉臺新咏》載劉孝綽《淇上戲蕩子婦》同[④],《藝文類聚》引此詩亦稱"劉孝綽"[⑤]。劉孝綽名冉,字孝綽,彭城人,協助蕭統編《文選》,與爲《世説新語》作注的劉孝標同時,《梁書》《南史》均有傳[⑥],提要"劉孝標"當爲"劉孝綽"之誤記。

又按:《情采編》載蕭梁崔鴻《寶劍》云:"寶劍出昆吾,金鐶明月樞。五精初獻術,千户竟論都。匣氣衝牛斗,山形轉轆轤。欲知天下貴,持此問風胡。"[⑦]提要以此人爲北魏撰有《十六國春秋》的崔鴻。考《太平御覽》載梁崔鴻《詠劍詩》與《情采編》合[⑧],然《初學記》載《詠劍詩》題"唐崔融"[⑨],《唐人選唐詩》本《搜玉小集》載唐崔融《詠劍詩》同[⑩],則此詩當爲崔融作,《御覽》"梁崔鴻"當爲誤記,《情采編》或緣此而誤。

又按:周密《癸辛雜識》未載女優"柳條金嫩不勝鴉"之詩,此詩實載周氏《齊東野語》"降優"條[⑪],提要誤記。

---

① [明]汪士賢輯《漢魏六朝二十一名家集》,《四庫全書存目叢書補編》影印明萬曆十一年(1583)刻本,齊魯書社,2001年,册27,頁67。

② [明]劉世教《研寶齋遺稿》卷八,《四庫未收書輯刊》影印明天啓六年(1626)劉祖鐸等刻本,北京出版社,2000年,輯6,册25,頁273。

③ [明]屠本畯《情采編》卷七,《四庫全書存目叢書》影印明萬曆二十六年(1598)自刻本,集部,册347,頁595。

④ [陳]徐陵編,吴冠文等彙校《玉臺新咏彙校》卷八,上海古籍出版社,2014年,頁499。

⑤ 《藝文類聚》卷一八《人部·美婦人》,頁328—329。

⑥ 劉孝綽傳見《梁書》卷三三、《南史》卷三九,劉孝標傳見《梁書》卷五〇、《南史》卷四九。

⑦ 《情采編》卷七,頁595。

⑧ [宋]李昉等《太平御覽》卷三四四《兵部·劍》,中華書局,1960年,頁1583。

⑨ [唐]徐堅等編《初學記》卷二二《武部·劍》,中華書局,1962年,頁528。

⑩ [唐]元結等選《唐人選唐詩》(十種),上海古籍出版社,1978年,頁707。

⑪ [宋]周密《齊東野語》卷一六,中華書局,1983年,頁299。

43. 文壇列俎十卷

明汪廷訥編。廷訥字昌期,號無我,新都人。其書分十類,一曰經翼,二曰治資,三曰鑒林,四曰史摘,五曰清尚,六曰掇藻,七曰博趣,八曰别教,九曰賦則,十曰詩概。(卷193,頁2709)

按:昌期,當作"昌朝";"無我",當作"無如"。《文壇列俎》每卷卷端題"明新都無如汪廷訥昌朝父編輯,了我王尚哲鏡遠父參閲"①,提要所叙汪氏字、號、籍貫當本此。考《文壇列俎》卷首祝世禄序云:"汪昌朝刻《文壇列俎》成……昌朝博洽工文,善持論,舊著《人鏡陽秋》,不佞業已爲序已行。"②書中所分十類皆有小序,均題"無如子曰"云云。又焦竑《文壇列俎序》云:

> 新安汪昌朝氏,幼而績學,讀書之暇,纂集是編。……擅文苑之大觀,極詞人之巨麗,名曰'列俎',詎不信然。君博雅多通,著作甚富,曰《無如子》,曰《人鏡陽秋》,創述區分,皆行於世,而此編爲尤要云。③

汪氏撰著另有《坐隱先生全集》《人鏡陽秋》《三祝記》等傳世,《坐隱先生全集》卷首載汪氏好友顧起元《坐隱先生傳》云:"先生汪姓,名廷訥,字昌朝,别號無如,休寧之汪村里人也。"④

要之,汪氏字"昌朝",號"無如",是提要"昌期"爲"昌朝"字誤。且未見汪氏有"無我"之號,"我"蓋涉卷端"了我"而誤。《總目》别集類著録汪氏《環翠堂坐隱集選》,提要稱"廷訥字無如,休寧人。是集古今體詩一卷,詞一卷,南北曲一卷,隨録一卷"⑤,當即從《坐隱先生全集》選出者,"無如"二字不誤,唯稱其字則不確。

44. 秦漢文鈔十二卷

是書前後無序跋,不知刊於何時。其板式則萬歷以後之坊本也。凡秦文二卷,西漢文五卷,東漢文三卷。冠以《楚詞》,惟録《卜居》、《漁父》二篇,題爲秦人,是不足與論矣。(卷193,頁2710)

按:五卷,當作"七卷"。提要所述秦及兩漢文凡十卷,與"十二卷"之數不合。《天禄琳琅書目後編》著録《秦漢文鈔》一函十二册,云:"書十二卷,凡秦文三十四篇,西漢文八十九篇,東漢文三十五篇。采諸家評列於篇尾及上方。前

---

① [明]汪廷訥輯《文壇列俎》卷首,《四庫全書存目叢書》影印明萬曆三十五年(1607)環翠堂刻本,集部,册348,頁3。

② 《文壇列俎》卷首,頁1。

③ [明]焦竑《澹園續集》卷二,中華書局,1999年,頁781。

④ [明]汪廷訥《坐隱先生全集》卷首,《四庫全書存目叢書》影印明萬曆三十七年(1609)環翠堂刻本,集部,册188,頁517。

⑤ 《欽定四庫全書總目》卷一八〇,頁2504。

有萬曆癸未汪道昆叙。”①今考南京圖書館藏明萬曆間刻本《秦漢文鈔》四册十二卷，卷首載汪道昆序，卷一、二爲秦文，卷三至九爲西漢文，卷十至十二爲東漢文，秦文首列屈原《卜居》和《漁父》。所記册數雖有差異，然作“十二卷”則同，可證提要“五卷”當爲“七卷”之誤。

45. 古今濡削選章四十卷

明李國祥編。國祥字休徵，南昌人。……國祥及其弟鼎作亦附焉。（卷193，頁2712）

按：弟，當作“兄”。《古今濡削選章》卷端題“豫章李國祥休徵父選，兄李鼎長卿父校”②，當即提要所據。據李鼎之字“長卿”，原文“兄”字當屬可信，提要誤記。

46. 玉臺文苑八卷續玉臺文苑四卷

其書録女子之文，自周訖明，中間多采小説傳奇。……如魏文帝《寡婦賦序》曰“爲丁廙妻作”，此乃直作“丁廙妻”。梁元帝《爲妾宏夜姝謝東宫賚合心花釵啓》，此乃直作“宏夜姝”，又訛“姝”爲“珠”。（卷193，頁2714—2715）

按：提要指《玉臺文菀③》誤收梁元帝文爲弘夜珠文，良是，然謂誤收魏文帝《寡婦賦》爲“丁廙妻”作者非是。《玉臺文菀》載魏丁廙妻《寡婦賦》“惟女子之有行，固歷代之彝倫。辭父母而言歸，奉君子之清塵。如懸蘿之附松，似浮萍之託津。何性命之不造，遭世路之險迍”云云④。考《藝文類聚》引丁廙妻《寡婦賦》文與《玉臺文菀》所載同⑤，當即其史源。同卷又引魏文帝《寡婦賦序》云“陳留阮元瑜早亡，每感存其遺孤，未嘗不愴然傷心，故作斯賦”，並録賦文“惟生民兮艱危，在孤寡兮常悲。人皆處兮歡樂，我獨怨兮無依。撫遺孤兮太息，俯哀傷兮告誰”云云⑥。《文選》潘岳《寡婦賦序》“昔阮瑀既歿，魏文悼之，並命知舊作寡婦之賦”李善注：“魏文帝《寡婦賦序》曰：陳留阮元瑜，與余有舊，薄命早亡，故作斯賦，以叙其妻子悲苦之情，命王粲等並作之。”⑦《三國志·魏書·陳思王植傳》稱丁儀、丁廙兄弟與曹植友善，“文帝即王位，誅丁儀、丁廙并其男口”⑧，可證文帝所謂“爲丁廙妻作”之謬。則魏文帝《寡婦賦》乃爲阮瑀（字元瑜）妻作，與丁廙妻《寡婦賦》内容迥别，顯爲異作同題，《玉臺文菀》

---

① ［清］彭元瑞《天禄琳琅書目後編》卷二〇，《續修四庫全書》影印清光緒十年（1884）長沙王氏刻本，册917，頁337。

② ［明］李國祥編《古今濡削選章》卷首，《四庫全書存目叢書補編》影印明萬曆間刻本，册29，頁65。

③ “菀”“苑”字通。

④ ［明］江元禧編《玉臺文菀》卷一，《四庫全書存目叢書》影印明崇禎刻本，集部，册375，頁290。

⑤ 《藝文類聚》卷三四《人部·哀傷》，頁601。

⑥ 《藝文類聚》卷三四《人部·哀傷》，頁600。

⑦ ［梁］蕭統編，［唐］李善注《文選》卷一六，中華書局，1977年，頁233。

⑧ ［晋］陳壽撰，［南朝宋］裴松之注《三國志》卷一九，中華書局，1982年，頁561。

稱引無誤。提要張冠李戴,遂以不誤爲誤。

47. 吟堂博笑集五卷

不著編輯者名氏。雜采隋、唐以來閨閫之作,以死節、勸戒、奇遇、題詠、寄情分爲五類。惟首二卷尚有裨風教,然采擇亦頗踈舛。其後三卷則多鄙穢之詞,不出小説家言矣。(卷 193,頁 2717)

按:前人據王士禄《然脂集例》"高葵亭《吟堂博笑集》尤極俚俗"語指出此書編者爲高葵亭①。今考高儒《百川書志》:"《吟堂博笑集》五卷,皇明葵亭居士中吴高鉉編。集諸書所載隋陳唐宋婦人女子之事,會萃一篇,分死節、勸戒、奇遇、題咏、寄情五類。著書立格,度越常情,仍係本事,以資考據。"②黄虞稷《千頃堂書目》:"高鉉《高吟堂博笑集》五卷,吴人,集諸書所載閨閣詩,本其事而記之。分死節、勸戒、奇遇、題咏、寄情五類。"③又同書著録明司馬泰《再續百川學海·己集》載高鉉《博笑集》④。二書所稱書名、卷數、分類、内容與《總目》所述完全吻合,當即一書無疑,而均稱作者爲"高鉉",頗疑《書志》"葵亭居士中吴高鉉"即據卷端或自序署名迻録。要之此書作者爲"高鉉"無疑,《然脂集例》稱"高葵亭"乃其號。

48. 古詩選三十二卷

國朝王士禛編。……此編凡五言詩十七卷,七言詩十五卷。……(七言)五卷以下則唐杜甫、韓愈,宋歐陽修、王安石、蘇軾、黄庭堅、晁説之、晁補之、陸游,金元好問,元虞集、吴萊十二人之詩,而李商隱、蘇轍、劉迎、劉因四人稱附録。(卷 194,頁 2722)

按:晁説之,當作"晁沖之"。《阮亭選古詩》七言詩無晁説之詩,宋黄庭堅、晁補之間載晁冲之詩十首,正文題"晁具茨",自注:"名沖之,字用道。"⑤晁沖之即宋代大藏書家晁公武之父,入江西詩派,有《晁具茨先生詩集》存世,檢士禛所選十詩俱載此集。晁説之乃沖之從兄,字以道,著有《景迂集》等傳世,則提要"晁説之"爲"晁沖之"之誤記亦明。又"十二人"浙本誤作"十三人",《彙訂》已發⑥。

49. 十種唐詩選十七卷

凡《河嶽英靈集》一卷,《中興間氣集》一卷,《國秀集》一卷,《篋中集》一集,

---

① 王艷紅《明代女性作品總集研究》,上海師範大學碩士學位論文,2006 年,頁 26。

② [明]高儒《百川書志》卷一八,古典文學出版社,1957 年,頁 283。

③ [清]黄虞稷撰,瞿鳳起、潘景鄭整理《千頃堂書目》卷三二,上海古籍出版社,2001 年,頁 778。

④ 《千頃堂書目》卷一五,頁 415。

⑤ [清]王士禛《阮亭選古詩》卷一一,《四庫全書存目叢書補編》影印清康熙天藜閣刻本,册 42,頁 447。

⑥ 《四庫全書總目彙訂》卷一九四,頁 6606。

《搜玉集》一卷，《御覽集》一卷，《極元集》一卷，《又元集》一卷，《才調集》三卷，《唐文粹》六卷，附以士禎所選《唐賢三昧集》，共爲十種。（卷194，頁2722）

按："《篋中集》一集"之"一集"，浙本、粵本、《紀曉嵐删定〈四庫全書總目〉稿本》作"一卷"，是。殿本"集"顯涉上、下文"集"字而誤。

50. 傳是樓宋人小集無卷數

所録凡二十二家。……一壺山許棐忱父《梅屋詩稿》及《融春小編》、《梅屋雜著》、《梅屋第三稿》、《第四稿》，一山陰葛天民《無懷小集》，一邗州張藴仁溥《斗野齋支卷》……皆吴之振《宋詩鈔》所未收。然陳起《江湖小集》中則皆已收録。（卷194，頁2725）

按：融春小編，浙本作"融春小綴"。《總目》著録許棐《梅屋集》五卷，提要云："首爲《梅屋詩稿》一卷，次《融春小綴》一卷，次爲《第三稿》一卷，次爲《第四稿》一卷，次爲《雜著》一卷。"[①]又《兩宋名賢小集》收録許棐《融春小綴》[②]，前人或據此從浙本[③]。然《融春小綴》許氏序云："開爐十日，摒當融春小室，爲卒歲計。亂書中得舊稿數紙。稿自甲午至己亥，詩不滿三十，更散失不得傳，則與日月俱棄矣。併綴數文，爲《融春小編》。"[④]考《江湖小集》載許棐此稿正題作"融春小編"，所載許氏序亦稱"融春小編"[⑤]。提要下文明謂"陳起《江湖小集》中則皆已收録"，則原文作"融春小編"無疑，浙本改作"融春小綴"亦不誤，然非提要本義。

又按：斗野齋支卷，浙本、粵本作"斗野稾支卷"，是。考《江湖小集》收録張藴《斗野稾支卷》[⑥]，《兩宋名賢小集》所收此稿題"斗野稾支"[⑦]，則"齋"當爲"稾"之形誤。

51. 四家詩鈔二十八卷

所録（郭）棻《學源堂集》凡六卷，（楊）思聖《旦亭集》凡八卷，（龐）塏《叢碧山房集》凡六卷，（紀）炅《桂山堂集》凡八卷。（卷194，頁2728）

按：旦亭集，浙本作"且亭集"，是。《四家詩鈔》八卷本題"且亭詩鈔"，卷首王企埥序、申涵光所作楊氏小傳均稱集名"且亭"[⑧]。《總目》著録楊思聖《且亭詩集》無卷數[⑨]，今存清康熙七年（1668）刻本《且亭詩》六卷。楊思聖與魏裔介

---

① 《欽定四庫全書總目》卷一六四，頁2178。

② ［宋］陳思編、［元］陳世隆補《兩宋名賢小集》卷二九〇，文淵閣《四庫全書》本，册1364，頁325—328。

③ 錢鉞《〈四庫全書總目〉集部版本比較研究》，南京大學碩士學位論文，2013年，頁53。

④ 《兩宋名賢小集》卷二九〇，頁325。

⑤ ［宋］陳起編《江湖小集》卷七六，《四庫提要著録叢書》影印清乾隆鈔本，集部，册299，頁539。

⑥ 《江湖小集》卷八九，頁606—611。

⑦ 《兩宋名賢小集》卷二六七，頁163—169。

⑧ ［清］王企埥《四家詩鈔》，《四庫全書存目叢書》影印清康熙刻本，集部，册403，頁663—665。

⑨ 《欽定四庫全書總目》卷一八一，頁2528。

至交，魏氏《兼濟堂文集》載有多篇酬贈、追悼楊氏的詩文，均稱其爲"且亭"，如《四川布政使鉅鹿楊公猶龍墓誌銘》稱"其《且亭稿》有六刻，無慮數萬言"①，又《祭方伯楊猶龍年兄文》稱"《且亭詩》數卷，余已託友人刻之浙中"②，是"旦"爲"且"字形誤無疑。

52. 濂洛風雅九卷

是編輯周子、二程子、邵子、張子、游酢、尹焞、楊時、羅見素、李侗、朱子、張栻、真德秀、許衡、薛瑄、胡居仁、羅洪先十七家之詩。(卷 194，頁 2728)

按：羅洪先，當作"羅欽順"。《濂洛風雅》未收羅洪先詩，第十七家題"羅整菴"③。考"整菴"爲羅欽順號，《明史·儒林》有傳④，《總目》著録羅欽順撰有《困知記》、《整菴存稿》等。《總目·〈困知記〉提要》稱"欽順字允升，號整菴，泰和人。宏治癸丑進士，官至南京吏部尚書，謚文莊"⑤，即本《明史》本傳。檢《濂洛風雅》所收羅氏五七言詩均見其《整菴存稿》，則指羅欽順無疑。

考羅洪先字達夫，吉水人，號念菴，嘉靖八年(1529)狀元，官至贊善，亦謚文莊，《明史·儒林》有傳⑥，《總目》著録羅洪先《念菴集》、《冬遊記》等。提要殆因二人年代、籍貫、別號及謚號相近或相同而誤考其人⑦。又提要"羅見素"爲"羅仲素"之誤，《彙訂》已發⑧。

(附記：本文得到業師武秀成教授及匿名外審專家審閱、修改，特此致謝！)

【作者簡介】孫利政，南京大學文學院博士研究生，研究方向爲中國古典文獻學。

① [清]魏裔介《兼濟堂文集》卷一二，中華書局，2007 年，頁 304。

② 《兼濟堂文集》卷一三，頁 335。

③ [清]張伯行《濂洛風雅》卷九，《四庫全書存目叢書》影印清康熙正誼堂刻本，集部，册 403，頁 816。

④ 《明史》卷二八二，頁 7236—7238。

⑤ 《欽定四庫全書總目》卷九三，頁 1272。

⑥ 《明史》卷二八三，頁 7278—7279。

⑦ 《總目·考正晚年定論》提要稱"考《晚年定論》初出之時，羅洪先致書守仁"，"羅洪先"亦"羅欽順"之誤。《考正晚年定論》載"羅文莊整菴駁晚年定論書"，"羅文莊整菴"指羅欽順，提要誤考其人。詳參拙文《〈四庫全書總目〉子部儒家類提要獻疑》(《國學研究》第 44 卷，中華書局，2020 年，頁)。

⑧ 《四庫全書總目彙訂》卷一九四，頁 6622。

兩浙經籍(藝文)志考述

陳東輝

【提　要】 獨立成書以及"單本别行"的兩浙地區經籍(藝文)志在全國各省中數量最多,總體質量最高,在中國目録學史、地方文獻史上占有重要地位,不過學術界對此關注不够,可以説家底尚未摸清。本文對留存至今的浙江各地獨立成書或"單本别行"的經籍(藝文)志作了考述,涉及多種稿本、抄本等珍貴文獻,其中的半數以上既不見於《中國古籍總目》《中國古籍善本書目》等,也不見於近年刊布的相關收藏單位的古籍(或民國時期傳統裝幀書籍)普查登記目録。

【關鍵詞】 經籍志　藝文志　目録　地方文獻　兩浙　浙江

獨立成書以及"單本别行"的兩浙地區經籍(藝文)志在全國各省中數量最多,總體質量最高,在中國目録學史、地方文獻史上占有重要地位,不過學術界對此關注不够。有的經籍(藝文)志雖然在某些論著中有所提及,但往往只是簡單介紹,語焉不詳,有的記載不够準確甚至是錯誤的。可以説獨立成書以及"單本别行"的兩浙地區經籍(藝文)志的家底尚未摸清。

地方文獻目録是以某一地區相關之典籍爲對象而編纂的一種目録,乃中國古代目録的重要組成部分。地方文獻目録大致可以分爲附在地方志中的經籍(藝文)志、獨立成書以及"單本别行"的地方經籍(藝文)志,前者數量較多但質量參差不齊,後者數量較少但總體質量較高。

吾浙人杰地靈,文化薈萃,學術興盛,大家輩出,典籍琳琅,名著叠見。早在南宋時期,浙人高似孫的《剡録》卷五著録了與剡(今浙江嵊州)地有關的書目及文章,一般認爲此乃現存最早的方志目録。就獨立成書以及"單本别行"的地方經籍(藝文)志而言,吾浙明代即有祁承㸁的《兩浙古今著作考》、李堎的《甬上著作考》①、姜准的《東嘉書目考》②,清代中期則有吴騫的《海寧經籍志備考》,晚清民國時期更是集中出現了多種此類目録,如孫詒讓的《温州經籍志》、吴慶坻的《杭州藝文志》、張壽鏞的《四明經籍志》、項士元的《台州經籍志》、胡宗楙的《金華經籍志》、鄭元慶的《湖録經籍考》、陸惟鍙的《平湖經籍志》、宋慈

① 《[民國]鄞縣通志·文獻志》著録有《甬上著作考》,未見傳本。《四明經籍志》曰:"《浙志》,道光《府志》,《鄞志》著其書名,今佚。"

② 業已亡佚,僅存自序於[清]周天錫輯《慎江文徵》卷三八。

抱的《兩浙著述考》等等。

就附在地方志中的經籍(藝文)志而言,王曉瑜的《明清浙江地方志"藝文經籍"資料研究——以形式暨體例爲主》①,以作者所能搜集到的現存明清時期浙江地方志爲研究範圍,將其中的藝文志、經籍志資料進行了較爲系統的整理和歸納,並分門别類地加以比較和研究,對相關問題作了比較深入的考察。該文對於我們今後進一步整理、研究地方志中的經籍(藝文)志具有重要意義。

就獨立成書以及"單本别行"的兩浙地區經籍(藝文)志而言,學術界關注不够。除了曹亮的《〈四明經籍志〉及其增訂工作綜述》②、周日蓉的《民國地方著述目録研究》③有所涉及之外,迄今爲止尚無一篇專文或相關著作的專章專節論述此内容。就單種經籍(藝文)志來説,對於《温州經籍志》關注較多,對於《四明經籍志》《台州經籍志》等有所涉及,對於其他大多數經籍(藝文)志則均缺乏研究,有的連作者、卷數、存佚、館藏等這些基本情況都還没有搞清楚。有的經籍(藝文)志雖然在某些論著中略有提及,但往往只是簡單介紹,語焉不詳,有的記載不够準確甚至是錯誤的。可以説獨立成書以及"單本别行"的兩浙地區經籍(藝文)志的家底尚未摸清,因此這一問題值得我們仔細深究。

現將留存至今的浙江各地獨立成書或"單本别行"的經籍(藝文)志,以及一定程度上帶有藝文志性質的《金華叢書書目提要》等分述如下:

一、杭嘉湖地區之經籍(藝文)志

《杭州藝文志》十卷,吴慶坻④撰,有清光緒三十四年(1908)長沙刻本。《杭州藝文志》本係《(光緒)杭州府志》之一部分。《(光緒)杭州府志》於清光緒十二年(1886)成稿後未刊,僅有《杭州藝文志》等數種曾經刊印。《杭州藝文志》正文首葉首行題"光緒杭州府志卷之百六",次行題"藝文"。該藝文志卷首有吴慶坻於光緒三十四年(1908)所撰自序(部分刻本无自序),其中曰:"余重念往者成此一編,頗費目力,懼百年以來經生文儒述造之苦心,終不獲章顯於來世也,乃出原稿,寫刊於長沙,仍標題曰《(光緒)杭州府志》,不敢自私爲一家之言,且冀佗日有心人終舉全志刊行之,即以是編爲前馬之導可乎?"《杭州藝文志》按經、史、子、集四部分類排列,同一類屬,則依時代爲次。該藝文志著録漢魏至清代杭人著述 6 千餘種,其中集部著述占半數有餘。該藝文志著録書名、卷數以及作者時代、官職、籍貫、姓名、字號等,對於舊志著録有誤或分類欠妥者,略加訂正。項士元撰有《杭州藝文志訂補》四卷,乃"民國四年與陸桂勳

① 臺北大學古典文獻學研究所碩士學位論文,2011 年。

② 載寧波市社會科學界聯合會編《寧波市社會科學第四屆學術年會文集(2013 年度)·歷史與人文——寧波新活力:改革、創新、服務》,浙江大學出版社,2013 年,頁 1—17。

③ 華東師範大學中國古典文獻學專業博士學位論文,2020 年。

④ 吴慶坻(1848—1924),字子修,又字敬彊(疆)、稼如,别號悔餘生、蕉廊、補松老人,浙江錢塘(今杭州)人,曾參與《杭州府志》《浙江通志》的纂修。

太史纂修《杭州府志》，分修之稿也”[①]。筆者在相關藏書機構中未查檢到該書。

此外，金濤[②]撰有《偕隱廡漫筆：杭志藝文校録》[③]，可供參考。

《新城縣藝文志》[④]不分卷，(明)凌誌[⑤]輯，中國科學院圖書館藏有明抄本，共計1册。中國科學院圖書館整理的《續修四庫全書總目提要(稿本)》[⑥]第28册第551—552頁，有標題爲“杭州新城縣藝文志不分卷”之提要。

《杭州許氏書目》不分卷，(清)許增[⑦]撰，南京圖書館藏有稿本，共計1册[⑧]。

《丁松生先生著述表》，季嵚[⑨]編，載《浙江省立圖書館月刊》第1卷第7、8期合刊《丁松生先生紀念號》(1932年10月)。

《蕭山往哲遺書目録》[⑩]，朱鼎煦[⑪]編，載《重修浙江通志稿》第40册《著述》，浙江圖書館謄録民國浙江省通志館稿本。

《海寧經籍志備考》不分卷，(清)吴騫[⑫]撰，國家圖書館藏有稿本(清·陳敬璋[⑬]校補)，共計1册[⑭]。國家圖書館、上海圖書館、嘉興市圖書館等藏有海寧張光第[⑮]小清儀閣抄本，其中國家圖書館藏本共計1册，上海圖書館和嘉興市圖書館藏本共計2册。浙江圖書館藏有民國浙江省立圖書館抄本，共計1册。《杭州藝文志》著録該書，題作《海昌經籍志備考》。

《中國古籍善本書目·史部》第1418頁著録，上海圖書館藏有清吴氏拜經樓抄本《海寧經籍備考》二卷。然而通過檢索上海圖書館古籍書目數據庫以及咨詢上海圖書館相關專家，均未按此書名找到該書。不過查到上海圖書館藏有清吴氏拜經樓抄本《海寧名宦修志目》(索書號：善787831)。其實該書就是《海寧經籍備考》。

吴騫《海寧經籍志備考序》曰：“海昌自東晋六朝以來，名賢著述夥頤。舊志頗多漏略舛譌，而先後失次亦復有之。爰爲增補訂正，重加編次。其間撰人

---

① 項士元《中國簿録考》，上海古籍出版社，2019年，頁747。

② 金濤(1894—1958)，字子長，號廣泳，又號榴徵，浙江長興人。

③ 《浙江省立圖書館館刊》第2卷第2期，1933年4月。

④ 新城縣又名新登縣，今屬杭州市富陽區。

⑤ 凌誌(生卒年不詳)，字文琬，浙江新登(今屬杭州市富陽區)人。

⑥ 齊魯書社，1996年。

⑦ 許增(1824—1903)，字益齋，又字邁孫，浙江仁和(今杭州)人。

⑧ 筆者認爲，此類族姓書目，也可歸入地方經籍(藝文)志之列。

⑨ 《丁松生先生著述表》之正文未署作者，而《浙江省立圖書館月刊》第1卷第7期之目次中注明作者爲季嵚。季嵚乃張崟之筆名。張崟(1907—1965)，字慕騫，浙江瑞安人。

⑩ 項士元的《中國簿録考》頁738著録該目録，書名題作《蕭山鄉哲遺書目録》。

⑪ 朱鼎煦(1885—1968)，字贊卿，號別宥，浙江蕭山人。

⑫ 吴騫(1733—1813)，字槎客，號兔床，浙江海寧人。

⑬ 陳敬璋(1759—1813)，字奉莪，號半圭，又號惺菴，浙江海寧人。

⑭ 《中國古籍善本書目·史部》(上海古籍出版社，1993年)頁1418根據封面題名，著録爲“《海寧經籍備考》二卷”。

⑮ 張光第(1875—1916)，字渭漁，號盟鷗，浙江海寧人。小清儀閣乃其藏書樓。

名跡稍晦者并著其字,亦從舊志例也。予于海昌先賢典籍,蒐訪垂數十年,露鈔雪購,頗費苦心。是編藏之家塾,庶幾以備文獻之徵云爾。"該志大體上分爲《海寧名宦修志目》和《海寧名賢著書目》兩大部分。該志仿照《海昌備志》之例,按作者時代編排,以人名爲次序,每書著録書名、卷數。當同一人有多種著述時,則加以集中著録,並在末尾標明撰人。

《海昌藝文志》二十四卷《海昌藝文志姓氏韻編》一卷,(清)管庭芬[①]原撰,蔣學堅[②]續輯,沈寅烈[③]、高其焯[④]參校,費寅[⑤]、管元耀[⑥]校補,姓氏韻編管元耀編,有民國十年(1921)海昌管元耀鉛印本。海昌乃海寧之别稱。《海昌藝文志》係《(民國)海寧州志稿》卷十二至卷十六之單行本,卷末有管庭芬的另一族曾孫管元煦於民國十年(1921)所撰之跋,其中云:"今者振志弟元耀與修邑志,復與費君景韓寅廣爲搜補,彙爲若干卷,自晋迄清,鄉人著述燦然大備,惟州志卷帙繁重,乃抽印單行本,名曰《海昌藝文志》,以廣其傳。"該志以人爲次,每位作者著録其字號、出身、經歷等,每種書除了書名、卷數之外,還摘録其序跋,並加按語。

《海昌經籍志略》,清管庭芬撰,國家圖書館藏有稿本兩種,其中一種爲十六卷附録一卷,共計 9 册;另一種爲四卷,共計 4 册。浙江圖書館藏有稿本六卷(實存卷五至卷六),共計 1 册。根據國家圖書館藏十六卷附録一卷本,該書乃管庭芬輯録的海寧地方文獻書目,刻入錢泰吉[⑦]所輯《海昌備志》。該志以人名標目,然後列其著作,收録海寧籍著述家 1000 餘人,其中晋至宋 34 人、元明 200 人、清代 800 人。每人先叙述作者所撰圖書情況,然後再叙述作者生平事迹。卷末有補考,天頭補漏收之書。就總體而言,該志考證精詳,一書一人,常常引用書目、年譜、史書、方志、文集等多種資料以證之[⑧]。

《海昌著録續考》六卷,蔣學堅撰,國家圖書館藏有海寧張光第小清儀閣抄本,共計 4 册;浙江圖書館藏有民國十五年(1926)童敬脩抄本(索書號:善002188,費寅校録並跋)和民國抄本(索書號:善 006220,費寅校録),均爲共計 1 册。

《光緒重修海寧州志藝文分類稿》四卷《擬續海昌藝文》一卷《非見齋碑録目》一卷《續語堂碑録目》一卷《續修川小志鄉校稿》一卷,清鄒存淦[⑨]撰,浙江

① 管庭芬(1797—1880),又作管廷芬,原名懷許,字培蘭,又字子佩,號芷湘(又作芷香),晚號笠翁、芝翁、甚翁,亦號渟溪老漁、渟溪釣魚師、渟溪病叟,浙江海寧人。

② 蔣學堅(1845—1914),字子貞,號鐵雲,又號懷亭,晚號南石老人,浙江海寧人。

③ 沈寅烈(生卒年不詳),字頌彝,又字鐵如,號沈樓,浙江海寧人。

④ 高其焯(生卒年不詳),浙江海寧人。

⑤ 費寅(1866—1932),字景韓,號復齋,室名自怡齋,浙江海寧人。費寅曾任嘉興教諭,辛亥後任教嘉興中學堂,後在海寧硤石開設書肆,多得善本。

⑥ 管元耀(1867—1940),字慎之,號振志,室名静得樓,浙江海寧人,管庭芬之族曾孫。

⑦ 錢泰吉(1791—1863),字輔宜,號警石,又號深廬,别署甘泉鄉人、讀舊書生,浙江嘉興人。

⑧ 參見來新夏主編《清代目録提要》,齊魯書社,1997 年,頁 148—149。

⑨ 鄒存淦(1819—1903),字儷笙,號師竹廬主人,室名耕暇堂,浙江海寧人。

圖書館藏有清稿本，共計3册。

《海寧州志著述備考》一卷，清鄒存淦附注，浙江圖書館藏有民國抄本，共計1册。

《國朝海寧著述未刊書目略》一卷，清鄒存淦撰，浙江圖書館藏有清抄本，與《國朝著述未刊書目》合訂1册。

《海昌文徵采録文目》不分卷，管元耀記，海寧市圖書館藏有民國稿本，共計1册。

另有民國十一年(1922)鉛印本《(民國)海寧州志稿》四十一卷首一卷末一卷附《志餘》一卷《藝文志補遺》一卷，其中的《藝文志補遺》相對獨立，也可以視作獨立成書的地方經籍(藝文)志。

《海寧渤海陳氏著録》二卷《續編》一卷《補遺》一卷，清陳敬璋原編，陳其謙[①]、陳大綸[②]重輯，有民國二十二年(1933)鉛印本[③]。該書收録明清時期海寧陳氏180餘人的440多種著作。國家圖書館藏有民國八年(1919)海寧費寅復齋抄本《陳氏著録》十卷(清陳敬璋輯，有陳乃乾跋)。

《敬修堂歷著書目考》一卷，費寅校編，載《浙江圖書館報》第6卷(1931年12月)。敬修堂乃查繼佐[④]晚年在杭州鐵冶嶺所建，查氏在敬修堂進行著述和講學，學者稱其爲敬修先生。該書是關於查繼佐之著述考。

另據洪焕椿《浙江方志考》之"參考文獻"記載，管元耀編有《海昌静得樓藏鄉先哲遺書目》(静得樓抄稿本)[⑤]。筆者在相關藏書機構中未查檢到該書目。

上海圖書館藏有抄本《平湖先哲所著述目初稿》[⑥]一卷(佚名編)，與《松陽札記》合訂1册。該目著録平湖先哲之著述620餘種。

上海圖書館藏有稿本《平湖人物著述考》一卷(佚名撰)，共計1册。

《平湖經籍志》十六卷，陸惟鍌[⑦]纂，有民國二十六年(1937)平湖陸氏求是齋刻(卷一至卷八)三十年(1941)續刻(卷九至卷十六)本(部分單位所藏爲藍印本)。另有民國二十六年(1937)平湖陸氏求是齋刻二十七年(1938)印八卷本(部分單位所藏爲藍印本)。該經籍志原有三十六卷、續録一卷、補遺一卷，卷十七之後未刊，上海圖書館藏有民國稿本卷十七至卷三十六以及續録一卷。此外，平湖市圖書館藏有民國稿本《平湖經籍志》(共計15册)[⑧]和民國稿本《平湖經籍志所涉人名生卒年表》一卷(共計1册，陸惟鍌編)，平湖市莫氏莊園

① 陳其謙(1866—?)，字吉堂，晚號莳花老人，浙江海寧人，係陳敬璋之孫。

② 陳大綸(生卒年不詳)，浙江海寧人，係陳其謙之子。

③ 《中國古籍總目·史部》頁4969著録爲"民國二十三年鉛印本"。

④ 查繼佐(1601—1676)，初名繼佑，字伊璜，又字敬修，號東山釣史，學者稱東山先生，浙江海寧人。

⑤ 參見洪焕椿《浙江方志考》，浙江人民出版社，1984年，頁819。

⑥ 《平湖先哲所著述目初稿》係卷端之題名，上海圖書館古籍書目數據庫之題名爲"平湖先哲所著書目初稿"。

⑦ 陸惟鍌(1888—1945)，字清澄，其藏書室名求是齋，浙江平湖人。

⑧ 其中部分標有卷次，與刻本比對，略有差異。

陳列館藏有民國二十八年(1939)稿本《平湖經籍志》卷九至卷十六(共計 9 册)和民國稿本《平湖縣藝文志書目索引稿》不分卷(共計 2 册)。郭傑光、陸松筠整理,胡大椿校對的《平湖經籍志》排印本①,共計三十六卷、續録一卷、補遺一卷。

陸惟鍌求是齋與葛氏傳樸堂、孫振麟雪映廬並稱爲近代平湖三大藏書樓。全面抗戰之前,陸惟鍌充分利用上述三大藏書樓所藏的平湖地方文獻,並遍訪各地圖書館以及私人藏書樓,編纂了《平湖經籍志》。該經籍志卷末有陸惟鍌於民國三十年(1941)所撰之跋,其中云:"丁丑夏,余既刊經籍志八卷成,會盧溝橋事起,江南文獻蕩焉無存,此板藏於武林寓齋,幸免劫灰。戊寅冬遂印行於世,流光如矢,忽忽三易寒暑……乃復理董舊稿,重付棗梨,僅至卷十六而止……爰將卷十七以下稿册,次第清繕,藏諸篋笥,全功之竟,且竢異日。"《平湖經籍志》著録三國至民國時期 1108 位平湖人士之著述 2625 種。該經籍志仿《海寧經籍志備考》之例,按時代編排,以人名爲序,每書著録書名、卷數。當同一人有多種著述時,則加以集中著録,並在末尾標明撰人。

平湖市圖書館藏有民國二十三年(1934)稿本《鄉邦文獻書價目録》不分卷(陸惟鍌編),共計 1 册。該書係陸惟鍌所收集的平湖地方文獻之書目及其書價。

平湖市圖書館藏有民國胡士瑩抄本《當湖先哲遺著見存目》六卷,共計 1 册。該書之封面題簽爲《當湖經籍見存目》。當湖乃平湖之别稱。該目録分爲經、史、子、集四部,其中經、史、子三部各一卷,而集部共計三卷,分别是别集、詞曲、總集各一卷(各有獨立頁碼)。

平湖市圖書館藏有民國二十三年(1934)平湖陸氏求是齋抄本《當湖陸氏求是齋所藏鄉先哲書目》六卷,共計 2 册。該書目版心之題名爲《當湖文獻備考》,封面題簽則爲《鄉先哲書目》。該書目分爲經、史、子、集四部,其中經、史、子三部各一卷,而集部共計二卷,另附閨秀一卷。

平湖市圖書館藏有民國陸氏求是齋抄本《當湖葛氏守先閣藏鄉先哲書目》四卷,共計 1 册。該書目版心之題名爲《當湖文獻備考》,封面題簽則爲《當湖鄉先哲遺著》。該書目分爲經、史、子、集四部,每部各一卷。該書目與平湖市圖書館所藏《當湖陸氏求是齋所藏鄉先哲書目》版式相近,稿紙也相近。

《澉浦吴氏遺著目》不分卷,吴俠虎②輯。該目録附於民國三十年(1941)鉛印本吴俠虎輯《澉浦吴氏遺著存略》(共計 1 册)之末。

浙江大學圖書館藏有民國抄本《嘉郡先哲遺著》一卷和《海鹽鄉賢著述目録》一卷(附《先世遺著》),均爲張元濟③藏並編,均爲共計 1 册。

浙江圖書館藏有《鄉賢著述目録》一卷《先世遺著目録》一卷《先世舊藏之書目録》一卷(張元濟藏並録),共計 1 册。

---

① 平湖市史志辦公室 2008 年編印。
② 吴俠虎(1902—2006),浙江海鹽澉浦人。
③ 張元濟(1867—1959),字筱齋,號菊生,浙江海鹽人。

據周日蓉考證,浙江圖書館所藏抄本《嘉郡先哲遺著》《鄉賢著述目録》,爲浙江省立圖書館於 1936 年 10 月間所抄,其抄寫目的當是爲浙江文獻展覽會徵集展品之用①。

《海鹽張氏涉園藏書目録》四卷,潘景鄭②編,有民國三十五年(1946)上海合衆圖書館鉛印本。該目録卷一所收是除海鹽之外的嘉興先哲著述,卷二所收是海鹽先哲著述,卷三所收乃海鹽張氏先世的著述以及刊印、評校之書,卷四所收則是張氏舊藏之書。由此可見,該目録所收之書大多屬於嘉興地方文獻,因此也可視爲獨立成書的藝文志。

《補續許氏嘉興府志經籍志初稿》,王蘧常③編,載《嘉區民國日報》民國二十六年(1937)元旦特刊《嘉區文獻》,嘉區民國日報社 1937 年編印。該經籍志又載《之江中國文學會集刊》第 6 期(1941 年 4 月),名稱爲《續許氏嘉興府志經籍志》,内容有所增删。《嘉區文獻》中尚有朱冠士④編的《海鹽文獻與二十五年參加文獻展覽之出品》、陸祖谷⑤編的《嘉邑首届文獻展覽會目》等。

《嘉興地方圖書文獻草目》,嘉興市圖書館 1957 年編印。

復旦大學圖書館藏有民國稿本《海鹽先哲著述目録》不分卷(佚名編),共計 1 册。該目録著録海鹽先哲之著述 900 餘種,其中唐以前 16 種,唐至元 41 種,其他均係明清著述⑥。

南京圖書館藏有稿本《海鹽藝文志儲材篇》不分卷(朱希祖⑦編),共計 1 册。該書包括《見存書目》《海鹽志書考》《海鹽藝文待訪録》《海鹽縣志文苑傳目録續》《海鹽縣志人物傳目録》《海鹽縣志文苑傳目録》六個部分,不過《海鹽志書考》無具體内容。

另據朱冠士《海鹽文獻與二十五年參加文獻展覽之出品》以及《海鹽縣志》⑧、《海鹽縣文化志》⑨、《歷代嘉興書畫名人研究》⑩等著録,談文灯⑪編有《海鹽先哲遺著存目初稿》,但在相關藏書機構未查檢到該書。

此外,項士元的《中國簿録考》據《潛采堂書目》著録(明)王文禄撰有《海鹽文獻志》⑫,上海圖書館藏有海鹽張氏涉園抄本,共計二十卷⑬。不過該文獻志收録歷代海鹽重要著述之原文,體例與一般書目不同,但對於海鹽地方文獻研

① 參見周日蓉《張元濟藏書目録抄本二種考述》,《圖書館研究與工作》2020 年第 2 期,頁 86。
② 潘景鄭(1907—2003),原名承弼,字良甫,晚號寄漚,江蘇吴縣人。
③ 王蘧常(1900—1989),字瑗仲,號明兩,别號滌如、角亯翁、玉樹堂主、欣欣老人,浙江嘉興人。
④ 朱冠士(生卒年不詳),浙江海鹽人。
⑤ 陸祖谷(1874—1944),字文達,號仲襄、稼孫,浙江嘉興人。
⑥ 有學者確定其編者爲海鹽顔氏。參見來新夏主編《清代目録提要》,頁 454。
⑦ 朱希祖(1879—1944),字逖先(又作遏先、迪先),浙江海鹽人。
⑧ 參見《海鹽縣志》,浙江人民出版社,1992 年,頁 931、1002。
⑨ 參見《海鹽縣文化志》,浙江人民出版社,2011 年,頁 126。
⑩ 參見鄭國賢《歷代嘉興書畫名人研究》,西北大學出版社,2009 年,頁 234。
⑪ 談文灯(1887—1939),字麟祥,又字夢石,浙江海鹽人。
⑫ 參見項士元《中國簿録考》,頁 711。
⑬ 參見上海圖書館編《上海圖書館藏張元濟文獻及研究》,上海古籍出版社,2017 年,頁 121。

究具有重要價值。

浙江圖書館藏有民國二十五年(1936)抄本《嘉善私家著述目録》一卷(嘉善縣立圖書館編),共計1册。該目録著録嘉善鄉賢(大多係清末民初人)之著述252種。

浙江圖書館藏有民國二十五年(1936)抄本暨油印本《嘉善合邑文獻展覽會陳列草目》不分卷,與《奎公書廔文學書目録》不分卷合訂1册。

《嘉興鄉賢遺書箋迻》,莊一拂[①]撰,載《上海市立圖書館館刊》第6號(1948年12月)。

《湖録經籍考》六卷,清鄭元慶[②]輯,有民國九年(1920)吴興劉氏嘉業堂刻《吴興叢書》本。另有浙江圖書館藏民國吴興劉氏求恕齋抄本,共計2册。該書乃鄭氏於清康熙十二年(1673)所編纂的湖州地方志《湖録》中的《經籍考》之集部部分。該書卷末的劉承幹[③]《湖録經籍考跋》,對該書的成書過程以及有關情況作了介紹,其中提到:"《湖録經籍考》六卷,吾鄉鄭芷畦先生所箸也。先生幼淹雅,通經史大義,覃思箸述,恥爲無用。毛西河、朱竹垞、胡朏明並折行輩交之。箸書等身,而尤孜孜於《湖録》一編。蓋本爲郡志也。懷握鉛槧,周歷七邑。咨故老,甄遺籍。竭十數年之力,稿凡六易,成書百卷。官斯土者,屢欲刻之而不果。先生懼其久而湮没也,乃易名《湖録》,著爲一家之作。其力彌艱,其志彌苦矣。唯稿雖六易,似尚未爲定本。蓋原書本百卷,今僅存《經籍考》,則《湖録》中之一部分也。考分四部,今僅存集部,則又《經籍考》中之一部分也。且此爲集部,而以奏議冠首,則史部之支流也,應歸史部。"該書著録三國至明末湖州人士之集部著述740餘種,每書著録書名、卷數、作者姓名及生平、存佚情況。其中約500種著述之條目中有"參述"部分,考證著述之内容、價值以及流傳等。

《南潯著述總録》三卷,清沈登瀛[④]編。宋慈抱[⑤]的《兩浙著述考》著録該書,並略引沈登瀛自序,然後提到:"原書約在道光十八年告成,卷一元明,卷二清朝,卷三譜録流寓閨秀方外。今本第二卷後半及第三卷殘缺。"[⑥]周慶雲[⑦]纂《南潯志》也引用該書。不過筆者尚未在相關藏書機構中查檢到該書。

《吴興嚴氏藝文志略》二卷,嚴庸[⑧]輯録,有民國八年(1919)鉛印本。

此外,項士元的《中國簿録考》據《嘉定縣志》著録清錢東垣[⑨]撰有《吴興著

① 莊一拂(1907—2001),原名臨,號南溪,晚號籜山,浙江嘉興人。

② 鄭元慶(1660—約1735),字子餘,又字芷畦,自號鄭谷口,浙江歸安(今湖州)人。

③ 劉承幹(1881—1963),字貞一,號翰怡,别署求恕居士,浙江吴興南潯(今湖州市南潯區)人。

④ 沈登瀛(1794—1842),字金坡,號柳橋,室名深柳堂,浙江歸安(今湖州)人。

⑤ 宋慈抱(1895—1958),字墨菴,號觳齋,少名阿育,浙江瑞安人。

⑥ 宋慈抱原著,項士元審訂《兩浙著述考》,浙江人民出版社,1985年,頁1199。

⑦ 周慶雲(1864—1933),字景星,號湘舲,别號夢坡,浙江吴興南潯(今湖州市南潯區)人。

⑧ 嚴庸,生平不詳。

⑨ 錢東垣(約1769—1828),字既勤,號亦軒,江蘇嘉定(今上海市嘉定區)人,係錢大昭之子。

述類聚》二卷[①]。筆者同樣在相關藏書機構中未查檢到該書。

浙江圖書館藏有民國稿本《長興先哲遺著徵》不分卷(王修[②]撰),共計 6 册。該書之封面題簽爲《長興先哲遺著徵稿》。"此本臚列長興人著作目録,存佚不問,各著提要,並附題跋,且詳列各種書目著録之語,體例頗善,搜羅亦備,尚未付梓。"[③]

二、寧紹地區之經籍(藝文)志

《四明經籍志》五卷,張壽鏞[④]編,有民國打字油印本。另有中國社會科學院文學研究所圖書館藏原稿本四十五卷(或題五卷),國家圖書館藏民國張氏約園抄本四十五卷[⑤]。四明乃寧波之别稱,因境内有四明山而得名。該志分爲經、史、子、集四部,部下分目,每書著録書名、卷數、作者姓名以及出處,並加考辨。該志著録寧波人士之著述多達 5973 條(含重複條目)[⑥]。

張壽鏞編,曹亮增訂的《增訂四明經籍志》[⑦],以原稿本爲底本,以張氏約園抄本和寧波市天一閣博物院(原名天一閣博物館)藏打字油印本(有馮貞羣[⑧]批校)、浙江圖書館藏打字油印本(有佚名批校)爲参校本,並增補了張壽鏞未見或未能及時收入的邑人書目,還附有全書出現的人名和書名索引。

《鄞縣文化廣播志》注明寧波伏跗室藏有張壽鏞所編的《四明經籍目》[⑨]。伏跗室藏書後歸天一閣收藏。筆者經過查檢並咨詢天一閣博物院相關專家,未按此書名找到該書。據張壽鏞《與四明學社諸君子書》[⑩]以及馮貞羣編《張約園遺書目録》[⑪],《四明經籍目》即《四明經籍志》。天一閣博物院所藏民國打字油印本《四明經籍志》,乃馮貞羣伏跗室之舊藏,《鄞縣文化廣播志》所云《四明經籍目》當爲此書。

《四明經籍提要甲集》不分卷,張壽鏞、夏啓瑜編[⑫],國家圖書館藏有民國抄本(共有三個版本,其中兩個版本共計 12 册,另一個版本共計 3 册)。該書

---

① 參見項士元《中國簿録考》,頁 724。

② 王修(1898—1936),原名福怡,字季歡,又字修之,號楊菴,浙江長興人。

③ 《浙江省文獻展覽會專號》(《文瀾學報》第 2 卷第 3、4 期合刊)中的《鄉賢遺書》,浙江省立圖書館 1937 年編印,頁 66。

④ 張壽鏞(1876—1945),字詠霓,號伯頌,别署約園,浙江鄞縣(今寧波)人。

⑤ 共有 6 個版本,其中 2 個版本共計 5 册,其他 4 個版本分别是 6 册、4 册、3 册、2 册。

⑥ 參見曹亮《〈四明經籍志〉及其增訂工作綜述》,頁 10。

⑦ 寧波出版社,2017 年。

⑧ 馮貞羣(1886—1962),又名羣,字孟顓,又字曼孺,號伏跗,晚號孤獨老人,别署縵雲、成化子、妙有老人,浙江慈谿孝中鎮(今屬寧波市江北區)人。伏跗室乃其藏書樓。

⑨ 參見謝振岳主編《鄞縣文化廣播志》,鄞縣文化廣播電視局 1992 年編印,頁 326。

⑩ 載張壽鏞《約園雜著續編》卷八下,頁 44。

⑪ 《寧波旅滬同鄉會會集》復刊第 14 期(1947 年 5 月),頁 14。

⑫ 國家圖書館書目檢索系統著録該提要爲佚名編。筆者認爲,該提要乃張壽鏞於 1934 年組織人員編纂,聘請夏啓瑜擔任編輯主任,因此署爲張壽鏞、夏啓瑜編比較妥當。夏啓瑜(1865—1935),字伯英、同甫,浙江鄞縣(今寧波)人。

仿《四庫提要》之體例,主要節抄《四庫提要》,並略加案語。《四明經籍提要》原計劃分爲甲、乙、丙三集,其中甲集爲《四庫全書》所著録者,乙集爲郡縣藝文經籍所録並且《四庫全書》所未收而其書今存者,丙集則爲不見於各郡縣志而今有其書者。不過後因夏啓瑜去世,乙集和丙集並未編成。

《四明文獻集目録》一卷,清盧址①編,寧波市天一閣博物院藏有民國抄本,共計3册。

《四明叢書全目》,張壽鏞編,載《浙江省立圖書館館刊》第2卷第3期(1933年6月)。

《張約園遺書目録》一卷,馮貞羣編,有民國三十五年(1946)鉛印本,共計1册(後附馮貞羣述《編輯四明叢書記聞》)。張約園,即張壽鏞(别署約園)。《張約園遺書目録》包括張壽鏞所著書目、所輯書目、所刻書目三類,每書有提要。之後,該目録在《寧波旅滬同鄉會會集》復刊第14期(1947年5月)、第15期(1947年6月)、第16期(1947年7月)連載。此外,馮貞羣還於民國三年(1914)冬編有《寧波先哲未刻書目》,爲張壽鏞編纂《四明叢書》提供參考②。

《四明叢書提要草稿》一卷,張壽鏞編,寧波市天一閣博物院藏有民國稿本,共計1册。該草稿共有《任子》《虞秘監集》《賀秘監遺書》《史略》《騷略》《豐清敏遺書》和《古今紀要逸編》等七種收入《四明叢書》第一集之書的提要,體例大致參照《四庫提要》。

《四明著述者》一卷,張壽鏞編,寧波市天一閣博物院藏有民國張氏約園抄本,共計1册。《四明著述者》以人繫書,著録漢代至宋代20位寧波人士之著述。

《四明遺書存佚》一卷,佚名編,寧波市天一閣博物院藏有民國稿本,共計1册。《四明遺書存佚》著録114種寧波人士之著述。

《清四庫著録四明書籍目録》二卷,張壽鏞編,寧波市天一閣博物院藏有民國稿本,共計1册。該目録包括四庫著録書中的四明書籍目録、四庫存目書中的四明書籍目録兩部分。

《慈谿沈氏抱經樓藏甬人著作》一卷,張壽鏞編,寧波市天一閣博物院藏有民國稿本。該稿本僅有一葉半,按四部排序,不過僅有經、史、子。每書著録書名、卷數、作者以及在《抱經樓藏書志》中的卷次和葉次,天頭之批注則注明《抱經樓藏書志》著録之書中的寧波人士之序、跋、校。

《梨洲著作目録》一卷,張壽鏞編,寧波市天一閣博物院藏有民國稿本。此

---

① 盧址(1725—1794),字丹陛,又字青厓,浙江鄞縣(今寧波)人。

② 參見駱兆平《馮貞羣與〈四明叢書〉》,載天一閣博物館編《天一閣文叢》第6輯,寧波出版社,2008年,頁127。

乃黄宗羲[①]之著作目録[②]。

此外,寧波市天一閣博物院还藏有《吴興劉氏嘉業堂藏書樓藏四明先哲著述草目》《張之銘[③]所藏四明先哲書目》以及《屠氏書目》[④]等書目[⑤]。

《寧波學人著書目》一卷,佚名編,國家圖書館藏有民國張氏約園抄本,共計 1 册。該書目根據《(光緒)鄞縣志》《(光緒)慈谿縣志》《(光緒)奉化縣志》《(光緒)定海廳志》中的相關資料輯録而成,著録鄞縣、慈谿、奉化、定海人士之著述(不著録撰者)。

另據記載,明黄潤玉[⑥]撰有《四明文獻録》[⑦],明李堂[⑧]撰有《四明文獻志》十卷[⑨],清劉鳳章[⑩]撰有《四明藝文志》不分卷[⑪],未見傳本。

《鄞文獻展覽會出品總目》[⑫]中的不少内容與寧波地方文獻相關,如《寧波府屬各縣方志目》《四明叢書目》等。

《句章徵文録》八卷,清馮可鏞[⑬]撰,國家圖書館藏有稿本,共計 2 册。該書有大量批校。

干人俊[⑭]編有《成文鄉藝文志》(存一卷)、《裏岙鄉藝文志》二卷、《馬岙鄉藝文志》二卷、《三省鄉藝文志》二卷、《塔山鄉藝文志》(存一卷)、《西塾鄉藝文志》二卷、《長大鄉藝文志》(存一卷)、《紫溪鄉藝文志》(存一卷),均收入《寧海叢書》[⑮]。上述成文鄉等八个鄉,都在寧海。這些藝文志在張常明的《干人俊先生生平及著作目録》[⑯]中均未提及,可補其缺。

上海圖書館藏有清抄本《越中經籍鈔》不分卷(清佚名撰)和《越中經籍考證》不分卷(清佚名撰),均爲共計 1 册。

《紹興府志經籍志》二卷,清佚名撰。臺北“國家圖書館”藏有清同治山陰姚氏快閣師石山房抄本,共計 4 册。

---

① 黄宗羲(1610—1695),字太沖,又字德冰,號南雷,學者稱梨洲先生,浙江餘姚人。

② 以上天一閣所藏六種目録的詳細情況以及書影,可以參見天一閣博物館編《天一閣藏〈四明叢書〉珍稀文獻圖録》(浙江古籍出版社,2016 年)頁 120—147,其中《慈谿沈氏抱經樓藏甬人著作》和《梨洲著作目録》由於是張壽鏞手稿,因此又全文收入《天一閣藏張壽鏞手稿》(浙江古籍出版社,2017 年)。

③ 張之銘(1872—1945),字賚順,號伯岸,室名古驩室,浙江鄞縣(今寧波)人。

④ 該書目係寧波屠氏家族著作目録。

⑤ 參見李開升《新發現張壽鏞及〈四明叢書〉稿抄文獻研究》,《圖書館研究與工作》2018 年第 10 期,頁 90—91。

⑥ 黄潤玉(1389—1477),字孟清,學者稱南山先生,浙江鄞縣(今寧波)人。

⑦ 項士元《中國簿録考》頁 711 據《潛采堂書目》著録。

⑧ 李堂(1462—1524),字時升,號堇山,浙江鄞縣(今寧波)人。

⑨ 參見《明史》卷九十七《藝文二》,中華書局,1974 年,頁 2411。

⑩ 劉鳳章(生卒年不詳),字藝蘭,浙江鄞縣(今寧波)人。

⑪ 參見《(民國)鄞縣通志·文獻志》。

⑫ 鄞文獻展覽會 1936 年編印。該書之封面題簽爲《鄞縣文獻展覽會出品目録》。

⑬ 馮可鏞(1828—1887,一説 1827—1886),原名可鉞、可鎔,字佐君,號舸月,浙江慈谿人。句章乃慈谿之古稱。

⑭ 干人俊(1901—1982),字庭芝,號梅園,浙江寧海人。

⑮ 參見李聖華、陳開勇《寧海叢書提要》,上海古籍出版社,2016 年,頁 391—396。

⑯ 《黑龍江史志》2009 年第 1 期。

紹興圖書館藏有清會稽董氏抄本《善本書室藏書志摘録董氏著作》不分卷(清佚名撰),共計 1 册。該書收録董氏著作書目 17 種,多係舊抄本,附提要及考注①。

浙江省博物館藏有民國會稽董氏抄本《丁瞿兩家所藏紹郡人著述》不分卷(民國佚名撰),共計 1 册②。

《魯迅手記舊紹興八縣鄉人著作目録》,魯迅編,原載《中國現代文藝資料叢刊》第 1 輯③。紹興圖書館(原名紹興魯迅紀念館)藏有該目録原稿。該目録收録清代紹興府屬的山陰、會稽、諸暨、蕭山、餘姚、上虞、嵊縣、新昌人士之著述 80 種,按經、史、子、集次序排列,每書著録書名、卷數以及作者時代、姓名、籍貫。

《漢孳室著書目》一卷,清陶方琦④撰。紹興魯迅紀念館藏有清抄本,共計 1 册;寧波市天一閣博物院藏有清末民初抄本,共計 1 册。紹興魯迅紀念館藏本附有《先兄子縝先生事略》,該館據其卷端所題"陶濬宣⑤撰",著録《漢孳室著書目》亦爲"陶濬宣撰";寧波市天一閣博物院則據《漢孳室著書目》卷端著録爲"陶方琦撰"。

《上虞書目三編》一卷,清錢玫⑥撰,華東師範大學圖書館藏有稿本,共計 1 册。該書題名爲"三編",實際僅有"書目""金石"二編。該書係未經謄抄的草稿本,有多處删改塗抹。該書收録歷代上虞人士之著述,其中經部 32 種、史部 40 種、子部 56 種、集部近 140 種。每書著録書名、卷數、作者小傳,部分條目下尚有提要及考訂,並注明徵引出處⑦。

三、台州地區之經籍(藝文)志

《台州經籍志》四十卷,項士元⑧編,有民國四年(1915)浙江省立圖書館鉛印本。臨海市博物館有五個藏本,其中一個藏本(索書號:0566)有大量項士元

---

① 參見趙任飛主編《紹興圖書館藏古籍地方文獻書目提要》,廣陵書社,2009 年,頁 169。

② 這類抄本,也與原書不完全相同,可以爲相關研究提供參考。

③ 上海文藝出版社,1962 年。

④ 陶方琦(1845—1884),字子縝(又作子珍),號湘湄(又號蘭當),譜名孝遨,室名漢孳室,浙江會稽(今紹興)人。

⑤ 陶浚宣(1846—1912),原名祖望,字文沖,號心雲、稷山,晚號東湖居士,室名稷山館、通藝堂,浙江會稽(今紹興)人。陶方琦乃陶濬宣之族兄。

⑥ 錢玫(生卒年不詳),字漢郕,浙江上虞人。輯有《歷朝上虞詩集》《錢氏三世五王集》等。華東師範大學圖書館館藏目録檢索系統以及來新夏主編的《清代目録提要》頁 346、《中國古籍善本書目·史部》頁 1418,均注明該書係錢玫所撰。而《中國古籍總目·史部》頁 4973 著録爲"清孫衣言輯,清抄本(清翁同龢跋)",這應該是一個比較明顯的疏誤,估計是將《中國古籍善本書目·史部》頁 1418 緊接着《上虞書目三編》的《永嘉書目》之下的"清孫衣言輯,清抄本,清翁同龢跋"這一版本信息混到《上虞書目三編》之下了。

⑦ 參見來新夏主編《清代目録提要》,頁 346—347。

⑧ 項士元(1887—1959),原名元勳,譜名家禄,後改士元,號慈園,别號石槎,浙江臨海人。

之批校，另一個藏本(索書號:0099)有王舟瑶[①]之批校。《台州經籍志》收録隋代至近代台州人士之著述4532種[②]，卷首依次有屈映光[③]、章炳麟[④]、王舟瑶、褚傳誥[⑤]、曾士瀛[⑥]、金嗣獻[⑦]之序，卷末有章箴[⑧]之後序。該經籍志分爲經、史、子、集四部，部下分類，每書著録書名、卷數以及作者姓名、時代、籍貫等。今存者，則注明版本；未見到者，則注"今未見"；確定已佚者，則注"今佚"。書名下標明出處，以明著録之源流。作者名下，或考訂其出身和簡歷，或録各書序跋以及各家對此書之評論。就總體而言，該書考辨周詳，取材豐富，質量較高。

此外，臨海市博物館藏有民國稿本《台州經籍志補遺》不分卷(項士元編)，共計4册。另據記載，項士元還編有《台州經籍志續編》，共計4册[⑨]。筆者在相關藏書機構中未查檢到該書。

《台州藝文略》一卷，楊晨[⑩]編，徐兆章[⑪]參校。有民國四年(1915)黄岩楊氏刻《台州叢書後集》本、民國二十五年(1936)《崇雅堂叢書》鉛印本。《台州藝文略》根據正史、方志以及各種書目所載台州人士之著述編纂而成，收書1400餘種(其中存者550餘種)。該藝文略分爲經、史、子、集四部(部下不再分類)，同一部屬的則按作者時代排序，每書著録作者姓名、書名、卷數，並注明材料出處以及版本、存佚情況。

《台州經籍考》不分卷，佚名編，國家圖書館藏有民國吴興劉承幹嘉業堂抄本，共計4册；嘉興市圖書館藏有清稿本，實存第7、8册(有勾乙塗改痕迹，並有散葉)。該經籍考分爲經、史、子、集四部(部下不再分類)，同一部屬的則按作者時代排序，每書著録書名、卷數以及作者時代、姓名、籍貫等，部分書還有簡介。

《鴻遠樓所藏台州書目》四卷《附録》一卷，金嗣獻編，陳乃楫[⑫]、李炳慧[⑬]校，有民國三年(1914)太平金氏鴻遠樓木活字印本。該書目又名《金氏台州書目》《台州書目》，收録金嗣獻所藏唐至近代台州人士著述400餘種，按作者時

---

① 王舟瑶(1858—1925)，字星垣，又字玫伯，號默盦，浙江黄岩人。

② 參見徐三見《項士元〈台州經籍志〉評介》，《台州學院學報》2011年第1期，頁10。

③ 屈映光(1883—1973)，字文六，浙江臨海人。

④ 章炳麟(1869—1936)，初名學乘，字枚叔，後更名絳，號太炎，浙江餘杭(今杭州市餘杭區)人。

⑤ 褚傳誥(生卒年不詳)，字九雲，浙江天台人。

⑥ 曾士瀛(1866—1931)，字蓑洲(又作六舟)，號又僧，别號僧君，浙江臨海人。

⑦ 金嗣獻(生卒年不詳)，字劍民，號諤軒(又作鶴軒)，浙江太平(今温嶺)人。

⑧ 章箴(1865—?)，初名學乘，字枚叔，後更名絳，號太炎，浙江餘杭(今杭州市餘杭區)人，係章炳麟之兄。

⑨ 參見《台州近代著名學者項士元》，台州地區地方志辦公室、臨海市博物館1990年編印，頁65。

⑩ 楊晨(1845—1922)，譜名保定，字蓉初，又字定孚，晚號月河漁隱，浙江黄岩路橋(今台州市路橋區)人。

⑪ 徐兆章(生卒年不詳)，字竹波，浙江黄岩路橋(今台州市路橋區)人。

⑫ 陳乃楫(生卒年不詳)，浙江太平(今温嶺)人。

⑬ 李炳慧，生平不詳。

代排序,著録作者生平、序跋者姓名、卷册數、版刻存否等。

《台獻徵目録初編》一卷,金嗣獻編,有清宣統三年(1911)太平金嗣獻鴻遠書屋木活字印本。此外,浙江圖書館藏有民國抄本,共計 1 册。

《寒石草堂所藏台州書目》,項士元編,載《浙江省立圖書館館刊》第 4 卷第 1 期(1935 年 2 月)。該書目按作者時代排序,收録編者所藏台州人士著述 715 種,其中明刻本 20 餘種、明抄本 1 種、稿本 51 種、精寫本 10 種,其他舊槧、稿本、抄校本不下 500 種。

此外,温州市圖書館藏有民國稿本《默盦收藏台州書目》不分卷,共計 1 册。臨海市博物館藏有清抄本《默盦收藏台州書目》不分卷(附有《擬續刻台州叢書目》《函雅齋收藏台州書目》),共計 1 册。據封面題簽,臨海市博物館藏清抄本係喻長霖[①]手録。《默盦收藏台州書目》係王舟瑶所編。《函雅齋收藏台州書目》係王詠霓[②]所編。

臨海市博物館藏有清乾隆二十三年(1758)抄本《台州藝文志》不分卷(清佚名撰),共計 1 册。

臨海市博物館藏有(清)戴曷齊[③]抄《書目舉要》不分卷《台州書目》不分卷,共計 1 册。

臨海市博物館藏有民國稿本《台州著述目録》不分卷,共計 1 册。臨海市博物館依據字體筆迹,判斷並著録該書係項士元撰,但具體細節有待進一步考證。

《台書存目録》不分卷,(清)陳樹鈞藏[④]。臨海市博物館藏有清刻本、清抄本、清宣統二年(1910)油印本、民國油印本各一種,均爲共計 1 册。浙江圖書館、寧波市天一閣博物院藏有清宣統二年(1910)石印本,共計 1 册。

温州市圖書館藏有清末刻本《采訪台州先哲書目約》一卷(清佚名編),共計 1 册。

臨海市博物館藏有清抄本《四庫台賢書目(經史二部)》不分卷(清佚名編),共計 1 册。

臨海市博物館藏有民國抄本《台州府志局徵借書目》不分卷(台州府志局編),共計 1 册。

臨海市博物館藏有民國抄本《台州叢書三編目録》一卷(項士元編),共計 1 册。

臨海市博物館藏有民國稿本《台州文獻叢記》不分卷兩部。其中一部(索書號:1827)爲 8 册,臨海市博物館依據正文首葉,著録該書係項士元撰;另一

---

① 喻長霖(1857—1940),字志韶(又作子韶),號潛浦,浙江黄岩人,曾主修《[民國]台州府志》。

② 王詠霓(1839—1916),原名僊驥,又名蜺,字子裳,號六潭、旌甫(一作旌夫),晚號鶴叟,學者稱其爲六潭先生,浙江黄岩兆橋(今屬台州市椒江區洪家街道)人。

③ 戴曷齊,生平不詳。

④ 《台書存目録》又名《枕經閣台書目録》《枕經閣所藏台書目録》。陳樹鈞(1867—1931),字商霖,又字襄臣,浙江太平(今温嶺)人。枕經閣乃其藏書樓。

部(索書號:3982)爲6册,臨海市博物館根據上面這部,著録該書係項士元撰,但具體細節有待進一步考證。

臨海市博物館藏有清抄本《台州文獻彙存》不分卷(索書號:3566),共計1册。根據臨海市博物館著録,該書係(清)李壽鶴[1]輯,但具體細節有待進一步考證。

臨海市博物館藏有民國稿本《台州文獻彙存》一卷(索書號:1848),共計1册。根據臨海市博物館著録,該書係項士元輯,但具體細節有待進一步考證。

臨海市博物館藏有民國稿抄本《台州文獻隨見録》不分卷,共計29册。根據臨海市博物館著録,該書係王舟瑶撰,但具體細節有待進一步考證。

臨海市博物館藏有清抄本《台州文獻隨抄》不分卷,共計1册。臨海市博物館依據封面題簽,著録該書係(清)張廷琛[2]録。

臨海市博物館藏有民國稿本《台州文徵總目》一卷(王舟瑶輯),共計1册。

臨海市博物館藏有民國稿本《台州文徵叙例及内編目録》不分卷,共計1册。臨海市博物館依據封面題簽,著録該書係喻長霖手録。

臨海市博物館藏有清稿本《蔭玉閣台州故書總目》不分卷(清葉書[3]撰),共計1册。

臨海市博物館藏有清抄本《國朝台州駢文目録》不分卷(清佚名輯),共計1册。

《台州訪書約》一卷,(清)楊晨啓,有清刻本。此外,臨海市博物館藏有民國抄本《台州訪書約》一卷[4],與《志仁堂詩稿》一卷《芸軒小草》一卷《梅溪詩草》一卷《擴軒俚語》一卷合訂1册。

此外,據宋慈抱的《兩浙著述考》和項士元的《中國簿録考》著録,清項詠[5]編有《台州遺書目録》,[6]不過筆者尚未在相關藏書機構中查檢到該書。

另據記載,項士元還爲黄瑞[7]的舊藏專門編了《秋籟閣台籍録要》,其内容分爲子珍先生(黄瑞號子珍)編著之書、鄉賢撰述之書、其他三大部分[8]。江涵[9]編有《培桂軒台州書目》[10]。不過筆者在相關藏書機構中尚未查檢到上述二書,具體情況待考。

臨海市博物館藏有清稿本《三台著録考》不分卷(清黄瑞録),共計1册。

---

① 李壽鶴,生平不詳。

② 張廷琛(1854—1911),字季開,又字補瑕,晚年自號玉霄外史,浙江天台人,輯《天台文徵》《天台詩徵》《天台詩隨録》《三台閨範》等,撰《台賢要録》《浙學淵源述要》等,補《天台山新志稿》。

③ 葉書(1847—1908),字伯丹,又字壽彭,號鶴帆,浙江臨海人。蔭玉閣乃其藏書樓。

④ 該書之封面題簽爲"楊定孚台州訪書約"。楊定孚即楊晨(字定孚)。《台州訪書約》實際上是一部書目。

⑤ 項詠(生卒年不詳),字伯吹,浙江黄岩人。

⑥ 參見宋慈抱原著,項士元審訂《兩浙著述考》,頁1206;項士元《中國簿録考》,頁726。

⑦ 黄瑞(1837—1889),字玉潤,號子珍,又號藍叔,浙江臨海人。秋籟閣乃其藏書樓。

⑧ 參見胡平法《晚清藏書家黄瑞藏書事略》,《台州學院學報》2011年第4期,頁16。

⑨ 江涵(生卒年不詳),浙江太平(今温嶺)人。培桂軒乃其藏書樓。

⑩ 參見張明君、彭春林:《臨海歷史上的藏書家》,《圖書館雜誌》2013年第6期,頁108。

臨海市博物館藏有清抄本《三台經籍考》一卷(清黄瑞録),共計 1 册。

臨海市博物館藏有清光緒二十二年(1896)抄本《三台遺書編目》不分卷(清何奏簧[①]撰),共計 1 册。

臨海市博物館藏有清抄本《三台經籍存徵目録》十卷(清·郭協寅[②]輯,清黄瑞增輯),共計 1 册。

臨海市博物館藏有清抄本《三台詩録總目》一卷(清·黄瑞輯),共計 1 册。

臨海市博物館藏有清同治二年(1863)抄本《赤城藝文略》不分卷(清柔橋隱居輯),共計 4 册。

台州市黄岩區圖書館藏有清稿本《台郡藝文目録》不分卷(清梖軒居士[③]輯),共計 1 册。該書之封面題簽爲《赤城文獻志總目》。

台州市黄岩區圖書館藏有清光緒稿本《鄉獻史目》不分卷(清王棻輯),共計 1 册。該書有王舟瑶之批校,包括《國史台人傳目》《國史甌人傳目》《國史栝人傳目》《南宋書台獻目》《宋元學案台人目》《江西通志節録》《左恪靖伯奏稿》《回頭一想》和《南宋文苑傳》。

台州市黄岩區圖書館藏有清稿本《擬刻台州遺書序録》一卷(清王棻輯撰),兩種,均爲共計 1 册。其中一種(索書號:善 00017)與另一種(索書號:善 00016)内容基本相同,不過有增補改動,並且卷末有王棻《擬輯兩浙文徵凡例》之手稿(三葉),當爲後者之謄抄修訂稿。兩種稿本卷首都有序,其中提到:“吾台鄉先輩遺書載於《四庫全書》者五十有二部,見於附存目録者六十有四部……今以耳目所睹,記其已刻諸書,略提其要,其待刻諸書,慎擇其尤。”

另據《明史·藝文志》記載,(明)李漸[④]撰有《三台文獻志》二十三卷[⑤],未見傳本。

臨海市博物館藏有清抄本《臨海著録考》六卷(清黄瑞纂)兩種,其中一種(索書號:1938)實存卷一至卷二,共計 1 册;另一種(索書號:1937)實存卷二至卷三,共計 2 册。該書封面題簽係項士元於新中國成立初期整理搜集台州地區文獻時所題。

臨海市博物館藏有清抄本《臨海人著述目録》不分卷(清佚名編),共計 1 册。

臨海市博物館藏有民國抄本《臨海藝文資料》不分卷(民國佚名編),共計 1 册。

臨海市博物館藏有清稿本《臨海續志稿》不分卷,共計 4 册,其中第 3 册係

---

① 何奏簧(1856—1937),號肅堂,浙江臨海人。

② 郭協寅(1767—?),字滄州,號石齋,又自號八磚居士,晚號清潭逸叟,浙江臨海人。

③ 以上柔橋隱居、梖軒居士均係王棻之别稱。赤城乃台州之别稱。王棻(1828—1899),字子莊,别字梖軒,號柔橋,晚清居士,浙江黄岩人。

④ 李漸,生平不詳。

⑤ 參見[清]張廷玉等《明史》卷九十七《藝文二》,頁 2411。

《經籍》(清佚名編)。該書之封面題簽者爲項士元。潘震基[①]三之齋藏有洪蒙煊[②]等所撰的《(嘉慶)臨海續志稿》經籍稿一卷,曾借黄瑞、葉書修纂、補訂縣志用[③]。二者關係如何,尚待考證。

《臨海洪氏所著書目》不分卷,清洪頤煊[④]撰,浙江圖書館藏有清抄本,共計1册;南京圖書館藏有清末民國抄本,共計1册。

臨海市博物館藏有清抄本《黄岩經籍志》不分卷(清王詠霓撰),共計1册。

《天台妙山陳氏書目》一卷(民國陳立樹[⑤]編),有民國十八年(1929)天官第鉛印本,共計1册。該書係《(浙江天台)天台妙山陳氏宗譜》卷六十四。

臨海市博物館藏有清抄本《天台齊氏經籍志》不分卷(清・佚名撰),共計1册。

台州市黄岩區圖書館藏有清光緒二十二年(1896)王棻稿本《方城遺獻後編目録》不分卷(清李成經[⑥]撰,清王棻編),共計1册。

臨海市博物館藏有清抄本《臨海黄氏秋籟閣寄存圖書目録》不分卷(清・黄瑞編纂)兩種(索書號分别是:2922、3856),均爲共計1册。

臨海市博物館藏有清抄本《臨海黄氏秋籟閣寄存圖書》不分卷(清黄瑞編纂),共計1册。

臨海市博物館藏有民國抄本《黄氏秋籟閣現存書目》一卷(項士元輯),共計1册。

臨海市博物館藏有民國稿本《秋籟閣寄存臨海圖書館書目摘要》一卷(項士元輯),共計1册。臨海市博物館根據筆迹判定該書係項士元輯,但具體細節有待進一步考證。

以上四種書目有不少臨海地方文獻。

《盤溪草堂台州書目》,佚名編,載《寧獻》第1卷第4期(1947年7月);《盤溪草堂台州書目(續)》,佚名編,載《寧獻》第1卷第5期(1947年8月)。寧海原屬台州,梟溪又名浮溪,其流經鳳潭鄉下河村的一段稱作盤溪。《寧獻》之創辦發行者干人俊[⑦]乃寧海鳳潭鄉下河村人。干人俊《天台游草》民國二十五年(1936)鉛印本之版權頁标明"發行人:盤溪草堂",因此該書目或爲干人俊所編[⑧]。項士元的《中國簿録考》著録該書係"寧海干人俊撰"[⑨]。

《趙佩茳[⑩]書目提要》,佚名撰,載《重修浙江通志稿》第40册《著述》,浙江

① 潘震基(生卒年不詳),字俊卿,號日初,浙江臨海人。三之齋乃其藏書樓。
② 洪蒙煊(1766—1824),字達泉,浙江臨海人。
③ 參見張明君《台州藏書史》,上海古籍出版社,2016年,頁124。
④ 洪頤煊(1765—1833),字旌賢,號筠軒,晚號倦舫老人,浙江臨海人。
⑤ 陳立樹,生平不詳。
⑥ 李成經(生卒年不詳),字敬五,又字味三(又作維三),清代浙江太平(今温嶺)人。
⑦ 干人俊(1901—1982),字庭芝,號梅園,浙江寧海人。
⑧ 參見周日蓉《民國地方著述目録研究》,頁210。
⑨ 項士元《中國簿録考》,頁746。
⑩ 趙佩茳(1866—1929),字蘭丞(以字行),號梅隱,浙江太平(今温嶺)人。

圖書館謄録民國浙江省通志館稿本。

干人俊編有《僊居藝文近志》二卷,收入《寧海叢書》[①]。該志著録僊居文獻 32 種。

四、金温地區之經籍(藝文)志

《金華叢書書目提要》八卷,(清)胡鳳丹[②]撰,有清同治七年至光緒八年(1868—1882)永康胡氏退補齋刻、清同治七年至光緒八年永康胡氏退補齋刻民國補刻《金華叢書》本。就《金華叢書書目提要》而言,兩個版本之内容相同,差别在於前者卷端題名爲"金華文萃書目提要",後者卷端題名爲"金華叢書書目提要"。該書卷首有胡鳳丹所撰《金華文萃書目提要序》,從而可知《金華叢書》又名《金華文萃》,《金華叢書書目提要》相應地又名《金華文萃書目提要》[③]。該書分爲經、史、子、集四部(部下不再分類),收録 165 種著述之提要,其中經部 23 種、史部 32 種、子部 35 種、集部 75 種。各部之提要以作者時代先後爲序。提要體例參照《四庫全書總目提要》,一般爲三五百字,涉及著述來源、主要内容以及作者生平等。

《金華經籍志》二十四卷《外編》一卷《存疑》一卷《辨誤》一卷,胡宗楙[④]編,有民國十四年(1925)永康胡宗楙夢選廔刻本。《金華經籍志》卷首有胡宗楙於民國十四年(1925)所撰之叙,其中云:"上溯三國,下訖有明,網羅羣編,區别存汰,自非繆悠,悉付甄采,歲月浸淫,裒然成帙,偶質同志,慫恿付梓,爰思古人有以書存人之例,蘄本斯怡,以公當世。"該志分爲經、史、子、集四部,部下分類,每書著録書名、卷數以及作者時代、姓名里籍、生平,並注存佚,另有按語。該志著録魏晋至明末金華人士著述 1397 種,收録較全,來新夏稱其"是一種體例精審、有譽於時的專科性方志"[⑤]。

《四庫全書金華先賢書目》四卷,(清)戴聰[⑥]編輯,(清)張可向[⑦]參訂,義烏市圖書館藏有清道光十六年(1836)浦陽張氏振雅堂刻本(實存卷一至卷二),共計 1 册。

另據記載,明徐與泰[⑧]撰有《金華文獻志》二十二卷[⑨],明童品[⑩]撰有《金

① 參見李聖華、陳開勇《寧海叢書提要》,頁 390。

② 胡鳳丹(1828—1889),初字楓江,後字月樵,别號桃溪漁隱,浙江永康人。

③ 《中國古籍總目·史部》頁 4973 將《金華文萃書目提要》《金華叢書書目提要》分别列条目,似屬未妥。

④ 胡宗楙(1867—1938),又名宗楚,字季樵,浙江永康人,係胡鳳丹第四子。

⑤ 來新夏主編《方志學概論》,福建人民出版社,1983 年,頁 93。

⑥ 戴聰(1770—?),字惟憲,號春塘(又作春堂),浙江浦江建溪(今浙江省諸暨市馬劍鎮)人。

⑦ 張可向,生平不詳。

⑧ 徐與泰,生平不詳。

⑨ 參見(清)張廷玉等《明史》卷九十七《藝文二》,頁 2411。

⑩ 童品(約 1466—1518),字廷式,號慎齋,浙江蘭溪人。

華文獻録》[①],清朱興悌[②]撰有《金華經籍志》五卷[③],未見傳本。

《夢選樓所藏金華書目》,胡宗楙編,載《浙江省立圖書館館刊》第4卷第6期(1935年12月)。該書目著録胡宗楙夢選樓所藏金華人士著述411種(不計複本),其中包括元刻本1種、明刻本40餘種、抄本68種。

《温州經籍志》三十三卷首一卷《外編》二卷《辨誤》一卷,(清)孫詒讓[④]撰,有民國十年(1921)浙江公立圖書館刻本、民國十年(1921)浙江公立圖書館刻十五年(1926)補刻本[⑤]。此外,温州市圖書館藏有《温州經籍志》初稿本(實存卷一至卷十、卷十二至卷十三、卷十五至卷十九、卷二十二至卷二十五,共計21册)、再稿本(實存卷一、卷三至卷二十、卷二十三至卷三十、卷三十二,卷八補配楊紹廉抄本,共計21册)、定稿本(實存卷二、卷五至卷六、卷十七至卷十八、卷二十三至卷二十五、卷三十、卷三十三,共計8册)[⑥]以及民國抄本(索書號:善001279,實存卷一至卷二十五,共計14册,有楊紹廉批校)、民國永嘉黄氏敬鄉樓抄本(索書號:善001278,共計21册,有楊紹廉題簽並批校)、民國抄本(索書號:013687,實存卷一至卷三,共計2册);嘉興市圖書館藏有清末抄本《温州經籍志》(實存首一卷、卷一至卷六、卷九至卷十八),共計11册;國家圖書館藏有清末抄本《温州經籍志》(實存卷三至卷六),共計3册;浙江圖書館藏有清末抄本、民國吴興劉氏求恕齋抄本《温州經籍志》各一種,均爲共計24册。瑞安市博物館(玉海樓)藏有清末抄本《温州經籍志辨誤》一卷,共計1册;浙江圖書館藏有民國稿本《温州經籍志校記》一卷(作者待考),共計1册。另有孫延釗撰《温州經籍志校勘記》四卷,温州市圖書館藏有民國稿本,共計4册;浙江大學圖書館藏有民國稿本,共計1册;浙江圖書館藏有民國抄本(實存卷三至卷四),共計2册。之後,《温州經籍志校勘記》在《甌風雜誌》第1至3期(1934年1至3月),第7至10期(1934年7至10月),第17、18期合刊(1935年6月),第19、20期合刊(1935年8月)連載。此外,温州市圖書館藏有民國稿本《温州經籍志總目》不分卷(孫延釗[⑦]輯),共計1册。

孫詒讓乃晚清著名學者,學識博洽,著述宏富,在經學、諸子學、文字學、甲骨學、金石學、訓詁學、校勘學、典章制度學、目録學等領域均取得了杰出的成就。章太炎對孫氏的學術成就評價甚高:"詒讓學術,蓋籠有金榜、錢大昕、段玉裁、王念孫四家,其明大義、鉤深窮高過之。……詒讓治六藝,旁通墨氏,其

① 參見宋慈抱原著,項士元審訂《兩浙著述考》,頁777。

② 朱興悌(1730—1811),字子愷,號西崖,浙江浦江人。

③ 參見宋慈抱原著,項士元審訂《兩浙著述考》,頁1198。

④ 孫詒讓(1848—1908),字仲容,號籀廎,浙江瑞安人。

⑤ 江蘇廣陵古籍刻印社1984年據民國十年(1921)浙江公立圖書館刻本影印本,書末附有嚴寶善所撰《温州經籍志校補》。

⑥ 王昉爲温州市圖書館所藏《温州經籍志》初稿、再稿、定稿三種稿本撰寫之提要(載黄晨主編《孫詒讓稿本彙編》卷首《提要》,國家圖書館出版社,2019年,頁25—30)對相關情況作了考述,可以參考。

⑦ 孫延釗(1893—1983),字孟晋,號勖菴,浙江瑞安人,係孫詒讓之子。

精妫足以摩撳姬、漢，三百年絶等雙矣！”①

《温州經籍志》係孫詒讓根據史志及各家文集，並兼採《郡齋讀書志》《直齋書録解題》《四庫全書總目》和《千頃堂書目》等編纂而成的。該書屬於輯録體解題書目，共計著録唐至清代道光間温州人士的著述以及外地人士關於温州的著述 1759 種(其中佚 1215 種、未見 279 種、存 227 種、闕 38 種)②，分類依照《四庫全書總目》，並仿朱彝尊《經義考》之例，注其存、佚、未見。孫氏在書名、卷數之下注明其出處及卷數變化，同時廣泛輯録相關資料，並加上按語。《温州經籍志》乃孫詒讓的代表性成果之一，考證精詳，堪稱浙江各郡邑藝文志中的典範之作，在中國目録學史上占有重要地位。

後人對《温州經籍志》評價甚高，如梁啓超有云：“孫仲容之《温州經籍志》，實將來作《温州志》者所不能復加。(此書佳極，仿朱氏《經義考》，搜羅殆備。)”③王欣夫的《文獻學講義》在“總論方志藝文的體例”時，給予《温州經籍志》以高度評價，其中提到：“孫詒讓的《温州經籍志》三十三卷、《外編》二卷，義例精審，條理完密，可以説是專書中體例最好的一部。全書以書編次，而全録序跋，仿馬氏《經籍考》、朱氏《經義考》例。又每書下注存、佚、闕、未見四目，也是用《經義考》例。”④姜亮夫指出：“此一書搜羅温州六縣古今藝文，既精且博，是最有成就的目録學著作。……在清代的目録學中，像《温州經籍志》這樣的書，幾乎没有第二種。”⑤張舜徽《清儒學記》認爲：“《温州經籍志》雖是他青年時期寫成的，但條理縝密，義例精審，不獨總結了前人的成果，並且啓示了後世的途轍。替學者們簿録鄉邦著述，開了一條門路。不久而臨海項士元的《台州經籍志》四十卷，永康胡宗楙的《金華經籍志》二十七卷，都是聞風繼起的編述。至於但輯録一縣一邑藝文成爲專書的，那就更多了。”⑥程千帆、徐有富贊曰：“在地方文獻目録中可稱典範的名著是清孫詒讓的《温州經籍志》。其書體例全仿朱彝尊《經義考》，每書注明存、佚、闕、未見，輯録序跋及其他有關資料，並注明出處，而且還附有相當多的案語。它不僅對於檢查温州的文獻是不可缺少的一部書，而且其著録方法也很值得我們借鑒。”⑦

《温州經籍志》的刊行，大大方便了讀者利用温州地方文獻，“影響所及，一時間輯一郡一縣一邑藝文的纂著，先後繼起，不愧爲一郡文獻之幟志”⑧。

---

① 章太炎《孫詒讓傳》，載傅傑編校：《章太炎學術史論集》，中國社會科學出版社，1997 年，頁 390。

② 参見潘猛補《〈温州經籍志〉點校説明》，載[清]孫詒讓著，潘猛補點校《温州經籍志》，中華書局，2011 年，頁 1。

③ 梁啓超《中國近三百年學術史》，商務印書館，2011 年，頁 369。

④ 王欣夫《文獻學講義》，上海古籍出版社，1986 年，頁 124—125。

⑤ 姜亮夫《孫詒讓學術檢論》，《浙江學刊》1999 年第 1 期。

⑥ 張舜徽《清儒學記》，華中師範大學出版社，2005 年，頁 351—352。

⑦ 程千帆、徐有富《校讎廣義・目録編》(修訂本)，中華書局，2020 年，頁 213。

⑧ 雪克《孫詒讓學術要著述略》，載浙江大學古籍研究所編《雪泥鴻爪——浙江大學古籍研究所建所二十周年紀年文集》，中華書局，2003 年，頁 132。

孫延釗曾於1928年將《温州經籍志》未著録之書(收録範圍至清末止),續編爲《温州經籍後志》。該志未刊,具體情况不詳。此外,新中國成立後,宋慈抱曾在致梅冷生函中提及,當時故家書籍散出日多,鄉哲遺著之未刻本,或刻本、抄本有異同,可以補《温州經籍志》,詢問梅氏是否有意爲之[①]。經過筆者查證,梅冷生未做此事。

瑞安市博物館(玉海樓)藏有清瑞安玉海樓孫氏稿本《瑞安孫氏玉海樓書目》不分卷,共計1册。該書目著録温州鄉邦文獻甚多,與《温州經籍志》密切相關。同時,瑞安市博物館(玉海樓)還藏有民國抄本《瑞安孫氏玉海樓書目》不分卷(僅存子部文字學類、史部金石類),共計1册。

《遜學齋收藏鄉先哲遺書目録》一卷,清孫詒讓撰,有清光緒瑞安孫氏刻本(與孫詒讓《徵訪温州遺書約》一卷合爲1册)。此外,温州市圖書館藏有民國敬鄉樓抄本兩種(索書號分别是:012233、013893),均爲共計1册,並且都有楊紹廉之批校。遜學齋乃孫衣言之齋名。

《瑞安孫氏玉海樓藏温州鄉賢遺書目》,孫延釗編,載《浙江省立圖書館館刊》第4卷第2期(1935年4月)。該書目是在《遜學齋收藏鄉先哲遺書目録》之基礎上增編而成。該書目收書462部,除複本之外,包括經部28種、史部52種、子部50種、集部221種,内含明刻本32種、明寫本2種、稿本10種、傳抄稿本1種、抄本210種,另有日本刻本1種。該目録分爲内外編,内編收録温州人士的著述,外編則收録外地人士關於温州的著述。"各書均著録撰人、版本、卷數、册數,或詳叙流傳原委,或校注各本異同,或旁及海内别本之收藏情况。"[②]

《永嘉書目》一卷,清孫衣言[③]輯,國家圖書館藏有清抄本(有清翁同龢[④]跋),共計1册。該書目著録書籍1075種。

温州市圖書館藏有民國稿本《擬修永嘉縣志經籍門稿》不分卷,共計1册。根據温州市圖書館傳統著録,該書係宋慈抱撰,但具體細節有待進一步考證。

《浙江省永嘉區徵集鄉先哲遺書目録并叙》,高誼[⑤]撰,載《文瀾學報》第3卷第2期(1937年6月)。該目録分爲經、史、子、集四部,收書402種,共計1259卷、647册。

《瑞安經籍目》,陳謐[⑥]編,載《浙江省立圖書館館刊》第4卷第4期(1935年8月)。

《瑞安盤谷孫氏家譜藝文略補編》不分卷,孫延釗輯,温州市圖書館藏有民

① 參見梅冷生撰,潘國存編《梅冷生集》附録《宋慈抱與梅冷生書》,上海社會科學院出版社,2006年,頁384。

② 張憲文《瑞安孫氏玉海樓書藏考》,《文獻》1988年第3期,頁196。

③ 孫衣言(1815—1894),字劭聞,號琴西,晚號遜學老人、遁叟,浙江瑞安人,係孫詒讓之父。

④ 翁同龢(1830—1904),字聲甫,號叔平,晚號松禪、瓶廬居士等,江蘇常熟人。

⑤ 高誼(1868—1959),字步雲,又字儲廎,號心博(又作性樸),晚自號薏園,浙江樂清人。

⑥ 陳謐(1902?—1966),字穆菴,浙江瑞安人,係陳介石之從孫。

國抄本，共計3册。該抄本第3册封面題有“補抄尚未完具，有待再録”。

浙江圖書館藏有民國稿本《温州經籍現存目》不分卷(民國瑞安楊氏蹤許樓編)，共計1册。温州市圖書館藏有民國永嘉黄氏敬鄉樓抄本《温州經籍現存目》一卷(民國瑞安楊氏蹤許樓[①]編)，與《黄氏蔘綏閣舊本書目初編》一卷《屈賦考異》一卷合訂1册。

此外，據項士元的《中國簿録考》著録，邵瑞彭[②]藏有清孫詒讓《温州現存書目》之稿本[③]。筆者在相關藏書機構中未查檢到該書目。

温州市圖書館藏有該館所編的《温州市圖書館收藏温州地區著述目(草稿)》之稿本(張宋廎抄寫)，共計1册。

温州市圖書館藏有民國稿本《永嘉縣志藝文志稿》一卷，共計1册。該書有梅冷生[④]之批校。

温州市圖書館藏有民國稿本《擬修永嘉縣志經籍門稿》不分卷，共計1册。根據温州市圖書館傳統著録，該書係宋慈抱撰，但具體細節有待進一步考證。

温州市圖書館藏有民國抄本《浙江省永嘉區徵輯鄉先哲遺著目録》一卷。該目録係徐笑中[⑤]所抄。

浙江圖書館藏有民國抄本《浙江省永嘉區徵輯鄉先哲遺著委員會陳列書籍目録》一卷，共計1册。

嘉興市圖書館藏有清稿本《縉雲温州定海台州經籍志考》不分卷，共計2册。該書書名乃嘉興市圖書館根據該館原有書目擬定，其内容爲《縉雲志》《温州經籍志》《定海廳志》《台州經籍考》之部分内容，字體較爲潦草，有大量勾乙修改痕迹。該書未題撰者，根據嘉興市圖書館著録，該書係清孫詒讓撰，但具體細節有待進一步考證。

五、關於《兩浙古今著作考》

《兩浙古今著作考》(又作《兩浙著作考》)，明祁承㸁[⑥]撰。明代黄虞稷的《千頃堂書目》卷十著録作《兩浙著作考》四十六卷。該書曾經湮没300餘年，不爲人所知，以致或謂該書亡佚已久，或謂該書實際上並未編纂完成。直到1952年，著名藏書家黄裳訪得了該書未刊稿殘本15册。黄裳[⑦]《跋祁承㸁〈兩浙古今著作考〉稿本》對該書的内容、體例等進行了詳細考證，認爲該書輯於萬曆四十六年(1618)。他在跋中指出：“承㸁此書所録兩浙著述至富，而尤詳於

① 楊氏蹤許樓係楊紹廉之藏書樓。楊紹廉(1864—1927)，字志林，浙江瑞安人。

② 邵瑞彭(1888—1938)，字次公，浙江淳安人。

③ 參見項士元《中國簿録考》，頁733。

④ 梅冷生(1896—1976)，名雨清，以字行，浙江温州人。

⑤ 徐笑中(1924—2011)，女，1943年起任職於籀園圖書館(温州市圖書館前身)、温州市圖書館，直至退休。

⑥ 祁承㸁(1562—1628)，字爾光，號夷度，自號曠翁，浙江山陰(今紹興)人。

⑦ 黄裳(1919—2012)，原名容鼎昌，山東益都(今青州)人。

紹興一府,體例至嚴,大抵明以前人著述略備,而尤加意於朱明一朝人物撰述,中多秘册,有未見於諸家簿録者,往往存其原序,天壤遺書,借此聊存梗概,俾不湮沉,其爲功藝苑,豈淺鮮哉?"①

根據黄裳之跋,《兩浙古今著作考》共計18册,現存15册,主要内容尚在。其中杭州府著作考五卷;嘉興府著作考三卷;湖州府著作考三卷,附諸志考;紹興府著作考四卷,附諸志考;寧波府著作考不分卷;金華府著作考不分卷,今存六朝至元,國朝以下佚;衢州府著作考五卷;嚴州府著作考一卷;温州府著作考不分卷,附諸志考;台州府著作考不分卷;處州府著作考不分卷;以下佚去第16、17兩册;道家著作考二卷;浙中名醫著作考不分卷。全書總計1212番。

姚名達的《中國目録學史》在論及"地方文獻目録"時曰:"專撰一書以述一方著作者,始於明萬曆間祁承㸁之《兩浙著作考》,多至四十六卷(見《千頃堂書目》),必有解題及移録序跋。此外,周天錫《慎江文徵》卷三十八載明永嘉姜準撰有《東嘉書目考》。惜皆無傳本。"②宋慈抱《兩浙著述考》的表述比較謹慎,謂《兩浙著作考》"未見",《東嘉書目考》"今佚"③。

姚著撰寫於上個世紀30年代,當時《兩浙古今著作考》尚未發現,如此表述是没有問題的。由於姚著影響極大,之後的多種目録學著作或多或少參考過姚著。吕紹虞的《中國目録學史稿》、來新夏的《古典目録學》、朱天俊主編的《應用目録學簡明教程》、國家教委高教司編的《目録學教學大綱》均有"地方文獻目録"或"地方文獻書目"之專節,吕氏云:"單行的地方文獻目録是從明萬曆間祁承㸁的《兩浙著述考》開始的,此外有明姜准的《東嘉書目考》,可惜這兩書都没有流傳下來。"④來氏謂:"其記一地圖書的專書有明代祁承㸁的《兩浙著作考》和曹學佺的《蜀中著作記》等。祁書不傳,曹書也僅有殘本。"⑤朱氏曰:"專撰一書以述一地著作者,始於明代萬曆年間浙江山陰人祁承㸁的《兩浙著作考》。據《千頃堂書目·簿録類》記載,是書六十四(引者按:似當作"四十六")卷,所列書目均爲歷代浙東、浙西(今浙江)著作,惜無傳本。"⑥《目録學教學大綱》則説:"專録一書以述一地著作,據《千頃堂書目》記載,始於明萬曆年間祁承㸁的《兩浙著作考》,多至四十六卷,已佚。"⑦趙大志在《地方文獻建設研究》一書中提到:"地方文獻專目,即專撰一書以述一方著作者,始於明萬曆間祁承㸁的《兩浙著作考》(四十六卷,内有解題及移録序跋,惜無傳本)。"⑧上述著作刊布時,距離黄裳發現該書已有數十年,並且《跋祁承㸁〈兩浙古今著作

① 黄裳《跋祁承㸁〈兩浙古今著作考〉稿本》,《中國文化》第7期(1992年冬季號),頁192。
② 姚名達《中國目録學史》,頁406。
③ 參見宋慈抱原著,項士元審訂《兩浙著述考》,頁1180—1181。
④ 吕紹虞《中國目録史稿》,武漢大學出版社,2012年,頁185。
⑤ 來新夏《古典目録學》(修訂本),中華書局,2013年,頁33。
⑥ 朱天俊主編《應用目録學簡明教程》,光明日報出版社,1993年,頁168。
⑦ 國家教委高教司編《目録學教學大綱》,高等教育出版社,1996年,頁35。
⑧ 趙大志編著《地方文獻建設研究》,西南交通大學出版社,2012年,頁94。

考〉稿本》後來被收入黄裳的《書之歸去來》[①]、《來燕榭書跋》[②]以及《黄裳文集・春夜卷》[③]，流布甚廣，影響較大，未能吸收這一新的成果，有些遺憾。

六、關於《兩浙著述考》等

《浙人未刊書目録》，佚名編，載《重修浙江通志稿》第 40 册《著述》，浙江圖書館謄録民國浙江省通志館稿本。

《兩浙地志録》一卷，清周廣業[④]撰。國家圖書館藏有清抄本、民國海昌費寅復齋抄本各一種，均爲共計 1 册。浙江圖書館藏有清種松書塾抄本《兩浙地志録》一卷，共計 1 册[⑤]。《浙江圖書館報》第 3、4 卷合刊(1929 年 10 月)刊登了《兩浙地志録》的排印標點本(費寅校證)，據其末尾費寅之跋，其底本乃清種松書塾抄本。同時，經過核對，民國海昌費寅復齋抄本與清種松書塾抄本内容、行款均一致，前者當爲據後者所抄。《浙江圖書館報》第 3、4 卷合刊上還同時登載了夏齋所録的《浙江地志存目》。

衡中青在《地方志知識組織及内容挖掘研究——以〈方志物産・廣東〉爲例》[⑥]第 16 頁、《古籍計算機全文數據庫及内容挖掘研究——以〈方志物産・廣東〉爲例》[⑦]第 6 頁所説的《兩浙地志録》"已亡佚，現在已無法見到"，與事實不符。

杭州圖書館藏有民國抄本《兩浙文徵目録》不分卷，共計 7 册。

上海圖書館藏有民國抄本《浙江通志補編經籍志》不分卷(民國孫德謙[⑧]輯)，共計 6 册。

臨海市博物館藏有民國抄本《兩浙著述考》(實存卷五至卷六、卷十九至卷二十)，共計 2 册。根據臨海市博物館傳統著録，該書係項士元撰，但具體細節有待進一步考證。

臨海市博物館藏有民國稿本《浙人著述經眼録續編》一卷(項士元輯)，共計 1 册。有資料提及："項氏爲目録學名家，早已有意編撰《兩浙藝文志》，爲此他曾纂寫《浙人著述經眼録》及《浙人著作經眼録續編》二稿作爲準備。後稿成於 1947 年，現存。"[⑨]

《兩浙著述考》，宋慈抱原著，項士元審訂，浙江人民出版社，1985 年。瑞安市博物館(玉海樓)藏有民國稿本《兩浙著述考》(宋慈抱撰)四十六卷(實存

---

① 湖北人民出版社，1997 年；中華書局，2008 年。

② 上海古籍出版社，1999 年；中華書局，2011 年增訂本。

③ 上海書店出版社，1998 年。

④ 周廣業(1730—1798)，字勤圃，號耕厓，浙江海寧人。

⑤ 夏定域撰有《兩浙地志録稿本跋》(《浙江省通志館館刊》1945 年第 2 期)，可供參考。

⑥ 安徽師範大學出版社，2012 年。

⑦ 安徽師範大學出版社，2013 年。

⑧ 孫德謙，字受之(又作壽芝)，又字益菴，號龍鼎山人，晚號隘堪居士，江蘇元和(今蘇州)人。

⑨ 《台州近代著名學者項士元》，台州地區地方志辦公室、臨海市博物館 1990 年編印，頁 66。

卷一至卷二十三),共計 10 册。受浙江人民出版社的委託,項士元曾於 1958 年 10 月 20 日至 1959 年 5 月 12 日,花了近七個月時間對《兩浙著述考》進行了認真審訂,並作了許多修改和增補,還專門撰寫了《審訂〈兩浙著述考〉之所見》,提供給出版社參考。另外,據周采泉①自述,20 世紀 80 年代初,周氏也應浙江人民出版社之邀,審讀、整理過《兩浙著述考》②。

《兩浙著述考》分爲 22 門、38 類(部分類下再增設子目),著録西漢至近現代浙江人士之著述,每書著録書名、卷數以及作者時代、里籍、姓名、生平等,並有考證及評論。該書大量引用《杭州藝文志》《台州經籍志》《台州經籍志補遺》《平湖經籍志》《温州經籍志》中的相關資料。可惜該書未著録集部著述,原因不詳。該書前無序,後無跋,也没有任何説明文字,使我們難以知曉關於該書成書過程等更多的信息。

《四庫著録浙江先哲遺書目》,毛春翔③編,載《文瀾學報》第 2 卷第 1 期(1936 年 3 月);《四庫著録浙江先哲遺書目(續)》,毛春翔編,載《文瀾學報》第 2 卷第 2 期(1936 年 6 月)。該書目(含"續")包括四庫著録書 732 種、存目書 1505 種。根據"凡例",該書目以人爲綱,以書爲目,人以縣别,縣隸於府;全省十一府,悉從舊稱;書繫於人,不復分類④。

《文瀾閣浙江書目》,章箴編,載《浙江公立圖書館年報》第 4 期(1919 年 7 月);《文瀾閣浙江書目(續)》,章箴編,載《浙江公立圖書館年報》第 5 期(1920 年 7 月)。

《浙江公立圖書館保存類鄉土藝文目録》,佚名編,載《浙江公立圖書館年報》第 6 期(1921 年 7 月)。

《浙江地方志考録》,洪焕椿編著,科學出版社 1958 年版⑤。該書對近兩千年來浙江省的地方志書進行了較爲全面的整理與考察,共計著録方志 1800 多種,包括已佚和現存的,已刊和未刊的。該書對每種地方志都作了必要的説明或考訂,現存者均注明收藏單位,價值甚高。此後,洪焕椿在該書之基礎上作了大量修訂和補充,所著録的方志也增加了近 200 種,更名爲《浙江方志考》,由浙江人民出版社於 1984 年刊行。

《九峰舊廬方志目(浙江省)》,浙江省立圖書館編目組編,載《浙江省立圖書館館刊》第 3 卷第 6 期(1934 年 12 月)。

《浙江圖書館藏浙江省方志目録》,朱中翰編,載《浙江圖書館館刊》1954

---

① 周采泉(1911—1998),原名湜,筆名是水、稀翁,室名學老齋,浙江鄞縣(今寧波市鄞州區)人。

② 參見熊垣桂編《周采泉自傳》,2012 年自印本,頁 29。

③ 毛春翔(1898—1973),又名友亮,筆名乘雲、夷白、童生,浙江江山人。

④ 張慕騫撰有《四庫著録浙江先哲遺書目序》(《浙江省通志館館刊》1945 年第 2 期),徐永明撰有《四庫著録浙江先哲遺書目》(《圖書館研究與工作》1997 年第 3 期),毛冬青撰有《徐續〈四庫著録浙江先哲遺書目〉之忽略問題》(《圖書館研究與工作》1998 年第 1 期)和《〈四庫著録浙江先哲遺書目〉補正》(《圖書館研究與工作》2003 年第 2 期),可供參考。

⑤ 此前,洪焕椿曾有《浙江方志綜録》在《浙江省通志館館刊》創刊號(1945 年 2 月)、第 1 卷第 2 期(1945 年 5 月)、第 1 卷第 3 期(1945 年 8 月)、第 1 卷第 4 期(1945 年 11 月)連載。

年第 4 期。

《浙江歷代名賢年譜綜録》,洪焕椿編,載《浙江省通志館館刊》創刊號(1945 年 2 月)。

干人俊編有《浙江方志現存考》二卷、《紹興府志源流考》一卷、《寧波志乘考》一卷、《寧波府志源流考》一卷、《台州志乘考》一卷、《台州府志源流考》一卷、《浙江地方志考録》不分卷、《浙江先賢年譜書目》一卷,均收入《寧海叢書》①。

《浙江疇人著述記》,錢寶琮②撰,載《國風月刊》第 8 卷第 9、10 期合刊(1936 年 10 月),又見《文瀾學報》第 3 卷第 1 期(1937 年 3 月)③。該文後來收入中國科學院自然科學史研究所編《錢寶琮科學史論文選集》④、《李儼 錢寶琮科學史全集》第 9 卷《錢寶琮論文集》⑤。

另有浙江省立圖書館 1937 年 6 月編印的《浙江省文獻展覽會專號》⑥(《文瀾學報》第 2 卷第 3、4 期合刊)。該專號乃 1936 年 11 月 1 日在杭州舉辦的浙江文獻展覽會所陳列的文獻之詳目及提要,其主要内容是"鄉賢遺書"的目録和提要,並且篇幅較多,因此也可視爲獨立成書的藝文志。

再則,陳訓慈撰的《晚近浙江省文獻述概》⑦、孫延釗撰的《温州文獻述概》⑧,涉及大量地方文獻書目,並且内容精審,可以對《温州經籍志》等起到重要的補充作用。

浙江省博物館藏有民國抄本《鄉邦文獻待徵目第一編》不分卷,共計 1 册。

據許宗彦《杭太史别傳》所云,杭世駿⑨的《兩浙經籍志》已具草稿⑩。杭氏《道古堂文集》存有《兩浙經籍志序》,其中提到:"雍正辛亥春,制府禮聘名碩,修浙省全志。予以謭劣,謬從諸老先生後,磨鉛濡卓,得與於編削之役。《經籍》一志,所創稾也。"⑪據此,杭世駿的《兩浙經籍志》抑或爲雍正《浙江通志》中的《經籍門》之初稿,還是另有其書? 這一問題有待進一步深入考察⑫。

此外,李艷秋的《目録學家項士元》一文在論及項士元之著作時提到:"《兩浙藝文考》係應浙江人民出版社之約而作,稿存該社,尚未出版。項氏既熟悉

---

① 參見李聖華、陳開勇《寧海叢書提要》,頁 375—382、385。

② 錢寶琮(1892—1974),字琢如,浙江嘉興人。

③ 《文瀾學報》中的該文之末有"民國二十五年十月二十日,十二月五日重爲修訂"之説明文字。

④ 浙江古籍出版社,1990 年。

⑤ 遼寧教育出版社,1998 年。

⑥ 該專號封面之題簽爲《浙江省文獻展覽會專載》。

⑦ 《文瀾學報》第 1 期(1935 年 1 月)。

⑧ 《文瀾學報》第 2 卷第 1 期(1936 年 3 月)、第 3 卷第 1 期(1937 年 3 月)。

⑨ 杭世駿(1695—1773),字大宗,號堇浦,别號智光居士、秦亭老民、春水老人、阿駿,室名道古堂,浙江仁和(今杭州)人。

⑩ 參見許宗彦《鑑止水齋集》卷五《杭太史别傳》,載《續修四庫全書》第 1492 册,上海古籍出版社,1995—2002 年,頁 468。

⑪ 杭世駿《道古堂文集》卷五《兩浙經籍志序》,載《續修四庫全書》第 1426 册,頁 257。

⑫ 署名玆所撰的《説元室述聞》有"雍正間浙江修志之事"一則,引用杭世駿之文時,作《浙江經籍志序》(甲寅雜誌社,1936 年,頁 16)。

地方文獻,又有同類著作多種供參考,一定也能後來居上。”①但不知李文具體依據如何。

七、餘論

三十年之前,筆者參與《文史工具書辭典》②的編纂,曾經撰寫了《杭州藝文志》《台州經籍志》《金華經籍志》《温州經籍志》條目之初稿。上文中的相關内容,是在前面三種經籍(藝文)志條目之基礎上修改、增補而成。同時,筆者還利用了全國古籍普查平臺中的部分資料,特此説明。此外,在本文即將完成的2020年8月中旬,承蒙華東師範大學古籍研究所嚴佐之教授熱情介紹,他的學生周日蓉博士慨然將其在此前一個月剛剛通過答辯的博士學位論文《民國地方著述目録研究》提供給筆者參考,這對於本文的最終完善亦有助益。在此,謹向以上相關單位和個人表示衷心的感謝!

獨立成書以及“單本别行”的兩浙地區經籍(藝文)志在全國各省中數量最多,總體質量最高,在中國目録學史、地方文獻史上占有重要地位。

王欣夫的《文獻學講義》第二章第九節《地方著述目録》之第四部分的標題爲《方志藝文志的單行本》,這一部分的全文如下:

> 方志的修輯,由於條件的不同,大致通志比府縣志好,大府名縣又比一般的府縣好;又要看主修的人,倘是有名的學者,也一定比較好。藝文是方志中的一項,自然不能例外。方志中的藝文有别出單行的,必爲了它的内容豐富和體例精善,如鄭元慶的《湖録經籍考》六卷,就是《湖録》中的一部分。《湖録》是湖州的地方志,鄭元慶這部書是向來有名的,可惜全書未刻而失傳了,吴興劉氏嘉業堂得《經籍考》鈔本付刻,體裁是以書編次而每種都有解題。管庭芬原編,蔣學堅續編的《海昌藝文志》二十四卷,本是《海寧州志》的一部分,是以人編次的,而又把作者的姓按韻目來排列,檢查很方便,每人著字號仕履,每書附序跋及按語。龔嘉儁等的《杭州藝文志》十卷,本是《杭州府志》的一部分,以書編次而不附解題。故友丁祖蔭的《常熟藝文志》一卷,本是《常熟縣志》的一部分,是以人編次,按韻排列而不附解題。這些别出的單行本,即作爲獨立的著述,也未嘗不可。又《北平圖書館方志目録》,凡是志中有藝文、經籍、書目的都特别注出,參考很方便,也是編目的一種方法。③

來新夏認爲:

> 近代以來,單行地方文獻目録迭出,著名的如吴慶坻的《杭州藝文志》

---

① 李艷秋《目録學家項士元》,《圖書館雜誌》1998年第1期,頁45。

② 浙江古籍出版社,1990年。

③ 王欣夫《文獻學講義》,上海古籍出版社,1986年,頁124—125。

10 卷和孫詒讓的《温州經籍志》36 卷以及胡宗楙的《金華經籍志》27 卷等都極有價值。其中收録每有爲公私目録所摒而本身又確有價值、久遭沉埋者。這些目録的創編不僅爲求書、檢書提供方便，而更重要的在於：反映了地方學術文化的發展狀況，爲建立地方文獻體系提供條件，發掘出重要人物的遺佚著作或非知名人物的重要著作等等。[1]

由此可見，無論是王欣夫還是來新夏，所舉例子絶大多數爲兩浙地區之經籍(藝文)志，地位之高，影響力之大，可窺一斑。

地方文獻目録通常著録某一地區人士之著述以及外地人士關於某一地區之著述，可補官修目録、史志目録之不足，尤其是對於地方文化史、學術史、文學史等方面的研究，以及地方文獻的整理、發掘等具有無可替代的重要作用。

與附在地方志中的經籍(藝文)志多係官修、成於衆手不同，獨立成書的經籍(藝文)志一般是私人編撰，編撰者中有不少乃著名學者(如孫詒讓等)，大多質量上乘，特色鮮明，值得我們充分重視並有效利用。

至於"單本别行"，大多誠如上文已引王欣夫所言"方志中的藝文有别出單行的，必爲了它的内容豐富和體例精善"。

誠如倉修良所云：

到了清代，不僅好的方志必有藝文，而且許多修得較爲出色的還獨立單行，如鄭元慶的《湖録經籍考》，便是康熙年間所修《湖録》中的一部分，全書未刻而失傳了，民國九年(1920)吴興劉氏嘉業堂得《經籍考》抄本而付刻於《吴興叢書》中，因其有價值，儘管全書失傳而該志仍爲人所傳抄，其體以書編次，每書皆有解題。管庭芬原編，蔣學堅續編的《海昌藝文志》，本是《海寧州志》的一部分，有民國十年鉛印本。吴慶坻的《杭州藝文志》，乃是《光緒杭州府志》分修之稿，有光緒三十四年(1908)長沙刊本。丁祖蔭的《常熟藝文志》則爲《常熟縣志》的一部分。如此等等，不勝枚舉。至於單獨爲一方文獻作藝文性質著作的那就更多了，而撰作動機，又大多出於對地方志書此志修得不好或處理不當。如清人黄瑞作《臨海著録考》，就是因臨海舊志所載書目失之漏略，乃自己采輯自唐迄清咸同臨海先輩著述，略仿陳振孫《直齋書録解題》和朱彝尊《經義考》例揭其要旨。近人陸惟鍌作《平湖經籍志》，自序稱：光緒初年，彭潤修《平湖志》，徐步瀛多所贊襄，於鄉賢著述，甄采尤富，惜未及藏事而歿。修志者即以原稿刊入，雖間有缺佚，而網羅散佚，闡發幽微，厥勳(引者按：似當作"勳")亦巨。惟志乘臚列經籍，於各家之著録，刊刻之言，代序跋之何人，書籍之存亡，多略而不詳。爰仿温、台、金三郡《經籍志》例，作《平湖經籍志》，以彰吾邑三百年之文獻。這裏將述作經過原委，講得十分清楚。較爲有影響的尚有張壽鏞的《四明經籍志》、金武祥《江陰藝文志》等。其中影響最大、體例

① 來新夏《古籍整理散論》，書目文獻出版社，1994 年，頁 40。

最好、學術價值最高首推孫詒讓的《温州經籍志》。[①]

本文對於地方文獻目録的界定較爲寬泛，一些殘缺的稿本乃至草稿亦予收録，目的是爲了披露珍貴文獻，給相關研究者提供更多的參考和綫索。例如，臨海市博物館藏有多種稀見的台州地方文獻目録，其中的大部分目録既不見於《中國古籍總目》《中國古籍善本書目》等，也不見於近年刊布的《臨海市圖書館等八家收藏單位民國時期傳統裝幀書籍普查登記目録》[②]。雖然這些目録質量參差不齊，有的不成系統，類目常常不穩定，有的只有薄薄的幾頁，但可補其他目録之不足，對於台州乃至浙江地方文獻研究具有重要參考價值，值得我們深入調查，細緻考察。值得注意的是，其中不少目録的作者是項士元，而臨海市博物館藏有《項士元日記》130 册、《項慈園自訂年譜》2 册之稿本，内容十分豐富，爲我們進一步研究相關問題提供了重要綫索和依據。據悉，臨海市博物館已經將《項士元日記》全部掃描，並開始整理點校，我們十分期待它早日完成並出版。

浙江地方文獻目録特别丰富，通過本文的梳理，盼望今後能够引起大家的進一步關注與重視。

【作者簡介】陳東輝，浙江大學漢語史研究中心副教授，博士，主要從事古典文獻學、清代學術史研究。

① 倉修良《新修方志中藝文志不可少》，《中國地方志》1992 年第 4 期，頁 63—64。
② 國家圖書館出版社，2018 年。臨海市博物館乃八家收藏單位之一。

《荀子·儒效》篇"人無師法"章補疏*
——兼論子書校勘問題

王國明

【提　要】《荀子·儒效》篇"人無師法"章是關於荀子"化性起僞"説的重要論述,對深入研究荀子人性論具有重要意義,惜乎此章因版本文字訛誤,且楊倞注語焉不詳,故而疑竇叢生,引發注家争訟紛紜。兹試作校理,補正數條,繹述大義,以就教于方家。同時强調子書校勘不僅要重視版本,還應儘量考慮到子書思想性强的典籍特徵,須在子書思想脈絡的基礎上謹慎理校,努力兼顧版本和義理的有機統一。

【關鍵詞】　荀子　儒效　人無師法　台州本　楊倞注　子書校勘

《荀子》一書,自西漢劉向首次校定後,長期乏人整理,直至唐代楊倞始重新編次,爲之作注,並改《孫卿新書》爲《荀卿子》,是爲今本《荀子》成型之昉。然因《荀》書承傳久遠,復經歷代傳抄,其在楊倞董理之時業已"編簡爛脱,傳寫訛誤,雖好事者時亦覽之,至於文義不通,屢掩卷焉"①。迨及入宋,刻書興盛,《荀子》的文本傳承也隨之從鈔本時代過渡到刻本時代,此一轉换無疑又帶來一場不可小覷的"文本革命"②。爾後《荀子》又經多次翻刻,訛誤亦不絶如縷,注家因之聚訟紛紜。此在《荀子·儒效》篇"人無師法"章便表現得極爲典型,兹以爲例,管窺一斑。

《荀子·儒效》篇"人無師法"章是關於荀子"化性起僞"説的重要論述,對深入研究荀子人性論具有重要意義。梁啓超説:"内中有'隆性隆積'一段,爲性惡論之要語。"③唯因此章涉及多處異文,且楊倞注語焉不詳,故而疑竇叢生,引發注家争訟不斷,至今仍迷霧重重。今試對此章予以補疏,廓清迷霧,以助于荀子人性論之深入研討,並對子書校勘問題略作反思。

---

* 【基金項目】本文爲南京大學優秀博士研究生創新能力提升計劃B項目"荀學與戰國秦漢思想史研究"(202101B015)階段性成果。

① [唐]楊倞《荀子序》,見[清]王先謙撰,沈嘯寰、王星賢點校《荀子集解》,中華書局,2014年,頁63—64。

② 借用徐建委《文本革命:劉向、〈漢書·藝文志〉與早期文本研究》(中國社會科學出版社,2017年)語,其用以描述漢人整理先秦寫本所致文本變動此一問題而創用。

③ 梁啓超《要籍解題及其讀法》,見《梁啓超全集》第八册第十六卷,北京出版社,1999年,頁4642。

一、“人無師法”章校補

梁啓超所謂《荀子·儒效》篇“‘隆性隆積’一段”之版本，蓋出清儒王先謙《荀子集解》本，其爲清代《荀子》校勘最精審完備之本，且其成書即在任公時代（初刻時間爲光緒辛卯（1891）季夏），爲當時流行之本，更係任公爲青年學子讀國學要籍所薦版本，同樣亦爲今日研讀《荀子》之重要文本。茲爲研討便利，特以此本爲底本，迻録《荀子·儒效》“人無師法”章如下：

> 人無師法則隆性矣，有師法則隆積矣。而師法者，所得乎情，非所受乎性，不足以獨立而治。性也者，吾所不能爲也，然而可化也；情也者，非吾所有也，然而可爲也。注錯習俗，所以化性也；並一而不二，所以成積也。習俗移志，安久移質，並一而不二，則通於神明，參於天地矣。①

此章所涉文字疑義主要有三：第一，首句“隆性”“隆積”兩處，南宋台州本、南宋浙北本（下文簡稱台州本、浙北本）均依次作“隆情”“隆性”，其楊倞注作：“隆，厚也。厚於情，謂恣其情之所欲；厚于性，謂本於善也”。（見附圖1）但是南宋刊删纂圖互注巾箱本、南宋劉旦校刻纂圖分門類題注本、南宋坊刻元明遞修本（下文簡稱巾箱本、劉旦本、遞修本）皆作“隆性”“隆積”，其楊倞注亦作：“隆，厚也。積，習也。厚性謂恣其本性之欲。厚於積習，謂化爲善也。”（見附圖2、圖3）依高正的分疏，此章首句異文當出於兩個不同的版本系統，即北宋熙寧監本系統（台州本，浙北本）與南宋坊刻纂圖互注本系統（巾箱本、劉旦本、

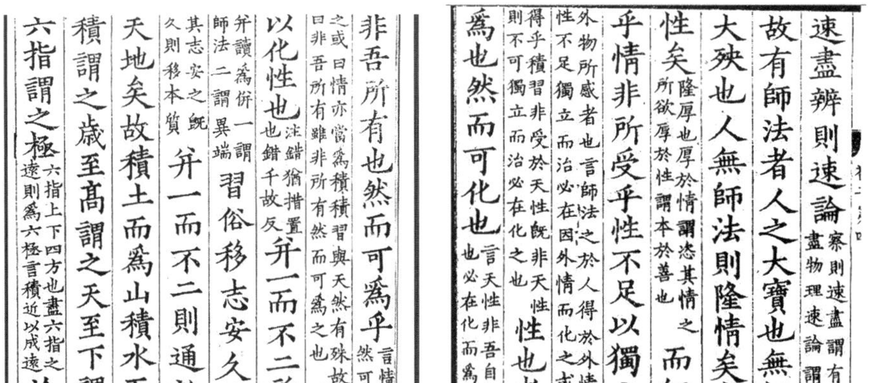
速盡辨則速論察則速盡謂有聰察之性則能盡物理速論謂能速論是非也
故有師法者人之大寶也無師法者人之
大殃也人無師法則隆情矣有師法則隆
性矣隆厚也厚於情謂恣其情之所欲厚於性謂本於善也而師法者所得
乎情非所受乎性不足以獨立而治情謂喜怒愛惡外物所感者也言師法之於人得於外情非天性所受故性不足獨立而治必在因外情而化之或曰情當爲積所得乎積習非受於天性既非天性則不可獨立而治必在化之也性也者吾所不能
爲也然而可化也言天性非吾自能爲也必在化而爲之也情也者
非吾所有也然而可爲乎言情非吾天性所有然可以外物誘而爲之或曰情亦當爲積積習與天然有殊曰非吾所有雖非所有然而可爲之也故注錯習俗所
以化性也注錯猶措置也錯千故反并一而不二所以成積也并讀爲併一謂師法二謂異端
習俗移志安久移質習以爲俗則移其志安之既久則移本質并一而不二則通於神明參於
天地矣故積土而爲山積水而爲海旦暮
積謂之歲至高謂之天至下謂之地宇中
六指謂之極六指上下四方也盡六指之遠則爲六極言積近以成遠涂之人百姓

附圖1：《古逸叢書》影南宋台州本《荀子·儒效》“人無師法”章書影

① ［清］王先謙撰，沈嘯寰、王星賢點校《荀子集解》，頁169—170。

遞修本），二者"文字出入較大，當因二系統祖本所據之底本各不相同"①，具體到此章首句，其歧異不僅表現在《荀子》正文，而且連相應的楊倞注也迥然各異，可見"楊注《荀子》寫本系統，在宋代當至少有兩種文字出入頗大之不同寫本"②。清人盧文弨校勘《荀子》時，發現台州本、浙北本中楊倞注"厚於性，謂本於善也"句"與《荀子》言性惡本旨不合"，認爲"當出後人所改"，故據南宋坊刻元明遞修本改《荀子》此章首句正文爲"隆性""隆積"。王先謙以盧文弨、謝墉合校本爲底本纂成《荀子集解》，保留盧校，故而集解本此處亦襲爲"隆性""隆積"③。然今有論者以王先謙《荀子集解》本雖善，卻決非渾無瑕疵，以其底本盧校謝刻本未必

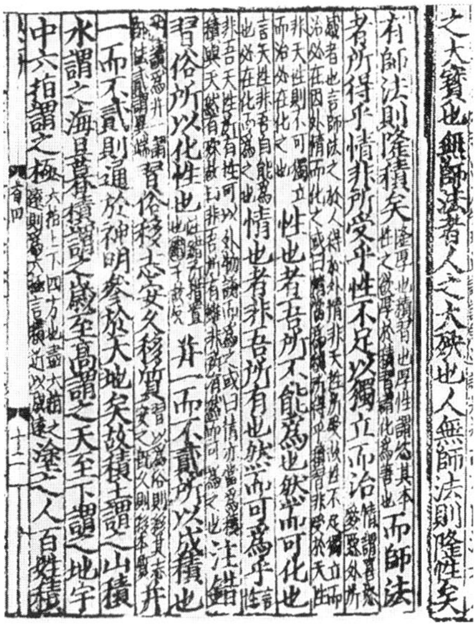

之大寶也無師法者人之大殃也人無師法則隆性矣
有師法則隆積矣……而師法
者所得乎情非所受乎性不足以獨立而治
性也者吾所不能爲也然而可化也
情也者非吾所有也然而可爲也
注錯
習俗所以化性也
并一而不貳所以成積也
習俗移志安久移質
并一而不貳則通於神明參於天地矣故積土而爲山積
水而爲海旦暮積謂之歲至高謂之天至下謂之地宇
中六指謂之極……塗之人百姓積

附圖2：北京大學圖書館藏元刻本纂圖互注《荀子·儒效》"人無師法"章書影

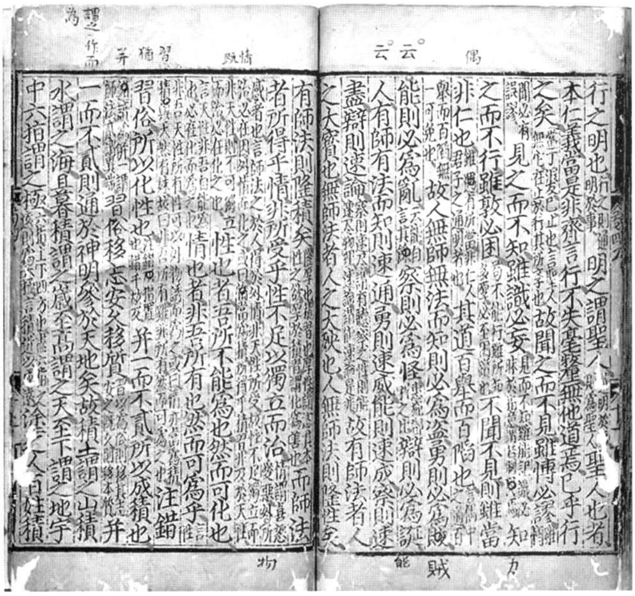

行之明也……明之謂聖人聖人也者
本仁義當是非齊言行不失豪釐無他道焉已乎行
之矣……故聞之而不見雖博必謬
見之而不知雖識必妄
之而不行雖敦必困……不聞不見則雖當
非仁也……其道百舉而百陷也
故人無師無法而知則必爲盜勇則必爲賊
能則必爲亂……察則必爲怪……辯則必爲誕
人有師有法而知則速通勇則速威能則速成
察則速盡辯則速論……故有師法者人
之大寶也無師法者人之大殃也人無師法則隆性矣
有師法則隆積矣……而師法
者所得乎情非所受乎性不足以獨立而治
性也者吾所不能爲也然而可化也
情也者非吾所有也然而可爲也
注錯
習俗所以化性也
并一而不貳所以成積也
習俗移志安久移質
一而不貳則通於神明參於天地矣故積土而爲山積
水而爲海旦暮積謂之歲至高謂之天至下謂之地宇
中六指謂之極……塗之人百姓積

附圖3：日本國立公文書館藏内閣文庫漢書子の部藏纂図互注《荀子·儒效》"人無師法"章書影

① 高正《荀子版本源流考》，中華書局，2010年，頁8。

② 高正《荀子版本源流考》，頁8。

③ ［清］王先謙撰，沈嘯寰、王星賢點校《荀子集解》，頁169—170。

採擇精審。高正嘗指摘其弊，謂“雖出名家，而不主一本，取捨之間，終顯雜亂。《集解》仍其例，正文沿誤與取捨失當，亦勢所難免；取與現存善本佳刻對勘，不免相形見絀”[①]。王天海更詳陳三端：一曰“彙集資料未爲完備”，二曰“選擇底本不精”，三曰“集釋之功多而發明創見不足”[②]。這就爲後來重新校理《荀子》埋下了伏筆與引子。故于此章異文，今亦有《荀子》整理本不從盧校者，如王天海《荀子校釋》以台州本爲底本[③]，楊德春《荀子新校》以浙北本爲底本，均認爲此處不當改。王天海指出浙北本和台州本楊倞注“厚於性，謂本於善也”係宋人所改，嗣後宋人又因其注文可疑，復改正文，並改楊注，由此造成此章異文[④]。楊德春云：“上文言情，此處言性，‘隆’與‘積’同義，未言隆積之對象，故當以浙北本作‘有師法則隆性矣’爲是。”[⑤]争訟因之而起。

筆者認爲此章首句異文争論，直接表現在對《荀子》刻本的熙寧監本系統與纂圖互注本系統的採擇不同。王天海所據台州本，楊德春所據浙北本皆出於熙寧監本系統，而盧校則採信纂圖互注本系統中的元刻遞修本，其理據允爲堅實。此章首句，台州本楊倞注“厚於性，謂本於善也”，其意旨與荀子大異其趣，而反近於孟子之性善論。《荀子・性惡》中嘗引述孟子曰：“今人之性善，將皆失喪其性故也。”對此，荀子明確反駁道：“若是，則過矣。今人之性，生而離其樸，離其資，必失而喪之。用此觀之，然則人之性惡明矣。所謂性善者，不離其樸而美之，不離其資而利之也。”[⑥]可見，在荀子看來，孟子認爲人性本善，人在後天的不善之舉是因爲人拋離了自身的天生善資。而所謂性善，指的是不會棄卻其質樸之資而是以之爲美爲利。荀子則反駁道，設若人天生因有善質而爲性善，可是今使人生而順其情性，則勢必一出生就會拋卻善質，“從人之性，順人之情，必出於争奪，合於犯分亂理而歸於暴” [⑦]（《荀子・性惡》）。所以荀子才説“用此觀之，然則人之性惡明矣”。他正是用此種反證歸謬法駁斥了孟子以善本自具足於性的先驗性善説。因之，此處台州本楊倞注以“厚於性，謂本於善也”釋“隆性”，顯然將此句釋作孟子式的性善了，與荀意不合。故當以纂圖互注本“隆積”義長。這一點即使王天海也承認，其言：“楊注‘厚於性，謂本於善也’一句顯爲宋人所改，明与荀子性惡之旨相悖也。”[⑧]謂楊注此句系宋人所改，確實不乏可能，因其更合于唐宋以降性善情惡的哲學思潮，爲時人

① 高正《荀子版本源流考》，頁1。

② 王天海《荀子校釋》（修訂本），上海古籍出版社，2016年，頁12。

③ 頗爲有趣的是，王天海在《荀子校釋》（上海古籍出版社，2005年）堅持此處“隆情”“隆性”不當改爲“隆性”“隆積”，而在《名家講解荀子》（長春出版社，2008年，頁106—107）一書中卻又認爲當改，並連及下文一起改動。可是在其最新出版的《荀子校釋》（修訂本）（上海古籍出版社，2016年）又回歸原説，認爲不當改。

④ 王天海《荀子校釋》（修訂本），頁327—328。

⑤ 楊德春《荀子新校》，知識産權出版社，2015年，頁101。

⑥ ［清］王先謙撰，沈嘯寰、王星賢點校《荀子集解》，頁515—516。

⑦ ［清］王先謙撰，沈嘯寰、王星賢點校《荀子集解》，頁513—514。

⑧ 王天海《荀子校釋》（修訂本），頁328。

所改可能性頗大。如唐代李翱《復性書》曰:“情有善有不善,而性無不善焉”“情本邪也、妄也。”[①]有論者指出,“李翱的‘情邪’‘情惡’借鑒了荀子的‘性惡’思想,將性惡改造爲情邪”[②]。北宋邵雍《觀物外篇》:“任我則情,情則蔽,蔽則昏矣;因物則性,性則神,神則明矣。”“以物觀物,性也;以我觀物,情也。性公而明,情偏而暗。”[③]然王天海的進一步斷言則有待商榷,其云:“此注非是,然不得謂正文亦誤也。竊以爲此二本後,宋人因其注文可疑,遂改原文‘隆情’爲‘隆性’,改‘隆性’爲‘隆積’,並改楊倞注文,是有巾箱本、題注本之異,遂傳之遞修本(即盧所稱元刻本)。”[④]此推論似有所偏失。首先,通過大量文字比勘,可以发现,包括巾箱本、題注本等在内的纂圖互注本系統,與台州本、浙北本所屬之熙寧監本系統出入較大,應是各成系統,二者所據祖本當並行不悖,後者不必然是從前者基礎上簡單改字而成。高正已指出:“南宋監本纂圖互注《荀子》所據之底本與北宋熙寧監本不屬同一系統,雖未知其爲鈔本或刊本,然源於另一文字出入頗大之版本,殆無疑義。”[⑤]其次,纂圖互注本雖爲帖括之書,然猶具宋本遺貌,“雖刊刻欠精,然正因其未經校改,故亦多有可補熙寧系統本誤奪缺失之處”[⑥],其價值同様不可小覷。且盧文弨據上下文語境,發現此章至“而師法者,所得乎情”句楊倞注始釋“情,謂喜怒愛惡,外物所感者也”,此在熙寧本系統亦復如是,故推知“此注方釋‘情’字,益可見上文不作‘隆情’”[⑦]。這一分析,可謂洞幽燭微,心細如髮。此種無意識史料反而更能透顯當時版本之真實樣貌。最後,王天海謂台州本正文“人無師法則隆性矣,有師法則隆情矣”不誤,意爲“故無師無法者就會注重情欲,有師有法者就會注重人的本能”,并稱“此與荀子性惡論並不相悖”[⑧]。然依荀子,情欲即人的本能,“情者,性之質也”(《荀子·正名》),王氏之説顯然自相矛盾。這反而證明台州本此句正文或經後人改竄。因此,“隆性”“隆积”当更接近未经改动之原貌,而熙寧監本系統中正文“隆性”“隆情”及相應的楊倞注爲後人竄改的可能性反而更大。

楊德春認爲若依纂圖互注本“隆積”,則有重複之嫌,因隆、積同義,且未言隆積之對象,故不從之。事實上,在《荀子·儒效》篇中即有内證可回應此質疑。“積”除了可作動詞表“積纍”義外,亦可作名詞表“積靡”,《荀子·儒效》篇下文云:“居楚而楚,居越而越,居夏而夏,是非天性也,積靡使然也。故人知謹注錯,慎習俗,大積靡,則爲君子矣。”“大積靡”即“隆積”義,鍾泰注:“大,猶隆

---

① [唐]李翱《復性書》,《李文公集》卷二,《四部叢刊》本。
② 韓麗華《回歸誠明——李翱〈復性書〉研究》,巴蜀書社,2015年,頁88。
③ [宋]邵雍著,郭彧整理《邵雍集》,中華書局,2010年,頁152。
④ 王天海《荀子校釋》(修訂本),頁328。
⑤ 高正《荀子版本源流考》,頁40。
⑥ 高正《荀子版本源流考》,頁112。
⑦ [清]王先謙撰,沈嘯寰、王星賢點校《荀子集解》,頁170。
⑧ 王天海《荀子校釋》(修訂本),頁327。

也。大積靡,即隆積靡。"[①]而"是非天性也,積靡使然也"句,突出"天性"與"積靡"對舉,更可證上文係"隆性"與"隆積"對舉。此在《荀子·性惡》尚可稽之旁證:"夫人雖有性質美而心辯知,必將求賢師而事之,擇良友而友之。得賢師而事之,則所聞者堯、舜、禹、湯之道也;得良友而友之,則所見者忠信敬讓之行也。身日進于仁義而不自知也者,靡使然也。今與不善人處,則所聞者欺誣詐僞也,所見者污漫、淫邪、貪利之行也,身且加于刑戮而不自知者,靡使然也。"[②]其意旨在强調師法之重要,即使材樸天性美好,仍尚須師法良友的薰染,因無師法教化,則其蕴含知能質具的心也只會與生理情欲一樣,不能發揮理性主體之作用,故曰"人無師無法,則其心正其口腹也"(《荀子·榮辱》)。依然是凸顯師法的重要性,人性的好壞,往往是"靡使然也"。"靡",楊倞在《儒效》篇注"積靡使然也"曰:"靡,順也。順其積習,故能然。"[③]在《性惡》篇注"靡使然也"又曰:"靡,謂相順從也。或曰:靡,磨切也。"[④]可見楊倞更傾向於將"靡"釋作"順從",但結合《儒效》篇"慎習俗,大積靡"句,"慎"與"大"對舉,"習俗"與"積靡"對舉,構成動賓短語,可見"積靡"當是由"積"和"靡"黏合成的同義複詞,故此處釋"靡"當取"磨切"義爲長。"靡",通"磨"或"摩",磨切、摩蕩、接觸之義[⑤]。《性惡》篇這則材料,同樣强調"師法"與"積靡"的重要性,其義理結構與"人無師法"章首句若合符節。因此,盧校完全可取[⑥]。

第二個問題承上而來,下句"師法者,所得乎情,非所受乎性,不足以獨立而治"同樣存在文字糾紛,此句中"所得乎"後究爲"情"字還是"積"字,以及"不足"前是否增"性"字,同樣衆説紛紜。揆其源,當與楊倞注有關。此條楊注,諸本俱同,皆曰:"情,謂喜、怒、愛、惡,外物所感者也。言師法之於人,得於外情,非天性所受,故性不足獨立而治,必在因外情而化之。或曰:'情'當爲'積'。所得乎積習,非受於天性,既非天性,則不可獨立而治,必在化之也。"楊注透露出兩點信息:一是"所得乎"後爲"情"字與"或曰"爲"積"字兩説並存[⑦];二是其云"非天性所受,故性不足獨立而治",以正文"不足以獨立而治"句前應增"性"字,抑或説"不足以獨立而治"的主語當是"性"。

針對第一點,王念孫認爲楊倞注"或曰"是,冢田虎認爲"或曰"非,朝川鼎亦以"或曰"非,其言:"夫情者,性之欲,而所謂師法所以治情之具也。故師法

---

① 王天海《荀子校釋》(修訂本),頁330—332。

②④ [清]王先謙撰,沈嘯寰、王星賢點校《荀子集解》,頁531。

③ [清]王先謙撰,沈嘯寰、王星賢點校《荀子集解》,頁171。

⑤ 朝川鼎、鍾泰、梁啓雄、于省吾等均持此訓,見王天海《荀子校釋》(修訂本),頁330—332。

⑥ 笔者在此修正自己之前在《出土文獻與荀子研究三題》(南京師範大學碩士學位論文,2018年,頁62—64)和《善之歷程:荀子"化性起僞"説的三重原理》(《邯鄲學院學報》2019年第3期)中有關《荀子·儒效》篇"人無師法"章的校勘意見。筆者之初過於尊信台州本而否定盧校,今詳加考察,當仍以盧校更優。另本文將"情也者,非吾所有也,然而可爲也"之"情"由"情感"義改釋爲"情實、情境"義,然抽去此章材料,並不影響《善之歷程:荀子"化性起僞"説的三重原理》一文有關"情感可以被調治"的"情可爲"觀點的得出,特此説明。

⑦ 按唐人經疏即有此例,如《五經正義》有"引録異説以爲對照"和"存録異説以供採擇"之例。詳見張寶三《五經正義研究》,華東師範大學出版社,2010年,頁166—172。

者,所得乎情,而性則非所受也。雖然情發乎性,則性亦何不隆焉?但性可化之,而情可爲之。其化性之術在積習,則不足以一而治。”[①]王天海認爲“或曰”非,其云:“此言情欲非己所固有,然而卻可由自己決定。此正對上文‘性也者吾所不能爲也’而言。”[②]筆者以爲楊注“或曰”非,理由如下:

其一,考版本。此句無論是熙寧監本系統的影宋台州本和浙北本,還是纂圖互注本系統的劉旦本、巾箱本、遞修本,均作“情”不作“積”,皆無異文。且楊倞先説此處作“情”的意見,後補“或曰”附録它説,也間接表明楊倞其實更贊同此處作“情”之意見,而不從“或曰”,無妨文義,後文將詳論,兹不贅述,則王念孫改字不確。頗有意味的是,王念孫在校《荀子·禮論》“祭者,志意思慕之情也”句時,又認爲“情與志意義相近,可言‘思慕之情’,不可言‘志意思慕之情’,‘情’當爲‘積’字之誤也”,並再次提及“《儒效篇》‘師法者所得乎情’,楊注:‘或曰:情當爲積’”,甚至認爲該章下文“‘則其於志意之情者惆然不嗛’,‘情’亦當爲‘積’”[③]。此改更是不合情理,不少注家紛陳異議。如鍾泰云:“‘情’字不誤,王説非也。”劉禾云“志者,誌也。義爲標誌,表明;意者,義爲内心。即表明内心思慕的真情”。王天海亦以“‘情’字不誤”,其言:“情者,情形也。此言祭奠是志意思慕之情的表現形式。”[④]而王念孫此處改“情”爲“積”亦無版本根據,《禮論》此處意旨即以禮飾情,所謂“三年之喪,稱情而立文,所以爲至痛極也。齊衰、苴杖、居廬、食粥、席薪、枕塊,所以爲至痛飾也”[⑤],即其證也,王改則以不誤爲誤。

其二,核理路。若依或説,“有師法則隆積矣。而師法者,所得乎積”,甫言師法可隆積,旋言師法得乎積,師法得乎積亦隆積,顯有疊床架屋,循環論證之嫌。

其三,審文例。該句下文接言:“性也者,吾所不能爲也,然而可化也。情也者,非吾所有也,然而可爲也。”此句無論台州本、浙北本,還是巾箱本、劉旦本、遞修本均作此,俱無異文,自宜信從。唯楊倞受上句影響,另立“或曰”以改字。況此句謂性、情之分,性則不可爲,情則可爲,與上文師法“所得乎情,非所受乎性”語意對舉,前後照應,不必改作“積”。

針對第二點,王念孫認爲楊注是,云:“‘不足以獨立而治’上,當更有一‘性’字,言性不足以獨立而治,必待積習以化之也。故下文曰:‘性也者,吾所不能爲也,然而可化也。’”陶鴻慶亦認爲楊注是。鍾泰認爲楊注非,其云:“‘不足以獨立而治’,即謂不可無師法也,上不得添‘性’字。”王天海以爲楊注非,其“不足”前之“性”字爲衍字,其云:“‘得乎情’,言師法由人之情欲而產生,非受於人之天性。‘不足以獨立而治’,言師法不可離開人之情、性而治,非言‘性不

① 王天海《荀子校釋》(修訂本),頁328。
② 王天海《荀子校釋》(修訂本),頁329。
③ [清]王先謙撰,沈嘯寰、王星賢點校《荀子集解》,頁444。
④ 以上諸説引自王天海《荀子校釋》(修訂本),頁805。
⑤ [清]王先謙撰,沈嘯寰、王星賢點校《荀子集解》,頁440。

足以獨立而治'。"[①]筆者以爲楊注非，理由如下：

一則熙寧監本系統和纂圖互注本系統《荀子》正文皆作"不足以獨立而治"，前無衍"性"，實乃楊倞未解荀意，增字爲釋，更不可妄自據注而改正文。楊倞有增字解《荀》之例，如注《荀子·天論》"天行有常"句曰："天自有常行之道也。"俞樾即駁之曰："《爾雅·釋宮》：'行，道也。'天行有常，即天道有常，楊注'天自有常行之道'，則'道'字反爲增出矣。"[②]霍生玉亦發現兩例，《荀子·王霸》"賢士一焉，能士官焉，好利之人服焉，三者具而天下盡"，楊注"具謂俱爲用也"，乃增"用"爲釋。《荀子·君子》"論法聖王，則知所貴矣；以義制事，則知所利矣。"楊注"以義制事則利博"，乃增"博"爲釋[③]。此則更添一證。

二則依荀子之意，性應當是被化的對象，是被"師法"所化之物，而非性主動去治某物或其他對象，故而性只能是被動者、受事者、静止態，如《禮記·樂記》云："人生而静，天之性也，感於物而動。"[④]性只有被外物感發才能活動，因之不能成爲施事者，故《荀子·正名》云："不事而自然謂之性。"[⑤]因此，若從楊注改爲"性不足以獨立而治"，則此句性爲主動態。依文法，"而"字作爲連詞可表並列、承接、遞進、目的、修飾等關係，獨不能表被動。古漢語裹表被動一般用"爲""於""見""被"，如《荀子·正名》："夫是之謂以己爲物役矣。"《荀子·修身》："君子役物，小人役於物。"《荀子·正名》："見侮不辱。"《荀子·成相》："比干見刳箕子累。"[⑥]《韓非子·五蠹》："今兄弟被侵必攻者廉也。"[⑦]此處"不足以"與今之"不足以"詞義上並無二致，如《荀子·仲尼》："故善用之，則百里之國足以獨立矣。"《荀子·富國》："以國持之而不足以容其身。"《荀子·哀公》："故富貴不足以益也，卑賤不足以損也。"[⑧]"不足以"亦無被動意。故而此句只可能爲主動態，如此，句意即性不足以獨立去治某對象去了，顯與荀意不合。若依正文不增"性"字，"而師法者，所得乎情，非所受乎性，不足以獨立而治"，則此句主語爲"師法"。"師法"爲施事者，但"得乎情"，不可離情而生，"非所受乎性"，言"師法"並非源受于性，蓋如《荀子·性惡》云："不可學，不可事而在人者謂之性；可學而能，可事而成之在人者謂之僞。是性、僞之分也。"[⑨]此處"僞"即含有"師法"意，"性"與"師法"本有分别，"師法"自不可能"受乎性"，且《荀子·禮論》云："無性則僞之無所加。"[⑩]即没有"性"，"師法"亦無從施治，故曰"不足以獨立而治"，語意通貫，亦合荀意。

① 王天海《荀子校釋》(修訂本)，頁328。
② [清]王先謙撰，沈嘯寰、王星賢點校《荀子集解》，頁362。
③ 霍生玉《〈荀子〉楊倞注訓詁説略》，湖南師範大學碩士學位論文，2001年，頁23—24。
④ [清]孫希旦撰，沈嘯寰、王星賢點校《禮記集解》，中華書局，1989年，頁984。
⑤ [清]王先謙撰，沈嘯寰、王星賢點校《荀子集解》，頁487。
⑥ [清]王先謙撰，沈嘯寰、王星賢點校《荀子集解》，頁510、31、497、542。
⑦ [清]王先慎，鍾哲點校《韓非子集解》，中華書局，2013年，頁445。
⑧ [清]王先謙撰，沈嘯寰、王星賢點校《荀子集解》，頁128—129、231、637。
⑨ [清]王先謙撰，沈嘯寰、王星賢點校《荀子集解》，頁515。
⑩ [清]王先謙撰，沈嘯寰、王星賢點校《荀子集解》，頁432。

此外，還存在第三個問題，即“並一而不二，所以成積也”句中究竟是作“成積”還是“成情”。日人冢田虎認爲：“所以成積也，此與‘所以化性也’對，積，當作‘情’，字之誤耳。言無師法則情隆也，故並一於師法而不貳心，乃所以成情也。下文‘積善而全盡’，謂並一於師法之效也。今則謂所以化成性情，而非謂所以成積也。”[①]王天海亦主張“成積，當作‘成情’。冢説是也”。其理由是“‘成情’乃對‘化性’而言，謂專一不二，集思成情。此‘成積’，楊倞未注，而《解蔽篇》：‘一家得周道，舉而用之，不蔽于成積也。’楊注曰‘成積，舊習也。’若以彼訓此‘成積’，豈不荒謬？亦可證此‘成積’當作‘成情’，故楊氏未注也。下文屢言‘積’，或因之而誤。”[②]筆者以爲當從“成積”，理由如下：

其一，台州本、浙北本、巾箱本、劉旦本、遞修本俱作“成積”，無一異文，“成情”之説並無版本根據。一般而言，在無堅實證據情況下，當以保留原本爲宜。

其二，王天海所舉《解蔽篇》“不蔽于成積也”句中“成積”，與此處“成積”詞義不同，不得以彼訓此。前者“成”是形容詞，表成舊、故舊之義，其“成積”指舊習。此處“成”是動詞，表形成之義，其“成積”指形成積習，不可同語也。

其三，王天海謂“下文屢言‘積’，或因之而誤”，不確。一則“積”與下文語脈連貫，此章下文旋言“故積土而爲山，積水而爲海，旦暮積謂之歲”“積善而全盡，謂之聖人”，與此處“並一而不二，所以成積也”正相銜接，文意暢通。二則《荀子》他篇亦有旁證，如《荀子·勸學》：“積土成山，風雨興焉；積水成淵，蛟龍生焉；積善成德，而神明自得，聖心備焉。”[③]《荀子·性惡》“積善而不息，則通於神明，參於天地矣。故聖人者，人之所積而致矣”[④]，句例與此處俱同，均言“通於神明，參於天地”乃“積”之功效，只有通過積習善德，才可臻於神妙變化的精神境界。同時“積”也是成聖的必經之途，故言“積善而全盡，謂之聖人”“聖人者，人之所積而致矣”。而要做到“積”，則必須持久專一，只有專一不二，才可實現“積”，故此處言“並一而不二，所以成積也”毫無滯塞，不必改作“成情”。且正因“一”是“積”的前提與基礎，故荀子也常將“一”作爲聖人的一大標準，如《荀子·儒效》：“曷謂一？曰：執神而固。曷謂神？曰：盡善挾治之謂神，萬物莫足以傾之之謂固。神固之謂聖人。”又《荀子·王制》：“一與一是爲人者謂之聖人。”[⑤]因之，聯繫《荀子》全書意脈，此處“成積”亦不當改。

二、《荀子·儒效》篇“人無師法”章疏證

如上所揭，此短短一章，竟有多處文字争議，實所鮮見，而歷來注家亦人言言殊，各執一詞。究其根源，不僅在於版本異文之分歧，更在於此章所涉義理之繁難。兹據《荀子集解》本之正文，綜合以上校補之意見，核驗《荀》書他篇之

①② 王天海《荀子校釋》(修訂本)，頁329。
③ [清]王先謙撰，沈嘯寰、王星賢點校《荀子集解》，頁8。
④ [清]王先謙撰，沈嘯寰、王星賢點校《荀子集解》，頁524。
⑤ [清]王先謙撰，沈嘯寰、王星賢點校《荀子集解》，頁157、196。

説解，揆諸群籍之旁證，對此章每句意旨試作疏繹。

1. 人無師法則隆性矣，有師法則隆積矣。

案：隆，厚也，重也，盛也。性與禮義師法相對，梁啓雄云："隆性，謂擴大其本然之性。隆積，謂擴大其積習之學。"①此句意旨既與上文相銜接，《儒效》言："人無師無法而知則必爲盜，勇則必爲賊，云能則必爲亂，察則必爲怪，辯則必爲誕。人有師有法而知則速通，勇則速威，云能則速成，察則速盡，辯則速論。"②又可與《性惡》轉相發明，《荀子·性惡》："今人之性惡，必將待師法然後正，得禮義然後治。今人無師法則偏險而不正，無禮義則悖亂而不治。"③

故此句意爲：人如果没有禮義師法就會放縱本性，有禮義師法就會注重積累學習外在的情實。

2. 而師法者，所得乎情，非所受乎性，不足以獨立而治。

案：此句關鍵在"情"字解詁。楊倞注："情，謂喜、怒、愛、惡，外物所感者也。言師法之於人，得於外情，非天性所受。"梁啓雄曰："'得乎情'的'情'字和《解蔽》'其情之至也不貳'的'情'都讀爲'精'，《淮南·修務》注：'精、專也。'下文'並一而不二'即承此'情'言之。不足獨立而治，謂師法不能離開'專壹'而治。"④董治安等曰："按情、性對言，則'情'不當讀爲'精'明矣！此'情'，即《天論》'錯人而思天，則失萬物之情'的'情'。師法得之於'萬物之情'，故上言'隆積'——積萬物之情，下文言'情也者，非吾所有也'，非'吾所有'之情，則非'喜怒愛惡'明矣，楊注亦非。"⑤張覺釋此"情"爲"合乎禮義的高尚情操"⑥。王天海則云："'得乎情'，言師法由人之情欲而産生，非受於人之天性。'不足以獨立而治'，言師法不可離開人之情、性而治。"⑦朝川鼎曰："夫情者，性之欲，而所謂師法所以治情之具也。故師法者，所得乎情，而性則非所受也。雖然情發乎性，則性亦何不隆焉？但性可化之，而情可爲之。其化性之術在積習，則不足以一而治。"⑧

按，以上諸説，當以董治安之説爲宜。楊倞釋"情"爲外物所感的"外情"，即喜、怒、愛、惡之屬，然作爲性情之情，應與性一致，"情者，性之質也"（《荀子·正名》）。故句義不能圓通。因之，張覺、王天海、朝川鼎之説亦難周洽。而性、情對言，下句亦是，所謂"性也者，吾所不能爲也，然而可化也；情也者，非吾所有也，然而可爲也"，故梁啓雄釋作"精"又不能與下文相協。董治安等釋"情"所舉辭例即"情實"義，實則可取。《荀子》中"情"字亦不乏"情實""情境"

① 梁啓雄《荀子簡釋》，中華書局，1983年，頁95。

② ［清］王先謙撰，沈嘯寰、王星賢點校《荀子集解》，頁168—169。

③ ［清］王先謙撰，沈嘯寰、王星賢點校《荀子集解》，頁514。

④ 梁啓雄《荀子簡釋》，頁95。

⑤ 董治安、鄭傑文、魏代富整理《荀子匯校匯注附考説》，鳳凰出版社，2018年，頁414。

⑥ 張覺《荀子校注》，嶽麓書社，2006年，頁80；又《荀子譯注》，上海古籍出版社，2012年，頁89。

⑦⑧ 王天海《荀子校釋》（修訂本），頁328。

義的辭例，除董治安所揭《天論》"錯人而思天，則失萬物之情"條外，尚有數條[①]，如

> 君子無爵而貴，無禄而富，不言而信，不怒而威，窮處而榮，獨居而樂，豈不至尊、至富、至重、至嚴之情舉積此哉！（《荀子·儒效》）
>
> 操彌約而事彌大。五寸之矩，盡天下之方也。故君子不下室堂而海内之情舉積此者，則操術然也。（《荀子·不苟》）
>
> 危削滅亡之情舉積此矣，而求安樂，是狂生者也。（《荀子·君道》）
>
> 古今異情，其以治亂者異道。（《荀子·非相》）
>
> 疏觀萬物而知其情，參稽治亂而通其度，經緯天地而材官萬物，制割大理而宇宙裏矣。（《荀子·解蔽》）
>
> 夫義者，内節於人，而外節於萬物者也；上安於主，而下調於民者也；内外上下節者，義之情也。（《荀子·强國》）
>
> 下不欺上，皆以情言明若曰。（《荀子·成相》）[②]

此處性、情對舉，當指人之内在性情與外在情境相對。荀子特重外部環境和後天教育對人的影響，所以强調師法是出於外在的情境，是人所憑藉的外在條件，不是内具於人性之中，因此它不能獨立自足。

故此句意爲：然而老師和禮法，是得於外在情境，不是從材樸天性那里秉承而來，不能獨立自足。

3. 性也者，吾所不能爲也，然而可化也；情也者，非吾所有也，然而可爲也。

案：荀子認爲，性是天生而成，本始材樸，所謂"性者，天之就也"，"生之所以然者謂之性"，"性者，本始材樸也"，而外在情境如良師、善法、美俗，雖不是人性内在具有的，但是卻可以人爲造就。此正與下文言"注錯習俗，所以化性也"相銜接。下文言"積"，正是對外在情實的積累學習。《荀子·儒效》："君子無爵而貴，無禄而富，不言而信，不怒而威，窮處而榮，獨居而樂，豈不至尊、至富、至重、至嚴之情舉積此哉！"這正是對《儒效》上文"我欲賤而貴，愚而智，貧而富，可乎？曰：其唯學乎"[③]句的呼應。君子之所以爲君子，正是因爲學習的緣故，而學習之所以能够使君子"無爵而貴，無禄而富，不言而信，不怒而威，窮處而榮，獨居而樂"，正是因爲最尊貴、最富有、最莊重、最威嚴的情實都積聚到了學習之中。而這些情實或情境並非我所本有，然而可以通過不斷地外在學習積累而獲致。此即"情也者，非吾所有也，然而可爲也"之義。又《荀子·不苟》："海内之情舉積此者，則操術然也。"亦爲"情""積"聯用之例。人所積之情不同，則各自成就亦殊。《荀子·儒效》："人積耨耕而爲農夫，積斲削而爲工

---

① 歐陽禎人《〈荀子〉中"情"字的哲學意涵》（《北京青年政治學院學報》2008年第3期）一文嘗有所臚列，兹略作補充，以窺其大略。

② ［清］王先謙撰，沈嘯寰、王星賢點校《荀子集解》，頁151、57、278、96、469、361、557。

③ ［清］王先謙撰，沈嘯寰、王星賢點校《荀子集解》，頁148。

匠,積反貨而爲商賈,積禮義而爲君子。”[①]正是此理。

故此句意爲:材樸天性,是我們所不能人爲造作的,然而卻可以轉化它;外在情境,並非我們所固有,然而卻可以人爲造就。

4. 注錯習俗,所以化性也;並一而不二,所以成積也。

案:注錯,舉措、措置也。《荀子·榮辱》:“君子注錯之當,而小人注錯之過也。”王天海注:“注,乃舉之音轉;錯,通措。《荀》書用‘注錯’凡六次,本篇四次、《儒效篇》兩次,其義皆同舉措,《荀》書直接用‘舉措’兩次,而用‘舉錯’七次,《非相篇》又用‘居錯’一次,義皆同‘舉措’。舉措之當,猶言舉動措置皆得當也。”[②]此句言化性治情之法,又《荀子·儒效》:“故人知謹注錯,慎習俗,大積靡,則爲君子矣。”與此近義。

故此句意爲:舉措習俗,是用來轉化本性的;專一不二,是用來形成積習的。

5. 習俗移志,安久移質。並一而不二,則通於神明,參於天地矣。

案:《荀子·不苟》:“變化代興,謂之天德。”楊倞注:“馴致於善謂之化;改其舊質謂之變。言始於化,終於變也。”[③]楊注所揭“化”與“變”之分疏,可謂的論。所謂“移質”實指由“化”至“變”,從“馴致於善”到“改其舊質”,標示“化性”工夫由量到質,臻于成人成聖之境。所謂“通於神明,參於天地”,即是聖人境界。《荀子·性惡》:“積善而不息,則通於神明,參於天地矣。故聖人者,人之所積而致矣。”《荀子·勸學》:“積善成德,而神明自得,聖心備焉。”而此工夫落實於人情,即“情安禮”。《荀子·修身》:“禮然而然,則是情安禮也;師云而云,則是知若師也。情安禮,知若師,則是聖人也。”[④]

故此句意爲:習俗會改變人的意志,安於習俗時間久了就會轉變人的本質。專一不二,就會通達神妙境界,與天地相匹配了。

三、餘論

綜上,我們對《荀子·儒效》篇“人無師法”章之校理,主要基於以下考慮:

(一) 廣校諸本,擇善而從,不盲信所謂善本。校勘以善本爲底本,固係不易之論,但是涉及具體的異文取捨,則須更費斟酌,綜合衡量,防止過度依賴善本乃至曲爲之説。英國校勘學家 w. w. 格雷格對此有很好的解釋:“底本(通常)管轄非實質性文本要素的問題,而實質性異文的取捨屬於校勘學的一般理論所要解決的問題,完全超越于底本原理的狹窄適用範圍之外。因而有可能發生以下情形:在校勘整理中被正確地選爲底本的文本,在實質性異文方面並不一定提供最多的正確文字。如果不進行這樣的區分,不使用這樣的理論,必

① [清]王先謙撰,沈嘯寰、王星賢點校《荀子集解》,頁 171。
② 王天海《荀子校釋》(修訂本),頁 139。
③ [清]王先謙撰,沈嘯寰、王星賢點校《荀子集解》,頁 54。
④ [清]王先謙撰,沈嘯寰、王星賢點校《荀子集解》,頁 39。

然導致對底本過於緊密、過於廣泛的依賴，並由此産生所謂底本專制，這樣的專制，在我看來，損害了許多前代最好的校勘整理成果。”[①]就《荀子》版本而言，浙北本一般認爲是現存最早《荀子》版本，而影宋台州本是今存《荀子》舊刻諸本中首善之本，其祖本係南宋淳熙八年(1181)唐仲友于台州公使庫據北宋熙寧元年(1068)國子監刻本(又稱“熙寧本”“監本”)的翻刻本，嘉定十一年(1218)重修，後流入東亞各國，國内反而失傳。清光緒十年(1884)，黎庶昌出使東瀛，據日本島田篁村所藏影摹本影刻此本，收入《古逸叢書》，由此得以回流國内，此本尚存監本遺貌，文獻價值頗高。高正言：“今統觀現存《荀子》版本，此書之校勘，似宜取《古逸叢書》影刻南宋台州本爲底本。”[②]張覺[③]和廖名春則認爲當以浙北本爲底本[④]，但均贊成《荀子》校勘底本當不出影宋台州本和浙北本之間。這在新近《荀子》校勘中也得到了反映，如王天海《荀子校釋》、蕭旭《荀子校補》均以台州本爲底本，楊德春《荀子新校》以浙北本爲底本。但台州本、浙北本同出熙寧監本系統，雖爲善本，但都是千年以後的刻本《荀子》，作爲史源文獻的原本《荀子》已經亡佚，那麼即使是作爲善本的台州本、浙北本，也只能視作《荀子》的傳寫文獻，它們同樣難以避免傳寫之誤。誠如德國校勘學家保羅·馬斯所論：“我們没有希臘與羅馬古典作家的親筆手稿，也没有經過與原本校對的抄本；我們所佔有的抄本，與原本之間，不知經過多少次的輾轉傳抄，其可靠性因而值得懷疑。”[⑤]緣乎此，則更須博稽諸本，擇善而從。張舜徽嘗言：“談到校勘古書，本不是一件太容易的工作。首先由於本書傳世已久，即使今天認爲最早最精的版本，也未必和作者的原文，没有出入。我們如果想把它仔細進行校勘，必須從多方面設法找可以憑藉的材料，自然不應該局限于幾本宋元舊槧了。”[⑥]因此，在史源文獻不存而傳寫版本各有所長的時候，義理就成了取捨不同傳寫版本異文的一個重要判准。具體到《荀子》“人無師法”章，盧文弨據元明遞修本校改首句“隆性”“隆積”兩處正是對台州本、浙北本的修正，其既合荀子義理，又有版本依據，可以信從。

(二) 謹慎理校，慎改古書，有不同意見可在注釋和校勘記中説明。我們在此章校理中不取王念孫的校改意見，首先在於諸本俱無異文。熙寧監本系統和纂圖互注本系統這兩個文字出入較大的早期《荀子》版本系統在王念孫校改處卻都保持一致，均無異文，如此王校改字難免有風險。王念孫的主要依據是楊注“或曰”，然依《荀子》義理脈絡，不改正文，義猶可通。故當不煩改字，如正文解。

---

① [英] w. w. 格雷格著，蘇傑譯《底本原理》，載蘇傑編譯《西方校勘學論著選》，上海人民出版社，2009年，頁165。

② 高正《荀子版本源流考》，頁113。

③ 張覺《荀子譯注》，頁467—468。

④ 廖名春《20世紀後期大陸的荀子文獻整理研究》，《邯鄲學院學報》2007年第4期。

⑤ [德]保羅·馬斯著《校勘學》，蘇傑編譯《西方校勘學論著選》，頁46。

⑥ 張舜徽《中國古代史籍校讀法》，雲南人民出版社，2004年，頁155。

（三）重視語境，上下推求。《荀》書行文，最有條貫，不但篇間互證者甚夥，且篇内互文者多有，概念常對舉，説理時反復，故可結構取義，加以推求。清人郝懿行言："《荀子》之文，往往反復申明，欲令辭必達意，不避重緐，爲使人易曉也。"[①]此章"並一而不二，所以成積也"句，不取冢田虎、王天海改"成積"爲"成情"之見，除無版本依據外，更因下文頻頻言"積"，意脈曉暢，不須改字牽合。

因此，此章今後整理體式，正文文字似仍宜保留《荀子集解》本之舊，既不必否定盧校，純據台州本、浙北本照抄，也不必依王念孫悉改"情"爲"積"，亦不必據楊倞注於"不足以獨立而治"前增"性"字，因其無版本依據，且不改而義理猶可通，但在注釋中可補充保留王念孫的校改意見，一如楊倞注"或曰"以存疑。

經由此章校疏，我們亦可對校勘本身，尤其是對深具思想性的子書校勘略作思考。中國校勘學史上有所謂"段、顧之争"，它反映了段玉裁和顧廣圻兩位清代校勘大師關於校勘原則的理念分歧。顧氏提出著名的"不校校之"理論，重視古本，强調版本的重要性，故以本校、對校爲主。段氏則以古本亦有訛誤，不必迷信名本舊槧，重視識斷，故以理校、他校爲主。平情而論，相較於單純的理校，"不校校之"委實是一種更爲謹慎穩妥的文本處理方法，"不校"意在保留古本原貌，儘量避免"誤於校者"，因不顧版本依據，單恃才高意廣，往往難免改古書以就我的冒險之舉。蓋如陳垣所言，理校是"最高妙者此法，最危險者亦此法"，這一點即使是善用理校，學識廣博的段玉裁亦難倖免[②]。當然，强調版本依據，也並非要回避古本自身所存在的問題，故提出"校之"作爲補充，吸納理校的合理性，避免格雷格所謂的"底本專制"。段玉裁嘗言："校書之難，非照本改字、不訛不漏之難也，定其是非之難。是非有二，曰底本之是非，曰立説之是非。必先定其底本之是非，而後可斷其立説之是非。""何謂底本？著書者之稿本是也。何謂立説？著書者所言之義理是也。"[③]校古書，斷是非最難，此于思想性强的子書更是難上加難。因之，斷思想史文獻之是非，除了一般文獻學方法外，還須兼顧思想史的内部邏輯，恰如徐復觀所述："要就有關文獻中上下關連的文句，以歸納的方法，條理出一個理論綫索來。"[④]此種基於思想史内在理路的校勘，自屬理校無疑。廣而言之，文獻學是研究思想史之基礎，屬於"上游研究"，思想史則屬於"下游研究"，此所謂"上下"，非高低之别，乃先後之序。對思想文本的版本字句考證是研究文本思想的重要前提，類似段玉裁所言先定"底本之是非"，次定"立説之是非"。文獻學是思想史研究的先導與前提，思

① ［清］王先謙撰，沈嘯寰、王星賢點校《荀子集解》，頁 48。

② 武秀成先生詳細考察段玉裁和顧廣圻關於《禮記》"二名不偏諱"説的論争，指出"段氏所立'二名不偏諱説'，没有任何版本的依據，也没有任何可信文獻的支撑……完全不能成立。"見氏著《段玉裁"二名不偏諱説"辨證》，《文獻》2014 年第 2 期。

③ ［清］段玉裁《經韻樓集》，鍾敬華校點，上海古籍出版社，2008 年，頁 332—333。

④ 徐復觀《中國人性論史・先秦篇》，上海三聯書店，2001 年，頁 12。

想史研究是文獻學研究的延續與深化。但是在對思想文本的版本字句考證中,又往往須憑藉文本中的其他思想來斷其是非。因之,文獻學與思想史也是互動的。前人治子籍,於此業已有所洞見,以治《莊》者爲例,如蔣錫昌《莊子哲學·自序》曰:“治《莊子》哲學者,所以貫通其全部之思想。然不根其文字,則流於空。攻《莊子》訓詁者,所以懂理其文字。然不本其哲學,則失諸碎。蓋不通《莊子》之哲學,則無以理其文字;不理其文字,則無以通其哲學;二者固當兼相爲用也。”“務使哲學與訓詁合而爲一。”①而在《荀子》整理方面,李中生先生即批評清代以來注家有兩大弊端,一是“重訓詁而輕義理”,二是“在訓詁過程中,往往只注意到由字詞到句,然後到全篇之義、全書之旨這訓詁活動的一邊;而忽視了還必須有由全書、全篇之義旨及用詞特點到某句、某字詞這訓詁活動的另一邊”②。廖名春先生也坦言:“一般説來,今天搞文字訓詁考證的,都極少深入地去鑽研荀子思想;談荀子思想義理的,都不太注意利用現有的考證成果。”③可謂一語中的。這也導致“(1950—2005)這 50 多年間大陸儘管出版了 40 多部《荀子》的注釋、注譯著作,但仍没有一部能與王先謙《荀子集解》比肩的注本。到現在爲止,100 多年過去了,王先謙《荀子集解》仍是最好的注本。”④因之,一部考證與義理兼美並善的《荀子》整理本依然在期待之列。

【作者簡介】王國明,南京大學文學院博士研究生,主要從事荀子及先秦兩漢文獻與思想史研究。

① 蔣錫昌《莊子哲學》,上海書店,1992 年,頁 1。

② 李中生《荀子校詁叢稿》,廣東高等教育出版社,2001 年,頁 1—2。

③ 廖名春《荀子新探》,中國人民大學出版社,2013 年,頁 9。

④ 廖名春《20 世紀後期大陸的荀子文獻整理研究》,《邯鄲學院學報》2007 年第 4 期。

羅士琳《續疇人傳》考析

何思雨

【提　要】《疇人傳》是清代阮元編撰的一部記録歷代天文曆算學家的傳記集，共四十六卷，上起上古傳説時代，下至清乾隆時期。該書著成後，道光年間，羅士琳又爲其作補遺、續補，成《續疇人傳》六卷。學界研究關注阮元《疇人傳》較多，對羅士琳的續書鮮有涉及。本文圍繞羅士琳《續疇人傳》展開，考作者羅士琳籍貫生平，分析全書内容特點及其對《疇人傳》的繼承與創新，並梳理該書的刊刻流傳情況。

【關鍵詞】　續疇人傳　羅士琳　算學　天文

一、《疇人傳》系列概況

天文學和數學在古代中國有漫長的發展歷史，但專門的天文學史、數學史著作却到很晚才出現。清乾隆六十年(1795)，阮元開始編撰《疇人傳》，以年代爲序，以人物爲綱，介紹了從上古黄帝時代至清乾隆年間的重要天文曆算學家及他們的學術成果，另外還收録了與其同時代的在該領域有所建樹的西方學者。全書共四十六卷，凡二百八十人，其中中國學者二百四十三人，附西洋三十七人。這是我國第一部爲天文曆算學家立傳的專史。

"疇"，訓爲等、類，引申有世代相傳之義。《史記・龜策列傳》："雖父子疇官，世世相傳，其精微深妙，多所遺失。"①《後漢書・祭遵傳》："生則寵以殊禮，死則疇其爵邑，世無絶嗣，丹書鐵券，傳於無窮。"李賢注："疇，等也。言功臣死後，子孫襲封，世世與先人等。"②

"疇人"一詞，最早見於《史記・曆書》："幽、厲之後，周室微，陪臣執政，史不記時，君不告朔，故疇人子弟分散，或在諸夏，或在夷狄，是以機祥廢而不統。"《集解》："如淳曰：'家業世世相傳爲疇。律：年二十三傳之疇官，各從其父學。'"《索隱》引三家《漢書》注："韋昭云：'疇，類也。'孟康云：'同類之人明曆者

① ［漢］司馬遷撰，［南朝宋］裴駰集解，［唐］司馬貞索隱，［唐］張守節正義。《史記》卷一二八《龜策列傳》，中華書局，2014年，頁3918。

② ［南朝宋］范曄撰，［唐］李賢等注《後漢書》卷二〇《祭遵傳》，中華書局，1965年，頁741—743。

也。’樂彦云：‘疇，昔知星人。’”①

古天官之學，往往世官而習其業，因此“疇人”逐漸被專門用於稱呼曆算家。阮元在《疇人傳》凡例中解釋其書命名：“學問之道，惟一故精。至步算一途，深微廣大，尤非專家不能辦。太史公書‘疇人子弟分散’，如淳注曰‘家業世世相傳爲疇。律：年二十三傳之疇官，各從其父學。’所謂專門之裔也。是編以《疇人傳》爲名，義取諸此。”②

據《疇人傳》凡例，該書寫作期間阮元“供職内外，公事殷繁”，因此他的兩位學生李鋭、周治平也承擔了不少校録工作。羅士琳《續疇人傳》中的《李鋭傳》和《周治平傳》均記載了此事。《疇人傳》編成後，阮元又“博訪通人”，包括錢大昕、淩廷堪、談泰、焦循等，共同校正，“乃得勒爲定本”。

《疇人傳》現存揚州阮氏琅嬛僊館四十六卷刻本，以及與續編合刊的五十二卷《文選樓叢書》本。五十二卷本後來又有蛟川花雨樓張氏校正重録本、浙江海鹽常惺齋張氏重校本等。另外，道光九年（1829）阮元在廣東學海堂刊印《皇清經解》，收録了《疇人傳》清代部分的九卷，即卷三十四至卷四十二，但内容上有大量文字差異。

《疇人傳》刊刻出版後，道光二十年（1840），阮元的門生羅士琳編成《續疇人傳》，阮元爲其作序。《續疇人傳》共六卷，前兩卷爲補遺，增補了《疇人傳》所述時限内遺漏的十三人，附見五人；後四卷爲續補，收録卒年在《疇人傳》完成之後的二十人，附見七人。全書爲四十四人立傳，未涉及西方學者。《續疇人傳》現傳最早版本即《文選樓叢書》本，次於前編四十六卷後，共成五十二卷③。

《續疇人傳》編成後數十年，中西算學俱有發展，人才輩出。光緒十年（1884），華蘅芳撰《論〈疇人傳〉必須再續》一文，謂《疇人傳》不可不再續，但時人多畏於珠玉在前，不敢動筆，故録其弟華世芳《近代疇人著述記》一篇，“以待作傳者之採擇焉”④。光緒十二年，諸可寶撰《疇人傳三編》七卷，補遺五十二人，續補五十八人，均爲清代學者；又附録國朝名媛三人，西洋十一人，日本一人。全書共一百二十五人。有光緒十二年、十四年《南菁書院叢書》本。

《疇人傳四編》成書於光緒二十四年（1898），由黄鍾駿父子完成。全書十二卷，含後續補遺二百七十九人，西洋一百五十三人，附録歷代名媛五人，西洋名媛四人。時代跨度從上古到清末。同年刊入《留有餘齋叢書》。

《疇人傳》《續疇人傳》《疇人傳三編》《疇人傳四編》雖書寫側重、體量大小各異，但體例大致相同，合成一個系列，對研究中國古代科技史數學史有重要的參考價值。三、四編因着眼西方學術與女性學者，受研究關注較多。

合編四書的現代點校本，有 2008 年廣陵書社《疇人傳彙編》、2012 年中州

① 《史記》卷二六《曆書》，頁 1503—1504。

② ［清］阮元《疇人傳凡例》，《疇人傳合編校注》，中州古籍出版社，2012 年，頁 15。

③ 本文引羅士琳《續疇人傳》原文，所據版本均爲五十二卷《文選樓叢書》本（卷四十七至卷五十二）。

④ ［清］華蘅芳《論〈疇人傳〉必須再續》，《疇人傳合編校注》，頁 487。

古籍出版社《疇人傳合編校注》等。

二、《續疇人傳》作者羅士琳的生平經歷與天算成就

羅士琳(1789—1853),字茗香,甘泉(今江蘇揚州)人。其生平見於清同治《續纂揚州府志》:

> 羅士琳,字茗香,早歲精天算之學,以天文生入欽天監推算。道光初元,日月合璧,五星聯珠,受知于肅邸,爲同輩所嫉,不得官,去之。嘗東出山海關,客汴梁、楚中,所至爲通人名德所賓接,而阮文達西元尤推重之。事母孝,性耿介。咸豐元年,舉孝廉方正。未赴試。三年,粤匪陷城,被害。①

羅士琳在太平天國軍進入江蘇後"殉難"一事,被清末士人視爲疇人的道德標杆。雖方志中並無詳情記載,但在詩歌中屢有提及。張文虎《舒藝室詩存》中《感逝二十首》有:"疇人例殉節,羅戴先後亡。"②丁晏《頤志齋感舊詩》也寫道:"城摧罵賊死,身隕名猶存。"③

關於羅士琳的里貫,《續纂揚州府志》《疇人傳三編·羅士琳傳》均記載羅士琳爲甘泉人。羅士琳在自己的著作中也常常提及,並稱廣陵、江都之人爲同鄉。而今部分論文、書籍稱羅士琳是安徽歙縣人,寄居江蘇揚州。這一説法首見安徽科學技術出版社1984年出版的施孟胥等編《安徽古代科學家小傳》第四十章"羅士琳闡發《四元玉鑒》":"羅士琳……安徽歙縣人,寄居揚州甘泉。他在所著《續疇人傳》'淩廷堪傳'中説得很明白:'士琳亦歙人,與先生同里而兼葭莩戚(指有姻戚關係)。'因此,有人稱羅士琳爲'甘泉人',其實是一個誤會。"④但今核對《續疇人傳》原文,實作"士琳先亦歙人,與先生同里而兼葭莩戚",諸本皆同。故羅士琳是指自家祖上曾居住在安徽歙縣,與淩廷堪是同鄉和遠親。而羅士琳提到自己的出身時,説的始終是甘泉人;且羅士琳在《續疇人傳》中對江蘇算學的各種成就表現出明顯的自豪欣慰之情,對安徽算學的發展則没有此種表現。所以説他"歙縣人""寄居揚州甘泉"是不合理的。《安徽古代科學家小傳》爲突出地方學術歷史人物,在引文時漏掉了一個"先"字,因此得出這樣的結論。後來的《安徽科學技術史稿》《徽州科技》《疇人傳合編校注》等書,均襲其誤。

《疇人傳三編》記載,羅士琳年少時也曾研習經學,之後"盡棄去,專力步算,博覽疇人之書,日夕研求數年"。在算學方面,羅士琳"初精習西法",並著有《比例匯通》四卷。後獲見元人朱世傑所作《四元玉鑒》,"於是服膺歎絶,遂一意專精

---

① 《中國地方志集成:江蘇府縣志輯42:同治續纂揚州府志》,江蘇古籍出版社,1991年,頁814。
② [清]張文虎《舒藝室詩存》卷五,《清代詩文集彙編》630册,上海古籍出版社,2010年,頁499。
③ [清]丁晏《頤志齋感舊詩》,《清代詩文集彙編》587册,頁34。
④ 施孟胥、李夢樵等《安徽古代科學家小傳》,安徽科學技術出版社,1984年,頁183。

於天元、四元之術，生平詣力孟晋，無過是書矣[①]”。自是重中學勝於西學。

《續纂揚州府志》簡明扼要地分類記述了羅士琳的數學著作：

> 士琳以天算之書得周髀之精意者，莫過秦道古之正負開方法，與李鋭之天元一術，而朱松亭集其成。皆通貫其術，殫精竭思，窮極窈渺，著書至富。其言秦氏之學，有《勾股截積和較算例》；其言李氏之學，有《勾股容三事拾遺》《三角和較算例》《弧矢算數補》；其言朱氏之學，有《四元玉鑒細草》《四元釋例》《演元九式》《台錐積演》《算學啓蒙疏釋》。[②]

這些著作的具體内容在《羅士琳傳》中有詳細介紹。

除此之外，羅士琳還著有《交食圖説舉隅》《增廣新術》，用以推算日食；《春秋朔閏異同考》，補宋仲子之七曆，考《春秋》經傳中的相關内容；《綴術輯補》，補亡佚的祖沖之《綴術》；《淮南天文訓存疑》《周無專鼎銘考》，借天文曆算知識解古書存疑之處；《續疇人傳》，續阮元書爲從事天算之人立傳等。廣涉數學、天文學、經學、史學、文學等多個領域。

三、《續疇人傳》内容分析

（一）編撰原因與體例

《疇人傳》續書編撰的必要性，阮元在寫作《疇人傳》時就已經認識到了。《疇人傳》凡例最後寫道：“四庫諸書浩如煙海，翻閱所到，難免漏遺。又國家聲教覃敷，不遺遐邇，山陬海隅，甄明度數之士没世而後未經表章者，亦必尚有其人。廣爲搜輯，當俟續編。”

《續疇人傳》的編撰，一方面是由於在《疇人傳》成書並刊刻出版後，又有宋元人的算學著作重現於世，或清人著作剛剛刊行面世。阮元《續疇人傳序》：“方今盛世，六藝昌明，佚書大顯。”[③]這使得《續疇人傳》中“補遺”部分成爲必要。另一方面，在《疇人傳》到《續疇人傳》的這幾十年中，又有一批優秀的算學家謝世。《疇人傳》編纂不録生人，因此對這些人就需要在續書中爲之立傳。這是《續疇人傳》“續補”部分要完成的任務。

在體例上，《疇人傳》取法的是紀傳體史書非常經典的傳論結合的形式，《續疇人傳》完全沿襲《疇人傳》的寫法，後來的《疇人傳三編》《四編》，也是同樣的體例。每位傳主名下的内容由傳、文獻出處、論三部分組成。傳文叙録傳主姓名、爵里、科第、生卒年等基本信息，至於其議論行事，撰著立言，與天文曆算有關的一一詳載，無關的則不多費筆墨。如《疇人傳》寫鄭玄，只介紹了他通《三統曆》《九章算術》，注《乾象曆》，著《天文七政論》，經學成就一概不提。傳

---

① ［清］諸可寶《疇人傳三編》卷四《羅士琳傳》，《疇人傳合編校注》，頁 542。

② 《中國地方志集成：江蘇府縣志輯 42：同治續纂揚州府志》，頁 814。

③ ［清］阮元《續疇人傳序》，《疇人傳合編校注》，頁 12—13。

後的論提到鄭玄箋《毛詩》、注《易緯》，也是爲了舉他引用《九章》《乾象》的例子。與之同理，《續疇人傳》寫錢大昕，傳文全篇約四千字，只用了不到四十字一筆帶過錢大昕經史文義、音韻訓詁、典章制度、金石篆隸等無所不通，另在傳末簡單羅列了《錢氏叢書》收録的幾種著作名稱，剩下幾乎都是對錢大昕天文曆算論著的詳細解説。

小傳後，注明所徵引的書籍。由此可以得知其編撰所據材料，也方便核驗。最後往往有一段編者論。《續疇人傳》各篇中，僅陳際新、許如蘭二人無論。但陳際新與他後一位傳主張肱同受業於《割圜密率捷法》的作者明安圖，兩人的主要貢獻都是在明安圖死後續其未竟之稿。而張肱傳後的論，列舉了幾家疇人師承，贊歎曆算之學能薪火相傳，引而勿替，並非限於議論張肱一人。可見作者是將對陳際新、張肱傳承老師學術的認同，一起放在張肱論裏了。真正完全没有評論的，僅許如蘭一人。

（二）材料來源

《續疇人傳》同《疇人傳》一樣，每篇小傳後，都標注了取材的文獻。阮元在《疇人傳序》和《續疇人傳序》中，對這兩部書編撰時參考的書籍做了部分介紹。中國古代數學史研究學者李儼有《中算史的工作》一文，詳盡羅列了《疇人傳》正續、《三編》、《四編》清人各傳引用書目[①]。

《疇人傳》記載範圍上起黄帝下迄清初，跨越數千年。由於歷史上長期缺乏專門的天文學、數學史，再加上算學被視爲方技末流，很多算學家的生平資料不多，算學專著失傳，具體内容已不可考。因此在給前代算學家撰寫傳記時，阮元參考的大量文獻屬於史傳、類書、目録書。至於清代學者，由於阮元著書的時代恰好是《四庫全書》編成後不久，新出的算學家又基本屬於在世之人不録，所以《四庫全書》收録的清初著作正好爲阮元所取用。這也就是他在凡例中説到的："採録諸書，二十四史而外，出於文瀾閣所儲《欽定四庫全書》子部天文算法類爲多。"引用方志很少，所采文獻中帶有地域色彩的，僅《揚州畫舫録》一部清人筆記。

《續疇人傳》以清代學者爲主體，事跡易得，著述尚存，因此僅在補遺金元好問傳一處用到正史類材料，基本没有引用目録著作，與《疇人傳》殊異。總體而言，基本直接從傳主的著作中截取材料，總結其學術成就。另外由於羅士琳本人便是當時很有聲望的天文曆算學家，一些傳主或其傳人直接與羅士琳有交往，如淩廷堪、陳潮、劉衡等，故交游往來中的言談行止，也會成爲傳記的内容。

在傳主本人的著作這一類材料中，又有兩種較爲特别，是《續疇人傳》"補遺"部分最主要的新材料。

首先是新出版的著作——明安圖《割圜密率捷法》。明安圖生於康熙年間，歿於乾隆前期，在《疇人傳》編寫時，明安圖早已過世三十餘年，但其著作却

① 李儼《中算史的工作》，《中算史論叢》第五集，科學出版社，1955年，頁95—105。

是在《疇人傳》成書後才出版的。阮元《續疇人傳序》:“明氏爲乾隆初滿洲人,其《割圓密率捷法》,海内無刊本,與元朱松庭《四元玉鑒》等書皆出在嘉慶初,《疇人傳》成之後。”①

另一種是重新發現的宋元著作。《續疇人傳》中有兩篇傳,是先有阮元所作藍本,之後羅士琳改寫轉録的,分别是《楊輝傳》《朱世傑傳》。阮元所作楊輝傳,題爲《補疇人傳》,刊于郁松年《宜稼堂叢書》之“《楊輝算法》六卷附《札記》一卷”書末;朱世傑傳,題爲《籌人傳補遺》,刊於何元錫刻本《四元玉鑒》之首。阮元補寫這兩篇傳,與幾部宋元著作重新被發現有關。

1. 楊輝《楊輝算法》

楊輝在《疇人傳》卷四本有傳,但十分簡略。依據的材料是明代算學著作《算法統宗》,内容是轉引楊輝本人著作中羅列的從北宋神宗元豐年間至南宋恭帝德祐年間共三個階段的算書刊刻情況。對楊輝本人的學術成就,除了提到他著《續古摘奇算法》以外,再無其他。

《楊輝算法》重新現世的過程,阮元《補疇人傳》、李鋭《楊輝算法跋》、郁松年《楊輝算法札記識語》中都有記述。阮元所撰傳論曰:

> 輝所著書,載于《文淵閣書目》,訪之三十年,通人學士俱未之見。嘉慶庚午,余以翰林學士充文穎館提調官,於《永樂大典》中鈔得楊輝《摘奇》及□□□□等約百餘番。……頃聞蘇州黄蕘圃主事得宋刊《楊輝算法》,亟屬何君夢華假録其副。②

李鋭是《楊輝算法》的整理者之一,他對整理工作做了更詳盡的描述:

> 歲庚午應順天試,留京師,在李雲門侍郎寓邸,見雜鈔算書約百餘番,乃阮芸台中丞提調文穎館時從《永樂大典》中摭録者。中有楊輝《摘奇》數條,始得略睹梗概,究未見全書也。今年夏,復翁夫子于同郡故家得此書,皆散葉,且顛倒錯亂殊甚。暇日招余至百宋一廛,相與驗其文意,排比整齊,得書六卷,首尾序目無缺失。亟命工裝成一巨册,櫝而藏之,由是識與不識,咸知爲稀世寶矣。③

道光二十二年(1842)郁松年爲宋景昌《楊輝算法札記》題識,也提到《楊輝算法》“舊無總名,儀徵阮相國、元和李茂才俱目爲《楊輝算法》”,另外郁松年還“聞朝鮮國尚有傳本(注:見重刊算學啓蒙序,序係順治十七年朝鮮……金始振撰)”,期望有朝一日學者訪求、校正④。羅士琳《續疇人傳》未提及此本,可能朝鮮有傳本一事是在道光二十年(1840)《續疇人傳》成書後的兩年内才爲國内所知。

《續疇人傳》中的《楊輝傳》,與阮元所作基本相同,僅對《楊輝算法》原序年

① 《續疇人傳序》,《疇人傳合編校注》,頁 12。
② [清]阮元《補疇人傳》,《叢書集成初編》1291 册《楊輝算法札記》,中華書局,1985 年,頁 1。
③ [清]李鋭《楊輝算法跋》,《楊輝算法札記》,頁 1。
④ [清]郁松年《楊輝算法札記識語》,《楊輝算法札記》,頁 11。

號加了一句説明，摘自李鋭跋。此外只是將阮元事跡轉化爲第三人稱，並在篇末説明《疇人傳・楊輝傳》撰在得書之前，故爲補叙。

2. 朱世傑《四元玉鑒》《算學啓蒙》

《四元玉鑒》的重新發現也在《疇人傳》編成之後。《續疇人傳・李鋭傳》記載："其時阮撫部尚未得元朱氏《四元玉鑒》，故《疇人傳》無朱世傑之名。"羅士琳在他的重要數學專著《四元玉鑒細草》中自述著書緣起，交待了《四元玉鑒》是怎樣重爲人知的：

> 吾鄉阮芸台節相撫浙時訪購是書進呈，遂得續入四庫，復以副抄本屬元和李四香演草，未果而四香遽卒。錢塘何夢華因即據副抄本刊佈焉。[①]

《算學啓蒙》同爲朱世傑著作，其發現在《四元玉鑒》之後。易之瀚《四元玉鑒釋例》自序"惜朱氏編集《算學啓蒙》佚而不傳"[②]，《續疇人傳・朱世傑傳》論："阮相國在浙時，獲大德本《四元玉鑒》，而以未見《啓蒙》爲憾。"《算學啓蒙》在國内佚失已久，是從海外重新傳回的：

> 近士琳又訪獲朝鮮重刊本《算學啓蒙》，因仿《論語》皇侃疏、《七經孟子考文》傳自日本例，校刻行世，並《玉鑒》一書，亦爲補撰《細草》刊佈。(《朱世傑傳》)

兩書的重新發現成爲當時國内算學研究的一大熱點，朱世傑學術成就卓越，自然應爲之補傳。阮元所作《朱世傑傳》，除介紹姓名字號、《四元玉鑒》卷數門目外，基本只是照録《四元玉鑒》原書前後的莫若、祖頤兩篇序，然後是議論。羅士琳爲《朱世傑傳》補充了大量内容，傳文約兩千字，論也有千字。一方面，阮元先前未見《算學啓蒙》；另一方面，羅士琳一生致力於《四元玉鑒》研究，十分推崇朱氏四元之學，由研究《四元玉鑒》衍生的著作有《四元玉鑒細草》《演元九式》《臺錐積演》等多種，功力極深。諸可寶説他"生平詣力孟晋，無過是書矣"(《羅士琳傳》)。因此羅士琳介紹朱世傑比阮元細緻詳盡得多。

除朱世傑外，元好問、蔣周在算學上的成就，此前不爲人知，也是因《四元玉鑒》重新現世後祖頤序中提到才被發現；趙城於《四元玉鑒》有版刻刊佈之功，也見於祖頤序。補遺中也增加了這三人的傳。

(三) 指導思想

《續疇人傳》六卷中，有些現象屢次出現，有些論斷被反復申明。這些貫穿始終的内容突出地體現了羅士琳的學術主張和情感傾向：

1. 數學是儒學的重要内容

羅士琳對於中國歷史上長期將曆數之學看作是方技、小道的態度十分不滿，他也認識到想要弘揚算學，必須先糾正人們心中的這種觀念。在《續疇人

---

① [元]朱世傑撰，李兆華校證《四元玉鑒校證》，科學出版社，2007年，頁268。

② 《四元玉鑒校證》，頁275。

傳》中,他多次强調“數”是六藝之一,聖人之學。如談泰傳中,羅士琳引了一段錢大昕贈談泰序,其中有:“宣尼有言‘推十合一爲士’,自古未有不知數而爲儒者。”而在元好問傳論中,羅士琳講到爲何元好問本應有《如積釋鎖細草》一書但本傳缺載時,有一番更激烈的議論:

> 遺山既往來於其間,宜亦知算,則其有細草也,信必不妄。而本傳缺載,何歟? 此蓋與《宋史》不爲秦九韶立傳,致大衍求一術幾湮,事略相同。……而大衍則載在秦書,不絶如綫,獨《如積釋鎖》失傳,藉非祖序,又安知遺山有此絶學乎? 推原其故,蓋史爲曆本,曆以數成,數居六藝之一,由藝以明道,儒者之學也。自堯命羲和,舜察璣衡而降,由周秦以迄金元,凡授時、頒朔諸大典,莫不掌之太史,故司馬遷、劉羲叟諸公胥得預治曆修史之事。嗣是史乘歸於詞館,司天别設專官,遂使儒林實學下同方伎。當時遺山文名又重,自必史臣以爲不應有此九九薄能,致《細草》亦淪替無存。噫! 是何貴末賤本之若是歟! (《元好問傳》)

羅士琳對《如積釋鎖細草》幾被湮没的命運十分痛心,對史官忽略元好問的數學成就、只重其文的做法表現出了强烈的斥責,認爲這是棄“本”逐“末”。同時還從修史、司天職能分立這一官制變化的角度,反思了曆算地位下降的原因。其議論的中心,是强調數是六藝之一,儒者之學,是明道的基礎,而非方技末流。

這種思想,與阮元《疇人傳》一脈相承。阮元《疇人傳序》同樣從上古堯舜説起,繼以周公、孔子,指出“先古聖人咸重其事”;接著説到兩漢通才大儒如劉向父子、張衡、鄭玄都明象數,曉天官,“儒者之學,斯爲大矣”;而後來步算之道日衰,臺官之選愈輕,“六藝道湮,良可嗟歎”。這與羅士琳在《元好問傳》後所發議論是一致的。序的最後,還講到《疇人傳》編撰的目的:“質之藝林,以諗來學,俾知術數之妙,窮幽極微,足以綱紀群倫,經緯天地,乃儒流實事求是之學,非方技苟且干禄之具。”[①]《疇人傳》編成後,阮元又曾作《籌人傳補遺》爲朱世傑立傳,刊於何元錫刻本《四元玉鑒》之首,文中評價朱氏之書:“有能執此以往,則古人致知格物之學,治國平天下之道,其在是矣。”[②]

2. 興復古學,昌明中法

羅士琳習算學始於西法,之後“周遊京國,連獲佚書,遂爾幡然改轍,盡廢其少壯所業,殫精乎天元、四元之術,著作等身,墨守終老,惟以興復古學、昌明中法爲宗旨,可謂博而能專者歟”(《羅士琳傳》)。“興復古學,昌明中法”八個字,諸可寶概括得可謂精到。在《續疇人傳》中,明確涉及中西學比較的有十幾篇傳,羅士琳的表述均體現出明顯的宗中抑西的傾向性。

羅士琳對於西學乃至西人,多有批評,且往往十分嚴苛。《明安圖傳》論西學“特張大其説,故作繁難,以炫異欺愚,在好事者不覺墮其術中。”《李潢傳》記

---

① [清]阮元《疇人傳序》,《疇人傳合編校注》,頁3。

② [清]阮元《籌人傳補遺》,《疇人傳合編校注》,頁423。

載南豐揭某用西士開方法爲《緝古算經》增補算草、圖解，羅士琳的論斷是“喧賓奪主，殊亂其真”。《談泰傳》中則直稱“夫西人存心叵測，恨不盡滅古籍，俾得獨行其教，以自炫所長”。又往往在對比中顯示古學、中法的優越性。如《博啓傳》論中，設了一道求三角三邊及垂綫的題，然後解説：“此西人常法所不能禦者。若立天元一術，則任求何邊，或和數，或較數，皆一平方即得。然則天元之與西法，其優劣可由此見矣。”

對崇尚西學的學者，也普遍有負面評價。在《錢大昕傳》中，羅士琳將推崇古學的梅文鼎、錢大昕一派與推崇西學的江永、戴震一派對比，先提到“江精西法，恒曲護西人之短，戴亦不無墨守師説”，接著引用了錢大昕致戴震的書信，信中有“宣城能用西學，江氏則爲西人所用而已”、“西士之術固有勝於中法者，習其術可也，習其術而爲所愚弄，不可也”等語，羅士琳評價其“議論持平”。在傳末的論中又再次申明：“江、戴則囿於西法，其見究失之偏。惟詹事（錢大昕）實事求是，集其大成，視江、戴二君尤精。”對汪萊，羅士琳同樣也因其西學太深，墨守西法，批評他失之於偏，通變不足。

羅士琳在書中曾多次慨歎，由於古籍散佚等原因，前賢精義，百無一存，西人因得逞其技，而國人趨之若鶩，以爲古法不逮。《續疇人傳》末篇《謝家禾傳》的論，是羅士琳對全書的總結。其中最後一句話：“將見斯文未墜，古法大興，是又吾之厚望焉，亦續補《疇人傳》之素志也夫。”道出了羅士琳“興復古學、昌明中法”的深切期盼。

羅士琳本人學兼中西，先西後中，他在書中對西學提出的批評，有些的確是他研究學習中的切身體會，是有道理的。但一味認同古學、中法，就難免帶著有色眼鏡看西學的成果，過濾掉其中一些本來很有價值的内容。如《徐朝俊傳》論，提到徐所著論涉及五大洲及海舶、海道、海産等，悉本利瑪竇《乾坤體義》，羅士琳認爲“荒遠無憑，不足取也”。然而利瑪竇來華的年代，正是歐洲航海事業生機勃勃，世界地理大發現的時期，利瑪竇所傳，很多都是驗諸實測的寶貴知識，而羅士琳却輕易加以否定。

3. 彰顯江蘇算學成就

安徽、江蘇、浙江、江西一帶，在明清人才輩出，涵蓋諸多領域。算學也不例外。《續疇人傳》共收四十四人，除祖頤里貫不明，其餘均有明確交代。其中江蘇人有十六位，數量居首，這還不包括雖是歙人但家於江蘇海州板浦場的淩廷堪：

表 1

江蘇	浙江	安徽	江西	山西	廣東	北京	蒙古	山東	湖北	東北
16	7	5	3	3	2	2	2	1	1	1

羅士琳是江蘇甘泉人，他十分重視表彰同鄉學者的學術貢獻。趙城，維揚（今江蘇揚州）人，曾從朱世傑學算，並代刊《算學啓蒙》《四元玉鑒》二書。《趙城傳》論曰：

吾鄉之通算學者,陳泗源先生(陳厚耀)以前,則罕得其人。元鎮(趙城)之學,雖無由得窺深淺,然觀祖氏(祖暅)所稱爲"博雅之士,成始成終,好事之德,奚可限量"一語,是其人已可概見。又漢卿(朱世傑)嘗遊廣陵,學者雲集,元鎮亦自稱學算,斯亦吾鄉故事,所當摭入郡乘者焉。

張肱,江蘇寶應人,論曰:

……至今良亭(張肱)後裔,世業疇人,引而勿替。外此如焦君里堂(焦循)、楊君竹廬(楊大壯)皆精九數。近來朱氏二書復昌於廣陵,而《捷法》亦爲岑君紹周(岑建功)校刊。岑雖天長人,若援寓公之例,亦得附郡人之列。然則曆算之學,吾鄉可謂盛矣。

兩段文字均表達了對江蘇地區算學學者雲集、世代傳承,及算學書籍刊校、佚書復顯的稱道。北湖人《楊大壯傳》文中,羅士琳也寫道"亦足以見吾鄉之篤好斯學之盛也"。且可以看出,除了本就出身江蘇的學者之外,即便是朱世傑這樣籍貫不明,只是曾遊廣陵,還有岑建功這樣實際是安徽天長人的,也被羅士琳歸入了江蘇算學的範疇。

4. 肯定學術傳承之功

羅士琳特別痛惜古籍、古學之不傳,《談泰傳》引錢大昕贈泰序,比較了中西算學流傳的不同歷史狀況,闡述了羅士琳認爲的兩者一盛一衰的原因:

歐羅巴之巧,非能勝於中土,特以父子師弟,世世相授,故久而轉精。而中土之善於數者,儒家輒嘗爲小技,……疇人子弟,世其官不世其巧,問以立法之源,漫不能置對,烏得不爲所勝乎?

因此羅士琳對能够傳師法、傳家學的學者,都予以了充分肯定。

從《續疇人傳》中,可以梳理出師承源流如下:

表 2

師	生	再傳
朱世傑	趙城	
明安圖	明新(家學)　陳際新、張肱	張氏後人(家學)
錢大昕	錢侗(家學)　李鋭、談泰	
阮　元	范景福、李鋭、周治平	黎應南
江　永	戴　震	孔廣森、許如蘭
梅文鼎	梅沖(家學)　劉湘煃	許如蘭
李　潢	梅沖、劉衡	
焦　循	焦廷琥(家學)	
許桂林	許徵容(家學)	

羅士琳評明新:"克繼父志,不墜家聲,方之古人,洵堪與北齊祖沖之父子媲美",評許徵容:"好學,有父風,將見家學淵源,引而弗替",論張肱:"至今良亭後裔,世業疇人,引而勿替。"另外還幾次盛贊梅氏、焦氏等家族後裔能傳習九數,不廢其學;李鋭、許如蘭等能從名師並發揚之而自成一家。可見羅士琳對學者傳承算學之功的肯定。

四、《續疇人傳》的刊刻流傳

(一) 單行本

今傳《續疇人傳》均爲與《疇人傳》合刊本,《續疇人傳》成書之初是否存在單行本存疑。

阮元《續疇人傳序》在結尾處有"離爲六卷,次於前編四十六卷之後,統前傳共成五十二卷"的叙述①。這篇序作于道光二十年(1840),是目前已知最早提到《續疇人傳》成書的文章。按阮元文意,則羅氏《續疇人傳》成書之初,便是與前編合在一起的。

而諸可寶《羅士琳傳》叙述《觀我生室匯稿》的組成時,則説《續疇人傳》六卷"别有單行本"。

光緒八年(1882),浙江海鹽常惺齋張氏重校重刻《疇人傳》《續疇人傳》。朱福詵爲重刻本作序,云:"同邑張先生子簡夙精斯事,以公此書世鮮他本,爰仿袖珍,付諸剞氏。復得茗香羅氏《續傳》,書凡六卷,合爲一編。"②張敬本人在重刻本阮元像識語也寫道:"其時據文選樓刻《疇人傳》後四十四年,迄今又後三十九年。求單行本不可得,敬于友人處假得叢書本校讎重刊。……又假得羅氏《續傳》,附刻以足之。"③按朱、張二人的説法,找到的《續疇人傳》似乎是單獨的六卷,重刻時才將其附在四十六卷《疇人傳》之後,合爲一編。且張敬既然説得到的《疇人傳》便是叢書本,而《續傳》又是另外借得,則這套叢書應當是不含《續傳》的。但此重刻本查燕緒跋的説法却有所不同。查燕緒稱張敬獲得《疇人傳》後交給他勘對,而查燕緒考慮到"羅氏《續傳》所以補是書之遺也,曩見元和管氏有此本,爲書六卷,即次前傳之後;爰假之申季廣文,仍以附焉"④。按這一説法,則查燕緒所得的《續傳》即次於前傳之後,底本並非單行。重刻一仍舊貫。或許朱、張二人所説的六卷《續傳》不指單行本,只是另有底本,單獨拿出了其中六卷與先前所得四十六卷合爲一編。這樣朱、張、查的説法就没有矛盾了。但仍無法確證《續疇人傳》是否曾有單行本。

---

① 《續疇人傳序》,《疇人傳合編校注》,頁 13。

② [清]朱福詵《重刻疇人傳正續序》,《疇人傳》四十六卷附《續傳》六卷,清光緒八年(1882)海鹽常惺齋張氏刻本。

③ [清]張敬《頤性老人像識語》,清光緒八年海鹽常惺齋張氏刻本。

④ [清]查燕緒《重刻疇人傳後跋》,清光緒八年海鹽常惺齋張氏刻本。

（二）合刊本

1.《文選樓叢書》五十二卷本

《文選樓叢書》是阮元從弟阮亨據阮氏文選樓、積古齋所收藏的嘉慶、道光間刻版匯印而成，始于道光二十二年（1842）。所收各書藏版來源各異，行款不一。

《文選樓叢書》所收的阮元撰、羅士琳續補《疇人傳》五十二卷中，《續傳》六卷附在阮元《疇人傳》四十六卷後，爲卷四十七至五十二，中間有《續疇人傳序》和《疇人補傳目》。四周雙邊，白口，單魚尾，半頁 10 行行 20 字，版心題有書名、卷數、頁數。

但現存的《文選樓叢書》五十二卷本内部也有差異，主要是《續疇人傳》最後一卷中《劉衡傳》的有無。如北京大學圖書館藏《文選樓叢書》刻本中，便有有《劉衡傳》和無《劉衡傳》兩種。

羅士琳《觀我生室匯稿》，按諸可寶在《疇人傳三編》中的記載是收書十二種。現存《觀我生室匯稿》刻本，國家圖書館藏的僅有十種，無《疇人傳》。北京大學圖書館藏本有《疇人傳》正續五十二卷，版式行款與《文選樓叢書》本一致，底本當是《文選樓叢書》本。不含《劉衡傳》。

稱底本取自《文選樓叢書》本的各種《疇人傳》《續疇人傳》影印本中，《續修四庫全書》無《劉衡傳》，《中國科學技術典籍通匯（綜合卷）》有《劉衡傳》，《中國古代科技行實會纂》有《劉衡傳》。另中華書局版《叢書集成初編》3378 册爲《續疇人傳》（按：據商務印書館《叢書集成初編》目録，起初擬出書 4107 種，4000 册，而實際出版 3467 册；1985 年起中華書局陸續重印並補全，《續疇人傳》在補出之列），書中説明“此據《文選樓叢書》本排印”，無《劉衡傳》。

考劉衡著作《六九軒算書》付梓時，羅士琳曾爲作跋。《續疇人傳・劉衡傳》論云：“是書久藏家塾，鄉僅于《輯古算經考注》中見所補之二注。今其嗣星房都轉刊刻遺書，始獲見之，亟爲補傳於此。”則《劉衡傳》確爲後補，且應出自羅士琳本人手筆。不含《劉衡傳》的叢書本，應該是依據了年代較早的版本。

2. 蛟川花雨樓張氏校正重鋟本

國家圖書館有藏本，共 12 册。正續合刊，分别有書名頁，題名“疇人傳”“疇人傳續”，且左下均有“蛟川花雨樓張氏校正重鋟”字樣。《續傳》卷首《續疇人傳序》《疇人補傳目》，卷次上接《疇人傳》。行款版式同《文選樓叢書》本。有《劉衡傳》。卷中未標明刊刻時間。蛟川張氏即張壽榮，浙江鎮海人，同治九年（1870）舉人。張舜徽《清人筆記條辨》中提到他“尚有《秋樹根齋叢書》，匯刻清儒著述，若趙氏《水經注釋》阮氏《疇人傳》……皆在其内，而以己所著《舫廬文存》附焉。其書光緒初年所刻，吾家舊藏一部，刻印極精。[①]”現存張氏刻《花雨樓叢鈔》，牌記爲“蛟川張氏秋樹根齋”，刊刻時間大致在光緒八年（1882）至十

① 張舜徽《清人筆記條辨》，華中師範大學出版社，2004 年，頁 399。

四年(1888),國圖本存二十二種附一種,不含《疇人傳》《續疇人傳》。且《叢鈔》内諸種書版式統一,與此花雨樓本《疇人傳》並不相同。

綜合來看,蛟川張氏可能刊印了兩次《疇人傳》。一次刊入秋樹根齋刻本《花雨樓叢鈔》,即張舜徽所言《秋樹根齋叢書》,流傳中叢書殘,其中的《疇人傳》今佚,是否包含羅士琳所著六卷續編未知;另一次以《文選樓叢書》本爲底本重刻,正續編共五十二卷。

3. 海鹽常惺齋張氏重校刊本

袖珍本,12 册。正續合刊,書名頁有"疇人傳四十六卷附續傳六卷",背面牌記"光緒壬午春海鹽常惺齋張氏重校刊",即光緒八年(1882)刊刻。增徐用儀序、朱福詵序、頤性老人像及張敬識、查燕緒跋。《續傳》前書名頁題"疇人傳續",仍有《續疇人傳序》《疇人補傳目》,卷次上接《疇人傳》。左右雙邊,白口,單魚尾,半頁 10 行行 20 字,版心題書名、卷數、頁數。有《劉衡傳》。避同治諱。

江南機器制造總局有翻刻本。

4. 上海璣衡堂石印本

光緒二十二年(1896)石印,書名頁題"光緒丙申仲冬月上海璣衡堂開印"。此本除《疇人傳》正、續外,還收入《三編》及華世芳《近代疇人著述記》。序跋篇目同常惺齋張氏本。四周雙邊,白口,單魚尾,半頁 20 行,行 42 字。《測海山房中西算學叢刻初編》收有此本。

後有錦章書局印本,書名頁改題"光緒丙申年仲冬上海璣衡堂藏本,錦章書局印"。

五、《續疇人傳》的價值

(一) 揭示天文曆算發展的成果和局限

《續疇人傳》爲四十四位天文曆算學家立傳,又兼及同時期其他一些人的貢獻和著作,尤其集中展現了嘉慶、道光年間疇人用不同形式創造的各種學術成果。除了最常見的闡述原理、總結公式、演算題目外,還包括:

參與翻譯西學著作。如錢大昕傳記載,蔣友仁進獻《地球圖説》並奉旨翻譯,錢大昕與何國宗參與其中,潤色文字。

校注古算書。如對劉徽注《九章算術》這一漢代已形成、魏晋人作注的古算書,戴敦元校方程新術二:"文多脱誤,簡恪(戴敦元)曾校其一……凡改八字,添二十六字,移二十九字"(《戴敦元傳》);焦循"本劉氏書以加減乘除爲綱,以《九章》分注而辨明之,撰《加減乘除釋》八卷。"(《焦循傳》)

刊刻、輯佚算書。如阮元從《永樂大典》抄輯百余條楊輝著作,羅士琳訪得《算學啓蒙》後撰《細草》並一同刊佈。

制作科學儀器。《張作楠傳》述其"與其浪費無益之酬應,不若將薄俸養活工匠，制儀器，刻算書，俾絶學大昌”，“故凡履任，悉以銅木石工及剞劂氏相隨”；《徐朝俊傳》也有“嘗自制鐘錶、儀晷諸器，爲巧匠所不及”的記載。

用天文曆算知識考證經史書籍和古名物制度。清代學者在這方面有十分突出的成就，以乾嘉考據學爲代表，校勘學、訓詁學、史學等衆多傳統人文學科的發展都包含了這一點。但同時，它也體現了這一時期算學發展仍然没有能完全從經學中獨立出來的局限性。

從這四十四位“疇人”的學問來看，他們中的絶大多數首先是通經學，然後才兼治算學——如錢大昕、焦循、孔廣森等自不必説，再如《程瑶田傳》：“生平潛心實學，精于鑒别，尤肆力於《考工記》，旁涉六書九數”；《許桂林傳》：“以餘力兼治六書九數”；《吴蘭修傳》：“工詩文，尤精考據，兼擅算數之學”；《張成孫傳》：“經學傳家，兼精天學”；《姚文田傳》：“生平博覽群書，精於考核，兼明古曆傳”；《陳潮傳》：“肆力經學，工小篆，精於六書音韻，以漢儒説經者六書尚矣，尤不能廢九數，於是鋭志算學”等。

從他們的科第官爵來看，科舉仕進仍然是絶大多數人選擇的路途。《續疇人傳》三十六位清代傳主中，十七人是舉人或進士，八人考中秀才。基本都擔任過官職，不僅有文臣，還有武將，如楊大壯。而他們的官爵，固然有欽天監監正、靈臺郎這種與天文曆算相關的，但更多的是諸如知縣、知府、巡撫、都尉、參將、工部侍郎、禮部尚書、清書翰林、内閣學士等不需要算學水準也可以擔任的職位，其中劉衡還是有名的廉吏。這些人雖不乏優秀的算學成就，但他們並未將天算視爲主業，這門學問也不是他們安身立命的依憑。

再從研習天文曆算的用處來看，這些學者往往是用天文曆算知識考證古書、發明經義、糾正前人傳注的錯誤。許多天文學、數學成果是以傳統治學的經注、校勘、補佚等形式體現出來的。施彦士曾推勘《春秋》三十七日食，自序中指出了《春秋》曆法之混亂，並對杜預注解的問題提出了批評，從而説明勘正的必要：

> 《春秋》日月，具有義例，而周正、夏正聚訟紛如，蓋自東遷以後，失曆失閏。……況夏五郭公，史文多闕，千載後其孰從而定之？杜征南爲左氏功臣，而不諳曆法，所著《長曆》，惟憑經文朔日前却閏月，以求其合。而經誤傳誤，卒不可定，後人又孰從而求之？（《姚文田傳》附施彦士）

談泰撰有《王制里畝算法解》一卷，自序云：

> 五經中罕言算數，惟《王制》論里畝及之。然孔與鄭異，陳又與鄭、孔異，欲折中綦難矣。總憲梅循齋先生著《赤水遺珍》，中有方田度里一篇，正《王制》注疏之誤。其法以原數立算，與鄭康成注互合，但所列諸率，不明言乘除之數，恐觀者無從稽核，則經義難明。爰引先生本文，逐句疏解，並同三率互視法，詳推如左，而記文訛誤，及孔疏、陳注之粗疏，亦不辨而自明焉。（《談泰傳》）

而《續疇人傳》成書後，經歷鴉片戰争、洋務運動等歷史事件，傳統的社會結構、思想觀念受到巨大衝擊，自然科學及相關從業者地位劇變。到了諸可寶編撰《疇人傳三編》時，情況就不同了。治學方面，算學家多一心志於算學，同時研究經史的比例大幅降低，算學成就也更傾向於純粹的數學問題；仕途方面，無意仕進而專意算學研究，從事算學工作的人越來越多[①]。

（二）體現羅士琳的數學成就

《續疇人傳》雖然是一部傳記集，從體例上來説更像是史書，且羅士琳本人的傳並不在其中，但由於它寫的是“疇人”這個專門類别的學術群體，且詳盡地介紹、解説、評價了各位傳主的著作内容及他們開創或傳承的知識、方法，因此在《續疇人傳》中，我們還是能看到不少羅士琳個人數學水平的體現。前文討論過，羅士琳的《朱世傑傳》比起阮元所作，篇幅增長了很多，解釋天元、四元術也更加具體，就是因爲羅士琳研究朱氏《四元玉鑒》的精深。再如《陳潮傳》寫到陳潮考證祖沖之《綴術》應爲推演重差之意，擬采諸家緒論，參以朱氏招數、秦氏大衍、明氏諸差，撰《綴術輯補》，未成而歿。而羅士琳代陳潮撰成了這部書。

羅士琳還會在議論中指出傳主書中的錯誤，從中也可以看出羅士琳的學術造詣。如《董祐誠傳》論，指出董“橢圓求周”方法的錯誤，並且還找出了這種錯誤發生的原因是對《九章》的誤讀及超越條件的借用：

> 惟創橢圓求周，誤據《九章》句股葛生纏木術，以橢圓大徑爲弦，小徑爲句，求得股，副以小徑求得圜半周爲句，與所求之股，復求得弦爲橢圓半周，於術不通。蓋葛生纏木，若使兩面對纏，其相交處比有角，故可借爲句股形求之。而橢圓之形則爲斜剖之圓柱，與葛纏者迥異，其受剖處無痕跡可尋，故能有合於長圓，而不能有合於句股，以其相交處無角也。夫其相交處無角，則其形不同，其數必衡小於橢周，信非通法。曩曾以此論告之其兄玉椒農部，乃農部既不知算，兼以友愛其弟，不忍湮没其所著之書，堅不節去此術，致方立有遺憾，惜哉。

（三）小結

《續疇人傳》出版於1840年，恰恰處在鴉片戰爭爆發、中國邁進近代史的時期。一方面，它記録了數十位嘉慶、道光間的天文曆算學家及其學術貢獻，這些記載爲研究中國古代尤其是清代的自然科學發展狀況，提供了珍貴的史料。《清史稿》列傳二百九十三、二百九十四增加了歷代正史所無的《疇人傳》，内容基本摘自《疇人傳》及其續書系列。其中明安圖、明新、陳際新、張肱、博啓、許如蘭、李潢、汪萊、李鋭、黎應南、謝家禾十一人的傳記取自羅士琳《續疇人傳》，《博啓傳》還同時收録了羅論的部分[②]。另一方面，《續疇人傳》書中顯

---

① 李麗《〈疇人傳三編〉研究》，陝西師範大學碩士論文，2014年，頁33—34。

② 趙爾巽等撰《清史稿》卷五〇六、五〇七，中華書局，1977年，頁13933—13993。

示出的中學、西學之争，以及和《疇人傳》《三編》《四編》對比體現出的學術地域分佈、學者職業選擇等方面的變化，也保留了許多社會生活史、思想文化史的材料。

【作者簡介】何思雨，北京大學中文系博士生，研究方向爲中國古典文獻學。

辨析駢偶定句讀

——《册府元龜(校訂本)》標點平議

季忠平

【提　要】 本文以鳳凰出版社《册府元龜(校訂本)》中各部門之序作爲考察對象,對其中涉及駢偶修辭的標點錯誤展開論證。所論個案,按其致誤的不同,分成八類,合計六十四例。

【關鍵詞】 册府元龜　標點　駢偶

鳳凰出版社於2006年出版的校訂本《册府元龜》,是一項投入了大量人力、物力而推出的古籍整理成果,理應成爲今天的人們閲讀利用該書的首選。整理者們花費了大量的時間精力,爲全書洋洋一千多萬字施加了新式標點,這在很大程度上起到了幫助讀者閲讀理解的作用,功德無量。不過,智者千慮,難免一失。本人在利用校訂本從事日常研究的過程中,發現書中的有些標點還有可以商榷的餘地。就拿書中三十一部的總序和一千一百零四門的小序來説,由於作者大多是當時負有盛名的文士,因此每篇都充分體現了注重修辭的特點,尤其是駢偶的修辭手法更是比比皆是。然而,由於校訂者似乎未能對這一現象予以足够的關注,以致出現了不少句子的斷句不當,不但使作者苦心經營的駢偶隱而不顯,同時也很可能會使讀者産生誤解或困惑,多少有點令人遺憾。筆者通過對《册府元龜》校訂本的序文中這類問題的全面調查,發現其個案涉及全書不同卷次;同一類型的問題似乎也並不僅僅出現在《册府元龜》的整理本中,據筆者平時研讀所知,類似的現象在已出版的不少古文獻特别是文學文獻的整理本中,多少有所存在;這樣的現象又多關涉對中國古代歷史、文化等方面的認識與理解;筆者的認識固然粗淺,但因爲考慮到如果能以此引起相關的整理者在這方面的注意,也許對進一步提高古籍整理的質量不無小助,所以還是願意不避鄙陋的嫌疑,將這些問題揭示出來,以向專家請教。

就筆者不完全統計,校訂本全書序文中由於斷句不當而導致的破壞駢偶的情況有數百處。根據對這些情況的簡單分析,按其致誤的不同,可分成八類。囿于篇幅,本文每類只選取較爲典型的例子,合計六十四例。每例引文括注卷次、部門以及在校訂本中的册數、頁碼,以備檢覈。

一　割裂主謂關係失駢例

(1) 自秦遷周鼎，頗遵古制；逮於吴蜀，建號江左，禪代莫不追加號謚，充奉園邑，增建廟貌，聿修時祭。(卷一百八十九《閏位部·奉先》，三/2114)

"建號""禪代"都宜屬上句。蜀國建號，不在江左；吴蜀亦未有禪代事。"吴蜀建號，江左禪代"是分説三國、南朝立國的駢句。割裂了原有的主謂關係，不僅破壞了駢偶的句式，同時也使文意與史實不符。

(2) 奉先之誠，不匱昭享之義，有叙惟馨之薦，豐而且潔，非有諂也；致美之服，章而有量，不圖奢也。(卷二百三十五《列國君部·奉先》，三/2628)

"不匱""有叙"都宜屬上句，"叙"後宜加句號。"不匱"的，是"奉先之誠"；"有叙"的，是"昭享之義"，强作割裂，不僅隱没了"奉先之誠不匱，昭享之義有叙"兩句的駢偶特點，同時也破壞了"惟馨之薦……"與"致美之服……"的駢偶關係。

(3) 繇是宗廟之禮，斯備宫闕之制，有典外夷之事，明習朝廷之政。有成量功以鉤校，則物無遁形；執詞而訊辨，則情咸有得。(卷六百二十《卿監部·舉職》，七/7175)

"斯備""有典""明習""有成"都宜屬上句。"斯備"的，是"宗廟之禮"；"有典"的，是"宫闕之制"；"明習"的，是"外夷之事"；"有成"的，是"朝廷之政"。一組四句，並列説四事，都屬於卿監的職責，並不是只論"宗廟之禮"一個方面。四處割裂，不僅破壞駢偶，也使"宗廟之禮"難以總統其餘三事。

(4) 始因私怨，構其事端，終爲深禍，危乎邦本。斯則猜賊者之議，得讒毀者之計，行故受枉被誅，莫不由是。(卷七百四十八《陪臣部·賊害》，九/8644)

"得""行"都宜屬上句。所"得"者乃"猜賊者之議"，所"行"者乃"讒毁者之計"，奸佞之輩"議得""計行"，故忠良之人"受枉被誅"；"行故"不成詞。

(5) 喪從哀制，緣情之禮，斯在恩繇義斷，移孝之文足徵。故晋侯始墨，以從戎子騫。腰絰而服事，奪情順變，其來尚矣。(卷八百六十二《總録部·起復》，十/10045)

此段有三誤。"斯在"屬下句，一誤。"緣情之禮斯在"六字連讀，則正與上下文構成一對四六駢句。"以從戎"與"晋侯始墨"割裂，二誤。"子騫"與"腰絰以服事"割裂，三誤。"晋侯始墨以從戎"與"子騫腰絰而服事"相駢偶，分别用晋襄公及閔子騫居喪之典，事見《左傳·僖公三十三年》《公羊傳·宣公元年》。

(6) 自知者，明既標於前訓，不能則止；亦著於格言，由審己以惟艱，爰修身而有待。(卷八百六十七《總録部·自知》，十/10102)

"明"宜屬上句，"訓"後逗號宜改分號，"止"後分號宜改逗號。"自知……前訓"與"不能……格言"相駢，前謂《老子》有"自知者明"，後謂《論語》有"不能則止"。兩引經典，事屬並列。

(7) 若夫受誅於官者，非怨殺人，而義者勿讎，斯典經之丕訓，百代所不

易。(卷八百九十六《總録部・復讎》,十/10403)

“非怨”宜屬上句,“殺人”宜屬下句。“受誅於官者非怨”,意思是被政府依法判處死刑者其親友不該有怨讎之心;“殺人而義者勿讎”,意思是雖殺人但合乎道義的人不該成報讎的對象。這兩句形成整齊的駢偶,並列説明兩種不應該復讎的情況。

(8) 在天成象列宿,有風雨之好。唯人最靈,大欲存飲食之味,雖愛尚之或異,亦縱恣而無節。(卷九百二十八《總録部・嗜好》,十一/10755)

“列宿”宜屬下句,“好”後句號宜改爲分號。“列宿有風雨之好”與上下文構成一對四七駢句,文意本自《尚書・洪範》“庶民惟星,星有好風,星有好雨”一句,喻指世人如同天上群星,有各自的嗜好。

(9) 禍福相倚,事乃無必壓溺。既至禮所不吊,命奚可説,天亦難忱,烏識其時? 孰知其極?(卷九百三十一《總録部・枉横》,十一/10779)

“壓溺既至”宜作一句讀,“必”後宜加分號。“既至”的主語是“壓溺”,不當割裂。“壓溺”是指土壓和水淹,這裏泛指意想不到的枉横之禍。“事乃無必壓溺”既不合於“枉横”的主題,“既至禮所不吊”又不知所云。“壓溺既至,禮所不吊”正與“禍福相倚,事乃無必”構成工整的駢偶。

二　割裂動賓關係失駢例

(10) 夫以託霄極之尊,依蘿圖之盛,承本枝之蕃茂,膺磐石之疏封。是曰:君宗咸居屬籍,雖親疏之節著於字人,而善惡之名紀乎惇史。(卷二百六十二《宗室部》,四/2971—2972)

“是曰君宗”不宜割裂。這裏的“曰”,意思是稱爲、稱作,對象是“君宗”這一名稱,而非“君宗咸居屬籍”這一事情。“夫以託霄極之尊……膺磐石之疏封”四句都是説帝王宗室的尊貴身份,“是曰君宗”與“咸居屬籍”相駢,“是曰君宗”是承上的總結,意思是“(前面所説的)這種人稱之爲“君宗”,而“咸居屬籍”四字則是補充説明這一類人都記載在宗室的譜籍上,並蘊含啓下文“紀乎惇史”的意味。

(11) 乃至行誅求之政,侵削于下畜;掊克之臣,聚斂爲務。(卷五百一十《邦計部・重斂》,六/5796)

“畜”字宜屬下句。“畜掊克之臣”句與“行誅求之政”句相駢偶,並列描述兩種重斂的手段。“下畜”不成詞。

(12) 至於奉閒宴陪,豫游授簡,爲文無容宿搆,於坐立奏,焕然成章,非英氣積中,天機俊發,又安能翰動若飛,筆不停綴,布辭令於俄頃,獻嘉頌於行在?(卷五百五十一《詞臣部・才敏》,七/6308)

“陪豫游”“授簡爲文”都宜各作一句讀。“陪豫遊”與“奉閒宴”相駢,並説詞臣在皇帝身邊侍宴陪遊兩事;“授簡爲文,無容宿構”與“於坐立奏,焕然成章”句相駢,分承陪遊與奉宴兩事,各寫詞臣的才思敏捷。

(13)《詩》曰:"靖恭爾位,好是正直,況夫簡孚,庶獄審克。"九刑成震曜之威,當明慎之職,固宜謹奉彝憲,舉正爰書,絶去兩端,循用三尺。(卷六百一十七《刑法部·正直》,七/7138)

"庶獄"宜屬上句,"審克九刑"宜作一句讀。"簡孚庶獄"與"審克九刑"相駢,"簡孚"、"審克"二詞都來自《尚書·吕刑》,都表示審察、審覈的意思,"庶獄"、"九刑"正是所審覈的對象。附帶説明,自"況夫"以下文字顯然非《詩經》内容,而屬於序文作者自撰的文字,不當闌入引號内。

(14)夫夷情得喪,忘懷榮辱;外儻蕩以無檢,中恬漠而自適;簡易威儀,脱略富貴;抗心俗表,不屑物議;任放肆志,率詣不羈;窮厄靡動,其情哀樂,罔嬰其慮:斯皆晏然自得,不以世務爲累者已。(卷八百五十五《總録部·曠達》,十/9954)

"其情"宜屬上句,"哀樂"宜屬下句。"窮厄靡動其情"與"哀樂罔嬰其慮"相駢,意思是説即使窮厄也未能改變其情懷,無論哀樂都不會縈繞在胸臆,而這正是曠達者的表現。原標點令人不易理解作者究竟想説什麽。

(15)又若予賜之典,所以優禮。大臣取請之文,所以俯從私願。(卷九百六《總録部·假告》,十/10534)

"大臣"宜屬上句,"臣"後宜用分號。"予賜之典……"句與"取請之文……"句構成一對四六結構的駢句。"予賜"指"予告"與"賜告",是皇帝給予大臣的一種休假待遇,漢代只有二千石以上的高官才可以享受,所以此序説它是"所以優禮大臣"的制度;"大臣"是"優禮"的對象,不可割裂。

(16)乃至鬼神之事,著於方册而興。鄙斥之論,竺乾之教,布于華夏而行。毁訾之説,漢魏而下,蓋不乏其人矣。(卷九百一十六《總録部·偏執》,十一/10639)

"而興鄙斥之論"和"而行毁訾之説"二句不宜割裂,"論"後宜用分號,又"著於方册""布于華夏"似皆宜屬上句。"鬼神……之論"與"竺乾……之説"相駢,並説作者所不以爲然的兩種偏執情況。若依原標點,那麽不僅"鬼神之事"如何可以"著於方册而興"會令讀者困惑,同時也無法體現作者對鬼神之事的褒貶去取。

(17)至有箕踞而傾倚,岸幘以嘯詠,跌宕適意,豪縱亂常,宜乎招負俗之累嬰,自貽之戚於戲。《書》云:"簡而無傲。"《詩》云:"彼交匪傲,萬福來求。"誠爲君子之道也。(卷九百三十《總録部·傲慢》,十一/10767)

"嬰",意爲遭受,其對象是"自貽之戚","嬰自貽之戚"與"招負俗之累"相駢,故"嬰"宜屬下句;又"於戲"是感歎詞,啓發下文,宜獨立成句,後面施感歎號。

三　割裂狀中關係失駢例

(18)利權莫舉,經制靡脩,信不可委。以計會之任,助于富庶之政也。

(卷五百一十《邦計部·交結》,六/5802)

“委”後句號宜除去。“委以計會之任”與“助于富庶之政”相駢,跟現代漢語相比,“委以計會之任”是狀語後置的形式,意思相當於“將計會的職務相委任”。

(19) 或忿争於朝廷,或遷謗於祖裔,其於攻訐,以寘害淪胥,而罹咎者蓋有之矣。(卷六百八《學校部·讎嫉》,七/7019)

“以寘害”宜屬上句,“淪胥”宜屬下句,“者”後宜用逗號。與現代漢語相比,“以”“而”二字,在這裏都是後置的用以表示原因或方式的介詞,在它們前面的詞“攻訐”及“淪胥”則是所介的內容,組合在一起在句中充當狀語。相駢的“攻訐以寘害,淪胥而罹咎”兩句,如用現代漢語來講分别是:因爲攻擊别人而遺留禍害,因爲受到牽連而遭遇災難。

(20) 其或邪僻,任己慘毒,臨下寘之嚴憲,固其宜也。(卷六百二十六《環衛部·總序》,七/7240)

“任己”宜屬上句,“慘毒臨下”宜作一句讀,“下”後宜用逗號。“邪僻任己”與“慘毒臨下”相駢,“邪僻”與“慘毒”分别是修飾“任己”與“臨下”的方式狀語。

(21) 或竭誠而濟難;或悉力以蕩寇,用能立事,當世流芳。策書論而次之,固亦以勸事君者之忠蓋爾。(卷六百六十七《内臣部·立功》,八/7691)

“當世”宜屬上句,“流芳策書”宜作一句讀,“書”後宜加逗號。“立事當世”與“流芳策書”相駢,“當世”與“策書”是表示處所的狀語,分别修飾“立事”與“流芳”,只不過,由於是古漢語,這兩個狀語都處於後置的狀態,並且前面都省略了表示處所的介詞“於”。

(22) 蓋夫五等疏爵,千乘承家,必有陪臣。用司厥政,固宜盡瘁,以委質陳,力以事公,兢獻其忠,各專其霸。(卷七百五十《陪臣部·奔亡》,九/8667)

“以委質”宜屬上句,“陳”宜屬下句。“盡瘁以委質”與“陳力以事公”相駢,兩“以”字同屬表示方式的介詞,“盡瘁”與“陳力”都是狀語。附帶説明,“臣”後句號宜改爲逗號,“必有陪臣,用司厥政”也是一對駢句,表示一個完整的意思。修改了標點,可知這段文字全部由駢偶組成。

(23) 或總括地志,或傳流人聞;遠者隔閡,九州曠絶;千載幽者,埋没泉壤;磨滅篆刻,不時而出。是爲奇怪眩惑,衆視莫質,所疑苟非,智賾萬殊,識洞群性,洽聞强記,目擊道存,則何以遍閲名數,周察毫芒,别白臧否,如指諸掌?(卷七百九十七《總録部·博物》,九/9250)

“九州”宜屬上句,“曠絶千載”宜作一句讀,“載”後宜加分號,“幽者”宜屬下句,“壤”後分號宜改逗號。“遠者……千載”與“幽者……篆刻”相駢,“九州”與“千載”分别是修飾“隔閡”“曠絶”的狀語。附帶説明,後面的文字宜點作:“不時而出,是爲奇怪,眩惑衆視,莫質所疑。苟非智賾萬殊……”

(24) 發於天資,難以學致;觀其夷險,無變寵辱。不篤酌之無倪,隤然處順,或蒙乎大難,遂濟於成功;或扇其高風,用敦於雅俗……(卷八百五十《總録部·器量》,十/9896)

“無變”宜屬上句,“寵辱不篤”(“篤”於文義無取,疑爲“驚”之形訛)宜作一句讀,“篤(驚)”後宜加逗號。“夷險無變”與“寵辱不篤(驚)”相駢,“夷險”與“寵辱”都是表示所處狀態的狀語,分别修飾“無變”與“不篤(驚)”。原標點使文意晦澀難懂。

(25) 三代以降,六禮具,舉冕迎,不以爲重。廟見必主於肅,御輪奠雁,其儀克恭。施衿結褵,所戒尤慎。(卷八百五十三《總録部·姻好》,十/9931)

“舉”宜屬上句,“冕迎”宜屬下句,“重”後句號宜改爲逗號,“恭”後句號宜改爲分號。“具”,通“俱”,不僅作爲修飾謂語“舉”的程度狀語,同時作爲虚詞,與上句的虚詞“以”相對應。原標點埋没了作者在這段文字中全部用駢的良苦用心。

(26) 至若受施而不背,求舊而不遺金石,其心風雨無變,乃行之常也,安可造次而忘之哉?(卷八百六十五《總録部·報恩》,十/10077)

“金石”宜屬下句,“心”後宜加逗號。“金石其心”與“風雨無變”相駢,“金石”是形容“心”(這裏當屬動詞)的狀語,意思是像金石一樣堅持自己的信念不動摇。

(27) 其有省親,故留移疾當解,或坐稽違之責,或掇避事之尤,悉著于篇,以懲不恪。(卷九百六《總録部·假告》,十/10534)

“故留”宜屬上句。據“故”字可知,“省親”是“留”的原因,“省親故留”與“移疾當解”構成工整的駢偶。

四 割裂語詞失駢例

(28) 而歷代以還,或因三光之謫,見水旱之作沴,憂勞戒懼,諮求讜議,斯亦聖哲之常道也。(卷一百二《帝王部·招諫》,二/1114)

“見”宜屬上句。“謫見”指天象所表現出的對人事的譴責,例如《漢書·成帝紀》載詔有“乃者日蝕星隕,謫見於天”。“三光之謫見”與“水旱之作沴”相駢。凡割裂語詞以致失去駢偶的情况,往往一旦指明所割裂的語詞,句子之間的駢偶關係不言自明,爲節省篇幅,以下同類例子大多略去從駢偶的角度來作分析的内容,而只對被割裂的詞語作簡單討論,用以論證的其他文獻的用例,也僅取一例爲限。

(29) 朝聘有常,使介交騖,飲食宴樂,洽浹於家,陪升降揖讓,無廢於兵革。(卷二百四十三《列國君部·宴享》,三/2719)

“陪”宜屬上句。“家陪”指公卿大夫之家。《文選·東京賦》有“命膳夫以大饗,饔餼浹乎家陪”。

(30) 守境者克寧其封,守備患者無憚乎天癘。(卷三百九十《將帥部·警備》,五/4406)

“守”宜屬上句。“封守”指邊疆。《尚書·畢命》有“申畫郊圻,慎固封守”。

(31) 其後因時立法,或暫罷而尋復出,令生姦益,繁文而密網,沿革之制,

於兹可見，貪涼之弊，莫之能救。（卷四百九十三《邦計部・山澤》，六/5585）

“出令生姦”宜作一句讀，“益”宜屬下句，“復”後宜加分號。短語“出令生姦”指國家頒佈法律，而酷吏卻利用它來羅致罪名。《漢書・禮樂志》有“今漢繼秦之後，雖欲治之，無可奈何。法出而姦生，令下而詐起，一歲之獄以萬千數，如以湯止沸，沸俞甚而無益。”

（32）謹官常以宿業形譔，次而垂訓，道義兼精，望實增茂。（卷六百一《學校部・恩獎》，七/6934）

“形譔”宜屬下句。“譔”通“撰”，“譔（撰）次”原指撰寫編排，《後漢書・曹褒傳》有“褒既受命，乃次序禮事，依准舊典，雜以五經讖記之文，撰次天子至於庶人冠、婚、吉、凶終始制度，以爲百五十篇。”本文則用作名詞，指所撰編的文獻。

（33）然則便僻側媚，群言之攸，棄中正清直，公朝之所尚，則有内貞外順，博聞多識，推行實之攸異，稱治跡之第一，膺兹眘簡，寘于周行。（卷六百二十《卿監部・選任》，七/7173）

“棄”宜屬上句。此處的“攸”相當於“所”，用法如《易・坤》之“君子有攸往”之“攸”，“便僻側媚……”與“中正清直……”相駢對，分説兩種截然不同的品行及公論對這兩種品行的不同態度，“攸棄”與“所尚”相對應。

（34）兹所以重燕翼之，謀增盤維之固者也。（卷七百一十一《宫臣部・褒寵》，八/8199）

“謀”宜屬上句。短語“燕翼之謀”本自《詩・大雅・文王有聲》“詒厥孫謀，以燕翼子”，指爲子孫所作的謀劃。唐陳子昂《唐故袁州參軍李府君妻清河張氏墓誌銘》有“箕裘之業載隆，燕翼之謀不殞。”

（35）至有臨危制變，而奮厥庸佐，命戡難而申其術，居上治民而成務，切問近對以盡規……（卷九百《總録部・自薦》，十/10454）

“佐”宜屬下句，“變”後逗號宜去。“佐命”指輔助帝王順應天命而登基。《後漢書・朱浮傳》有“伯通以名字典郡，有佐命之功”。

（36）是故賢者樂道，君子不憂，安德而忘貧，好禮而不懾，雖曲肱飲水，其樂只。且在甕牖繩樞，何賤之有。（卷九百二《總録部・安貧》，十/10486）

“且”宜屬上句，後宜加分號。“其樂只且”出自《詩・王風・君子陽陽》“君子陽陽，左執簧，右招我由房，其樂只且”。

（37）乃有乘艱虞之會，履崇高之位，謀人之國策，慮之匪臧，遭事之變，進退之無措。（卷九百九《總録部・憂懼》，十/10567）

“策”宜屬下句，“臧”後宜改分號。“策慮”猶計謀。漢劉歆《遂初賦》有“攄趙奢之策慮，威謀完乎金城”。

（38）夫以髮膚所稟，保抱而成；凱風自南，載傷于生；鞠昊天罔極，何報于劬勞。（卷九百二十三《總録部・不孝》，十一/10702）

“鞠”宜屬上句。“生鞠”指父母的養育之恩，本自《詩・小雅・蓼莪》“父兮生我，母兮鞠我”。宋鄭俠《觀孔義甫與謝致仕詩有感》有“慈烏於反哺，知以報生鞠”。

五 誤合語詞失駢例

(39) 豈不以居司牧之重法，天地之量務，揆光大之德，以叶亭育之義哉？(卷一百二十六《帝王部・納降》，二/1371)

"法""務"都宜屬下句。整理者將"重法""量務"看作雙音節詞，誤。此處的"法""務"都是單音節詞，"法"指效法，"務"指務必，分别與上下文的"居""以"相駢。

(40) 至於顧待終始，感概存亡，必舊人而是圖，雖小忿而無廢，豈唯忠諒之節類，王臣而匪躬，抑亦沮勸之方，俾懦夫而增氣。(卷二百九《閏位部・念功》，三/2344)

"類"宜屬下句，"躬"後逗號宜改分號。"節類"不成詞；"豈唯……匪躬"與"抑亦……增氣"相駢，"節"對應"方"，"類"對應"俾"。

(41) 而能勵骨鯁之操，蘊貞諒之志，臨大節而有守膺，切問而無諂。(卷四百六十《臺省部・正直》，六/5186)

"膺"宜屬下句。"膺"是單音節詞，這裹表示接受；"膺切問而無諂"與"臨大節而有守"相駢，意思是接受皇帝的諮詢而没有隱諱；"守膺"不成詞。

(42) 救時之弊，乃至於申嚴濟民之殘式，從乎寬裕，杜周所謂三尺法，亦何常之有哉？(卷六百九《刑法部・定律令》，七/7028)

"式"宜屬下句，"嚴"後宜加分號。"殘"與"式"分别爲單音節詞，"式"相當於"以"，與《尚書・盤庚下》有"式敷民德"之"式"相似；作爲虚詞，正與上文"乃"字相駢。

(43) 故三代之禮，周制彌文官居其方政。乃用乂大，則有行人之職，次則有掌客之名，咸領於秋卿，動繫於國體。(卷六百二十一《卿監部・司賓》，七/7190)

"大"宜屬下句，"文""方"後宜加逗號，"官居其方""政乃用乂"各作一句讀。"大則有行人之職"與"次則有掌客之名"相駢；"乂大"不成詞。

(44) 夫虚明之境，蓋動作之微機，夷曠之懷實，性情之懿範，誠標準而無暇，因陶冶之所成。(卷八百五十《總録部・器量》，十/9896)

"實"宜屬下句，"機"後逗號宜改分號。"虚明之境"句與"夷曠之懷"句相駢，"實"對應"蓋"；"懷實"不成詞。

(45) 西漢而下，則有居丞弼之任，亮采乎邦家，處爪牙之權式，遏於亂略，以至引籍於扃禁，影纓於文陛，奄丁艱疚，聿去班列。(卷八百六十二《總録部・起復》，十/10045)

"式"宜屬下句，"家"後逗號宜改分號。"式遏"來自於《詩・大雅・民勞》"式遏寇虐"，作爲雙音節詞，在駢句中與同屬雙音節詞的"亮采"相對應；"權式"不成詞。

(46) 而乃心起於貪事，即于佞民之有過，則俾之作禮，以贖其正刑。僧之

犯法，則屈其常憲，而不懼恵奸。（卷九百二十七《總録部·佞佛》，十一/10747）

“事”宜屬下句，“佞”後宜加句號，“刑”後句號宜改分號。“貪”、“事”分别爲單音節詞，“心起於貪”與“事即于佞”構成工整的駢偶。

六 誤合二意爲一意失駢例

(47)《傳》曰：“智者不惑。”又曰：“識者不求所告。”蓋覩乎事機，非智則不周察乎人情，非識則不達。（卷七百一十一《宫臣部·智識》，八/8197—8198）

“周”後宜加分號。結合上下文可知，本段所論，包括“智”“識”兩方面，“察乎人情”關乎“識”；“非智則不周”與“非識則不達”相對應。原標點未能區分這兩層意思，同時破壞了駢偶的關係。

(48) 是故率而爲道，抱以爲朴，任真則有全德。蓋寡愚智長短，自殊厥趣，剛柔緩急，各顯諸用。（卷八百三十五《總録部·性質》，十/9699）

“有”後宜加逗號，“全德”後句號宜移至“寡”後。“任真則有”與“全德蓋寡”相駢，分别從兩個方面評價“率而爲道，抱以爲樸”做法的性質。

(49) 至乃字育孤幼，養治屙瘵，恭順兼極，勞苦無憚，脊令急難之義，以之而彰塤篪和樂之美，於是乎在孔子曰：“孝悌也者，其爲人之本與？信君子之所務也已。”（卷八百五十一《總録部·友悌》，十/9911）

“彰”後宜加分號，“在”後宜加句號。相駢的“脊令急難之義，以之而彰”與“塤篪和樂之美，於是乎在”兩句都使用了來自《詩經》的典故，根據《詩·小雅》中《常棣》與《何人斯》兩篇的相關内容，可知前者是指兄弟在遇到急難時的相互幫助，後者則是指兄弟在日常相處時的和諧融洽，這是有所區别的兩層意思。附帶説明一下，“信君子之所務也已”一句乃序文作者自撰，非孔子語，故“已”後引號宜移至“與”後。

(50) 夫有負藉甚之才，抱夷曠之性；居軒冕之貴，不以嬰懷顧簿領之繁。常多暇日，或締交接坐，或群從侍遊。（卷八百六十七《總録部·遊宴》，十/10107）

“懷”後宜用分號，“繁”後句號宜改逗號。“居軒冕之貴”是説遊宴者的身分的高貴，與之相駢的“顧簿領之繁”則是説遊宴者的公務的繁忙。原標點未能體現作者的這兩層意思。

(51) 中古以還，英偉間出，乃有遭死生之變，而泊然無撓遘艱虞之會，而毅然有守，不溺於私愛，不徇於拘忌……（卷八百九十五《總録部·達命》，十/10389）

“撓”後宜加分號，“變”與“會”後似可不加逗號。“遭死生之變而泊然無撓”與“遘艱虞之會而毅然有守”相駢，所説的是兩種不同的情況。

(52) 蓋天因咎徵之，或興以厭，當而爲法；六祈之義，所以號變；而徼福五行之氣，所以克勝而迭至，斯乃祝祉禄而求永貞者也。（卷九百六《總録部·禳

厭》,十/10531)

“或興”宜屬上句,“以厭”宜屬下句,“而徼福”宜屬上句(“天”字於文義無取,疑爲“夫”之形訛)。“因咎徵之或興”與“以厭當而爲法”相駢,前叙災異之興,後舉人事所爲。又“厭當”爲詞,不可割裂。“六祈……徼福”與“五行……迭至”相駢,前述禳厭之目的,後言禳厭之結果。原文皆作駢偶,句各一意,層次清晰,數處誤斷,不僅文意糾葛難通,駢儷之美亦蕩然無存。

(53) 至或慷慨自負,高亢靡屈,言必忤物,動皆違俗,因坐事而被譴,致失行之貽譏。罹乎悔尤,至於顛沛流離委棄,固足痛惜者哉。(卷九百一十五《總録部·廢滯》,十一/10631)

“沛”後宜加逗號,“譏”後句號宜改逗號。“罹乎悔尤”“至於顛沛”是一對工整的駢句,承上説明遭廢滯之人的結果;既文義相連,則“譏”後不宜句斷。

(54) 君者,天也,無所不恭,一節以趨,靡遑於待駕三命而俯,以至於循牆。(卷九百三十《總録部·不恭》,十一/10771)

“駕”後宜加分號。“一節以趨”句與“三命而俯”句相駢,分别描述臣子尊敬君主的不同表現:前者本自《禮記·玉藻》,是説臣子快速出發以回應天子的召唤;後者本自《左傳·昭公七年》,是説臣子低伏身軀以表示對君子命令的敬畏。

七　割裂駢句入他句例

(55) 其或察其操履,悉其素尚,苟位未充量,姑待以遠期。若名浮於實,前知其敗事,《傳》所謂“惟君知臣”者,蓋得之矣。(卷二百四《閏位部·知臣》,三/2291)

“期”後句號宜改分號。“苟位……遠期”與“若名……敗事”二句,分承“察”“悉”之語,並説兩種“知臣”之事,文既相駢,意猶未盡,不宜句斷。

(56) 乃有畏遠名勢,推避光寵,深戒盛滿,固懷沖挹,薦賢而自訟者。期乎達人,引年而斂跡者。表乎知止,或形於封疏,極其剖陳;或面述至誠,發於悃愊。(卷四百六十三《臺省部·謙退》,六/5233)

二“者”後句號宜改逗號,“人”後逗號宜改分號。“薦賢……達人”與“引年……知止”是一對駢句,所以各説“謙”“退”二事。

(57) 夫言者,樞機務乎發而必中。辭比林藪,有以多爲貴者,通其變則靡倦乎終日,順其理則無過於天下。(卷七百四十四《陪臣部·有詞》,九/8589)

“樞機”宜屬上句,“中”後句號宜改逗號。“言者……必中”與“辭比……貴者”爲一對駢句,分説陪臣“有詞”的兩個方面,前者謂言語之謹慎,後者言辭令之博贍。

(58) 古之君子,進思盡忠,有犯無隱,在公正色。當官而行者,何嘗不以尊主庇民爲心,濟時利物爲務。(卷七百四十六《陪臣部·公正》,九/8611)

“色”後句號宜改逗號,“隱”後逗號或可改分號。“進思……無隱”與“在公……而行"相駢。"進思……行者"皆所以形容"古之君子"之語,中間不當句斷。

(59) 雖復繁於簿領,終靡厭於官曹。政經是勤,吏事攸攝,幹蟲之謂,兹亦足稱。在公之心,於焉是取。(卷八百四十四《總録部・勤幹》,十/9811)

"攝"後逗號宜改句號,"稱"後句號宜改分號。先須説明,"蟲"爲"蠱"之訛,"幹蠱"本自《易・蠱》"幹父之蠱",校訂本底本作"蠱"正得其實,校勘記稱據宋本改作"蟲",不可取。"在公"出自《詩・召南・小星》"夙夜在公"。"幹蠱……足稱"與"在公……是取"相駢,前者言幹,後者言勤,各據典故,分説本序主題的兩個方面。

(60) 故先儒引殊塗同歸之言,以爲六經之支裔,使之逢時效用。何啻霸者之佐,去聖逾遠,猶賢外野之求。(卷八百五十四《總録部・立言》,十/9942)

"用"後句號宜改逗號,"佐"後逗號宜改分號。"逢時……之佐"與"去聖……之求"相駢,並承"使之"二字,原標點既没其駢偶,又割裂其文意。

(61) 自非時厥中庸,好是正直,執不回之道,守無頗之性,則焉能獻替可否。不以讎而掩賢,閲實憲章;不以親而害法,臨事盡節,靡顧於妻孥;當官而行,罔避於權右……(卷九百一《總録部・公直》,十/10466)

"否"後句號宜改逗號,"賢"後逗號宜改分號,"章"後分號宜改逗號。"獻替……掩賢"與"閲實……害法"相駢,並承"則焉能"三字,原標點既誤割一句爲二,復錯用分號,難免有負作者苦心。

八 似駢實誤例

(62) 後世或諸侯歸時,事於宰旅,四夷奉國,琛於外府,叙賓以昭德,班勞以策勛,習射以講禮。(卷一百九《帝王部・宴享》,二/1184)

"時""國"後逗號都宜除去。"諸侯歸時事於宰旅"可參考《左傳・襄公二十六年》"晋士起將歸時事於宰旅","國琛"指國寶,所謂"奉國琛",是指少數民族爲了表示對中國的敬意而進獻珍寶,《詩・魯頌・泮水》"憬彼淮夷,來獻其琛"便是指這類事情。

(63) 豈止問安之訓道,映於龍樓,致美之風事,光於甲觀而已哉。(卷二百五十八《儲宫部・孝友》,三/2934)

"道""事"都宜屬下句,"樓"後逗號宜改分號。古人用"道映""事光"的例子如《魏書・盧昶傳》載昶上奏有:"舉賢黜佞之詔,道映於堯先;進思納諫之言,事光於舜右。""訓道"既不合於文義,"風事"又不成詞。

(64) 秦漢而降,以選尚爲重,義取於承配,勢極於崇盛,曷嘗不慎擇世胄,參求儁望。或奮勛之族隆,象賢之美;或貴戚之懿篤,因親之好。(卷三百《外戚部・選尚》,四/3382)

"隆""篤"二字都宜屬下句。本序的主題是皇帝選擇婚配對象,結合上下文的意思,可知所選的對象,或者是功臣子女即"奮勛之族"(照應上文"儁望",

"奮"疑爲"舊"之形訛)，或者是皇帝親戚中的美好者即"貴戚之懿"(照應上文"世胄")，選前者的目的是爲了"隆象賢之美"，而選後者則是爲了"篤因親之好"。

【作者簡介】季忠平，復旦大學古籍整理研究所副研究員，主要研究方向爲漢語言文字學及中國古典文獻學。

元曲家班惟志行履考詳*

都劉平

【提　要】 元後期著名散曲作家班惟志的生平行跡，孫楷第《元曲家考略》曾依據所見材料做過考證，尚有不少忽略和錯誤。本文依據新發現的文獻，在孫考基礎上詳考班惟志行履。他出生汴梁，青年時期赴杭州從名公鄧文原學。溧陽州學教授後"旅食"大都十餘年，後歷任浮梁州學教授、紹興路推官、秘書監典簿、集賢院待制、常熟知州、江浙儒學提舉等職，晚年隱退錢塘。

【關鍵詞】 元曲家　班惟志　行跡　考實

班惟志是元代後期的文化名流，名列《録鬼簿》卷上"方今名公"條，《太和正音譜》列名"俱是傑作"一百五人中。其作曲之名至清代尚爲王漁洋所知，《全元散曲》輯存套數【南吕・一枝花】《秋夜聞筝》，所作當不止此。其題畫龍長歌，曾爲公安派詩人袁中道極力稱道，評其詩"妍妙"，"即國朝二李(按，指李攀龍、李東陽)決不能勝之"。另外，還以書家名世，時人有"家家恕齋字"之語，可見其書法在當時流傳之盛。亦善繪事，許有壬、張翥、龔璛皆曾爲其所作畫卷題詩，且與著名畫家黄公望、倪瓚交善。堪稱詩曲書畫兼善的全能。關於其生平，孫楷第《元曲家考略》曾勾勒其大略，尚有不少忽略並失察誤考之處。

一、籍貫汴梁與求學杭州

班惟志的籍貫，其自述或時人記載皆作汴梁。宋濂《寄和右丞温迪罕詩卷序》云："右轄温迪罕公，居於汴梁，資禀素美，嘗從恕齋班先生學爲詞章。"①他應該是在汴梁度過青少年時期，其時或即留心臨摹名家書帖。陶宗儀《書史會要》謂惟志"晚年學黄華"，黄華即王庭筠(1156—1202)，嘗卜居彰德黄華山寺，因以自號。書學米芾，是金代著名書家。所謂"晚年學"是就其書法風格之近似而言，班惟志居家汴梁時應曾臨摹王庭筠的作品。明人張弼《跋班恕齋題王

＊ 【基金項目】本文係河北大學燕趙文化高等研究院項目《元曲家傳記資料彙纂整理與研究》(項目編號：2020D03)階段性成果。

① 宋濂《翰苑别集》卷三，羅月霞編《宋濂全集》第2册，浙江古籍出版社，1999年，頁1001。

黄華書後》云:"觀其題王黄華書後數語,詞筆俱嘉。雖於黄華有間亦不易得者。"[①]題跋殆作於晚年,這種情感上的認同應與早年的臨摹學習分不開。

後至元三年班惟志任平江路常熟州知州,爲好友尚從善(字仲良)所編《本草元命苞》作序,遍述從善孜孜學醫經過、歷任醫官之作爲,開篇回憶自己曾患病被醫治事:"余嘗下血,夜數十起,迨曉,骨立而無人色,投一劑而愈。"[②]按尚從善"少雅嗜醫",年未艾"客次錢唐,從鄴人張信之遊"[③]。又班惟志跋《鄒伯祥玉枕蘭亭卷》云:"此卷乃賈秋壑(按,即賈似道)家藏。余弱冠學書,於友人處僅獲一紙,嘗臨數十本,皆爲好事持去。"[④]班惟志師從鄧文原,文原亦工書,與趙孟頫齊名,惟志所謂"弱冠學書"應即指曾受教於文原。鄧文原至元二十七年(1290)任杭州路儒學正,大德二年(1298)偕班惟志等弟子應詔北上大都泥金書《大藏經》,惟志弱冠受學於文原必在此期間。從這兩條材料,知班惟志約弱冠之年自汴梁轉徙錢塘,從名士鄧文原學。又,至正六年(1346)班惟志江浙儒學提舉秩滿,時年應已七十歲(見後文)。以此逆推,其生年約在元世祖至元十四年(1277),與鍾嗣成相仿。

二、首任溧陽州學教授

班惟志人生的轉折點是大德初年應徽仁裕聖皇后詔命,隨乃師鄧文原赴大都泥書《大藏經》。黄溍撰鄧文原神道碑載:"徽仁裕聖皇后命以泥金書《大藏經》,公應聘,率門人前集賢待制班惟志等二十人北上。竣事,二十人皆賞官,而公不預,第隨牒調補,教授一州。"[⑤]孫楷第《元曲家考略》謂班惟志隨乃師應詔以泥金書大藏經在元貞間,不確。按鄧文原率門人赴朝書《大藏經》實由趙孟頫舉薦,時間在大德元年。楊載撰趙孟頫行狀云:

> 大德(元年)丁酉,除太原路汾州知州,兼管本州諸軍奥魯、勸農事,未上。召金書《藏經》,許舉能書者自隨。書畢,所舉廿餘人,皆受賜得官。[⑥]

徽仁裕聖皇后係世祖太子真金之妻,成宗之母,大德四年(1300)崩(《元史》卷一一六《后妃傳》)。黄溍《神道碑》謂,書畢,獨鄧文原"不預,第隨牒調補,教授一州",按《元史·鄧文原傳》,文原大德二年(1298)調崇德州教授。《元曲家考略》"班彦功"條:"寫經畢,弟子二十人皆賞官,然不知惟志得何官。"按《至正金陵新志》卷九"州縣學校"條記:"大德五年,(溧陽州學)教授班惟志修學宫、建

---

① 張弼《張東海先生文集》卷四,《四庫全書存目叢書》别集第39册,齊魯書社,1997年,頁473。
② 班惟志《本草元命苞序》,《愛日精廬藏書續志》卷三,《續修四庫全書》第925册,頁640。
③ 張翥《傷寒紀玄妙用集序》,《皕宋樓藏書志》卷四七,《續修四庫全書》第928册,頁523。
④ 李修生主編《全元文》第46册,頁252。
⑤ 黄溍《嶺北湖南道肅政廉訪使南陽郡公謚文肅鄧公神道碑》,《全元文》第30册,頁186。
⑥ 楊載《大元故翰林學士承旨榮禄大夫知制誥兼修國史趙公行狀》,任道斌校點《趙孟頫集》附録,浙江古籍出版社,1986年,頁273。

齋舍”,“設小學齋,增學田”①。大德二年班惟志因書《藏經》“受賜得官”者,即溧陽州學教授。清李光暎《金石文考略》卷十六録趙孟頫書《雪賦》,其自注:“大德二年日短至,寫於(與)班彦功。”②當是惟志離京赴任時,趙孟頫書以贈别,時在大德二年冬至日。

三、遊宦大都

班惟志大德五年溧陽州學教授任滿,至泰定間除浮梁州學教授這段經歷,《元曲家考略》闕如。按此十年期間,班惟志實爲謀求官職而寓遊大都。許有壬【沁園春】《次班彦功韻》云:

> 旅食京華,蜀道天難,邯鄲夢回。笑白衣蒼狗,悠悠無定,黄塵赤日,擾擾何爲。長鋏休彈,瑶琴時鼓,倦鳥誰教强去來。衡門下,幸良辰良友,同酒同詩。
>
> 功名少壯爲期。奈身外陞沉自不知。算人間難得,還丹大藥,山中盡有,老樹清溪。蕙帳雲空,石田苔滿,應被山靈恠去遲。春來也,向故園回首,歸去休迷。③

許有壬(1287—1364),湯陰人,班惟志弱冠始離鄉南遊,二人或結識於青年時期。許有壬於大德十年(1306)至大都,至皇慶元年(1312)辟山北廉訪司書吏,“旅食京華”達七年。《次班彦功韻》正是作於跡遊大都期間,班氏原詞已佚。二人在大都長久謀求職事不如意,故云“長鋏休彈,瑶琴時鼓,倦鳥誰教强去來”。“功名少壯爲期”的願望無奈落空,只得借詩酒自遣:“衡門下,幸良辰良友,同酒同詩。”許有壬又有【江城子】詞,題爲《飲海子舟中,班彦功招飲斜街,以此答之》:

> 柳梢煙重滴春嬌。傍天橋。住蘭橈。吹暖香雲,何處一聲簫。天上廣寒宫闕近,金晃朗,翠岧嶢。 誰家花外酒旗高。故相招。盡飄摇。我正悠然,雲水永今朝。休道斜街風物好,緫去此,便塵囂。④

海子是元大都極繁華之地,達宦、文士、歌妓常集會遊賞此地。《析津志·古跡》“齊政樓”條載:“西斜街臨海子,率多歌臺酒館。有望湖亭,昔日皆貴官遊賞之地。”《青樓集》記大都著名雜劇女藝人張怡雲即居住在海子,姚燧、閻復是其常客。遊覽海子,一方面固然是仕宦無望借此消遣歲月,更重要的是此地乃“天上廣寒宫闕近”,達官貴宦雲集,往來於此自然更有機會投謁結識對方。

班惟志《跋趙孟頫東坡畫像及二赤壁賦》云:“予昔隨集賢公在京師,親見

① 張鉉《至正金陵新志》卷九,《四庫全書》第492册,頁389。
② 李光暎《金石文考略》卷十六,《四庫全書》第684册,頁444。
③ 唐圭璋編《全金元詞》下册,中華書局,1979年,頁956。
④ 唐圭璋編《全金元詞》下册,頁972。

書此賦何啻數十。"[①]按,趙孟頫至大三年(1310)十月拜翰林侍讀學士,至延祐六年(1319)辭歸,供職集賢、翰林兩院達十年之久,班惟志隨趙孟頫在燕京見其書兩《赤壁賦》正是在至大末皇慶初這段時間。

楊載《楊仲弘集》卷四《贈班彦功》詩:

> 名書稱晋代,盛事起江東。内翰鍾奇氣,深情縱古風。摳衣皆弟子,入室自豪雄。欲立千金價,寧論百日功。奏名黄閣老,承詔大明宫。《遺教》規王氏,《陰符》易褚公。杯沾銀鑿落,佩篋玉玲瓏。文學談經早,聲華脱穎同。麥光人共賞,棘刺巧無窮。願積臨池趣,流傳史册中。[②]

據黄溍《楊仲弘墓志銘》,楊載"年幾四十不仕",後因賈國英薦舉,以布衣應召,擢翰林國史院編修,與修《武宗實録》。書成,調管領係官海船萬户府照磨兼提控案牘,時間約在皇慶二年[③],贈班惟志詩應在前一年。詩基本内容是稱贊班氏書法之奇巧,"奏名黄閣老,承詔大明宫"句,指大德初年班惟志因趙孟頫之薦受詔書《大藏經》。"内翰鍾奇氣",謂其書法深受趙孟頫賞識。此時班惟志"旅食"大都,乃白身,楊詩當作於班氏離京贈別之際,只能盛贊其書法,詩題亦不署官職。

楊維禎《東維子集》卷七《曹氏雪齋弦歌集序》引雪齋語:"幼獲晋於酸齋貫公、恕齋班公。"[④]貫雲石延祐初以官爵讓乃兄,辭隱江南,泰定元年(1324)卒,而班惟志泰定初年任浮梁州學教授,曹雪齋得以同時獲見貫、班二氏應在延祐至治年間。班惟志離京南下杭州約在延祐初年。其所以延祐初返回江南,蓋一方面迫於無奈,"旅食"大都十年,仕途毫無着落;二是出於法令的嚴禁。《元典章》吏部卷四《聽除·求仕不許赴都》條載:

> 至大四年閏七月,江西行省准中書省咨:
>
> 照得先據御史臺備監察御史呈:"即目在都求仕官員數多,如蒙立法,悉遣在家聽除,實爲久遠便益。"送吏部,議得:"今後應有得替官員,明白開寫,在家聽候。除在都籍貫人員外,如是不遵所行,及有暗遞前來求仕之人,發露到官,斷罪黜降。仍令監察御史繩糾相應。"……都省議得:今後應得替官員,從便聽候,於解由内明白開寫,不許赴都。如違,依上究治。[⑤]

既有法令條文的明確規定,班惟志自然不得不遵從,無奈離開大都。

---

① 李修生主編《全元文》第 46 册,頁 251。

② 楊載《楊仲弘集》卷四,《四庫全書》第 1208 册,頁 26。

③ 黄溍《金華黄先生文集》卷三三,《續修四庫全書》第 1323 册,頁 427。又據《元史》卷二四《仁宗本紀》,《武宗實録》編成於皇慶元年十月,楊載授官或在次年。

④ 楊維禎《東維子集》卷七,《四庫全書》第 1221 册,頁 446。

⑤ 陳高華、張帆等點校《元典章》第 1 册,中華書局、天津古籍出版社,2011 年,頁 367。

四、浮梁州學教授

泰定年間,因鄧文原之薦,補浮梁州學教授,尋晋本州判官。《(道光)浮梁縣志》卷十"官師·教授"條載:"班惟志,泰定間任。初補教授,旋晋州判。"又卷十二"名宦":"班惟志字彦功,大梁人。少穎異,工文詞,善篆字。鄧文原舉補浮梁州學教授,晋州判。暇則延名士遊,賡詠無虚日,而政亦舉。"據《元史》本傳,鄧文原至治二年拜集賢直學士,泰定元年兼經筵官,以疾乞致仕歸。二年,召拜翰林侍講學士,以疾辭。其薦舉班惟志補浮梁州學教授應在至治二年(1322)至泰定元年(1324)間。

按,班惟志以鄧文原薦,補浮梁州學教授,旋晋本州判官,《元詩選癸集》班惟志傳卻誤爲:"用鄧文原薦,補浮梁州學教授,判晋州。"《全元散曲》《全元文》《全元詩》班惟志小傳皆沿此誤。元代浮梁州隸饒州路,元貞元年陞州,而晋州隸真定路。

浮梁儒學教授任上,班惟志與居喪在武昌的許有壬往返,遊覽赤壁,賦詩酬唱。許有壬《次班彦功教授韻四首》其二:"詩翁下榻許頻過,駑鈍無堪奈我何。攜得瘦藤歸去後,小窗人少月明多。"其四:"松舟檜楫緑蓑衣,夢裏煙霞赤壁磯。想像風光吟不得,一江煙雨片帆飛。"①班惟志原詩佚。《元曲家考略》引許氏次詩二首,因未考許有壬行跡,謂此二詩,"不言惟志爲何處教授,蓋部注教授,守闕在京也"。按許有壬父熙載泰定四年二月卒於京師,十一月歸葬湯陰祖塋。歐陽玄《許公神道碑銘》:"薨以泰定四年丁卯二月癸酉,壽六十有七。葬以是年十一月壬午,祔安陽武官原新塋。"②安葬乃父後,全家返武昌居住。許有壬《亡兄大理知事公志》:"先塋襄事,侍太夫人居鄂。"③又《亡妹趙宜人志》:"泰定丁卯二月,先公尚書府君諱熙載捐館京師。既祔先塋,太夫人高氏視諸孤居鄂。"④其《次班彦功教授韻四首》正作於班惟志供職浮梁教授之際。

五、紹興路總管府推官

《(萬曆)紹興府志》《(乾隆)紹興府志》均載班惟志致和二年(即天曆二年,1329)任紹興路總管府推官,誤。《兩浙金石志》卷十六引録周仁榮《祭南鎮昭德順應王碑》(南鎮在紹興),所署時間在致和元年四月廿九日,碑末記立石人有"承務郎、紹興路總管府推官班惟志"⑤。按,其時紹興路總管爲薊丘于九

---

① 許有壬《至正集》卷二五,《四庫全書》第1211册,頁185。

② 歐陽玄《有元贈中奉大夫湖廣等處行中書省參知政事護軍追封魯郡公許公神道碑銘》,[明]劉昌編《中州名賢文表》卷二二,《四庫全書》第1373册,頁343。

③④ 許有壬《至正集》卷六四,《四庫全書》第1211册,頁452。

⑤ 阮元編《兩浙金石志》卷十六,《續修四庫全書》第911册,頁202。

思，雜劇作家喬吉在于氏任紹興總管期間曾是其座上賓，作散曲【越調・小桃紅】《紹興于侯索賦》。班惟志與喬吉應亦相識，惟文獻闕如，無由考實。

韓性有《班彦功題能仁方丈》詩："禪關妙密異諸方，雙桂扶疏几硯凉。小憩匡床緣麈尾，一庭芳草澹斜陽。"[①]韓性（1266—1341），字明善，紹興人。宋代名臣韓琦後裔，一生優遊鄉里，以授徒爲業，不求仕進。檢《（萬曆）紹興府志》，紹興有大小能仁寺，大能仁寺在府治南二里許，元初毁，至正間重建。小能仁寺在府西北二里，始建於宋開寶六年[②]。班惟志遊覽後題詩書壁，韓性次韻，班氏原詩未見。

六、供職秘書監與集賢院

至順三年六月，班惟志銓調秘書監典簿（王士點《秘書監志》卷九）。次年書真、草二體《千字文》，今傳世[③]。《趙氏鐵網珊瑚》卷一引班惟志跋《唐歐陽率更子奇帖》，其中有云："不特此耳，吴興趙公書籤、巴西鄧先生手跋，亦足清玩也。"[④]"巴西鄧先生"即鄧文原。班跋之前還有三跋：一爲金城郭天錫祐之，時間在甲午（至元三十一年，1294）三月；一爲鄧文原，時間在泰定乙丑（二年，1325）十二月；一是番陽吴善，所署時間在元統元年（1333）十二月。班跋未署時間，或在元統二年左右，在秘書監典簿任上。

《（景泰）雲南圖經志書》卷七收録班惟志《送述律元帥開閫分題得越巂》詩，所署官職爲"集賢待制"。同書卷一尚有許有壬、馮思温、泰普華（即泰不華）、道童、靳榮、蘇天爵等人同題送别詩。述律元帥即述律傑，字存道（一作從道），號鶴野。其先本遼東貴族，遼太宗時賜姓蕭，金滅遼，改述律曰石抹（意爲奴婢）以辱之。曾祖從元太祖征戰有功，授蜀之保寧萬户，子孫世襲。傑襲職後，恥以石抹爲姓，復姓述律（蕭）。泰定末至京師上屯耕便宜，文宗立，受命撫定晋冀關陝，又從平雲南大理之亂，授雲南宣慰司都元帥。關於述律傑授雲南都元帥的時間，史無明文記載，陳世松先生定在至順三年（1332）至元統元年（1333）之間[⑤]，而方齡貴先生斷在後至元六年（1340）[⑥]。按，述律傑離京赴雲南宣慰司時，同時贈詩送行者既有許有壬等七人，則考此七人能同時在大都的時間即可，方文正是用此方法。現在我們又發現一條新材料，述律傑曾以宋代名臣韓琦手書贈其後人韓誠之，邀請蔡景行、泰不華、楊敬悳（德）、祝蕃、班惟志、李齊、張聖卿、李懋、陳粱等九人題跋。送行詩與韓書題跋的兩組成員中，

---

① 楊鐮主編《全元詩》第 21 册，頁 54。

② 張元忭《（萬曆）紹興府志》卷二一"祠祀志"條，明萬曆刻本。

③ 卞永譽《式古堂書畫彙考》卷十七，《四庫全書》第 827 册，頁 792。參見楊臣彬《元人班惟志二體千字文卷》，《收藏家》2001 年第 7 期。

④ 趙琦美編《趙氏鐵網珊瑚》卷一，《四庫全書》第 815 册，頁 282。

⑤ 陳世松《元代契丹"詩書名將"述律傑事輯》，《寧夏社會科學》1996 年第 2 期。

⑥ 方齡貴《元述律傑交遊考略》，郝時遠、羅賢佑主編《蒙元史暨民族史論集》，社會科學文獻出版社，2006 年，頁 242。

同時位列者有泰不華、班惟志，知二者時間相近。

諸題跋已署時間在至順元年(1330)至元統三年(1335)之間。也即説，只要考得兩組成員計十三人這段時間内能同時在大都的話，則述律傑赴任雲南帥府的時間即可以確定，而班惟志任集賢待制的時間問題也隨之破解。其中馮思温、蔡景行、楊敬德、張聖卿、陳梁五人事跡無考，餘八人依次略考如下：

許有壬(1287—1364)，《元史》卷一八二本傳載：延祐二年(1315)進士第，元統二年拜治書侍御史，轉奎章閣學士院侍書學士，仍治臺事。後至元初以故歸里。

泰不華(1304—1352)，《元史》卷一四三本傳載："文宗建奎章閣學士院，擢爲典籤，拜中臺監察御史。順帝即位，加文宗后太皇太后之號，大臣燕鐵木兒、伯顔皆列地封王。泰不華率同列上章言：'嬸母不宜加徽稱，相臣不當受王土。'太后怒……出僉河南廉訪司事，俄移淮西。"①奎章閣學士院建於天曆二年(1329)二月，順帝加文宗后太皇太后徽號在後至元元年(1335)十二月②。知泰不華跋韓琦書元統三年(1335)清明前一日之時，在朝爲官。

道童(？—1358)，高昌人。《元史》卷一四四本傳載："以世胄入官，授直省舍人。歷官清顯，素負能名。調信州路總管，移平江。皆以善政稱。至正元年，遷大都路達魯花赤。"③史不言其何時調信州路總管，按鄭元祐《前平江路總管道童公去思碑》記道童任平江路總管在後至元元年(1335)④，則調信州路總管應在元統元年(1333)左右。

靳榮，字時昌。曲沃(今屬山西)人。據《元詩選癸集》丙集小傳載：由進士官崇文大監，陞監察御史，轉奎章閣承制學士致仕。按，奎章閣學士院始建於元文宗天曆二年(1329)二月，順帝至元六年(1340)十二月罷。知至順元統年間(1330—1335)，靳榮在大都爲官。

蘇天爵(1294—1352)，真定人。《元史》卷一八三本傳載：至順元年，預修《武宗實録》。二年，陞翰林修撰，擢江南行臺監察御史。元統元年，復拜監察御史。明年，預修《文宗實録》，遷翰林待制，尋除中書省右司都事，兼經筵參贊官。

祝蕃(1286—1346)，字蕃遠，貴溪人。其所署時間在至順元年(1330)十一月。按，李存《祝蕃遠墓志銘》記其以《易經》中鄉舉，會試不利⑤。除此之外，未提及其曾至大都。檢《元史·文宗本紀》，至順元年三月會試。祝蕃爲之作跋應正是因此機緣。

---

① 《元史》卷一四三《泰不華傳》，頁3423。

② 《元史》卷三八《順帝本紀》載加文宗后太皇太后徽號在後至元元年十二月，而卷一一四《后妃傳》卻記在元統元年，注引《考異》云："元統二年尊爲皇太后，至元元年尊皇太后爲太皇太后。此《傳》似有脱誤。"

③ 《元史》卷一四四《道童傳》，頁3443。

④ 鄭元祐《僑吴集》卷十一，《四庫全書》第1216册，頁573。

⑤ 李存《俟菴集》卷二五，《四庫全書》第1213册，頁773。

李齊(1301—1353),字公平,祁州蒲陰人①。元統元年(1333)左榜進士第一,授翰林修撰。

李懋,字子才,江寧人。至順元年進士,與祝蕃同年參加科舉,及第。題跋署時爲次年立春。

綜合以上所考,許有壬、泰不華、道童、靳榮、蘇天爵、祝蕃、李齊、李懋等八人在大都爲述律傑送行或題跋所收韓琦書的時間只能在至順元年(1330)至元統三年(1335),其下限是元統三年。按陶宗儀《書史會要》記文宗曾評班惟志書法,"謂如醉漢罵街"。文宗於天曆二年(1329)二月建奎章閣學士院,廣延文士,八月立藝文監,至順元年(1330)置奎章閣監書博士二人。班惟志拜集賢待制應在秘書監典簿秩滿之後。黄溍至正九年(1349)作《鄧文原神道碑》,謂班惟志乃"前集賢待制",孫楷第《元曲家考略》據此斷集賢待制爲班氏最後官職。按,黄溍至正七年(1347)作《杭州路儒學興造記》時,亦以"前集賢待制"稱之,而班惟志至正六年仍在江浙儒學提舉任上。所以如此,是集賢待制乃班氏歷任職官中品銜最高者(正五品,儒學提舉爲從五品),文人狡詞。

七、平江路常熟州知州

轉平江路常熟州知州在後至元三年(《(同治)蘇州府志》卷五三),同年十二月爲友人尚從善所編《本草元命苞》作序②,次年正月作《佑聖道院碑記》。在常熟知州任上,與道士張雨聯詞倡和。張雨【滿江紅】《玉簪次班彦功韻》末云:"待使君絶妙好詞成,須彈壓。"③"使君",漢代刺史之稱,後代用來指稱州郡長官。張詞用以稱謂任常熟知州之班惟志,可謂允當。張雨(1283—1350),字伯雨,號句曲外史。錢塘人。在茅山出家爲道士,先後住持西湖福真觀、開元宫,茅山崇壽觀、元符宫。後至元二年,"以上冢告歸,遂不復去,築室北郭,著書於其間"。至正二年再次提點開元宫④。張雨次班惟志詞正作於告歸錢塘這段時間,但二人相識或早在此前。

八、江浙儒學提舉

《(萬曆)杭州府志》卷九"職官表"欄記班惟志任江浙儒學提舉在至正二年,誤。據宋濂撰黄溍行狀:"至順二年,用故御史中丞馬公祖常之薦,入爲應奉翰林文字、同知制誥,兼國史院編修。……經六年之久,請補外,换奉政大夫、江浙等處儒學提舉。至正三年春,先生始六十有七,不俟引年,亟上納禄侍

① 《元史》卷一九四本傳誤作廣平人。

② 張金吾《愛日精廬藏書續志》卷三,《續修四庫全書》第925册,頁641。

③ 唐圭璋編《全金元詞》下册,頁912。

④ 劉基《句曲外史張伯雨墓志銘》,[明]朱存理編《珊瑚木難》卷五,《四庫全書》第815册,頁143。

親之請，絶江徑歸。"[1]則班惟志任江浙等處儒學提舉正是接替黄溍，時在至正三年春[2]。是年五月，杭州城大火，勢逼西湖書院與廉訪司，尋滅，楊維禎爲作《武林弭災記》，江浙儒學副提舉陳遘書，提舉班惟志篆蓋，刻石記之[3]。至正四年夏，班惟志與江浙儒學副提舉李祁董理興修前一年火災所燬之四齋、廟垣及民居，黄溍爲撰《杭州路儒學興造記》[4]。

胡助至正五年致仕[5]，《純白齋類稿》附録有班惟志爲之餞行詩，頸聯云："九重醉許煙華餞，三徑歸歡松菊存。"[6]又據汪澤民同題詩"三月京城花正繁"句[7]，知贈行詩作於本年三月。《元曲家考略》據此判定至正五年班惟志江浙儒學提舉任滿而至京師，不確。至正五年班惟志確曾至京師，但並非因"儒司秩滿"，因爲至正六年班惟志仍在儒學提舉任上。究竟何緣故至大都呢？按至正五年遼、金二史纂修完畢，詔於江西、江浙兩省開板印造，令江浙儒學提舉班惟志校正字畫[8]。班惟志北上大都，或正是爲應詔取與纂修完成之遼金史稿並商討印造事宜。

顧瑛編《草堂雅集》卷後二有楊維禎《又四首湖州作》詩，自注云："書寄班恕齋。試温生筆，寫入前卷。"其二首句："五十狂夫心尚孩。"[9]按鮑恂《嘉興路太守興舉學校記》載：

> 至正五年冬，太守禿堅董阿良臣公來治兹郡，正己以帥衆，勤事以奉職，興利除害，百廢悉舉。而尤以廟學爲先務……又禮請江浙提學官，仿科舉式以會諸郡能文之士。期年之内，文化翕然。[10]

嘉興路總管禿堅董阿良臣禮請江浙提學官試本路諸生，其時"浪跡浙西山水間"的楊維禎[11]，或受班惟志委託，校試諸生。記作於至正六年秋，楊詩所謂"五十狂夫"，舉其成數耳(楊維禎 1296 年生)[12]。

在江浙儒學提舉任上，班惟志還結識了詩人兼書家的王逢，後者有《簡班恕齋提學》詩：

---

① 宋濂《潛溪後集》卷十《故翰林侍講學士中奉大夫知制誥同修國史同知經筵事金華黄先生行狀》，羅月霞編《宋濂全集》第 1 册，頁 307。

② 李遇孫《續括蒼金石志》卷四録黄溍《湯氏義田記》，前署："奉政大夫、江浙等處儒學提舉黄溍撰，奉政大夫、江浙等處儒學提舉班惟志書。"《記》作於至正元年三月，時黄溍尚在江浙儒學提舉任上，班氏書應在至正三年接替黄溍之後。

③ 倪濤《六藝之一録》卷百十一，《四庫全書》第 832 册，頁 310。

④ 李修生主編《全元文》第 29 册，頁 302。

⑤ 胡助《純白齋類稿》卷十八《純白先生自傳》，中華書局，1985 年，頁 164。

⑥ 胡助《純白齋類稿》附録卷一，《叢書集成初編》本，頁 206。

⑦ 胡助《純白齋類稿》附録卷一，頁 204。

⑧ 《金史》附録《〈金史〉公文》，中華書局，1975 年，頁 2905。

⑨ 顧瑛輯，楊鐮整理《草堂雅集》卷後二，中華書局，2008 年，頁 253。

⑩ 阮元《兩浙金石志》卷十七，《續修四庫全書》第 911 册，頁 232。

⑪ 宋濂《鑾坡後集》卷六《元故奉訓大夫江西等處儒學提舉楊君墓志銘》，羅月霞編《宋濂全集》第 2 册，頁 680。

⑫ 孫小力《楊維禎年譜》(復旦大學出版社，1997 年)繫該詩於至正五年，不甚確。

一官湖上似閒居，酒滿匏尊架滿書。庭草春深眠叱撥，研池月上影蟾蜍。猶聞桂樹歌《招隱》，未可丹厓賦《遂初》。漢主久思班氏學，定虚天禄召安車。[①]

王逢（1319—1388），字原吉，號席帽山人，江陰人。至正中作《河清頌》，臺臣薦之，稱疾辭。張士誠據蘇州，入張氏幕。朱元璋敗張士誠，欲辟用之，堅卧不起，隱居上海之烏涇。王逢以能詩聞名，亦善書，《續書史會要》云："善草書，評者云如乳臭岐凝，十步九顛。"[②]與班惟志草書"如醉漢罵街"的特徵頗有相近處，此殆二人相交的契機所在。詩有"猶聞桂樹歌《招隱》，未可丹厓賦《遂初》"語，其時班惟志已有退隱之念。

《古今詞話·詞話》卷下引《柳塘詞話》謂倪瓚"其詞有與班彦功、仇山村次答者"[③]。仇山村即仇遠。知班惟志還曾與倪瓚交善，應亦在供職江浙儒學提舉期間。倪瓚以繪畫名世，"平生無他好玩，惟嗜蓄古法書名畫，持以售者，歸其直累百金無所靳"[④]，而班惟志亦善繪事，二人可謂意趣相投。惜今存倪瓚詩文集中未見二人交往的痕跡。

至正六年十月，江浙儒學提舉爲楊敬德[⑤]，班惟志秩滿受代在此前數月。按，《括蒼金石志》卷十二録杭州路總管趙璉撰《故梅所處士祝公墓志銘》，前署："奉政大夫、江浙等處儒學提舉班惟志書。"祝梅所"至正（五年）乙酉十二月十日終（於）正寢……以至正（七年）丁亥十一月乙亥，葬麗水縣喜□鄉靈山之原"[⑥]。蓋墓志銘書於至正六年班惟志儒學提舉任未滿之時，安葬則在次年。

九、歸隱錢塘

周巽初有長題詩："陪班提舉恕齋、李提舉一初、蘇掾史伯逵泛西湖，訪山居楊御史元誠。宴舟中，伯逵有詩，次韻奉酬。"詩云：

湧金門外玉驄驕，緩拂吟鞭出畫橋。鬟擁雙峰初過雨，鏡涵一水不通潮。蘇公堤上柳煙散，和靖亭前梅雪飄。來訪山居楊御史，酒酣歸弄木蘭橈。[⑦]

蘇伯逵（夔）即蘇友龍（1296—1378），伯夔其字，金華人。據宋濂所撰墓志銘：

---

① 王逢《梧溪集》卷一，《四庫全書》第1218册，頁589。

② 朱謀垔《續書史會要》，《四庫全書》第814册，頁836。

③ 沈雄《古今詞話·詞話》卷下"王穉登題倪瓚墓"條，唐圭璋編《詞話叢編》第1册，中華書局，1986年，頁796。

④ 周南老《元處士雲林先生墓志銘》，《清閟閣全集》卷十一，《四庫全書》第1220册，頁323。

⑤ 杜春生《越中金石記》卷九《嵊縣文昌祠置田記》，《遼金元石刻文獻全編》第3册，頁535。

⑥ 李遇孫《括蒼金石志》卷十二《祝梅所墓志銘》，《續修四庫全書》第912册，頁114。

⑦ 楊鐮主編《全元詩》第52册，頁286。

“趙郡蘇君天爵來參江浙省政，極才公，復挽之入省。”[①]考《元史·蘇天爵傳》，天爵拜江浙行省參知政事在至正七年。知周詩作於班惟志江浙儒學提舉受代之後。李一初即李祁(1299—?)，字一初，茶陵人。元統元年左榜進士第二。至正五年除江浙儒學副提舉[②]，至正八年秩滿[③]。楊元誠即楊瑀(1285—1361)，字元誠，號山居，錢塘人。天曆間署廣成局副使，陞中瑞司典簿，後至元六年擢太史院判官，進同僉，未幾辭歸。至正十五年起爲行宣政院判官，改建德路總管，十七年以浙東宣慰使致仕[④]。周巽初作該詩時，正是楊瑀同僉太史院事秩滿家居期間，楊氏未曾任御史之職，“御史”應是“太史”之誤[⑤]。周巽初本人事蹟俟考。

黄公望作《九峰雪霽圖》自題云：“至正九年春正月，爲彦功作雪山，次春雪大作，凡兩三次，直至畢工爲止，亦奇事也。大癡道人，時年八十有一，書此以記歲月云。”該圖今藏北京故宫博物院[⑥]。班惟志作散曲、擅書，亦能繪，夏文彦《圖繪寶鑒》謂其“善墨戲”，許有壬、張翥、龔璛等均曾爲其所作畫卷題詩[⑦]。班惟志雖曾擔任江浙儒學提舉之職，黄公望爲之作畫更多的恐怕是文人間的氣味相投。

至正九年以後，班惟志的行跡無所考，夏庭芝《青樓集》“張玉蓮”條記其“司儒秩滿北上”，應是江浙儒學提舉秩滿，至大都辦理交替公文，不久即南歸。許有壬《至正集》卷二九《題班彦功山水扇圖》云：“錢塘江上又秋風，老友淪亡夢不通。勝概肯教同羽化，山河寫在月輪中。”知班氏暮年退居杭州，許詩與前引王逢《簡班恕齋提學》詩“猶聞桂樹歌《招隱》，未可丹厓賦《遂初》”語，正相吻合。按，許有壬自至正九年至十三年就職河南行省左丞前，四年間一直退居安陽家中。又，同卷有次韻乃弟許可行《圭塘雜詠》二十四首，該組詩又見於《圭塘欸乃集》卷下。《圭塘欸乃集》是許有壬與其弟閒居家中時的倡和集，編成於

---

① 宋濂《芝園後集》卷四《故朝列大夫浙江行省左右司都事蘇公墓志銘》，羅月霞編《宋濂全集》第3册，頁1386。

② 李祁《會稽縣重修儒學記》：“(至正四年)，時余以浙省校試，愛越山水爲一至焉。……今年(至正五年)被命來浙，提舉學事。”《越中金石記》卷九，見《遼金元石刻文獻全編》第3册，頁532。黄溍《杭州路儒學興造記》謂：至正四年李祁爲江浙儒學副提舉，應是偶記有誤。

③ 李祁至正七年尚在任，見《雲陽集》卷九《書郝氏紫芝亭卷後》。至正八年江浙儒學副提舉已是劉基，見《誠意伯文集》卷八《劉顯仁墓志銘》。周松芳《劉基至正六年幹謁事蹟考論》(《浙江社會科學》2004年第2期)認爲劉基任江浙儒學副提舉在至正六年底或七年初，並無確切依據。

④ 楊維禎《東維子集》卷二四《元故中奉大夫浙東慰楊公神道碑》，《四庫全書》第1221册，頁628。

⑤ 楊瑀亦以“太史”自署，清丁敬《武林金石記》卷八《楊瑀等題名》：“至正六年秋九月朔，太史楊瑀、翰林張翥謁復初上人，同登蓮花峰，留名崖石。”張翥《題太史楊公山居圖》(《蛻菴集》卷二)、董成《贈楊山居太史》(《大雅集》卷七)、王逢《寄楊太史》(《梧溪集》卷一)亦可參證。

⑥ 蔣文光主編《中國歷代名畫鑒賞》上册，金盾出版社，2004年，頁970。王士禎《居易録》卷九記其康熙三十年觀此圖，節引黄公望題語云：“至正九年年八十一，爲班彦功作。”知“彦功”確爲班惟志。

⑦ 許有壬《至正集》卷二九《題班彦功山水扇圖》、張翥《蛻菴集》卷二《水墨達摩像班惟志筆》、龔璛《存悔齋稿·班彦功爲蕭君璋畫紅梨花》。

至正十年,周伯琦爲作序[①]。《題班彦功山水扇圖》應亦作於至正十年左右。所謂“夢不通”,不僅因爲“老友淪亡”而帶來的生死殊途的隔離,也有錢塘、安陽兩地千里之遥空間上的距離。

【作者簡介】都劉平,河北大學燕趙文化高等研究院講師,主要從事元曲研究。

① 周伯琦《圭塘欸乃集序》,《圭塘欸乃集》卷首,《四庫全書》第1366册,頁864。

王陽明《答陳文鳴》私考

廖明飛

【提　要】 在王陽明《答陳文鳴》中登場的諸人及收信人陳鳳梧，嘗同官京師，後再聚於湖廣。鄭岳先於弘治十四年擢湖廣按察司僉事，吴世忠繼於弘治十七年正月陞湖廣布政司左參議，同年四月徐守誠陞湖廣按察司僉事，九月鳳梧陞湖廣按察司提學僉事，唯鳳梧到任在弘治十八年四月。弘治十八年十月，鄭岳因公赴京，陽明作此答書，託即將返回湖廣的鄭岳遞呈鳳梧。此書前半言及鳳梧督學教條，後半自述近況，對考察二人早年的思想與行動有重要價值。

【關鍵詞】 王陽明　答陳文鳴　陳鳳梧　鄭岳

一、引言

上海圖書館藏孤本《新刊陽明先生文録續編》[①]録有王守仁(1472—1529，號陽明，以下稱其號)答友人陳鳳梧(1475—1541，字文鳴)的兩通書信，分别題爲《答文鳴提學》(卷一《書類》)與《答陳文鳴》(卷二《書類》)，皆不見於通行的《王文成公全書》本。近年，針對這兩通答書的繫年與解讀，研究者提出了不同的看法。具體來説，關於《答文鳴提學》，錢明、束景南繫於正德三年(1508)[②]，

---

① 關於該本的發現及其録文，參考永富青地《上海圖書館藏“新刊陽明先生文録續編”について》，《東洋の思想と宗教》第23號，2006年3月，頁44—71。後經作者補訂，譯成中文《關於上海圖書館藏〈新刊陽明先生文録續編〉》，發表在《版本目録學研究》第1輯，國家圖書館出版社，2009年，頁228—254。永富先生之後的相關研究主要有：錢明《王陽明散逸詩文續補考——兼論黔版〈陽明文録續編〉的史料價值》，《中華傳統文化與貴州地域文化研究論叢》第2輯，巴蜀書社，2008年，頁22—55；方旭東《王杏及其所編〈新刊陽明先生文録續編〉——對黔版〈陽明文録續編〉的進一步研究》，《杭州師範大學學報(社會科學版)》2016年第6期，頁17—26；劉昊《關於〈陽明先生文録〉的文獻學新考察——就新發現的〈文録〉三卷本及黄綰〈文録〉本而談》，《中國哲學史》2018年第3期，頁75。

② 前揭錢明《王陽明散逸詩文續補考——兼論黔版〈陽明文録續編〉的史料價值》，頁36—37。束景南《王陽明佚文輯考編年(增訂版)》，上海古籍出版社，2015年，頁283—285；束景南、查明昊輯編《王陽明全集補編》，上海古籍出版社，2016年，頁107—108；束景南《王陽明年譜長編》，上海古籍出版社，2017年，頁467—469。

而堯育飛、雷達繫於正德五年(1510)[①];關於《答陳文鳴》,錢明繫於正德五至七年(1510—1512)[②],而束景南先繫於弘治十六年(1503)[③],後改繫於弘治十七年(1504)十月[④]。管見以爲,就目前的資料情況來看,《答文鳴提學》繫於正德三年較爲有據,可姑置勿論,而《答陳文鳴》作於弘治十六年、十七年抑或正德五至七年的可能性都不大,有待進一步分析考證。本文首先整理《答陳文鳴》一書所涉及的相關人物的仕履經歷,以見陽明與諸人以及諸人之間的關係;其次檢討先行研究考訂繫年的立説依據、論證邏輯,同時利用地方志、詩文集等相關資料,詳考陳鳳梧赴任湖廣提學僉事之年以及鄭岳的相關活動軌跡,推論此書寫作的時間。通過考訂此書的寫作年代,爲研究者利用此書考察鳳梧與陽明的思想與行動,尤其是陽明早期的思想歷程提供時間依據。

二、《答陳文鳴》及其相關人物

首先,迻録《答陳文鳴》全文如次:

答陳文鳴

別後企仰日甚。文鳴趨向端實,而年茂力强,又當此風化之任,異時造詣,何所不到,甚爲吾道喜且幸也。近於名父處見所寄《學規》,深嘆用意精密,計此時行之已遍,但中間似亦有稍繁。必欲事事責成,則恐學者誦習之餘,力有弗逮。若但施行,無所稽考,又恐凡百一向廢墜,學者不復知所尊信。何若存其切要者數條,其餘且悉删去,直以瑣屑自任爲過,改頒學者,亦無不可。僕意如此,想高明自有定見,便中幸加斟酌,示知之。僕碌碌度日,身心之功,愈覺荒耗。所謂未學而仕,徒自賊耳。進退無據,爲之奈何。懋真〔貞〕、成之亟相見,必大有所講明。凡有新得,不惜示教。因鄭汝華去,草率申問[⑤]。

此書中除了收信人文鳴(陳鳳梧)之外,還依次出現了名父(楊子器)、懋貞(吴世忠)、成之(徐守誠)、鄭汝華(岳)等人的姓字。揆諸文義,子器與寫信人陽明在空間上的距離較近,世忠、守誠則與收信人鳳梧的空間距離較近,而鄭岳與陽明、鳳梧二人的空間距離不易遽定。以下依次整理他們各自的生平和仕宦經歷,以見陽明與諸人以及諸人之間的相互關係。

陳鳳梧(1475—1541),字文鳴,號静齋,江西吉安府泰和縣人。弘治九年

---

① 堯育飛、雷達《王陽明〈望赫曦臺〉詩真僞考辨》,《貴陽學院學報(社會科學版)》2017年第3期,頁51—52。

② 錢明《王陽明散逸詩文續補考——兼論黔版〈陽明文録續編〉的史料價值》,頁43—44。

③ 前揭束景南《王陽明佚文輯考編年(增訂版)》,頁179—181;束景南、查明昊輯編《王陽明全集補編》,頁99。

④ 前揭束景南《王陽明年譜長編》,頁332—334。

⑤ 《新刊陽明先生文録續編》卷二《書類》,暫據前揭永富青地《關於上海圖書館藏〈新刊陽明先生文録續編〉》的録文,頁250。

(1496)舉進士,選爲庶吉士,讀書中秘[①]。弘治十一年(1498)十月,授刑部廣西司主事[②]。弘治十五年(1502),陞刑部浙江司員外郎[③]。弘治十七年(1504)九月,陞湖廣按察司僉事,奉命提調學校[④]。正德四年(1509)十月,陞山西按察司副使,仍督學政[⑤]。正德六年(1511)七月,擢湖廣布政司右參政[⑥]。正德七年(1512)四月,陞雲南按察使[⑦]。王陽明則於弘治五年(1492)舉浙江鄉試,翌年弘治六年(1493)、九年(1496)會試皆不第,弘治十二年(1499)二月舉進士,五月觀政工部。弘治十三年(1500)六月授刑部雲南司主事,弘治十七年(1504)九月改除兵部武選司主事[⑧]。也就是説,陽明與鳳梧都參加了弘治九年的會試,二人曾是刑部同僚,而且同於弘治十七年九月受命新職。鳳梧與陽明的相識訂交,或即始於刑部任上。在任職刑部期間,鳳梧與同僚陽明以及潘府(1453—1525,成化二十三年進士)、鄭岳等人相與講學論文,號爲"西翰林"[⑨]。後來鳳梧曾追憶與陽明的這段詩酒流連的京師歲月,有詩云:"憶昔京華日,樽酒同游嬉。詩書乃麗澤,氣味如蘭芝。"[⑩]

楊子器(1458—1513),字名父(或作"明甫"),號柳塘,浙江寧波府慈谿縣人。成化二十三年(1487)舉進士,弘治二年(1489)授昆山知縣,弘治四年(1491)丁父憂去職。弘治七年(1494)春服闋,八年(1495)起復知山西高平縣。弘治九年(1496)調常熟知縣。弘治十三年(1500),陞吏部考功司主事。正德元年(1506)轉吏部驗封司員外郎,尋陞郎中。正德四年(1509)九月,遷湖廣布政司右參議[⑪]。正德五年(1510)二月,陞福建按察司提學副使[⑫]。正德六年(1511)五月陞河南布政司右參政[⑬],正德七年(1512)六月陞右布政使[⑭],正德

① 《明孝宗實録》卷一一一,弘治九年閏三月己酉條,"中央研究院"歷史語言研究所校印本,1964年,頁2019。

② 《明孝宗實録》卷一四二,弘治十一年十月戊辰條,頁2447。

③ [明]韓邦奇《資善大夫都察院右都御史贈工部尚書陳公(鳳梧)傳》(以下省稱"《陳公傳》"),《苑洛集》卷八,《景印文淵閣〈四庫全書〉》第1269册,臺灣商務印書館,1983年,頁468。

④ 《明孝宗實録》卷二一六,弘治十七年九月乙卯條,頁4077。

⑤ 《明武宗實録》卷五六,正德四年十月辛丑條,"中央研究院"歷史語言研究所校印本,1964年,頁1254。

⑥ 《明武宗實録》卷七七,正德六年七月辛酉條,頁1690。

⑦ 《明武宗實録》卷八六,正德七年四月甲申條,頁1844。

⑧ 在此期間,陽明染肺疾,曾上《乞養病疏(十五年八月時官刑部主事)》(《王文成公全書》卷九),回到原籍餘姚調治療養。以上對陽明履歷的叙述,參考錢德洪編《陽明先生年譜》(《王文成公全書》卷三二)、束景南《王陽明年譜長編》。

⑨ [明]韓邦奇《陳公傳》:"一時主事王守仁、潘某(府)、鄭某(岳)皆名士也,講學論文或至分夜,當時或稱'西翰林'云。"《苑洛集》卷八,頁468。

⑩ [明]陳鳳梧《又和王陽明三首(其三)》,[明]陳論編集,[明]吴道行續正《重修嶽麓書院圖志》卷九,鄧洪波校點《嶽麓書院志》所收,嶽麓書社,2012年,頁125—126。

⑪ 《明武宗實録》卷五四,正德四年九月辛亥條,頁1224。

⑫ 《明武宗實録》卷六十,正德五年二月甲辰條,頁1328。

⑬ 《明武宗實録》卷七五,正德六年五月壬戌條,頁1650。

⑭ 《明武宗實録》卷八九,正德七年六月庚戌條,頁1903。

八年(1513)八月陞左布政使[①],同年十二月卒於入覲北行途中之驛舍[②]。子器與陽明相識甚早[③],弘治八年(1495)時任高平縣令的子器主修《高平縣志》成,曾走京師請序於陽明[④],至子器在吏部考功司主事任上時,陽明曾謂"某於名父厚也"[⑤]。此書稱"近於名父處見所寄《學規》",可知鳳梧曾寄自己訂立的督學教條徵求子器等人的意見,二人相交甚篤。後來鳳梧巡撫應天等處,曾在崑山縣建柳塘祠,祀曾經的知縣、亡友子器[⑥]。

吴世忠(1461—1515),字懋貞,江西撫州府金谿縣人,《明武宗實録》卷一三〇、《明史》卷一八五有傳。弘治三年(1490)舉進士,弘治四年(1491)三月授兵科給事中[⑦],弘治十年(1497)十一月除刑科給事中[⑧],弘治十四年(1501)十二月陞户科右給事中[⑨],弘治十五年(1502)十二月陞吏科左給事中[⑩]。弘治十七年(1504)正月,陞任湖廣布政司左參議[⑪]。正德四年(1509)二月仍任湖廣左參議[⑫],後因事降爲山東按察司僉事,同年閏九月陞爲光禄寺少卿[⑬],十一月改尚寶司卿[⑭]。也就是説,世忠與陽明、鳳梧都曾同官京師,並且世忠與鳳梧同於弘治十七年陞任湖廣地方官。現在只能大致推測世忠與陽明相識,始於二人同在京師期間,他也是"西翰林"文士集團成員之一[⑮]。

徐守誠(1456—1513?),字成之,浙江紹興府餘姚縣人。弘治六年(1493)

---

① 《明武宗實録》卷一〇三,正德八年八月丁巳條,頁 2131。

② 以上對子器的仕履的叙述,同時參考[明]楊廉《右布政使柳塘楊公行狀》,《楊文恪公文集》卷五二,《續修四庫全書》第 1333 册,上海古籍出版社,2002 年,頁 140—141。

③ 束景南先生指出:"楊子器成化二十三年進士,王華則於成化二十三年任會試同考官,於楊子器有'座主'之誼。陽明與楊子器當早識,故爲其《高平縣志》作序也。"又云:"是科得人尤多,如……楊子器……潘府等,皆因王華任是科同考試官(座主)而同王華、陽明相識,關係密切。"《王陽明年譜長編》,頁 96、60。

④ [明]王陽明《高平縣志序》云:"弘治乙卯(八年),慈谿楊君明甫令澤之高平……走京師,請予序。"王曉昕、趙平略點校《王文成公全書》卷二九,中華書局,2015 年,頁 1212。按:此條材料蒙匿名審稿專家教示,特此説明,並申謝忱。

⑤ [明]王陽明《壽楊母張太孺人序》,王曉昕、趙平略點校《王文成公全書》卷二九,頁 1202。又《王文成公全書》卷一九另録有《辰州虎溪龍興寺聞楊名父將到留韻壁間》詩一首。

⑥ [明]楊逢春修、方鵬纂《(嘉靖)崑山縣志》卷四:"野鶴軒,在馬鞍山下,知縣楊子器建。巡撫陳鳳梧復命有司祀子器於内,名柳塘祠(原注:子器號柳塘)。"《天一閣藏明代方志選刊》第 9 册,上海古籍書店,1963 年,葉 8b。

⑦ 《明孝宗實録》卷四九,弘治四年三月丁丑條,頁 983。

⑧ 《明孝宗實録》卷一三一,弘治十年十一月乙巳條,頁 2316。

⑨ 《明孝宗實録》卷一八二,弘治十四年十二月丁未條,頁 3346。

⑩ 《明孝宗實録》卷一九四,弘治十五年十二月庚戌條,頁 3574。

⑪ 《明孝宗實録》卷二〇七,弘治十七年正月戊寅條,頁 3848。

⑫ 《明武宗實録》卷四七,正德四年二月丙子條,頁 1068。

⑬ 《明武宗實録》卷五五,正德四年閏九月丁卯條,頁 1233。

⑭ 《明武宗實録》卷五七,正德四年十一月辛未條,頁 1272。

⑮ 前揭束景南《王陽明年譜長編》弘治十三年條對"西翰林"的成員有詳考,認爲吴世忠與下述徐守誠等人也都是"西翰林"文士集團的成員,頁 184—190。

舉進士，授南京兵部主事，尋丁父憂離任，服除，補刑部主事[①]。弘治十七年(1504)四月，由刑部員外郎陞任湖廣按察司僉事[②]。正德四年(1509)十月，陞山東布政司左參議[③]，以疾歸，踰年而卒[④]。守誠與陽明爲同鄉，亦相識甚早[⑤]，二人都參加了弘治六年的會試。守誠後又與陽明、鳳梧爲刑部同僚，並且與鳳梧、世忠同於弘治十七年受命湖廣新職，守誠與鳳梧又爲按察司同僚。《王文成公全書》録有三通陽明答守誠書，分别爲卷四《答徐成之(辛未)》、卷二一《答徐成之(壬午)》、《答徐成之二(壬午[⑥])》。

鄭岳(1468—1539)，字汝華，號山齋，福建興化府莆田縣人，《明史》卷二〇三有傳。弘治六年(1493)舉進士，授户部主事。弘治十二年(1499)在刑部主事任上[⑦]，約在弘治十三年(1450)轉爲刑部員外郎(詳下)。弘治十四年(1501)正月，陞任湖廣按察司僉事[⑧]。正德元年(1506)六月，陞廣西按察司副使[⑨]。正德五年(1510)七月，陞江西按察使[⑩]。也即，鄭岳與守誠爲年誼，與陽明、鳳梧、守誠都曾同在刑部供職，又與世忠、守誠、鳳梧有過短暫的同在湖廣任職的經歷[⑪]，且與守誠、鳳梧爲按察司同僚。之所以説"短暫"，是因爲鄭岳早在弘治十四年就已調任湖廣，而如上所述，世忠、守誠、鳳梧得到任命都在弘治十七年，鳳梧到任更在弘治十八年(詳下)，而翌年即改元正德，鄭岳又有廣

---

① [明]張元忭、孫鑛纂修《(萬曆)紹興府志》卷四一《人物志七》，《四庫全書存目叢書》史部第201册，齊魯書社，1996年，頁300。

② 《明孝宗實録》卷二一〇，弘治十七年四月甲午條，頁3901。

③ 《明武宗實録》卷五六，正德四年十月丁巳條，頁1265。

④ 前揭[明]張元忭、孫鑛纂修《(萬曆)紹興府志》卷四一云："遷山東參議，以疾歸，踰年而卒。"又云："歷官二十年，室廬僅蔽風雨。"頁300。從守誠舉進士的弘治六年算起，"歷官二十年"，則大約於正德七年(1512)離任，"踰年而卒"，則或卒於正德八年(1513)。

⑤ [明]王陽明《答徐成之(辛未)》云："向吾成之在鄉黨中，刻厲自立，衆皆非笑，以爲迂腐，成之不爲少變。僕時雖稍知愛敬，不從衆非笑，然尚未知成之之難得如此也。"陽明在此叙述的應該就是早年在故鄉餘姚之事。王曉昕、趙平略點校《王文成公全書》卷四，頁177。

⑥ 此二書《王文成公全書》皆署"壬午"(嘉靖元年，1522)，已是守誠作古多年之後。《年譜》繫於正德六年辛未(1511)，或是。大西晴隆則認爲《年譜》可能是因爲卷四所録一書題正德辛未，故亦將此書附會於是年，不無可能。參見氏著《王陽明》，講談社，1979年，頁201—202。山本正一認爲"壬午"當作"壬申"(正德七年，1512)，亦有理。參見山本氏譯注《傳習録》卷首《解説》，法政大學出版局，1966年，頁6。

⑦ 《明孝宗實録》卷一五五，弘治十二年十月壬子條，頁2783。

⑧ 《明孝宗實録》卷一七〇，弘治十四年正月甲戌條，頁3087—3088。

⑨ 《明武宗實録》卷一四，正德元年六月壬子條，頁417。

⑩ 《明武宗實録》卷六五，正德五年七月甲子條，頁1419。另外，關於鄭岳與此書有關的活動，詳見下文。

⑪ 弘治十八年(1505)，鄭岳與鳳梧、世忠、王鉉曾合作修葺江夏縣學。[明]薛綱纂修、吴廷舉續修《(嘉靖)湖廣圖經志書》卷二"江夏縣學"條："(弘治)乙丑，提學僉事陳鳳梧、參議吴世忠、僉事鄭岳、知縣王鉉脩葺。"《日本藏中國罕見地方志叢刊》，書目文獻出版社，1991年，頁138。又同書卷二[明]陳鳳梧《重修(江夏)縣學記(節文)》："後六年爲弘治乙丑(十八年)，鳳梧奉命來典學事。至，則淋潦之餘，齋舍就頹，幸而分守參議吴公世忠、分巡僉事鄭公岳，寔維同志，加意于學。鄭公先出罰金若干付知縣王鉉葺之，于是齋舍復完。吴公則以聖賢像位，禮不可褻，迺各護以龕几，垂以簾幕，而時其啓蔽，扃鑰加嚴焉。正德丁卯(二年，1507)鳳梧令再葺之。"頁228。

西之任。鄭岳與陽明相識,亦當始於二人同在刑部任職期間。正如上述,他是“西翰林”的核心成員之一,而且是上述諸人中除陽明之外唯一有詩文集傳世者(詳下)。

三、舊説與新證

上一章整理了《答陳文鳴》中所涉及的相關人物至正德年間的履歷,本章分别介紹錢明、束景南二先生對此書的考證,針對其主要論點,檢討其立説依據、論證邏輯等。同時,提出前人未曾注意的有關文獻記載與史料證據,進而重新推論陽明寫作此書的時間。

(一) 錢説檢討

關於此書的寫作時間,錢明云:

> 名父卒於正德八年,故知本書必作於此前。又據“僕碌碌度日,身心之功,愈覺荒耗。所謂未學而仕,徒自賊耳。進退無據,爲之奈何”句推知,此書可能作於正德五年至七年陽明任職京師期間。鄭汝華,未詳。[①]

正如錢文所云,楊子器(名父)卒於正德八年(1513),此書自然當作於正德八年以前,但據書中“僕碌碌度日……爲之奈何”而推測是陽明任職京師期間所作,下語未免太急,讀者難以理解其間的因果邏輯關聯。實際上,陽明於正德五年(1510)三月至江西,出任廬陵知縣,同年十月入覲述職,十月(或説十二月)内陞南京刑部四川司主事,正德六年(1511)正月調吏部驗封司主事,至正德七年(1512)十二月由吏部考功司郎中陞南京太僕寺少卿[②]。由此可知,至少正德五年一整年陽明都未在京師任職,只是曾入覲述職,停留京師,然則謂“可能作於正德五年至七年陽明任職京師期間”,表述亦欠準確。

值得注意的是,書中稱在子器處曾見鳳梧寄來的“《學規》”,則較有可能發生在陽明與子器同官京師時期。如上所述,子器於弘治十三年(1500)進京任職,至正德四年(1509)九月陞爲湖廣布政司右參議,則此書只可能作於正德四年以前,而非正德五至七年之間。加之,按諸此書文意,鳳梧、世忠、守誠三人當在同地,最有可能是此三人同在湖廣任職期間,而如上述,三人都於正德四年離任湖廣之職。因此,綜合來看,此書寫作時間的下限不能晚於正德四年。再進一步考慮陽明在京任職時期的話,正德元年(1516)十一月,陽明在兵部武選司主事任上,以疏救南京户科給事中戴銑等人,下錦衣獄[③],十二月出獄,謫貴陽龍場驛驛丞。正德二年(1507)正月離京赴謫,三月至浙江錢塘隱居養病,

---

① 錢明《王陽明散逸詩文續補考——兼論黔版〈陽明文録續編〉的史料價值》,頁44。

② 參考[明]錢德洪等《陽明先生年譜》、束景南《王陽明年譜長編》。

③ [明]錢德洪等《陽明先生年譜》繫於正德元年二月,不確,今從束景南《王陽明年譜長編》之説。

正德三年(1508)春至貶所龍場。正德四年(1509)閏九月陞廬陵知縣①,如上所述,正德五年(1510)三月至廬陵。也就是説,正德二年正月陽明即已離京,那麼此書只能寫於正德二年正月以前,這是此書寫作時間的下限。

(二) 束説檢討

如引言中所述,束景南《王陽明佚文輯考編年(增訂版)》始以鳳梧陞任湖廣按察司提學僉事在弘治十六年九月,故將此書繫於弘治十六年②,後於《王陽明年譜長編》中再次查考史料,重新確認鳳梧陞任湖廣按察司提學僉事的年月,改繫於弘治十七年十月。從結果來看,後説比前説合理。

以下在檢討束氏後説的主要論點的同時,引用方志、詩文集等相關記載,首先考訂陳鳳梧到任湖廣之年,從而確定此書寫作時間的上限,其次考察鄭岳的活動軌跡,最終推論此書的寫作時間。

1. 陳鳳梧弘治十八年四月到任湖廣

關於鳳梧的履歷,束氏後説云:

> 陳鳳梧陞湖廣提學僉事在(弘治十七年)九月二十八日③,其赴任當在十月。陽明書所云"别後",即指陳鳳梧别陽明赴湖廣僉事任。陽明書所言"《學規》",即《陳公鳳梧傳》中所言"推衍聖制爲十八條,目爲三十一條,刻行郡縣,爲諸生規"。④

束氏以"别後"指鳳梧告别陽明離京赴任湖廣提學僉事之職,又謂陽明此書所言"《學規》",即韓邦奇《陳公傳》所云"刻行郡縣,爲諸生規"者,甚是。即,此書當作於鳳梧離京赴任湖廣提學僉事之後。不過,束氏以弘治十七年(1504)九月鳳梧陞湖廣提學僉事,遂謂"其赴任當在十月",則只是推測之辭,並非事實。因爲據鳳梧自述,"弘治乙丑(十八年,1505),予奉命來督學于兹"⑤,"後六年爲弘治乙丑,鳳梧奉命來典學事"⑥,"鳳梧不肖,以乙丑奉明詔來典學事"⑦,

---

① 參考[明]錢德洪等《陽明先生年譜》、束景南《王陽明年譜長編》。

② 束景南《王陽明佚文輯考編年(增訂版)》:"此書或以爲作在正德五、七年間,乃誤。按此書云'又當此風化之任',乃指陳鳳梧任湖廣按察司提學僉事掌學校教化事,韓邦奇《都察院右都御史贈工部尚書陳公傳》云……陳鳳梧在弘治十六年九月陞湖廣按察司提學僉事而去,陽明此書所云'别後',即指弘治十六年九月之别,由此可知此書作在弘治十六年。"頁 180。蓋因所引據的韓邦奇《陳公傳》云:"癸亥(弘治十六年),奉命江南審録重囚,多所平反……九月,陞湖廣按察司提學僉事",遂以爲陞湖廣提學僉事同在弘治十六年。

③ 束景南《王陽明年譜長編》弘治十三年六月條猶謂"陳鳳梧弘治十一年至十六年在刑部任職",正德三年三月條又云"按:前考文鳴即陳鳳梧,弘治十六年九月任湖廣按察司提學僉事,與陽明相别於京師",皆仍爲前説,未及修改。頁 184、468。

④ 束景南《王陽明年譜長編》弘治十七年十月條,頁 333。

⑤ [明]陳鳳梧《藏書記》,[明]薛綱纂修、吴廷舉續修《(嘉靖)湖廣圖經志書》卷二,頁 224。

⑥ [明]陳鳳梧《重修(江夏)縣學記(節文)》,[明]薛綱纂修、吴廷舉續修《(嘉靖)湖廣圖經志書》卷二,頁 228。

⑦ [明]陳鳳梧《二程書院記(節文)》,[明]薛綱纂修、吴廷舉續修《(嘉靖)湖廣圖經志書》卷四,頁 403。

"乙丑初夏,鳳梧奉命典學于楚"[①],則鳳梧到任湖廣應在弘治十八年。如果"乙丑初夏"的記載無誤,鳳梧實際到任湖廣已是弘治十八年四月。要之,據鳳梧自述,到任湖廣在弘治十八年,而非弘治十七年,確定無疑[②]。因此,陽明此書只能作於鳳梧到任湖廣的弘治十八年四月以後。結合上一節的討論,則此書的寫作時間應不早於弘治十八年四月,不晚於正德二年正月。

2. 鄭岳弘治十八年十月的赴京之旅

關於此書中的"鄭汝華"即鄭岳的經歷,束氏云:

> "鄭汝華"即鄭岳,字汝華,號山齋。柯維騏《兵部左侍郎鄭公岳傳》云:"起補刑部主事……岳抗疏論列,人咸稱允。擢湖廣按察司僉事……武宗初,擢廣西兵備副使。"(《國朝獻徵録》卷四十)知陽明所言"鄭汝華去"乃是指鄭岳赴湖廣按察司僉事任,陽明遂託其携此書遞呈陳鳳梧。[③]

也就是説,束氏認爲書中"鄭汝華去"是指鄭岳離京赴任湖廣按察司僉事而去。束氏既將此書繫於弘治十七年十月,蓋亦以鄭岳之赴任湖廣在弘治十七年十月以後。在此重新分析其所引據的柯維騏(1497—1574)《兵部左侍郎鄭公岳傳》的叙述:

> 岳踰弱冠,登弘治癸丑進士,授户部主事。考績貤恩,遂移疾,歸葬其父。起補刑部主事,錦衣千户張福同監市囚,福恃勢越坐。岳奏論語涉中貴,孝宗怒,下詔獄,堂官疏救以免。轉員外郎,時邊事孔棘,侍郎許進督師大同,貴近惡其剛方,議代;前副總兵趙杲僨事坐廢,謀復起,京軍屢出無功,又議再遣。岳抗疏論列,人咸稱允。擢湖廣按察僉事。[④]

按,鄭岳上疏議錦衣衛千户張福争座次,下鎮撫獄,贖杖還職,見《明孝宗實録》弘治十二年十月壬子條,而户部左侍郎許進(1437—1510)兼都察院左僉都御史,提督軍務,往山西大同禦寇,事具《明孝宗實録》弘治十三年四月乙巳條。由此可知,弘治十二年十月鄭岳在刑部主事任上,大約在弘治十三年前後陞任刑部員外郎,後擢爲湖廣按察司僉事。换言之,根據該傳文,其實並不能

---

① [明]陳鳳梧《廣濟還儒學記(節文)》,[明]薛綱纂修、吴廷舉續修《(嘉靖)湖廣圖經志書》卷四,頁414。

② 按:明代官員赴任,根據任地遠近,有一定之限期。《(萬曆)大明會典》卷五:"凡官員赴任憑限,弘治十三年奏準,除領勑人員并京官陞除外,其餘若延緩過半月之上不辭朝出城者,參提問罪。若已辭出城,復入城潛住者,改降别用。違憑限半年之上不到任者,雖有中途患帖,亦不準。問罪還職,違一年之上者,不許到任,起送吏部,革職爲民。"《續修四庫全書》第789册,上海古籍出版社,2002年,頁101。[明]沈一貫(1531—1617)《敬事草》卷一三《催三省考官揭帖》:"查得欽定赴任限期,浙江四千四百里,該八十八日;江西四千六百六十五里,該九十四日;湖廣三千二百里,該六十四日。"《四庫存目叢書》史部第63册,齊魯書社,1996年,頁407。另外,筆者注意到上述楊子器曾兩次於命下翌年始到任。據《實録》子器正德四年九月遷湖廣布政司右參議,但《行狀》云"庚午(正德五年)至湖廣";又據《實録》子器正德六年五月陞河南布政司右參政,而《行狀》云"壬申(正德七年)抵汴城"。

③ 束景南《王陽明年譜長編》弘治十七年十月條,頁333。

④ [明]柯維騏《兵部左侍郎鄭公岳傳》,[明]焦竑《國朝獻徵録》卷四十,《續修四庫全書》第527册,上海古籍出版社,2002年,頁164。

推知鄭岳陞任湖廣按察司僉事在弘治十七年十月後。束氏之前説以鳳梧赴任湖廣提學僉事在弘治十六年，遂謂鄭岳"在弘治十六年擢湖廣按察僉事而去"①，然則於鄭岳赴任湖廣按察司僉事之年，皆以鳳梧赴任湖廣之年爲轉移，本質上是以此書"鄭汝華去"爲判斷之依據，不免陷入循環論證的誤區。其實，正如上述，鄭岳由刑部員外郎陞任湖廣按察司僉事乃早在弘治十四年(1501)正月②，至弘治十七年，已經是任職湖廣的第三年。因此，束氏稱陽明託即將赴任湖廣新職的鄭岳遞呈答書給鳳梧，是難以成立的。

然而，若謂鄭岳以他故偶至京師，遂有陽明作書委託遞呈鳳梧之事，則不無可能，但卻不在弘治十七年。今檢鄭岳詩選集《山齋吟稿》卷二録有題爲"弘治乙丑十月岳以湖廣僉事持表入京寓舟河西務恭聞 泰陵發引不勝悲感哀歌四章"③的組詩。據此而知鄭岳於弘治乙丑(十八年，1505)十月曾有一趟赴京之旅，至通州河西務(今属天津)，聽説了孝宗(1470—1505)出殯的消息，傷悲不已，因作哀歌。史載孝宗出殯在十月十九日④，則十月下旬鄭岳應已抵達京師。既然鄭岳是以湖廣按察司僉事的身份"持表入京"，則似因公務而來。因此，"鄭汝華去"並非如束氏所説是赴任湖廣新職而去，而應指鄭岳於弘治十八年十月以湖廣按察司僉事的身份因公進京，逗留一段時間後離京返回湖廣。在京期間，鄭岳曾與陽明相聚，陽明作此書，交與即將返回湖廣的鄭岳遞呈鳳梧。鑒於鄭岳不可能久离職守，滞留京師，公務畢當即返回湖廣，不妨推測他於是年冬已啓程南下，則陽明此書很可能作於弘治十八年冬。當然，鄭岳在京停留至翌年正德元年(1506)初，也並非完全没有可能，但僅就可能性而言，不如認爲更可能是在弘治十八年冬。這與上述此書當作於弘治十八年四月至正德二年正月之間的推測，也是相吻合的。自然，鄭岳進京復返湖廣，可能不止

① 束景南《王陽明佚文輯考編年(增訂版)》："據《國朝獻徵録》卷四十柯維騏《兵部左侍郎鄭公岳傳》，鄭岳弘治十五年前後任刑部員外郎，亦'西翰林'之一。其在弘治十六年擢湖廣按察僉事而去，即陽明此書言'因鄭汝華去，草率申問'。陽明此書乃由鄭岳帶給陳鳳梧……兩人(世忠、守誠)俱在陳鳳梧處。"是知《編年》以鳳梧赴任湖廣在弘治十六年，故以爲鄭岳擢湖廣按察司僉事亦在弘治十六年。頁181。又《王陽明年譜長編》弘治十三年條仍襲前説而謂："鄭岳在弘治十六年陞湖廣按察僉事而去，陽明親送之，其在《答陳文鳴》中有云：'因鄭汝華去，草率申問。'可見兩人關係非同一般。"頁188—189。

② 《明孝宗實録》卷一七〇，弘治十四年正月甲戌條云："陞刑部員外郎鄭岳爲湖廣按察司僉事"，頁3087—3088。

③ [明]鄭岳《山齋吟稿》卷二，明嘉靖十七年柯維熊校刊本，葉14a。暫據臺北"國家圖書館"古籍與特藏文獻資源庫公佈微片(索書號：11578)。此本原爲北平圖書館藏書，抗戰時寄存在美國國會圖書館，目前保管在臺北故宫博物院，似爲僅見之孤本。此書由鄭岳之子鄭泓輯録，卷首有馬明衡序，署"嘉靖十有七年戊戌夏六月"，卷末有柯維熊後序，署"嘉靖十七年戊戌夏六月之吉"，卷端署"不肖男泓輯録/二山林大輅選校/石莊柯維熊評校"。黄仁生《日本現藏稀見元明文集考證與提要》對此本有解説，嶽麓書社，2004年，頁100—102。按：鄭岳的詩文集通行的有明萬曆中鄭岳曾孫鄭炫蒐輯重録《鄭山齋先生文集》二十四卷以及以其爲底本的《四庫全書》本《山齋文集》二十四卷。在鄭炫編刻《鄭山齋先生文集》卷四、四庫本《山齋文集》卷四同樣載有該四章組詩，不過前者詩題節略作"泰陵發引哀歌"，後者詩題作"泰陵望引哀歌"，"發"譌作"望"，乃手民之誤，非別有依據也。

④ 《明武宗實録》卷六，弘治十八年十月庚午(19日)條："是日午，奉孝宗敬皇帝梓宫葬泰陵"，頁202。

此行，但綜合考慮鳳梧弘治十八年四月始到任湖廣，而翌年正德元年六月鄭岳又陞任廣西按察司副使離湖廣而去，唯有弘治十八年十月的此次赴京復返湖廣之旅，最有可能替陽明遞呈此書給在湖廣的鳳梧。

四、結語

在《答陳文鳴》中登場的楊子器、吴世忠、徐守誠、鄭岳以及收信人陳鳳梧，他們與陽明以及他們之間，或是同鄉，或爲年誼，或曾爲刑部同僚，皆嘗同官京師。鄭岳先於弘治十四年擢湖廣按察司僉事離京而去，繼而世忠於弘治十七年正月陞任湖廣布政司左參議，同年四月守誠陞任湖廣按察司僉事，同年九月鳳梧陞任湖廣按察司提學僉事，唯鳳梧實際到任湖廣在弘治十八年四月。當此之時，鄭岳、世忠、守誠、鳳梧再聚於湖廣，且世忠以外的其他三人又皆爲按察司同僚，可謂緣分不淺。弘治十八年十月，鄭岳以湖廣按察司僉事的身份因公赴京，期間陽明作此答書，託即將返回湖廣的鄭岳遞呈鳳梧。此書前半言及鳳梧的"《學規》"，即提學官訂立的督學教條[1]，可知鳳梧從初次出任提學官就在訂立督學教條上頗爲用心，並且移書好友徵求意見[2]。此書後半陽明自述近況，苦於"碌碌度日"、荒廢"身心之功"，體現出精神之煩悶與情緒之消沉，是反映陽明早年思想歷程的重要記録。總之，此書篇幅雖短，但對了解鳳梧與陽明早年的思想與行動有重要價值。

（附記：承蒙匿名審稿專家指政謬誤，指點修訂方向，謹申謝忱。）

【作者簡介】廖明飛，文學博士，日本學術振興會外國人特别研究員 PD，研究興趣爲經學文獻學、經學史、明代思想文化史等。

① 郭培貴《試論明代提學制度的發展》："這個時期（天順五年至萬曆二年）的提學官爲使提學活動的每個環節及步驟都能有章可循、有法可依，提高履職的效率和規範性，大都依據《敕諭》及有關詔令，針對本地實際制定了自己的督學《條約》、《科條》、《規條》、《教條》等等。"《文獻》1997 年第 4 期，頁 69。

② 其實鳳梧是討論明代提學官制度無法繞開的一位重要人物，可參考徐永文《明代地方儒學研究》第二章第四節"提學制"，中國社會科學出版社，2012 年，頁 76；三浦秀一《科舉と性理學：明代思想史新探》第四章《明朝提學官物語》，研文出版社，2016 年，頁 206、210—211。關於鳳梧與明代提學官制度的關係，筆者擬另撰專文探討。

北京大學圖書館藏袁昶致吕海寰手劄考釋*

朱家英

【提　要】 北京大學圖書館古籍部藏《庚子浙中三忠手劄》，爲徐用儀、許景澄、袁昶等人寫給吕海寰的書信。其中袁昶部分有二十四通，寫作的時間自光緒二十年春(1894)至二十六年(1900)春，涵蓋了袁昶自徽寧池太廣道至出任總理各國事務衙門大臣的仕宦階段。其内容涉及公私多個方面，在晚清經濟、外交、内政等研究領域具有重要價值。而其中的私人交往、人事關係等内容也爲社會生活史等領域的研究提供了不少可供參考的資料。

【關鍵詞】 袁昶　吕海寰　手劄　晚清史

袁昶(1846—1900)，原名振蟾，字爽秋，一字重黎，號漸西村人、芳郭鈍叟，浙江桐廬人。同治六年(1867)舉人，光緒二年(1876)中恩科進士，九年春考取總理各國事務衙門章京。十五年以資勞轉總理衙門總辦章京，是年冬記名御史。十八年冬奉旨分巡安徽徽寧池太廣道，次年履任。二十四年升任陝西按察使。未行，又授江寧布政使。八月入都陛見，又調授直隸布政使，旋命以三品京堂内用，任總理各國事務衙門大臣。二十五年補授光禄寺卿，又改太常寺卿。庚子年(1900)義和團起，袁昶力陳"拳民不可恃，外釁不可啓"，主張剿滅拳民、維持和局，爲當政者所忌，下獄論死。同年十二月，光緒帝下詔平反，開復原官。宣統元年(1909)予謚"忠節"。

吕海寰(1842—1927)，字鏡宇，山東萊州人。同治六年(1867)舉人，捐納爲兵部主事。光緒九年(1883)考取總理衙門章京，二十年出爲江蘇常鎮通海道。二十二年暫署蘇松太道。二十三年以四品京堂派充出使德國、荷蘭大臣。二十七年歸國，由左都御史升任工部尚書，後調任兵部尚書，改外務部尚書兼會辦大臣、督辦津浦鐵路大臣等。

北京大學圖書館古籍部藏有《庚子浙中三忠手劄》原件一册，其中有袁昶致吕海寰書信二十四通，向未爲人披露。該批手劄的寫作時間自光緒二十年(1894)春至二十六年(1900)春，時間跨度長達六年。其内容主要談論所主政務，對於晚清經濟、外交、内政等領域的研究多有裨益。同時信劄中所透露的

* 【基金項目】本文係山東大學青年學者未來計劃阶段性成果。

炭敬、報效、請托、説項等資訊,也爲瞭解晚清官場生態、人事關係等内容提供了生動的實例。兹選録其中十二通,加以考釋,以餉學界。

一

敬宇長哥同年大人左右:前月十九奉到初十日賜書,蒙指示一一,榘訓周詳,感銜到骨,非言可喻。兩署賢勞,廟堂特簡,稍酬三十年在公□悉之績,日夜望之,熊夢吉占,已有先兆,尤喜不可支也。

署中列憲主持,殫心方略,彌綸沙界,維婁遠人,竭文富韓歐諸巨公元老之心略,並得諸同舟贊畫,稍稍致海波不揚、方隅砥平,真群策群力之盛也。同舟仿照樞臣報効慶典兩竿,盡媢兹攘祝之忱,効塵露足嶽之悃,熙朝盛事,亘古鑠今。江蓉舫[①]所辦係照乾隆中鹽商公請祝厘成案,至於各榷關情形,肥瘠不同,人心不一,不能一條心做事、一鼻孔出氣,此乃實情。承密示一節,敝居僻左,要以津滬兩處爲領袖。巴蘭德[②]之説也。而長江各榷,尤視滬關爲進止,滬關既未開口,弟也不便出頭爲之倡,防意見有參差。

未審澹如邸憲[③]有交派之密話否?乞我哥密示之,以便酌定遵循。此間凋敝已極,竭力輸忱,亦祇辦一兩竿也,尚希密示及之,盼切盼切,感刻感刻。瑶圃[④]、□卿兩兄並荷記名,同舟諸公皆臻臻日上,欣忭之至。柚岑[⑤]兄已愈否?

歷年税收每年只十八九萬以内,弟去年托芘,收到二十萬九百之數,比較歷年多收一兩萬以上,然仍不敷内外銷款。蓋每年報部内銷十五萬,外銷各項及院撫有五萬三四千也。故自雙錫五[⑥]以來,至今官歷七任,官虧八萬,殊爲岌岌,亦無可彌補,無可如何耳。此問成端甫[⑦]便知弊之所在,恐兄大人不免來領此關也,是以預告。率布縷縷,叩請簡安。閲乞付丙。年如小弟心叩。三月十九日。

袁昶於光緒十九年(1893)四月二十三日接印任事,次年在寫給徐用儀的

---

① 江人鏡(1823—1900),字雲彦,號蓉舫,安徽婺源人(今屬江西)。道光二十九年(1849)順天鄉試中舉,咸豐三年(1853)任内閣中書,因鎮壓捻軍有功,升内閣侍讀。後歷任山西蒲州知府、太原知府、河東鹽法道、河東兵備道、江漢黄德道。光緒十六年(1890)任兩淮鹽運使。

② 巴蘭德(1835—1920),光緒元年(1875)至十九年任德國駐華公使。

③ 愛新覺羅·奕劻(1838—1917),自號澹如齋主人,時爲慶郡王,兼領總理各國事務衙門大臣。

④ 童德璋,字瑶圃,四川江北人。以兵部郎中任總理衙門章京,京察以海關道記名,後出任徽寧池太廣道、湖北鹽法道。

⑤ 繆祐孫(1851—1894),字柚岑,江蘇常州人。光緒八年(1882)順天鄉試舉人,十二年中進士,即遊歷俄國。歸國後任職户部,兼任總理衙門章京,有《俄遊彙編》等著作。

⑥ 雙福,字錫五,滿洲正藍旗人。以總理衙門章京出任徽寧池太廣道。

⑦ 成章,字端甫,曾任徽寧池太廣道,光緒十七年(1891)以教案開缺,次年復職,後任通政使司副使、宗人府府丞、署禮部右侍郎、都察院左副都御史、正白旗漢軍都統等。

信中提到:"去年首裁到任陋規,嚴核各口功過,扣至年底計八月有餘,征至十四五萬兩,通計十九年一年征至二十萬零九百兩。"[①]又其在總理衙門的同僚繆祐孫在光緒二十年(1894)八月二十六日已經病逝[②]。合以信中"弟去年托芘,收到二十萬九百之數"以及詢問繆祐孫病情等語,可知此信作於光緒二十年(1894)三月十九日。

以本年爲慈禧太后六旬萬壽慶典,故内外臣工咸有報效之舉,此劄所談論即爲海關道同僚應對慶典的辦法。考其語意,應爲吕海寰建議袁昶趁此機會有所表現,而袁昶則以蕪湖關應視上海關爲進止,自己不便出頭提倡加以婉拒。同時認爲各關情況不同,不應按照總理衙門採用固定金額的辦法。接著又詳述了蕪湖關的税收情況,指出該關接連七任監督,自雙福、孫振銓(署)、成章、彭禄(署)、成章、楊儒、李壽蓉(署)[③]以來,均處於虧空狀態,俱是寅吃卯糧,滚支滚算,表明了該處財政緊張的局面。

二

敬再肅者:十月朔奉到九月十九手復諭函,仰蒙詳示,感縈衷曲。承示貴關解滬撥還鎊價匯費每千兩開支十兩,現奉部駁等因。敝關前升道楊子通[④]星使解滬鎊價,兩次開支匯費每千兩計十四兩,屢奉部文駁減。弟函商楊星使,楊星使囑詳報撫院諮部前項匯費減去貳兩,開支十二兩,囑弟代詳撫院諮部,至今未奉部示。此次與貴關、潯關同奉電敕解浙江餉,九江成果泉[⑤]兄函稱每千兩匯費開支廿二兩,弟處開支廿兩,蔡和甫[⑥]兄來函云開支十八兩,各適如其分際,如有部駁,亦不過酌爲删減一二兩與之磋磨而已。候奉部文,即抄呈鈞閲也。

瀛眷想已安抵冰署,從此門闌喜氣,合第團圓,必多佳事,可爲稱賀。昨十月初三日申後,奉電示固本小輪違章上駛云云,弟急查諸班税司,今日接班税司函稱今晚固本小輪泊蕪岸,不服盤查,並將柂手二人押在船上。弟接函,深爲怪異,及查知乃系李中堂之侄候選道李四經馥[⑦]新往滬上買來之小輪船,人皆呼爲李四風子。李府子弟運貨不完税厘,時時闖

---

① [清]袁昶《復稟樞直吏左徐筱雲先生》,見袁昶書信底稿,上海圖書館藏。

② 《繆荃孫日記》九月十日條:"聞柚岑於前月廿六逝世,母老子幼,何以爲生。"見張廷銀、朱玉麒主編《繆荃孫日記》第1册,鳳凰出版社,2014年,頁325。

③ 孫修福《中國近代海關高級職員年表》,中國海關出版社,2004年,頁823。

④ 楊儒(1840—1902),字子通,號退菴,奉天鐵嶺人,隸漢軍正紅旗。同治六年(1867)舉人,歷任鎮海道、温處道、徽寧池太廣道。光緒十八年(1892)充出使美、日、秘大臣,二十二年轉任出使俄、奥、荷大臣。

⑤ 誠勳(1848—1915),伊爾根覺羅氏,字果泉,滿洲正紅旗人。光緒十八年(1892)至二十四年任九江關道。後歷任江蘇按察使、浙江布政使、廣州將軍、察哈爾都統、熱河都統、弼德院顧問大臣等。

⑥ 蔡鈞,字和甫,浙江仁和人。歷任蘇松太道、江海關道,因故開缺。後復出,光緒二十七年(1901)任出使日本大臣。

⑦ 李經馥(1861—1902),原名經邦,字環卿,號幼儒,安徽合肥人。李鴻章之弟李鶴章第四子。

關,事所常有,弟處亦時受其累,真没辦法也。

再有懇者,小僕周彬,湖南人,人尚勤懇,足供隨侍奔走之材。弟處人浮於事,周彬求薦,尊處可否賞收試用?如不合意,仍飭其回弟處可也。

僊舫[①]大哥大人遽賦騎箕,情均忉怛,奉上祭幛一懸,聊表生芻之敬,伏希匯寄津門几筵。務望節情,珍衛玉體爲幸。再叩台安,惟希教察,不一一。弟又叩。十月初四日。

外吏總以聯絡地方紳耆爲得人心之一端,想公才長專布,行頌政聲翔給也。

呂海寰於光緒二十年(1894)四月二十三日補授常鎮通海道[②],八月十六日抵鎮江接任[③],家人亦隨即前來。此劄詢問呂海寰家眷是否安抵衙署,自係作於同一年的十月初四日。該劄第一段介紹了解餉匯費過高,奉部文駁減的問題,並比較了蕪湖關、鎮江關、九江關、江海關等處的匯費價格。根據這些數字,可知不同地區匯費價格差距甚大,而各地海關監督也時常聯絡聲氣,共同商議應付中央政府的辦法。

同時信中還談到李經馥名下的小輪船違章行駛、拒不繳税,且不服從盤查,甚至將稽查人員拘押,並云類似事件"常有"。關於李鴻章家族子侄的不法之跡,前人多有記述,如文廷式《志林》便云李氏子弟殺人、好貨,"其劣跡殆不可擢髪數也"[④]。儘管有人爲李鴻章本人開脱,認爲"李綰疆符久,權在外,而親私子弟壞之",其本人"未嘗墮節"[⑤],但李氏子弟的飛揚跋扈,所倚仗的正是作爲朝廷柱石的李鴻章的權柄,而李鴻章本人的督教缺失,也是不可否認的事實。作爲蕪湖關監督的袁昶,對於李府子侄的闖關行爲,也只能聽之任之,無計可施。而在信的末尾提醒初爲外吏的呂海寰要注意"聯絡地方紳耆",既是介紹自己的爲政經驗,似乎也有對自己聽任李府横行的做法加以辯白的意思。

三

初冬十九到金陵,滿擬得與公握手一見,談許多衷曲,乃竟相左,緣慳悵悵。仲冬初五,弟回祝兹。弟處五屬地方,多山箐土匪出没,二年内竭力整頓,募人到處偵查緝捕。全皖乃極瘠省分,凡有舉動,皆須捐廉,方辦得動,事冗心勞。弟知交又廣,應酬極大,每年用度四萬出頭。而教堂折

---

① 呂瀛寰,字僊舫,爲呂海寰之兄。

② 《光緒朝上諭檔》二十年四月二十三日:"内閣奉上諭:江蘇蘇松太道魯伯陽著開缺,送部引見。黄祖絡著調補蘇松太道。所遺常鎮通海道員缺,著呂海寰補授。欽此。"見《光緒朝上諭檔》第20册,廣西師範大學出版社,2008年,頁241。

③ [清]呂海寰《呂鏡宇自叙年譜》,北京圖書館編《北京圖書館藏珍本年譜叢刊》180册,北京圖書館出版社,1999年,頁152。

④ 汪叔子編《文廷式集》第3册,中華書局,2018年,頁1047。

⑤ 湯殿三《國朝遺事紀聞》,宣統二年(1910)民興報館版,頁41。

平賠款，免九賠一在其外，尚一毫未解。近又募勇一營辦江防，捐商人月助七八百兩，弟一月捐百五十以爲之倡，故今年用度尤大。

新關向來每月收洋稅五萬，今則每月不足五千，米不開禁之故。故今年入款奇窘，此敝廨大略實情也。前因解海軍牙門常年經費一萬兩，新增經費四萬兩，向來匯費每千兩六兩，今添足匯費每千兩至二十八兩，號商尚稱京號苦無現銀，不肯多匯。是以奉懇兄大人招呼，十二月初二日，由同和號齎文批三件，外一八庫平、二八寶銀二萬零五百六十兩，匯費。懇賜飭協成永即匯海軍牙門，准正月下旬上交。不准過期。此皆仰仗鼎力周旋，感激萬分。惟餉本五萬，撫部院諮文只一角，已交合盛元矣，此項五萬，系合盛元、立大與鈞處協成永三家公匯，諮文卻只有一角，不能分三處也。惟務懇飭協成永必須有領紙一張見付爲憑，乞即催取寄下，萬禱萬禱。

按袁昶日記所載，光緒二十年(1894)十月十九"申初抵江寧下關，入儀鳳門"。至十一月初五："四更江裕船至，亟披衣上船。……午抵蕪，回署。"①其間均在江寧，與此劄開頭所言時間適相符合。又劄中提到十二月初二日事，因此可知此劄寫作的時間即在本年的十二月中。

該劄所談的內容均是在中日開戰的背景下，由於皖南兵力抽調赴旅順作戰，一時防務空虚，山匪蠢動②。加上風傳日軍集結數十艘軍艦將南犯長江及臺灣，江防示警，於是官紳合力招募勇丁，編爲保衛營，以資巡防。此即信中所言"又募勇一營辦江防"之事。同時由於防衛需要，劉坤一電令蕪關禁止販米出口③，遂使"洋、常兩稅頓形減絀"④。袁昶在寫給劉坤一的信函中提到禁米出口所帶來的影響："伏查光緒十八年蕪關税務司細册，計洋月分一年四□出口米共二百零四萬三千一百五十三石七十三斤，又免稅米四萬八千四百八十石，均系廣東省之廣州、汕頭二口商人賃鐵船、夾板船來蕪報運。閩省每年只有官運買補常平倉谷數千石，並無商人購米運往。現奉功令嚴禁運米出口，粵商絕跡。"⑤因此本劄中談到新關稅收驟降十分之九，的確是實情。

四

再密敂者：兄處今冬杪長安例炭如何致送？務懇開單密示。弟與公久在典屬，事應一律，切勿參差。雖鄙處之清瘠，遠遜冰署，亦不敢不勉

① ［清］袁昶《漸西村舍日記》第27册，上海圖書館藏稿本。

② ［清］袁昶《漸西村舍日記》十月十四日條："派弁密查安吉、長興山内土匪情形。將募勇一營，以治内盜。"上海圖書館藏稿本第27册。

③ ［清］袁昶《漸西村舍日記》六月二十四日條："午刻奉峴帥電，聞倭缺米，恐齎盜糧，飭令無論商輪、洋輪，禁止運米出口，遵即函知稅司照辦。"見上海圖書館藏稿本第26册。

④ ［清］袁昶《稟德署撫部(七月二十五日)》，《于湖文録》卷六，光緒間湛然精舍刻本。

⑤ ［清］袁昶《稟督憲劉》，見上海圖書館藏袁昶信函底稿。

也。叩禱萬禱。年嫂、年如嫂夫人坤安。兒女侍叩。

此劄與後一封在内容上有聯繫,因此可以斷定作於光緒二十年(1894)秋冬之際。袁昶與吕海寰自光緒九年(1883)同時入總理衙門任章京,至十九年袁昶出任徽寧池太廣道,前後同僚長達十年[①]。此時二人又同爲海關道,因此袁昶致函吕海寰詢問本年炭敬數額,希望保持一致。

五

曲江公[②]前於孟冬十日舟泊祝兹六個時辰,弟已將公之篤實性行,做事細密不苟且,操守極介,俱切實説過。後到白門,亦切實言之,俱蒙首肯。公之素行,自足結大府之知遇,走不過説公道話耳。兵興半年,公地當極衝,昕夕賢勞,精力要百倍於人,久在念中。好在兄事事老成綿密,不至如弟之疲苶疎敬,時有不合處也。

張樵憲[③]、邵筱老[④]日内可赴東,然事之成否不可知。李壽亭[⑤]等二十餘營皆奉新寧欽憲[⑥]開北,則不但京口兵力太單,即江陰、清江、狼山、福山亦嫌太薄,大局又煩香帥[⑦]佈置,卻又籌餉爲難,如何如何!

周斌系許僊坪[⑧]河帥薦與我,此人尚有才幹,可用。弟處人多,故令其奉侍左右,想尚可給撝策也。

曲江公極易伺候。曲江心極平恕,即才力不逮者亦曲恕之,况兄之才行操守百倍於常人乎? 兄坦然行將去可也。

弟處只有號商一家,據稱旅順失後,奉天告儆,京號匱内一空,力止外號不准匯京,故弟處炭金現始設法匯寄,須新正方可到京矣。弟處辦法與

---

① 參看李文傑《中國近代外交官群體的形成 1861—1911》,三聯書店,2017 年,頁 194。

② 張之洞(1837—1909),字孝達,一字香濤,號壺公、抱冰,河北南皮人。時署理兩江總督。按:唐代張九齡爲韶州曲江人,有《曲江集》,世稱“張曲江”,因以借指。

③ 張蔭桓(1837—1900),字樵野,廣東南海人。早年應試不第,遂納貲爲知縣,入山東巡撫幕,薦以道員用,任安徽徽寧池太廣道,升按察使,以三品京堂在總理各國事務衙門行走,並充出使美國、秘魯、西班牙大臣。回國後任户部左侍郎,賞加尚書銜,充總理各國事務衙門大臣,兼管京師礦務鐵路總局。中日甲午海戰失利,與邵友濂作爲全權大使赴日議和。

④ 邵友濂(1841—1901),字筱村,浙江餘姚人。早年由監生捐貲員外郎,同治四年(1865)舉人,十三年以御史記名,補總理各國事務衙門章京。光緒四年(1878)以道員充頭等參贊,隨崇厚使俄,旋署理駐俄公使。歸國後補授蘇松太道。十二年擢河南按察使。十三年任臺灣布政使。十五年升湖南巡撫,尋以憂歸。服闋,補授臺灣巡撫。二十年調署湖南巡撫。二十一年與張蔭桓同爲欽差大臣,赴日議和。

⑤ 李占椿(1839—1919),字雁翚,號壽庭,江西興國人。時任皖南鎮總兵。

⑥ 劉坤一(1830—1902),字峴莊,湖南新寧人。以廩生辦團練鎮壓太平軍,以功歷授教諭、直隸州知州、知府、道員、廣東按察使、廣西布政使、署兩江總督等。光緒元年(1875)擢兩廣總督,二年調兩江總督。十二年丁母憂,服闋仍授兩江總督。十七年命幫辦海軍事務。二十年中日戰起,詔爲欽差大臣督關内外防剿諸軍,尋以和議成回任兩江。

⑦ 即張之洞。

⑧ 許振禕(? —1899),字僊屏,江西奉新人。同治二年(1863)進士,時任東河河道總督。

公章程不甚出入，三邸[①]各四，澹如主人去年五，今年亦五。門敬二封，每二十。樞二，總一。剛峰[②]、敬齋[③]、仲華[④]向無交情不送。總□各股私有參差。謹以密聞。萬勿宣佈告人。

弟前在石城買一侍妾，柯姓名聯蒂，年十九，花英洋五百元，貌中陋，性情尚好，一武弁之女也。明年正月，弟初六七先赴皖，竢由皖到祝兹，方定到金陵之日。或開印後去，亦未定。如弟定何日去，總在新正後半個月。再函布或電告。

經郛[⑤]兄廿年相好同事，豈有不幫他之理。惟此中事之深淺不可知，卻不敢亂説話。果有虧空，則弟言之無益；如豪無虧短，經老復何所慮？

弟去年到此，大受休文公[⑥]逼索，出京時倒橐一空，病又半年，懊惱已極。休文之公事，月接薦人書七八封，前後條子四五十個，又有節壽每一竿，可恨已極，弟銜之切骨。如此巴結，今年四五月間，尚有休文親筆爲支應局索借弟處四萬彌虧之事。云分五六年，由厘局分完，每年完八九千云云。弟此事一豪不給。幸休文已下臺，亦無法害我，此人不去，弟今年必告病去矣。現在因新關税全無，故仍捉於見肘。此地一年中全仗新關，故今年況狀亦不佳。公事則稍順手，此可告慰。

奉上新刻先公文及各書，乞教政。以後不妨狂草，時時通信，以當面談。再叩鈞安，乞心察一一，萬勿宣佈。弟又心叩。臘月十六日。

蕪常關雙[⑦]、成[⑧]、楊[⑨]任年收常税十八九萬不等，張樵憲[⑩]任内則祇收税十四五萬。弟去年四月到任，首革到任陋規及辦差，計得三竿。以後一切陋規俱不收，如□書辦每名五六百元不等，此類一概斥拒。以故常税去年收到二十萬一千兩，今年收十九萬九百兩，尚可告無罪，然費盡無數心力矣。

弟上房自費每月共廿五元，添一妾月給四元，衣皆用布，妻子皆不穿紬。室門以内用法嚴酷，有犯立懲，手段殊辣，卻不能不如此也。

此函未發，此奉復臘月初八賜書。又奉到十四日惠函，垂詢電費一節。

---

① 指恭親王、慶親王、禮親王三家。

② 疑指福錕，字箴庭，滿洲鑲藍旗人，宗室，時以體仁閣大學士、户部尚書、步軍統領、總管内務府大臣兼在總理各國事務衙門行走。

③ 疑指敬信，字子齋，滿洲正白旗人，宗室，時以兵部尚書在總理各國事務衙門行走。

④ 榮禄(1836—1903)，字仲華，號略園，瓜爾佳氏，滿洲正白旗人。時以九門提督、督辦軍務處大臣兼在總理各國事務衙門行走。

⑤ 曾丙熙(1845—?)，字經郛，湖南邵陽人。同治十二年(1873)拔貢，以七品小京官簽發户部，累官至户部候補員外郎，出任蘇松太道。

⑥ 沈秉成(1823—1895)，字仲復，自號耦園主人，浙江歸安人。咸豐六年(1856)進士，歷任侍講、蘇松太道、河南、四川按察使、廣西、安徽巡撫、署兩江總督等。

⑦ 指雙福。

⑧ 指成章。

⑨ 指楊儒。

⑩ 指張蔭桓。

弟處自五月蒸後，每月電費百七八十元，或百元，或九十元不等，皆弟自行付給，並無開支公款。敝署亦無向章開支之事。法事無此款。容再飭胥問之别人曾與樵憲辦事者，緣樵憲在此正值法□也。别昏匯款云云，叩復在前，不另瀆。

《德宗實録》光緒二十年(1894)十月初五日："以湖廣總督張之洞署兩江總督。"[①]張氏旋即於初八日赴江寧任[②]。袁昶日記載本月初十日事："以師署理督部，乘坐兵輪過蕪停泊六時許，謁見……反復論倭事利害數百言，略陳肊見，以備採擇。"[③]據以可知此劄寫於本年臘月十六日。

袁昶爲張之洞門生，與其關係較爲密切。張之洞此次代劉坤一署理兩江總督，吕海寰所在的常鎮通海道適爲其下屬，故袁昶在張氏面前揄揚吕海寰，以搏取張之洞對吕氏的好感。另外信中也談到了中日議和之事，全權大使張蔭桓、邵友濂已於十二月十三日離京，經由上海赴日本[④]。但議和能否成功，在一些辦理過洋務、熟悉國際法的官員看來，實在是很難説，甚至有人已逆料其必不成[⑤]。因此戰争還將持續，對於承擔了大量後勤保障工作的張之洞而言，其署理兩江總督的工作自然也很艱巨。袁昶曾感慨："孝達師署兩江督部，籌餉籌兵籌軍火，日不暇給。十年中蕭娘、吕姹之徒佈滿圻節，尤覺獨撑危局，助我無人，師真獨爲其難也。"[⑥]即是對兩江地區事務棘手的表述。

此劄中還談到袁昶抵任後受時任安徽巡撫沈秉成的勒索。沈氏任職期間，政治上亦有所作爲，但爲人貪瀆，則爲時人所廣知。如繆荃孫在日記中也説道："聞越縵先生病歿京邸。今年封疆大吏如劉中丞錦棠、譚中丞鈞培、周提督達武、黄提督翼升，吾輩如朱鼎甫同年一新、蔡松生同年右年、許鶴巢先生玉瑑、陸存齋觀察心源均謝世，今越縵又繼之，大有老成凋謝之感。沈仲復之貪劣，潘偉如之巧滑，皆不足惜者。"[⑦]其本年四月自安徽巡撫任上開缺[⑧]，因此袁昶才敢無所顧忌的談論對其爲人處事的鄙薄。

---

① 《清實録·德宗實録》卷三五一，中華書局，1987年，頁525。

② [清]張之洞《恭報交卸湖廣督篆起程日期摺》，苑書義、孫華峰、李秉新主編《張之洞全集》第2册，河北人民出版社，1998年，頁947。

③ [清]袁昶《漸西村舍日記》第27册，上海圖書館藏稿本。

④ 任青、馬忠文整理《張蔭桓日記》，上海書店出版社，2004年，頁500—503。

⑤ 袁昶《致許景澄書》云："張、邵兩星使抵東瀛，與日廷所派議之伊藤、陸奥兩大臣彼此出示國書，覺中國之書於來使並無全權字樣，日使不與華使相議，並速兩欽使即行遄返。中正月初十日，業由廣島附阿娃里輪船前往長崎，候輪回華，果不出公所算。"可見許景澄已經預料到和議必不成。此信見於西泠2019年秋季拍賣會第5073號拍品。

⑥ [清]袁昶《致許景澄書》，西泠2019年秋季拍賣會第5073號拍品。

⑦ 張廷銀、朱玉麒主編《繆荃孫日記》第1册，光緒二十年臘月二十九日條，頁338。

⑧ 《光緒朝上諭檔》二十年四月十九日："安徽巡撫沈秉成著開缺來京，另候簡用。欽此。"(第20册，頁236)

六

酷暑,立秋後得雨稍涼,想我前奉兩椾,上徹台覽矣。公道履康勝,百凡順手,定符心祝。

徐筱憲[①]生平慤慎,夙夜勤勞,何以忽奉嚴譴,撤去樞、譯兩要地?兄大人見聞較確,乞密示爲慰。萊憲[②]開缺,聞病不甚要緊,必住口袋胡同杜門敉疴,公處想悉其詳。虞裳[③]兄在公廨中,莪山[④]已入都門否?

弟處常關積歷任之巨虧,全仗新關挹注公私之困。今米禁一年,則洋税全無,大帥撥補之法亦窒礙難行,高明必知其詳。弟擬今冬決計引退矣,緣支持萬難也。此次奉少帥[⑤]飭議徐中堂奏。新常兩關所有私囊撥濟公家充餉一節,尊處如何稟覆?大指主意若何?務求賜詳示爲懇,萬禱萬禱。再叩台安百福。弟心叩。

少帥與公交誼最篤,通問時乞爲栽培幾句。弟無他求,能求對調安廬道最妙。安廬每年入款六竿,雖清苦,卻無賠款之累,亦可不應酬,清閒少事,最所羡慕。若不能對調,則乞准其告病開缺,亦妙。弟又叩。

該劄未署日期,據《德宗實録》二十一年(1895)六月初五日:"兵部尚書孫毓汶奏因病懇請解職,允之。"[⑥]同年六月十六日:"諭内閣:吏部左侍郎徐用儀,著退出軍機處,並毋庸在總理各國事務衙門行走。"[⑦]又劄中云"立秋後得雨稍涼",按是年六月十八日立秋,袁昶日記六月二十日載:"與吕鏡宇同年書。"因此推斷所作即本劄。

對於京城發生的重大人事變動,地方官員雖然關注,但一時消息難得確實,故袁昶致函吕海寰詢問原因。其實對於孫毓汶、徐用儀的落職緣故,袁昶已經在日記中有所推測:"邸抄翁虞山、李高陽均在主客署行走;錢少宗伯應溥

① 徐用儀(1826—1900),字吉甫,一字筱雲,浙江海鹽人。咸豐九年(1859)中順天鄉試舉人。同治元年(1862)充軍機處章京,並在總理各國事務衙門學習行走。光緒三年(1877)補太僕寺少卿,遷太常寺少卿。七年,署都察院左副都御史,遷工部右侍郎兼兵部右侍郎,並在總理各國事務衙門行走。後多次遷轉於兵、刑、户、吏各部。二十年,以吏部左侍郎入爲軍機大臣,加太子少保銜,中日甲午戰爭中以主和被斥。

② 孫毓汶(1834—1899),字萊山,山東濟寧人。咸豐六年(1856)中一甲二名進士,授編修。同治五年(1866)擢侍講學士,出典四川鄉試、督福建學政。遷詹事、安徽學政,擢内閣學士,授工部左侍郎,入直軍機,兼總理各國事務衙門大臣。光緒十五年(1889)擢刑部尚書,旋改兵部。二十年(1894)中日戰起,力主和議。二十一年(1895)稱疾乞休。

③ 楊宜治(1845—1898),字虞裳,四川渠縣人。同治十三年(1874)考取内閣中書,光緒九年(1883)起任總理衙門章京。

④ 劉奉璋,字莪山,江蘇寶應人。光緒十五年(1889)進士,後任户部員外郎、總理衙門章京、南菁書院山長等。

⑤ 福潤,字少農,蒙古正紅旗人。大學士倭仁從子,以副貢生起家,歷任山東鹽運使、湖北按察使、山東按察使、山東布政使、山東巡撫、安徽巡撫等。

⑥ 《清實録·德宗實録》卷三七一,頁845。

⑦ 《清實録·德宗實録》卷三七一,頁855。

在軍機大臣上行走；徐少宰筱雲著退出軍機處，並毋庸在主客署行走。筱憲學識雖儉，辦公勤謹，忽蒙譴責，不知何故，得毋議倭約之局，興公、楚金主之，爲言路所攻耶？”[①]即認爲係二人在中日戰争中力主和議，因此爲主戰派所攻擊，在翁同龢、李鴻藻上臺後，便或主動請辭，或被逼去職。袁昶與翁同龢、徐用儀私交均甚好，因此未明確表露其態度，但言語中仍對徐用儀表示了惋惜。

七

敬再啓者：前奉制憲批，自上年九月十五起扣至今年九月十五止，蕪新關米未弛禁期内，由蘇、寧各牙厘局與冰署籌□津貼蕪關員役公費等因。前因江寧城内外冬賑需款，業將敝處應領蘇、寧牙厘總局津貼款項，稟准制憲，悉數報効冬賑粥廠之用。兹先後具文移領帑，專呈冰案，共須得貴關津貼蕪關公費九千五百兩正。謹已將盛意顧全敝關，不分畛域，白傅大裘，廉泉□注，稟明制憲，並申報詳具前因上呈矣。此次渥沾德意，員役皆戴挾纊之慈，而地方一切教堂償款、善舉經費，曾得藉此挹注，真拜公厚意於無涯也。

奉到手畢，敬知繡衣僉巡，清望坐致，興革利弊，令聞隆施，遠近瞻仰，鄰□托芘，亦得有所觀摩，無勝馳切。世兄湯餅佳會，喜氣充閭，左印右戈，必爲偉器，試啼而知爲英物，不勝忭賀之忱。新刻《農桑輯要》奉呈一部，乞教正爲幸。

東華年例，尊處想已舉辦，鑒園[②]、澹如、嘯亭[③]均系舊章，同舟曾否並日送？尚乞便中密示爲叩。手肅叩謝，敬叩台安萬福。年如小弟又頓首。

該劄未署日期，其中談到蕪湖米禁，有“上年”“今年”等語。查蕪關米禁自光緒二十年（1894）六月二十四日開始，至二十一年（1895）九月十一日袁昶在日記中記録“料理開米禁公牘甚冗”[④]，實際封禁約十五個月。由於封禁期蕪湖新關税收大減，因此署兩江總督張之洞令蘇、寧各關分攤部分款項用來撥濟蕪湖關。袁昶二十一年（1895）九月初五日日記中記載了這筆約二萬兩的經費的使用情況，正是用來捐辦冬賑粥廠[⑤]。且信中再次詢問吕海寰向京中諸官員進獻“年例”之事，可以斷定此劄的寫作時間就是在光緒二十一年（1895）冬季。

---

① [清]袁昶《漸西村舍日記》第 30 册，光緒二十一年六月十八日條，上海圖書館藏稿本。

② 愛新覺羅・奕訢（1832—1898），自號鑒園主人、樂道堂主，道光皇帝第六子，封恭親王，時兼領總理各國事務衙門大臣。

③ 愛新覺羅・世鐸（1843—1914），滿洲正紅旗人，宗室，封禮親王。時任領班軍機大臣。

④ [清]袁昶《漸西村舍日記》第 32 册，上海圖書館藏稿本。按，實際開禁時間在九月二十九日。

⑤ 袁昶日記光緒二十一年九月初五日：“至午旅見制憲，蕪新關自去年九月十五起，至今年九月十五日截止，奉奏准，應得鎮關及寧、蘇三厘局撥濟蕪新關監督津貼、辦公經費之欵，約及兩萬金。今日司道牙參，議本年江南省城例辦粥廠冬賑，需欵甚巨，正在爲難。僕即面稟，請以前項奏准奉批應得之欵，撥入江寧放冬賑及四門粥廠用。制憲命捐一半，以其半爲我謀。僕思不若盡捐之，或作練兵用亦可。制憲韙之，仍面加奬勵。”見《漸西村舍日記》第 32 册，上海圖書館藏稿本。

八

今正滿擬秣陵得見紫芝眉宇，乃兩次牙參，適值台從已還京口，望塵勿及，殊無以解饑渴之忱。日來寒燠不時，江城氣候，宜加慎護，敬維履候曼福，公私順利，闔中膝下，足慰驩娱，至爲心頌。

吴門之行，想已錦旋。聞撫字勤勞，簿書精密，躬親巨細，沛然應之而有餘，兄之精力真足蔭映千人也。上年江寧派道員駐蕪抽收米厘一案，先後電檄紛紜，冬初甫經就範。乃曲江前帥公牘，損冰署之平餘，作敝關之津貼，此一事方寸抱疚，局蹐難安。弟輾轉思維，忝二十年道義深交，不當哀公以益我，尊處公私如有需用，此本非弟物，仍當竭綿薄以報也。

澹如齋居士[①]炭辰曾否致送？弟送年敬，而於廿九辰則未備，得毋太不周到？密示爲幸。右萊[②]得荆宜，閏生得東海東文案，大爲生色。弟患眩暈不痊之症已兩月，時謀鷁退，以安吾素。梅子熟時，當訪公於金焦岩畔矣。再叩台安，惟希誨察。弟心頓首。二月廿日。

《光緒朝上諭檔》二十二年(1896)二月初八日："内閣奉上諭：湖北荆宜施道員缺，著俞鍾穎補授。欽此。"[③]是劄中所云"右萊得荆宜"一事，據此可知該劄作於本年的二月二十日。信中談到蕪湖關開放米禁之後的條例，由江寧派員設立駐蕪米厘局，商人須在蕪關繳税，並在米厘局完厘，然後方准出口。此舉既照顧江寧厘金收入，又能换來蕪關開禁，乃是一種變通的策略，但卻增加了商人的負擔，因此英國駐蕪領事與商人均有不滿。而袁昶自己也認爲"此事甚吃力不自然，所謂逆取之於商民也，恐難持久"[④]，往復相商數月才定。

另外信中還談到向慶親王奕劻進獻"炭辰"一事，據《光緒朝上諭檔》本年正月所開《王大臣年歲生日單》，奕劻生日正在二月二十九日[⑤]，袁昶因未準備生日賀禮而擔心不够周到，故致函吕海寰詢問，其目的自然是想知道吕海寰有否進獻。因爲比較之下對京中上司禮數的缺失，可能會導致關係惡化，帶來難以預料的後果。

九

六月十七日亥初又奉到十二日手教，敬已讀悉。曲江[⑥]壽文，弟病後

① 指奕劻。

② 俞鍾穎(1847—1924)，字君實，號佑萊，一作右萊，江蘇常熟人。同治十二年(1873)拔貢，光緒九年(1883)充總理各國事務衙門章京，二十二年出任荆宜施道兼沙關監督。後歷任廣東瓊崖兵備道、廣東按察使、河南布政使。

③ 中國第一歷史檔案館編《光緒朝上諭檔》第22册，頁38。

④ [清]袁昶《漸西村舍日記》第32册，九月十五日條，上海圖書館藏稿本。

⑤ 中國第一歷史檔案館編《光緒朝上諭檔》第22册，頁2。

⑥ 指張之洞，時已回任湖廣總督。

只想退歸田間，亦不能用心作文，只好以重金百兩請一名筆代槍，節略卻是區區開酌，費了十六天工夫，開成此壽略，弟不能用心可知矣。茲將此壽略呈閱，務乞照弟辦法募好手爲之，弟卻不能代兄捉刀，罪歉罪歉。

去年曲江奏明在兄處硬撥津貼九千五百兩，此事大不近人情。卻非弟之過。此款存庫至今，絲豪不敢動。現已禀明兩院、鄂院，將此款或蓋造西學書院，或作賑濟用，久雨，圩田大潦成荒。皆必勒石刻碑記之，云此項係常鎮兵備宛平籍萊州吕公撥濟，以志嘉惠士林、振興實學之意，此硜硜鄙夫所報之義也。

東撫整頓之議，弟處常關去年擠去五千金外，今年萬難遭再擠之苦。米税去年九月二十九開禁起，至今年四月止，約收二十萬。後因湘、鄂紛紛買賑，免税免厘，今大減色。方道啓南米厘局竟至斷炊，大受湘、鄂、江西賑米免税免厘之害。承詢附陳。弟後日赴皖省，十日可回。匆匆叩復，敬叩台安。年如小弟名心叩。

該劄未署日期，但據袁昶日記中所記行止，其於光緒二十二年(1896)六月二十六日出發赴安慶，至七月初六日回到蕪湖衙署[①]，與劄中"後日赴皖省，十日可回"的描述若合符節。且其中有云去年開米禁事，因此可以斷定此劄的寫作時間是光緒二十二年(1896)六月二十四日。

本年適逢張之洞六十大壽，因此信中談到寫作壽文一事。袁昶有漸西村舍刊本《香嚴尚書壽言》一册，據此劄所云，乃是花費重金請人捉刀的作品。同時劄中也談到蕪湖關米禁開後税、厘併納章程的破産。

十

敬密敏者：弟自八月初到京後，曾奉手椾。冬臘公私栗六，迄無少暇，疾疢間作，遂未獲詳陳一切。然荼半香初，舊以公爲祭酒，每飦未嘗忘也。天使威儀，柏林持節，每誦冰牘，悃款言之，紆餘委備，有六一公章疏書劄之體。忠心篤敬四字，惟吾敬老當之而無愧。嘉定[②]、海鹽[③]、竹篔[④]諸老均以爲現在六使星，以公爲冠軍也。

海使[⑤]遇事挑剔挾制，山東日照薛田資案，已由主教安治泰了結，訂

---

① [清]袁昶《漸西村舍日記》第35册，上海圖書館藏稿本。

② 廖壽恒(1839—1903)，字仲山，號抑齋，江蘇嘉定人。同治二年(1863)進士，歷任翰林院編修、湖南學政、兵部、禮部、户部、吏部侍郎、左都御史、禮部尚書，入直軍機處兼總理各國事務衙門大臣。

③ 指徐用儀。

④ 許景澄(1845—1900)，原名癸身，字竹篔，一作竹筠，浙江嘉興人。同治六年(1867)舉人，同治七年(1868)進士，選庶吉士，授編修。光緒十年(1884)，充出使法、德、意、和、奥五國大臣，兼攝比利時國使務。十六年充出使俄、德、奥、和四國大臣。二十三年調充德國使臣，又特派東清鐵路公司總辦。二十四年歸國，充總理各國事務衙門大臣，兼禮部右侍郎，調補吏部右侍郎，轉左侍郎。派充大學堂總教習、管學大臣、督辦關内外鐵路。二十六年，義和團事變，卒以主和棄市。

⑤ 海靖(1850—1915)，光緒二十二年(1896)至二十五年任德國駐華公使。

立字據無異詞，而海使妄謂未經伊批准。及署照詰，謂安主教與地方官所訂合同，貴使謂未批准，請撤銷合同再議，伊始無詞。郯城案則張中丞[①]尚未查明也。

津鎮鐵路既將容閎[②]撤去，海使多方要求包攬。張香帥[③]、劉峴帥[④]均力争，以爲津鎮路成則盧漢成一枯乾，必致抵押洋債之路無日收還，其害太巨。第署與海使業有成言，難以更改，現歸許竹公、張翼[⑤]與德華銀行議草合同。海使堅執膠約，言濟至津北段，運河南至鎮爲南段，此兩段歸中國借款自造；中段自濟南至沂州南運河止，又自膠澳至沂，歸德國國家造，而准中國在此路運兵運饟。竹公力争，以爲津鎮須一氣呵成，南北中三段均歸中國與德華公司商定合同借款自造。兩下齟齬不合。電公争之外部，恐外部亦偏袒海使一面之詞也。

弟蒲柳早衰，濫竽此間，無犬馬尺寸之效。京師近百項昂貴，大不易居，乃蒙遠注饋歲廉泉百韻，羊左分糧之風義，何以當之？拜嘉叩謝。目疾，夜中草草，先上尉門。

昨復奉冬日杪詳函，容細細奉復。每年報銷用款七萬出頭云云，現本未有限制之説，其各堂均嫌通使差任報銷三年至九十萬，太侈濶，欲加限制，而於公則無間言也。先以奉聞，俟目疾平再叩詳一一。再叩密鑒，弟又頓首。正月廿二日。

袁昶於光緒二十四年(1898)八月入都陛見，旋命調授直隸布政使，又内用爲三品京堂在總理各國事務衙門上行走[⑥]。又劄中所談到的日照薛田資案，其發生時間係在同年九、十月間[⑦]。故可推斷此劄所作時間在光緒二十五年(1899)正月二十二日。

由於德國傳教士在山東地區傳教日廣，與本地人民的争端愈演愈烈，教案頻發，而教士每藉端要索。時任駐華公使海靖態度驕横，"德外部專憑海靖之言，不能理喻"[⑧]，故遇事亦頗難相商。日照教案發生之時，適值中德就津鎮鐵路開辦一事進行會商，於是海靖便利用這一事件，在德國駐膠澳總督葉世克的配合下，以德兵占踞日照縣城並拘禁當地士紳五人，以此爲談判的籌碼，索取築路之權，此即爲劄中所云"多方要求包攬"之事。時督辦鐵路大臣許景澄負

---

① 張汝梅(1840—?)，字翰僊，河南新密人。以監生捐納縣丞，歷任山西右江道、山西按察使、陝西布政使、山東巡撫。

② 容閎(1828—1912)，字達萌，號純甫，廣東香山人。美國耶魯大學畢業生，歸國後極力宣揚改革思想，宣導實業。其時主張修建津鎮鐵路，以德國公使抗議而中止。

③ 指張之洞。

④ 指劉坤一。

⑤ 張翼(1846—1913)，字燕謀，直隸通縣人。捐納爲江蘇候補道，後任開平礦務局督辦、幫辦關内外鐵路事宜，升内閣學士、禮部右侍郎、工部右侍郎等。

⑥ 《清實録・德宗實録》卷四二一，頁611。

⑦ 山東省地方史志編纂委員會《山東省志・外事志》，山東人民出版社，1998年，頁571。

⑧ [清]許景澄《致吕海寰書》，朱家英整理《許景澄集》，浙江古籍出版社，2015年，頁666。

責與之交涉，要求以向德國德華銀行借款的方式，由中國自造整條鐵路，"冀隱收路權"，直至夏曆二月末，終於迫使海靖就範[①]。

十一

靄堂[②]事，澹如邸[③]、各堂之意，以爲公查辦不可太認真，使靄堂置身無地。現兩全其事，邸堂、樞堂據靄使去年冬月三年期滿應瓜代之來文，據以入告，作爲照例使任期滿，不露撤任痕跡，以全體面，初十已奉旨放裕朗西[④]矣。朗西屢致彈劾，亦是調停安頓，俾其出洋可位置，相宜展其所長。朗西大約動身出洋約快。公處無刑幕，無招房，只好遵查大略了結，去其太甚，不爲已甚可也。現在六國公使挂印，惟公物望最佳，願珍護起居，以須大用。

該劄未署日期，據《光緒朝上諭檔》二十五年(1899)五月初十日："上諭：太僕寺少卿裕庚，著派充出使法國欽差大臣。欽此。"[⑤]可知該劄寫作時間即在本年五月中。

劄中所談主要爲吕海寰奉命查辦駐法公使慶常一案。據《德宗實録》二月初四日："諭軍機大臣等，電寄吕海寰，前據慶常電，學生伊里布因瘋迷，將參贊聯湧轟斃一案，當經總理衙門電令查明具奏。兹據該衙門奏稱，據筆帖式聯治呈訴，伊兄身死不明，懇請查辦等情，著派吕海寰就近前往，傳集人證，認真查辦，有無起釁别故，據實覆奏。"[⑥]駐法使館同文館學生伊里布槍殺參贊官聯湧後自殺，而學生世敏投水不成，後亦復開槍自殺。聯湧之子聞父死，亦悲慟絶食而亡。聯湧之弟聯治、妻子聯布氏接連上呈控訴，因此清廷命時任駐德公使吕海寰就近查案。經過數月的審訊，吕海寰在《奏爲遵旨查辦事件據實覆陳折》中詳細彙報了整個查案過程[⑦]。清廷終以慶常"事前失於覺察，事後跡近彌縫"交部議處，判其革職留任[⑧]，僅認定慶常有失察之罪。

然據許景澄《致吕海寰書》論案情真相，謂："此間輿論必謂慶常主使斃聯決不至此。然慶、聯嫌隙甚深，慶之私事，聯則知之。適因請假回京，慮其挾嫌

① [清]許景澄《訂立津鎮鐵路英德兩國銀行借款草合同折》，朱家英整理《許景澄集》，浙江古籍出版社，2015年，頁1511。

② 慶常，字靄堂，漢軍鑲紅旗人。同文館法文學生出身，曾任駐法使館參贊，協助許景澄與俄國交涉帕米爾勘界問題，後任駐法公使。

③ 指奕劻。

④ 裕庚，字朗西，漢軍正白旗人。早年入兩廣總督英翰幕，後任廣東惠潮嘉道。光緒二十一年(1895)充駐日本公使，二十四年歸國，任太僕寺少卿。二十五年任總理衙門大臣，同年五月充出使法國大臣。

⑤ 中國第一歷史檔案館編《光緒朝上諭檔》第25册，廣西師範大學出版社，2008年，頁142。

⑥ 《清實録·德宗實録》卷四三九，頁771。

⑦ 《吕海寰奏稿》，《近代中國史料叢刊》三編第五十八輯，臺灣文海出版社，1990年，頁647—720。

⑧ 《清實録·德宗實録》卷四五七，頁1020。

謗毁，用術陰構聯、伊、世三人，使之不和争鬧，彼乃據以告署。則聯到京即有所言，人必以爲蓄怨而然，不復信之。其意不過如此。而不料伊里布竟蠻横致聯於死，此固非慶之本意矣。"則駐法大使慶常確有播弄挑唆之事。只是認爲"若所問人證將曖昧情形和盤托出，則人命所關，亦只好據實具覆。然度必不能盡偕，其勢須照原電查訊語意收束，似宜於文字結處，略叙在洋呼應不便，無憑□訊，藉以自留地步"[①]。是總署官員在已得知真相後，仍意圖保全慶常，如此則總署亦能不失體面的辦理召回慶常之事。袁昶此劄轉述總署領班大臣之意，明告吕海寰查辦案情不可太認真，所謂"大略了結"，與許景澄所云同出於此種考慮。而吕海寰在奏稿中亦確實爲慶常多有開脱，自然也是領會了總署之意圖。

十二

敬再密叩者：曩日同舟十年，同官又數年，勞燕分飛，相望殊域。公天使威儀，揚聲海外，弟移中老監，踦伏浮湛。乃蒙琁珂之潤千里，仁粟之割雙南，綈抱繾綣相厚，無已有加，心鏤肌銘，其何能釋也。

公在柏林，力持大體，忠於國事，主客堂司以至外廷，無不歎爲曾惠敏[②]之儔。霱使[③]事之奏，站穩地步，於涵蓄之中，存直道之公，斟酌煞費苦心。山東高密武生李金榜等阻止德人勘鐵路，經袁慰廷[④]中丞拿爲首數人，量懲並改道，與德膠督葉世克立約卅二條，事已可了。義和團稍似斂跡，足紓廑注。

譯堂篔兄少宰主持一切，料事周密，勝樵野[⑤]十倍，而心術公平又遠過之，此公言也。篔兄甚盼將來公屆滿還朝，爲笙磬之同音，蛩駏之相助。弟尤盼公黻我佩，同舟相濟也。

廖仲公[⑥]先生頗有歸志。劉峴帥眷尚隆，必來陛見。李中堂[⑦]以挈康自效，然竟未得手。宫中、府中，事均安帖，可慰遠念。

年嫂夫人，可源世兄均好。優龍繡虎，公生平待人仁厚，世兄之將來高大其用可知。舍侄袁德劭茂才因先四兄久逝，家嫂清苦異常，弟在燕每年接濟數百金。現京官未能分潤，萬不得已，可否求我公大人派爲上海文報委員，賜一劄目，支薪水數金，俾資餬口，不知可否邀俯允？若蒙不棄，感戴無涯。此叩台安。弟又心叩。

---

① 朱家英整理《許景澄集》，頁 803。

② 曾紀澤(1839—1890)，字劼剛，號夢瞻，曾國藩長子，襲封一等毅勇侯。歷任駐英、法、俄等國公使，歸國後任海軍衙門幫辦、户部右侍郎、總理各國事務衙門大臣。

③ 指慶常。

④ 袁世凱(1859—1916)，字慰廷，又作慰亭、慰庭，號容菴，河南項城人。時任山東巡撫。

⑤ 指張蔭桓。

⑥ 指廖壽恒。

⑦ 李鴻章(1823—1901)，字子黻，號少荃，安徽合肥人。時任兩廣總督。

俄使一席，邸意命弟往，弟以病力辭，大約桂月亭[①]可去也。心叩。

此劄未署日期，其中談及袁世凱與德國駐膠澳總督葉世克簽訂條約"卅二條"，當即指光緒二十六年(1900)二月二十一日畫押的《中德膠濟鐵路章程》及煤礦開採章程[②]。又談到桂春將出任使俄大臣，查光緒朝三月十五日上諭："内閣學士兼禮部侍郎銜桂春，著派充出使俄國欽差大臣。欽此。"[③]又劄中所云"義和團稍似斂跡"，當是據袁世凱二月二十三日、三月初一日兩次稟稱已經嚴令取締拳會，"各屬地方安静、委無别案"[④]的緣故。則此劄寫作的時間當在本年的三月初。其時慶常案已經了結，故對吕海寰奏報中的用語斟酌合宜、輕重把握得當表示贊賞。此外作爲駐德公使，山東地區與德國有關的事件自然爲吕海寰所關注，因此袁昶告知其"高密事件"的處理結果。對於高密人民阻止膠濟鐵路修築事件，史學界歷來看法不一，有的認爲系義和團拳民行爲，亦有人認爲只是鄉民自發的行爲。據袁昶此劄，則隱然有將阻路事件與義和團聯繫在一起的傾向，應該代表了總理衙門官員對這一事件性質的認識。

劄中亦談到當時總理衙門的局面係由許景澄主持一切，是在該衙門行走者雖多[⑤]，然真正任事者卻集中在數人身上。徐用儀在《致吕海寰書》中也説："樞廷之不兼總署者，又不深悉此中情形，未免隔閡，猶慶邸尚可據情上達。弟濫竽其間，無能爲役，而又不便告退，賴有許竹筼偏勞一切，將來得閣下回京相助，則更妙矣。"[⑥]領班大臣奕劻能起到向上傳達的作用，而平時在總理衙門中實際主持政務者，應即徐用儀、許景澄、袁昶等人，而許景澄以出使多年，熟悉外交，尤爲這一集團的業務核心。這也是在數月以後的庚子事變中，惟許、袁二人極力諫諍，而對總理衙門大臣的責難，亦主要針對徐、許、袁三人的重要原因。

【作者簡介】朱家英，山東大學文學院助理研究員，研究方向爲中國文學批評史、明清近代文學、歷史地理學。

---

① 桂春，字月亭，滿洲正藍旗人。以山東督糧道升甘肅按察使、以三品京堂候補在總理衙門行走，授太常寺卿，以内閣學士兼出使俄國大臣，未行，轉禮部右侍郎，尋遷户部左侍郎、正藍旗漢軍都統、倉場侍郎等。

② ［清］袁世凱《奏辦理高密縣民阻修鐵路案進呈鐵路章程折》，劉路生、駱寶善編《袁世凱全集》第 5 卷，河南大學出版社，2013 年，頁 333。

③ 中國第一歷史檔案館編《光緒朝上諭檔》第 26 册，頁 71。

④ 見袁世凱二月二十三日《覆總署電》、三月初一日《諮呈總署文》，劉路生、駱寶善編《袁世凱全集》第 5 卷，頁 288、310。

⑤ 按單士元《總理各國事務衙門大臣年表》載，光緒二十六年前三個月尚在該衙門行走的官員包括奕劻、崇禮、廖壽恒、王文韶、徐用儀、袁昶、許景澄、桂春、聯元、趙舒翹、吴廷芬等十一人。見《故宫博物院院刊》1990 年第 2 期，頁 3—10。

⑥ ［清］徐用儀《致吕海寰書》，《庚子浙中三忠手劄》，北京大學圖書館藏原件。